KB261268

"만약 하버드가 개교 300주년을 기념해

학교를 완전히 불태워 버리고 그 자리에 소금을 뿌려

다시는 하버드 대학이 생기지 못하게 한다면 그 기념식은

나에게 가장 강렬한 만족을 줄 것이다."

– 조지 버나드 쇼

하버드, 그들만의 진실

하버드, 그들만의 진실

지은이 | 신은정
펴낸이 | 김성실
기획편집 | 최인수 · 여미숙 · 이정남
마케팅 | 곽홍규 · 김남숙 · 이유진
편집디자인 | 하람 커뮤니케이션(02-322-5405)
인쇄 · 제작 | 한영문화사

초판 1쇄 | 2012년 7월 5일 펴냄

펴낸곳 | 시대의창
출판등록 | 제10-1756호(1999. 5. 11.)
주소 | 121-816 서울시 마포구 연희로 19-1 (4층)
전화 | 편집부 (02) 335-6125, 영업부 (02) 335-6121
팩스 | (02) 325-5607
이메일 | sidaebooks@hanmail.net

ISBN 978-89-5940-238-0 (03300)

하버드, 그들만의 진실

하버드는 어떻게 세계를 지배해 왔는가

VERITA$

신은정 지음

시대의창

한 아이에게 영어 에세이를 가르친 경험이 있다. 해외에서 1년을 조기 유학 해서 유창한 영어 실력을 자랑하는 초등학교 6학년 소녀였다. 국제중학교 입학이 목표인 아이의 책상 앞에는 온갖 과목의 과외학습 시간표가 쫙 걸려 있었다. 어느 날 아이 엄마한테서 전화가 왔다. 아이가 워낙 바쁘니 한 달만 월요일 수업을 밤 11시부터 새벽 1시까지로 옮겨 달라는 것이다. 너무나 황당한 제안이라 거절하고 싶었지만 아이가 간절히 원한다고 해 어쩔 수 없이 승낙하고 말았다.

1주일에 한 번, 단 네 번의 심야 수업이었지만 스트레스는 상상 이상으로 컸다. 장거리를 오가는 것도 힘들었지만 그 야심한 시간에 피곤에 절은 아이를 부추겨 가며 수업하는 일은 정말이지 못할 노릇이었다. 하루 종일 학교생활에 학원 수업, 과외에 시달린 아이는 자신도 모르게 까무룩 잠이 들었다가는 벌떡 일어나 화장실에서 세수를 하고 오고는 했다. 수업 태도만큼은 최고인 학생이었다.

아이의 꿈은 하버드 대학에 가는 것이었고, 그 꿈을 이루기 위한 첫 번째 목표는 국제중학교 진학이었다. 언젠가 왜 꼭 하버드에 가고 싶은지 물었더니, 어려서부터 하버드가 가장 좋은 대학이라고 수없이 들어와서란다. 4주 동안의 이 독특한 경험을 통해 소위 명문대학에 집착하는 대한민국의 씁쓸한 교육현실을 온몸으로 절감할 수 있었다.

독립다큐멘터리 〈베리타스-하버드 그들만의 진실〉(이하 베리타스)을 보고 왜 하필 하버드를 소재로 삼았는지 묻는 분이 많았다. 그때마다 늦은 시각에 지친 얼굴로 나를 기다리던 그 아이를 떠올려 본다. 미국인 관객들에게 이 이야기를 들려주면 한국의 하버드 열풍이 그 정도냐며 대부분 기겁을 한다. 이 경험은 하버드에 대해 혹은 하버드로 상징되는 명문대학을 향한 한국 사회의 맹목적인 열망에 대해 심사숙고할 계기를 마련해 주었다.

많은 사람이 하버드를 명문대학이라고 생각한다. 맞는 말이다. 또 하버드는 교육기관이므로 당연히 중립적이리라 믿는다. 그러나 이것은 틀린 판단이다. 하버드는 미국 지배엘리트들을 훈련시키고 배출하는 '정치적인' 곳이기 때문이다. 그런데도 하버드는 꽤 진보적인 이미지를 구축하고 있으며 틈만 나면 자신들이 학문의 자유를 수호하는 전당임을 강조하곤 한다. 이는 세계 곳곳에서 온갖 전쟁과 간섭을 일삼아 온 미국이 곧잘 자유와 민주주의의 수호자임을 자처하는 꼴과 어딘지 닮았다. 이처럼 하버드의 신화와 미국의 신화에는 묘한 공통점이 있다. 2005년 하버드 여름학교 수강을 통해 나는 이러한 사실을 깨닫게 되었고, 전과는 다른 시각으로 하버드를 바라보게 되었다. 한국학연구소, 케네디스쿨 등 하버드의 이런저런 연구소가 주최하는 보수적인 행사를 지켜보면서 의구심은 더 깊어 갔다.

한번은 박근혜 한나라당(현 새누리당) 대표가 하버드를 찾았다. 2007년 대선을 앞두고 차기 대통령 후보로 한창 주목을 받던 시기였다. 하버드 인근의 호텔에서 리셉션이 열렸고, 박 대표와 사진 한 장 찍으려는 하버드의 한국 학생들과 관계자들로 리셉션 장은 난리가 났다. 걸그룹 '소녀시대'라도 왔나 착각할 정도로 권력자를 향한 하버드의 환호는 열렬했다. 다음 날 케네디스쿨에서 열린 강연회에서 박 대표는 부친 박정희 대통령과 미국의 오랜 인연을 상기시키며, 한국과 한국의 '영원한 우방' 미국의 동맹이 얼마나 중요한지를 거듭 강조했다. 보수당 대표로서 할 말을 한 것인데, 내게는 왠지 미국의 지배엘리트들에게 자신을 대선 주자로 인정해 달라고 읍소하는 것처럼 들렸다. 우연의 일치인지는 모르지만 고건 전 국무총리가 대선 후보로 거론될 무렵, 그 역시 하버드를 찾았다. 이런 일련의 과정을 통해 나는 하버드 대학의 막강한 영향력을 깨닫게 되었다.

2004년, 5·18민중항쟁에 심취한 미국인 교수(조지 카치아피카스)와 결혼하면서 삶의 터전을 미국으로 옮기게 되었다. 그 뒤 나는 사라져 갔다. 한국에서도 미국에서도 이제 누군가의 아내로 기억되기 시작했으며 종종 이방인으로 취급되었다. 따라서 독립다큐멘터리 제작은 실종된 나 자신을 찾아가는 과정이기도 했다. 그 첫 작업으로 선택한 것이 바로 하버드다. 지난 몇 년간 하버드를 지켜보면서 품었던 의문들과 미 지배엘리트들의 영향력에 대한 자각이 한데 녹아들어 이뤄진 결정이었다.

1년이 넘는 분투 끝에 한국어판 〈베리타스-하버드 그들만의 진실〉과 영문판 〈VERITA$: Everybody Loves Harvard〉 제작을 마쳤다.

한국어판은 서울변방연극제를 비롯해 2011년 말까지 12차례 상영회를 가졌다. 영어판은 2011년 11월, 보스턴 상영에 이어 뉴욕국제독립영화제NYIFF에 초청되어 상영되었다. 다큐 부문 '감독상'에 선정되는 영예도 얻었다. 부족한 작품이지만 소재와 기획의 과감함에 점수를 준 것이 아닐까 싶다. 제작도 힘들지만 공식적인 상영 기회를 갖기는 더 어려운 독립다큐멘터리 현실을 생각할 때 그저 감사할 따름이다.

다큐멘터리를 보신 분들 중에서는 다 지난 일인데 하버드의 부정적인 과거만을 부각하는 것 아니냐고 따지는 분도 있다. 다큐에서 다룬 하버드 모습이 비단 과거의 일만이 아니라는 점은 차치하더라도 지난 역사를 묻어 둔 채 어떻게 오늘의 문제를 직시하고 올바른 내일을 그려 갈 수 있을지가 의문이다. 비록 역사가는 아니지만, 나는 인류의 역사가 저항의 역사였고, 그 혹독한 투쟁의 과정을 통해 조금씩 진보해 왔다고 믿는다. 한 세기 전, 백인 인종주의자들이 득세해 흑인들을 차별했던 하버드가 오늘날 학생 3분의 1이 유색인종으로 채워진 코스모폴리탄 대학이 된 것은 수많은 하버드의 학생과 교수, 진보적인 지식인이 변화를 요구해 왔기 때문이다. 1950년대, 로자 파크스가 버스에서 백인에게 자리 양보를 거부하면서 흑인 인권운동에 불을 지폈듯이 역사는 누군가 침묵을 깨고, 부조리한 현실을 비판하기 시작할 때 비로소 한 걸음 전진하는 것이다.

다큐멘터리와 책에서 제기하는 문제들이 비단 하버드만의 것이냐는 반론도 있을 것이다. 일리 있는 지적이다. 하지만 하버드는 단순한 일개 대학이 아닌 고등교육의 최고 브랜드이자 현대 교육의 상징이다. 나이키만 스웻샵을 통해 이윤을 창출하는 것은 아니지만 스웻샵 하면 나이키를 떠올리는 것과 마찬가지다. 그러나 책과 다큐멘터리에서 제기하는 하버드 문제는 오늘날 모든 고등교육기관 전반의 문제라는 점은 명확히 밝혀 두고자 한다. 많은 〈베리타스〉 관객이 다큐에 단한 번도 등장하지 않은 서울대와 한국 사회를 떠올리게 된다고 토로한 것도 아마 이런 이유에서일 것이다. 하버드를 바로 봄으로써 지금 대학이 직면한 문제들의 근본 원인을 이해할 수 있고, 올바른 대안 찾기에 한 걸음 더 다가설 수 있으리라 믿는다.

"하버드의 실체는 무엇인가?"라는 호기심과 의문에서 시작된 작업이 80분의 다큐멘터리가 되었고, 다시 책 한 권이 되었다. 다큐를 막 상영했을 때와 마찬가지로 출간을 앞두고, 어떤 평가를 받게 될지 궁금하고 두렵다. 출판 제의를 받았을 때에는 이미 한 번 작업한 것을 책으로 쓰는 것이니 몇 달 더 고생하면 되겠지 했는데, 막상 쓰려니 그리 만만한 일이 아니었다. 이미 수차례 훑어본 내용이라도 책으로 엮어 내려면 훨씬 더 많은 보충 자료를 찾아보아야 했고, 참고자료가 대부분 영문이다 보니 내용을 이해하고 번역하는 데 많은 시간과 에너지를 쏟았다. (국내에 번역되지 않은 영문자료들은 참고하기 쉽도록 원제를 그대로 표기해 두었다.)

다큐멘터리와 책이 빛을 보기까지 도움을 준 많은 고마운 얼굴이 떠오른다. 하버드가 미 지배층을 위한 봉사기관이라며 비판한 《하버드는 어떻게 지배하는가 *How Harvard Rules*》(1989)의 저자 존 트럼보우 박사(하버드 로스쿨)는 제작 기간 내내 조언을 아끼지 않았다. 노엄 촘스키 교수는 살인적인 스케줄에도 세 번이나 시간을 내 주었다. 메이플 라자 감독은 다큐멘터리 〈점거〉의 자료화면 사용을 흔쾌히 허락해 주었고, 문화비평가인 마가렛 굴레트 또한 다락방을 뒤져 수십 년 동안 잠자고 있던 낡은 자료들을 찾아 주었다. 하버드 출신의 빅터 윌리스와 이네즈 헤즈스 교수 부부 역시 격려와 응원을 아낌없이 보내 주었다. 독립영화 작업을 하고 있는 최성욱 감독은 미국에서는 촬영을, 한국에서는 후반 작업을 도와주었고, 광주독립영화협회 윤수안 감독은 타이틀을 제작해 주었다. 다큐멘터리 인터뷰와 책 발췌문 번역 내용을 감수해 준 전남대학교 5·18연구소의 제갈춘기 박사에게도 고맙다는 인사를 전하고 싶다. 누구보다 남편(조지 카치아피카스)에게 고마움을 전한다. 〈베리타스〉의 인터뷰이이기도 했던 그는 운전기사로 정보원으로 '베스트 보이'로서 역할을 충실히 수행해 주었고, 작업이 힘에 부칠 때마다 용기를 북돋워 주었다. 광주·제주·서울 첫 상영회를 주최해 주신 '오마이뉴스 10만인클럽'과 《오마이뉴스》 이주빈 기자 그리고 소박한 다큐멘터리를 선뜻 책으로 펴내자고 제안해 주신 '시대의창' 식구들에게도 감사드린다.

하버드의 역사를 거슬러 올라가면 미국의 뿌리가 드러난다. 하버드 역사가 곧 미국의 역사이기 때문이다. 따라서 하버드를 이해하는 것은 곧 미국의 실체를 들여다보는 과정이고, 이는 지금의 한국 사회를 바로 보는 과정이기도 하다. 명문대학 열풍, 대학의 서열화가 그 어느 나라보다 심각한 대한민국의 현실을 감안할 때, 〈베리타스〉를 향한 불편한 시선도 적지 않으리라 생각된다. 하버드를 향한 또 다른 시선으로 받아들여 주면 좋겠고, 대학의 역할과 교육의 의미를 한번 더 고민해 보는 계기가 된다면 더 바랄 것이 없겠다.

신은정

일러두기

1. 이 책은 독립다큐멘터리 〈베리타스-하버드, 그들만의 진실〉을 바탕으로 쓰였다. 〈베리타스〉는 세계 최고 명문대학 하버드의 실체를 파헤친 문제작으로, 노엄 촘스키를 비롯한 진보적인 지식인들의 목소리를 담고 있다. 다큐멘터리와 책에 나온 인터뷰이들을 소개해 둔다(가나다 순서로 정리).

노엄 촘스키 Noam Chomsky   MIT 석좌교수.

데이비드 맥캔 David McCann   전 한국학연구소 소장. 하버드 동아시아 언어문화학과 교수.

리처드 레빈스 Richard Levins   생태학자. 하버드 공공보건대학원 교수.

마가렛 굴레트 Margaret Gullette   1962년 래드클리프 졸업. 1972~73년 하버드 대학원 조교 노조 조직 및 대학원 대표위원, 문화비평가, 브랜다이스 대학 여성학 연구센터 주민학자.

마리엄 모나리사 가라비 Maryam Monalisa Gharavi   하버드 대학 박사 과정.

마이클 앤새라 Michael Ansara   1968년 하버드 졸업. 민주사회를 위한 학생연합SDS 하버드 지부 공동의장, 베트남전쟁 반대운동 리더.

메이플 라자 Maple Razsa   2001년 매사추세츠 홀 점거 농성 주도. 다큐멘터리 〈점거〉 감독. 콜비 대학 국제학부 조교수.

빅터 월리스 Victor Wallis   1959년 하버드 졸업, 버클리음대 사회학 교수. 계간 《사회주의와 민주주의》 편집장.

에드워드 J. 베이커 Edward J. Baker   하버드 대학 옌칭연구소 전 부소장.

웨인 랭글리 Wayne Langley   국제서비스노조SEIU 고등교육부 감독.

응오빈롱Ngô Vĩnh Long   1968년 하버드 졸업. 베트남인 중 최초로 하버드에 입학. 베트남전쟁 반대운동의 리더. 현재 메인 주립대학 역사학 교수.

일레인 버나드 Elaine Bernard   하버드 로스쿨 '노동과 삶' 프로그램 전무이사.

재닌 웨델 Janine Wedel   조지메이슨 대학 국제통상 및 정책대학원 교수. 《충돌과 공모: 서구의 이상한 동유럽 원조사례*Collision and Collusion: The Strange Case of Western Aid to Eastern Europe*》 저자.

조슈아 험프리스 Joshua Humphreys   텔러스 연구소 선임연구원.

조지 카치아피카스 George Katsiaficas   MIT 민주사회를 위한 학생연합SDS 활동. 웬트워스 공과대학 인문학부 교수.

존 벡위드 Jon Beckwith   유전학자. 하버드 메디컬스쿨 교수.

존 트럼보우 John Trumpbour   하버드 로스쿨 '노동과 삶' 프로그램 감독. 《하버드는 어떻게 지배하는가*How Harvard Rules*》 저자.

찰스 윌리 Charles V. Willie   사회학자. 하버드 교육학 명예교수.

해리 매티슨 Harry Mattison   올스톤 주민. 하버드 올스톤 태스크 포스 대표단.

2. 다큐멘터리의 인터뷰 내용과 책의 인용문은 거의 그대로 살렸다. 독자들이 이해하기 어렵다고 판단된 곳에서만 다소 수정했음을 밝혀 둔다.

존 하버드 동상의 거짓말

하버드에 오신 것을 환영합니다.
지금부터 약 70분 동안 저희와 함께 캠퍼스를
돌며 하버드의 오랜 역사와 전통에 대해서
배우는 환상적인 경험을 하게 될 겁니다.
자, 출발!

요란한 환호성과 함께 수십 명으로 이루어진 행렬이 매사추세츠 대로를 건너 하버드 야드(케임브리지 시 하버드 스퀘어 부근 3만여 평 부지를 가리킨다. 그 중심에 하버드의 메인 캠퍼스가 있다)로 향한다. 하버드 대학의 메인 캠퍼스가 있는 하버드 스퀘어 인근에서 매일 수차례씩 반복되는 캠퍼스 투어의 한 광경이다. 하버드 투어는 재학생의 안내로 캠퍼스 곳곳을 돌며 하버드의 역사와 문화를 접하는 프로그램으로, 보스턴 인근을 찾는 세계 관광객들의 필수 코스다. 학교에서 운영하는 공식 투어의 인기에 힘입어 2006년에는 하버드 졸업생이 아예 회사를 세워 학교 프로그램과는 별도로 투어를 진행하고 있다. 매회 관광객 50여 명이 모여들고, 2010년 한 해에 비공식 투어로 다녀간 이만 해도 약 4만 명에 이른다고 한다.

백팩을 맨 배낭여행족부터 지팡이를 짚고 나온 황혼의 커플까지 국적도 나이도 제각각인 관광객들은 잠시 후에 시작될 흥미진진한 여정에 한껏 들뜬 모습이다. 어린 자녀와 함께 온 젊은 부모들도 더러 눈에 띈다. 아이를 꼭 잡은 부모의 손은 '봐라. 여기가 그 유명한 하버

남북전쟁 당시 사망한 하버드 출신 북군 전사자들을 추모하는 메모리얼 홀(왼쪽)과 미국 대학 도서관 중 최대 규모를 자랑하는 와이드너 도서관(오른쪽).

드 대학이다. 나중에 꼭 이곳에 입학해야 한다'고 무언의 메시지를 보내는 것 같다.

잠시 후면 이들은, 오두막 같은 곳에서 교수 한 명과 학생 12명이 공부한 하버드의 첫 수업 풍경에 관해 듣게 될 것이고, 이후 이어지는 하버드에 관한 이야기를 들으며 하버드의 유구한 역사에 자못 경건해할 것이다. 남북전쟁 당시 북군을 위해 싸우다 전사한 하버드맨들을 추모하는 메모리얼 홀Memorial Hall과 각종 전쟁에서 사망한 하버드 출신들을 기리는 기념교회Memorial Church 등을 지나면서는 진홍빛 벽돌로 층층이 쌓아 올려진 건물들의 웅장한 규모와 아름다움에 혀를 내두르게 될 것이다. 미국 대학 도서관 중에서 최대 규모를 자랑하는 와이드너 도서관 앞에서는 엘레노아 엘킨스 와이드너Elenor Elkins Widener

가 타이타닉호 침몰 때 사망한 아들을 추모하기 위해 어마어마한 재산을 기부해 도서관을 세운, 영화보다 더 영화 같은 이야기도 듣게 될 것이다.

하버드 스퀘어Harvard Square에서 시작된 투어는 메인 캠퍼스를 한 바퀴 돌아 존 하버드 동상 앞에서 마무리된다. 1884년 조각가 다니엘 체스터 프렌치가 주조한 존 하버드 동상은 하버드를 대표하는 중요한 상징물이다. 그 앞에서 수많은 관광객이 하버드에 다녀간 증거사진을 찍곤 한다. 미국에서 세 번째로 많이 촬영되는 동상이라고 할 정도로 인기가 많은데, 특히 동상의 왼쪽 발이 심하게 닳아 번들거린다. 왼발을 만지면 하버드에 입학할 수 있다는 정체불명 입증불명의 속설을 좇아 너도나도 문질러 댄 탓이다.

관광객들이 존경과 감탄이 어린 눈으로 동상을 올려다보는 순간, 가이드는 동상에 관한 세 가지 흥미로운 거짓말을 알려 준다. 동상 주춧돌에 '존 하버드, 설립자, 1638년'이라는 글귀가 새겨져 있는데 모두 사실이 아니라는 것이다. 하버드는 1638년이 아닌 1636년에 매사추세츠 식민지 관할위원회의 투표를 거쳐 설립되었다. 존 하버드는 설립자가 아닌 첫 번째 기부자로, 1638년은 그가 기부한 해다. 마지막으로 동상의 실제 모델 또한 존 하버드가 아니라는 사실이다. 동상을 주조할 당시 존 하버드 목사에 대한 자료가 남아 있지 않아 하버드의 한 학생을 모델로 삼아 주조했기 때문이다. 학생 가이드의 익살맞은 설명에 관광객들은 한바탕 박장대소를 하고, 그렇게 투어는 막을 내릴 것이다.

하버드 대학 심장부에 세워진 동상이 거짓말투성이라는 사실은 과연 무엇을 뜻하는가. 하버드는 왜 '뻔한 거짓말'을 한 것일까. 더구나 하버드 교훈校訓인 베리타스(Veritas, 라틴어로 '진리'라는 뜻)라는 문장까지 떡하니 동상에 새겨 넣고 말이다. 하버드를 대표하는 상징물이 거짓말이라는 사실은 시사하는 바가 크다.

그들이 말해 주지 않은 것

사실, 하버드의 실체를 알게 되면 존 하버드 동상에 얽힌 거짓말쯤은 애교로 느껴질 것이다. 따라서 이 책을 읽어 가는 과정은 하버드 투어에서는 알려 주지 않는, 하버드의 감춰진 모습들을 발견할 수 있는 진정한 의미의 하버드 투어가 될 것이다. 가령 하버드 투어에서는 17세

하버드의 대표 상징물인 존 하버드 동상. 왼발을 만지면 하버드에 입학할 수 있다는 속설 때문에 왼발이 닳아 번들거린다. 오른쪽 사진은 하버드 관광객들.

기 말 매사추세츠 주 세일럼에서 벌어졌던 마녀사냥에 하버드가 어떻게 관련되었는지 절대 말해 주지 않는다. 노예해방론자들의 천국이었노라고 자부하는 하버드의 총장들이 노예들을 거느리면서 살았고, 하버드 학생들이 파업 진압에 앞장섰던 자랑스럽지 않은 역사도 생략된다. 백인 중심이었던 하버드의 학자들이 미국 우생학을 발전시키고 이것이 독일 나치에 큰 영향을 준 사실도, 1934년 히틀러의 최측근이 된 하버드 출신이 하버드 졸업식에 초대되어 칙사 대접을 받았던 해프닝도 알려 주지 않는다. 흑인과 여학생이 아주 오랫동안 하버드에서 차별을 받았던 사실도 묻어 둔다.

그러나 이제 여러분은 하버드 학자들이 어떻게 미 외교정책에 영향력을 행사해 왔는지를 알게 될 것이다. 그들은 OSS(Office of Strategic Services, 2차대전 때 창설된 미국 정보기관)에서 CIA(Central Intelligence Agency, 미국 중앙정보국)로 전환하는 데 혁혁한 공을 세웠고, FBI를 포함한 이들 정보기관과 굳건히 연대하면서 미 정부가 필요로 하는 냉전 이데올로기를 생산해 왔다. '학문의 자유를 수호하는 전당'으로 자신해 온 하버드는 매카시즘 광풍이 휘몰아쳤을 때 좌파 교수들을 쫓아내고 정리하는 데도 앞장섰다.

하버드의 정체성은 1979년 이란혁명으로 축출된 모하마드 레자 팔레비 국왕이 1968년 하버드 졸업식에서 명예학위honorary degree를 받은 사실에서도 여실히 드러난다. 하버드의 많은 학자가 베트남전쟁에 개입해 전쟁을 부추겼으며, 이로 인해 하버드는 반전운동의 철퇴를 맞아야 했다. 1969년 학군단 훈련에 반대하던 학생들이 대학 행정실이 있는 유니버시티 홀University Hall을 점거하자 총장은 서둘러 경찰을 투입해 학생들을 진압했고, 하버드 학생들은 최초의 동맹휴학으로 맞섰다. 베트남전쟁 반대운동은 하버드를 뿌리째 뒤흔들었고, 이것은 하버드가 국가 방위 경영에서 신자유주의적 기업형 경영으로 운영 방향을 바꾸는 결정적인 계기가 된다.

1989년 베를린 장벽이 무너지고, 91년 소련이 해체되면서 냉전은 끝났지만, 하버드의 영향력은 신자유주의 깃발 아래 미국을 넘어 지구촌 곳곳으로 뻗어 나간다. 하버드 학자들은 러시아 경제를 시장민주주의로 전환하는 막중한 임무를 부여받았고, 이들이 조언한 경제정책으로 인해 러시아에서는 빈부 격차가 커졌으며, 이 때문에 오늘날 대다수 국민이 고통스럽게 살고 있다. 이 과정에서 하버드맨들은 자신들의 지휘와 영향력을 이용해 부정과 비리를 저질렀다. 이 일로 미 정부로부터 소송을 당해 2005년 하버드와 관계자들은 총 3100만 달러의 벌금형에 합의한다. 이런 내용은 주류 언론에서도 언급하지 않는다.

그렇다면 하버드를 실제로 움직이는 것은 무엇인가. 총장을 포함한 7인으로 이루어진 '하버드 법인'이라는 제왕적 조직이다. 이사들은 대부분 교육과 무관한 기업계 인사들이다. 이 때문에 하버드가 특정 기업과 결탁해 그들의 이익에 부합하는 것을 연구하고 있다는 비판이 늘 제기되어 왔다. 가령, 2001년 미 경제를 충격으로 몰아넣었던 엔론 파산 이후 하버드 학자들이 엔론에서 연구자금을 받아 가며 에너지 분야 규제 철폐 정책들을 생산해 왔음이 드러나 망신을 샀다. 특히 하버드는 엔론 파산 직전, 절묘한 타이밍에 보유하고 있던 대량의 엔론 주식을 팔아 치워 의혹을 일으키기도 했다. 하버드 법인의 비민주적 운영 방식에 대한 불만이 증폭되자, 하버드 당국은 급기야 2010년 말, 이사를 최대 13명까지 확대하는 특단의 조치를 취한다.

미국식 자유민주주의의 상징인 하버드가 노동자들을 어떻게 대해왔는지도 보게 될 것이다. 2001년 하버드 학생들이 벌인 학내 점거 농성을 통해 그 실상이 만천하에 드러난다. 당시 학생들은 학내 서비스 노동자들 생활임금living wage 쟁취를 위해 총장실이 있는 매사추세츠 홀을 21일간 점거했다. 학내는 물론 지역공동체에서 이들의 투쟁을 강력히 지지했고, 언론도 세계에서 가장 부유한 대학이 어떻게 노동자들을 착취하고 있는지 집중 조명했다.

마지막으로 세계 최대 규모의 기금을 자랑하는 하버드 대학이 어떻게 기금을 운용해 왔는지도 들여다보게 될 것이다. 하버드는 1974년 하버드 매니지먼트사Harvard Management Company를 설립한 이후, 공격적으로 대학기금을 투자해 왔다. 매년 투자액을 몇 배씩 늘려 2008년에는 369억 달러에 이르렀다. 하지만 2008년 금융위기로 인해 하버드는 30퍼센트에 가까운 자산을 잃었다. 그 결과 노동자 1000여 명이 강제퇴직과 정리해고를 당했고, 하버드가 개발하다 만 주변 도시는 쑥대밭이 된 채로 방치되었다.

하버드 투어에서는 결코 들을 수 없는, 하버드에 관한 진짜 이야기는 이제부터 시작이다.

1장

프로파일링 하버드

"하버드 대학은 미국의 지배계급이
필요로 하는 지적 노동을 수행하는
사명을 지닌 기관이다."
−리처드 레빈스[1]

"콕 집어서 말하기는 어렵지만 하버드에서
4년을 지내다 보면 세상은 마치 하버드 출신들이
이끌도록 만들어진 것처럼 느껴질 것이다."
−하버드 대학 4학년생[2]

"하버드를 생각하면 불행하게도
260억 달러의 기금을 떠올리게 된다.
하버드는 하나의 작은 국가다."
−마이클 앤새라[3]

미국의 역사학자 버나드 드 보토Bernard De Voto는 하버드 대학을 가리
켜 "공화국 안의 공화국"[4]이라 정의 내렸다고 한다. 하버드의 위상을
나타내는 표현으로 이보다 더 적절한 문구가 있을까 싶다. 그렇다. 오
늘날 하버드는 대학을 넘어선 하나의 국가이고, 하버드의 영향력은
미국을 넘어 전 세계에 미치고 있다. 20세기를 거치며 하버드는 고등
교육과정의 최고 브랜드로 명성을 굳혀 왔고, 세계 모든 학생과 학부
모가 꿈꾸는 꿈의 대학으로 자리 잡았다. 하버드를 향한 열기만 보아
선 한국도 뒤지지 않는다. 더구나 한국은 오바마 미국 대통령까지 칭
송해 마지않는 세계 최고의 교육열을 자랑하는 나라가 아닌가. 하버
드를 향한 일편단심에 어떤 부모는 초등학생인 아이에게 새벽 과외를
강요하고, 심지어 갓난아기에게 엄마, 아빠 다음으로 하버드를 가르
치기도 한다.

그런데 우리는 과연 하버드에 대해 얼마나 알고 있을까? 하버드 하
면 천재 혹은 〈하버드 대학의 공부벌레들〉 같은 영화나 드라마를 통
해 주입된 이미지만을 떠올리는 사람이라면 이 책이 그 해답을 찾는

활기가 넘치는 하버드 스퀘어 주변(왼쪽)과 하버드의 메인 캠퍼스인 하버드 야드(오른쪽).

데 도움이 될 것이다. 물론 하버드가 명문대학이라는 것은 부정할 수 없는 자명한 사실이다. 하지만 하버드는 단순한 대학이 아니다. 하버드는 미국의 정치·경제·군사엘리트들을 양성하는 훈련소로, 오랜 세월 동안 미국이 개입해 온 수많은 전쟁과 내정간섭을 뒷받침해 온 일종의 군·산·학 공동체이다.

그런데도 하버드는 다른 어떤 대학보다 진보적인 이미지를 가지고 있다. 틈나는 대로 자신들이 학문의 자유라는 고결한 가치를 지키는 일에 앞장서 왔음을 강조하고, 이에 대한 자부심을 감추지 않는다. 미국의 많은 보수단체가 하버드를 '찰스 강의 크렘린Kremlin'이라 부르며

비판의 목소리를 높이고 있는 것 또한 사실이다. 물론 일부 양심적인 지식인들은 하버드의 학자들이 미 정부가 필요로 하는 제국주의 정책에 기여하는 연구들을 하는 등 하버드와 미 정부의 밀착관계를 비판하고 있지만 이는 극히 소수에 불과하다. 이처럼 하버드를 둘러싸고 벌어지는 진보, 보수 진영의 논쟁은 하버드의 실체를 파악하는 데 거대한 장애물이 되기도 한다. 이 장에서는 하버드의 사회적 영향력과 역사, 정치적 성격을 프로파일링해 보려 한다. 과연 하버드는 어떤 곳일까.

세계 모든 대학의 교황청

2009년 미 경제전문지 《포브스Forbes》는 〈당신의 아이를 세계 최고의 갑부로 만들고 싶다면 하버드로 보내라〉는 다소 자극적인 내용의 기사를 실었다. 기사에 따르면 하버드는 미 대학 중 가장 많은 억만장자를 배출했고 세계 억만장자의 약 5퍼센트에 해당하는 54명이 하버드 출신이라고 한다(1년 후인 2010년에는 62명으로 증가한다). 이 수치는 2위인 스탠퍼드 대학의 2배가 넘고, 상위권에 든 나머지 대학들과 비교해도 차이가 크다.

《포브스》의 기사는 하버드의 브랜드 파워를 입증하는 수많은 예 중 하나에 지나지 않는다. 미국의 시사주간지 《유에스 뉴스앤월드 리포트U. S. News & World Report》가 매년 시행하는 대학 평가에서도 하버드는 3년 연속 부동의 1위를 지키고 있다. 사회적 지위와 명성, 영향력에 있어 하버드를 능가할 수 있는 대학은 단언컨대, 세상 어디에도 없을 것이다.

하버드의 메인 캠퍼스가 위치한 매사추세츠 주 케임브리지의 하버

억만장자를 배출한 미국 5개 대학

순위	대학명	인명 수
1	하버드	54
2	스탠퍼드	25
3	펜실베이니아	18
4	컬럼비아	16
4	예일	16

출처: 《포브스》(2009)

드 스퀘어는 전 세계에서 모여드는 학생들과 관광객들로 1년 365일 활기가 넘친다. 덕분에 하버드 스퀘어 인근의 임대료와 부동산 시세는 천문학적인 숫자를 자랑하고, 하버드 야드 주변의 고풍스러운 주택들은 보스턴 인근에서 가장 인기가 높은 그러나 보통 사람들은 감히 꿈도 꾸기 어려운 고가로 손꼽힌다.

따라서 하버드를 단순히 명문대학 정도로 생각한다면 이는 하버드를 너무 얕잡아 보는 것이다. 하버드의 힘과 명성을 가능하게 한 것은 90여 곳에 이르는 도서관의 숫자가 말해 주듯 풍부한 자원과 전 세계 학자들을 끌어들이는 전문 연구소, 전문화된 대학원들이기 때문이다. 특히 전문대학원에서는 법·경제·의료 등 각종 분야에서 최고의 엘리트들을 배출해 내고 있고, 그중에서도 로스쿨과 비즈니스스쿨, 메디컬스쿨, 행정대학원인 케네디스쿨 등은 그 명성이 자자하다.

하버드는 세상에서 가장 부유한 대학이기도 하다. 2008년 369억 달러로 최고점을 찍었던 하버드 기금액은 금융위기를 겪으면서 1년 사이에 110억 달러가 줄어드는 수모를 겪기도 했지만 그 규모는 여전히 천문학적인 숫자다. 2011년에 발표한 기금액은 320억 달러(약 38조 원)로, 이는 에스토니아의 GDP를 능가하고 단군 이래 최대 규모라는 4대강 사업 총예산 22조 2000억 원보다도 많다. 세계 비영리기구 중에서 '로마 가톨릭 교회'와 마이크로소프트사의 빌 게이츠가 세운 '빌 & 멜린다 재단'에 이어 세계 3위를 자랑한다. 여기서 기금endowment은 흔히 생각하는 자산과는 다른 개념으로, 대학에 주어진 장학금을 이른다. 따라서 하버드가 소유한 아름다운 건물들과 수십만 평에 이르는 대지 그리고 박물관에 소장된, 값을 매기기 힘든 고가의 예술품들은 포함조차 되지 않은 것이다.

하버드 구조

하버드는 학부 과정과 일반대학원 그리고 평생교육원을 포함하는 문리학부The Faculty of Arts and Sciences, 의학대학원(메디컬스쿨), 치의학대학원, 신학대학원, 법학대학원(로스쿨), 경영대학원(비즈니스스쿨), 디자인대학원, 교육대학원, 공공보건대학원, 행정대학원(케네디스쿨), 래드클리프

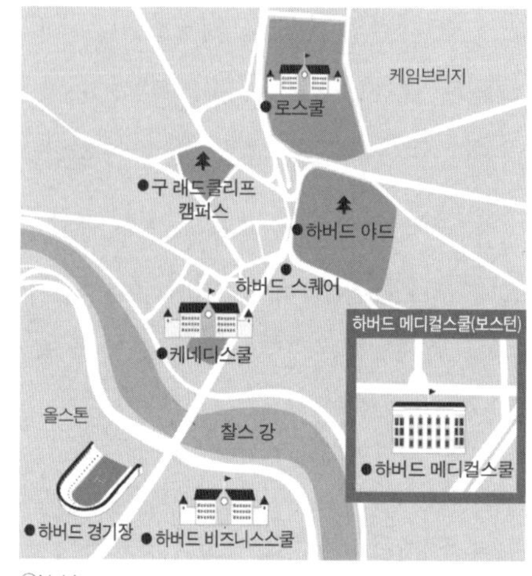

©Nabiyeon

대학원 등 11개 학문기관으로 구성되어 있다. 메인 캠퍼스가 있는 하버드 야드에는 유니버시티 홀을 포함한 각종 대학 건물들과 수많은 도서관, 기념교회, 신입생들이 거주하는 기숙사 건물들이 자리 잡고 있다. 이들 기숙사는 식당과 도서관은 물론 다양한 학생시설을 갖추고 있어서 대다수 학부생은 사실상 기숙사를 중심으로 생활한다.

메인 캠퍼스에서 케네디스쿨을 지나 찰스 강을 건너면 비즈니스스쿨과 하버드 경기장stadium이 있는 올스톤이 나온다. 하버드는 차후 이곳에 대단위 캠퍼스를 조성할 계획이다. 11개 학문기관 중 의학대학원과 치의학대학원, 공공보건대학원은 올스톤에서 조금 떨어진 보스턴의 롱우드 의학단지에 있다. 이곳에는 미 최고의 실력을 자랑하는 유수한 병원과 연구시설이 밀집해 있다.

다른 대학들과 비교해 보면 하버드 기금의 규모가 더욱 돋보인다. 유서 깊은 흑인대학으로 소위 '흑인들의 하버드'라 불리는 워싱턴 D. C. 소재 하워드Howard 대학의 기금액은 하버드의 1.6퍼센트에 해당하는 4억 2000만 달러이고, 커뮤니티 칼리지 중 가장 많은 기금을 보유하고 있는 것으로 알려진 올랜도의 발렌시아 커뮤니티 칼리지의 기금액은 6700만 달러로 하버드가 가진 기금액의 약 0.26퍼센트에 불과하다고 한다.[5] 그런데 씁쓸한 것은 이런 미 대학들의 심각한 빈부 격차가 학생들에게는 단순히 학창 시절을 넘어 일생 동안 지속될 확률이 매우 높다는 것이다.

화려한 인맥 또한 하버드의 자랑이다. 특히 정계에서 하버드의 '족보'는 타 대학과 비교하는 일을 불허한다. 제2대 대통령인 존 애덤스(1791~1801)를 시작으로 존 퀸지 애덤스(1825~29), 러더포드 헤이스(1877~81), 시어도어 루스벨트(1901~09), 프랭클린 루스벨트(1933~45), 존 F. 케네디(1961~63), 조지 W. 부시(2001~09), 버락 오바마(2009~)까지 총 8명의 대통령을 배출했으니 그럴 만하다. 현역 의원 배출 순위에서도 부동의 1위를 달린다. 1968년 하버드의 동창회보가 졸업생 5만 913명을 대상으로 설문 조사한 결과에 따르면, 이 중 10퍼센트가 최소 지역구 수준의 선거에 도전해 10명 중 7명이 당선되었다고 한다.[6]

이런 탄탄한 인맥은 국경의 제약도 받지 않는다. 하버드와 옥스퍼드 대학의 정치적 영향력을 비교, 분석한 한 보고서에 따르면, 1945년부터 2010년 초까지 42개국 74명의 국가원수나 정부수반이 하버드나 옥스퍼드에서 수학했거나 특별한 종류의 장학금을 받았다고 한다. 특이한 점은 옥스퍼드로 진학하는 이들이 주로 영연방 국가 출신인 반면 하버드를 선택한 이들은 그야말로 다국적이란 것이다. 페루의 알

레한드로 톨레도 전 대통령을 비롯해 멕시코의 펠리페 칼데론, 콜롬비아의 후안 마누엘 산토스, 칠레의 세바스티안 피녜라 등 남미의 국가원수 대부분이 하버드 출신이고, 아프리카 대륙 최초로 당선된 여성 대통령인 라이베리아의 엘런 존슨 설리프, 싱가포르 총리 리센룽, UN사무총장 반기문 등 세계 각국의 지도층에도 하버드 출신이 많다. 이런 인맥을 형성하는 데 특히 케네디스쿨의 역할이 크게 작용했던 것으로 분석된다. 물론 하버드 출신들이 국내 정치에 미치는 영향력도 절대적이다. 20세기 하반기 50년 동안 미국의 정상급 정치엘리트들 중 11퍼센트가 하버드 출신이었고, 최고 맞수인 예일 출신은 7퍼센트 이하로 집계되었다고 한다.[7]

하버드 출신 경제계 인맥도 탄탄하다. 다음 표를 보면 알 수 있듯이 2011년《유에스 뉴스앤월드 리포트》에 따르면 미 500개 대기업 최고경영자의 출신 대학을 분석한 결과 하버드가 가장 많았다. 그중에서도 하버드 비즈니스스쿨 출신이 단연 많다. MBA 과정 출신만 해도 33명으로 9명을 배출한 2위 컬럼비아 대학의 3배가 훨씬 넘는다.[8]

법조계에서 하버드의 영향력은 새삼스럽게 거론할 필요조차 없을 것이다. 하버드 로스쿨이 배출한 미 정상급 정치지도자만 37명으로

교육기관	합계	학부 출신	MBA	기타 대학원
1. 하버드	58	11	33	14
2. 컬럼비아	21	3	9	9
3. 펜실베이니아	20	6	9	5
4. 위스콘신 대학교 매디슨	17	11	3	3
5. 다트머스	16	12	4	0
(중략)				

하버드 출신 미국 대통령들. 시계 방향으로 존 애덤스(2대), 존 퀸지 애덤스(6대), 러더포드 헤이스(19대), 시어도어 루스벨트(26대), 프랭클린 루스벨트(32대), 존 F. 케네디(35대), 조지 W. 부시(43대), 버락 오바마(44대).

이는 예일 전체를 합친 38명과 맞먹는 수준이다. 미 대법관 9명 중 6명이 하버드 출신이고, 나머지는 예일과 프린스턴 등 기타 아이비리그 대학 출신들로 이루어져 있다. 오바마 정부 출범과 함께 4번째 여성 대법관으로 지명된 엘레나 케이건 역시 하버드 로스쿨 최초의 여성 학장을 지낸 인물이다.

한마디로 하버드 출신들이 세상을 움직인다고 해도 과언은 아닐 것이다. 고등교육 과정의 최고 브랜드로 추앙받는 하버드의 위상은 '세계 모든 대학의 교황청'이라 불러도 무방할 만큼 가히 절대적이다. 공교롭게도 존 하버드 동상의 왼발이 닳은 것이 바티칸에 있는 성 베드로 동상의 발가락이 순례자들의 입맞춤에 닳아진 것과 매우 흡사하기까지 하다.

하버드의 막강한 영향력과 짱짱한 인맥은 하버드 입학이 '성공으로 가는 지름길'이라는 인식을 불러일으키기에 충분하다. 이 때문에 오늘날 하버드 입학을 위한 경쟁은 실로 치열하고, 하버드 인근 서점가에는《하버드 입학 에세이 성공적으로 쓰는 전략》과 같은 에세이집과 입학 안내서가 빼곡히 진열되어 있다. 최근 발표에 따르면 하버드는 2015년 졸업반을 위해 3만 4950명의 지원을 받아 그중 6.2퍼센트에 해당하는 2167명을 합격시켰다.[9] 예일은 7.4퍼센트, 프린스턴은 8.4퍼센트로 하버드는 아이비리그 대학들 중 가장 낮은 합격률을 자랑한다. 하지만 이 살벌한 입학 전쟁에도 예외는 존재한다. 하버드 혹은 래드클리프 졸업생 자녀들은 동문 자녀를 우대하는 레가시 정책(Legacy Admission, 동문 자녀 특례입학제도)의 특혜를 받기 때문이다. 2011년《하버드 크림슨》보도에 따르면, 레가시 지원자들의 합격률은 30퍼센트대로 일반 지원자의 약 4배에 달하며 하버드 학부생 중 12~13퍼센트가 레가시 입학생이라고 한다.[10] 물론 하버드를 향한 경쟁이 치열해지면서 레가시 합격률 또한 과거에 비해 훨씬 낮아지고 있다는 것이 세간의 평가다.

한국은 하버드 열풍이 가장 거센 나라다. 온갖 어려움을 극복하고 하버드에 입학한 학생들이 그동안의 과정을 엮어 자서전을 내거나 자녀를 하버드에 보낸 부모들이 자신만의 교육법을 담은 책을 출판하는 일도 흔하다. 한때 김영삼 정부가 '세계화'를 국정 과제로 내세워 해외파 인재를 대거 등용하면서 특목고와 조기유학 붐이 일더니 그사이 아이비리그 대학 그중에서도 하버드에 진학하는 한국 학생들이 눈에 띄게 증가했다. 2010년에만 300여 명으로 캐나다와 중국에 이어 3위를 달린다. 중국과 한국의 인구 차이를 비교하면 한국 학생들의 하버

하버드를 향한 열망을 풍자한 카툰. 하단에 "8.5파운드의 우량아예요. 그뿐만이 아니라 하버드에 입학할 아이라고 온몸에 쓰여 있답니다!"는 문구가 보인다.

드 입학 비율은 가히 기록적이라 할 만하다.

한국의 아이비리그 열풍은 심지어 《뉴욕타임스》에도 보도될 정도다. 2008년 4월 《뉴욕타임스》는 〈아이비리그 입학 기술을 제조하는 한국의 명문고들〉이라는 기사를 통해 한국 사회의 과도한 아이비리그 입학 열풍을 꼬집었다. 이 기사에 따르면 "한국 명문고 학생들의 아이비리그 입학률은 미국의 부모들도 부러워할 정도"라고 한다.[11]

하버드 옌칭연구소 부소장을 지낸 에드워드 J. 베이커Edward J. Baker 교수는 하버드를 향한 한국인의 집착은 정도가 지나치고 시각 또한 많이 왜곡되어 있다고 지적한다. 그는 한국인의 서열 중심 사고방식에서 그 원인을 찾는다. 하버드가 명문대학임은 틀림없지만 모든 면에서 최고는 아니다. 어떤 프로그램은 타 대학이 하버드보다 뛰어나다. 하지만 한국인은 대학에 일방적으로 순위를 매겨 평가하기 때문에 하버드가 무조건 최고라고 잘못 인식하고 있다는 것이다.[12]

그러나 비단 한국인만이 하버드에 열광하는 것은 아닐 것이다. 하버드 입학은 이전과는 차원이 다른 새로운 세상에 발을 들여놓는 것을 의미하기 때문이다. 하버드는 언제부터 이처럼 엄청난 영향력을 행사할 수 있게 되었을까. 그 힘의 원천이 궁금하지 않을 수 없다. 우리가 발 딛고 서 있는 오늘은 수많은 어제들의 총체이기 때문이다.

신의 품에서 국가의 품으로

1636년 매사추세츠 주의회는 12명으로 구성된 감독위원회를 조직한다. 위원회에서는 찰스 강을 사이에 두고 보스턴을 마주 보는 뉴타운에 뉴칼리지를 세우는데 이것이 북미 최초의 대학(이후 뉴타운은 몇몇 식민지 통치자의 모교 이름을 따서 케임브리지라 불린다)이다. 미국이 생기기 훨씬 이전의 일이다. 2년 후 폐결핵으로 요절한 존 하버드 목사가 책 400여 권과 재산 779파운드를 기부하면서 뉴칼리지는 하버드 대학으로 이름이 바뀐다. 신앙심 깊은 신교도 목사를 양성하는 것이 당시 하버드의 목표였다. 여기까지가 흔히 알려진 하버드의 역사다.

종교대학이었던 하버드가 지금과 같은 종합대학으로 변모하기까지 숨겨진 역사를 이제부터 하나씩 들추어 보자. 역사는 17세기 말 매사추세츠 주 세일럼에서 일어난 광기 어린 마녀사냥으로 거슬러 올라간다. 1692년 4월, 마을의 한 소녀가 자신이 그동안 사탄과 접촉해 왔다고 자백하면서 다른 여성들도 마녀로 내몬다. 또 다른 소녀는 자신들을 조종한 악마로 하버드 출신의 신앙심 깊은 목사 조지 버로우즈(George Burroughs, 1670년 하버드 졸업)를 지목한다. 그 바람에 버로우즈를 비롯한 수많은 사람이 체포되었고, 특별재판부가 구성되었다.

당시 재판에 개입한 인사 중 상당수가 공교롭게도 하버드 출신이었다. 특별법정의 재판장 윌리엄 스토우턴(William Stoughton, 1650년 하버드 졸업), 판사 사무엘 시월(Samuel Sewall, 1671년 하버드 졸업), 나타니얼 살톤스톨(Nathaniel Saltonstall, 1659년 하버드 졸업)을 비롯해 명망 있는 목사였던 하버드의 총장 인크리스 매더Increase Mather와 그의 아들이자 하버드 법인 이사였던 코튼 매더(Cotton Mather, 1678년 하버드 졸업) 등이다. 특히 코튼 매더는 이 사건 이전부터 마녀 문제에 관심이 깊었으며 이후 세일럼 마녀재판을 옹호하는 《보이지 않는 세계의 경이The Wonders of the Invisible World》를 펴내기도 했다.

본래 마녀사냥이라는 것이 일단 한번 마녀로 몰리면 자신이 마녀가 아님을 입증하는 것은 거의 불가능하다. 나는 마녀가 아니라고 아무리 호소한들 이를 과학적으로 증명할 방법이 없고, 결국 마녀라고 자백하지 않는 한 고문은 계속될 것이기 때문이다. 1692년 8월, 조지 버로우즈는 마녀로 지목된 네 명과 함께 군중이 가득한 거리에서 교수형을 당한다. 처형 직전 버로우즈는 자신의 무죄를 증명하기라도 하듯 완벽하게 주기도문을 외웠다. 이로 인해 처형을 망설이는 분위기가 형성되지만 현장을 지켜보던 코튼 매더가 "악마는 자주 천사의 빛으로 둔갑해 나타난다"[13]고 외치면서 형이 집행된다. 훗날 세일럼의

세일럼의 마녀재판.

마녀재판을 후회했던 담당 판사는 당시 일기에 "(코튼) 매더 목사가 죄인들은 모두 정당한 판결에 따라 죽었다고 했다"[14]고 기록했다. 인크리스 매더 총장 또한 재판부를 옹호했다. 1년 남짓 계속된 마녀사냥 기간 동안 모두 185명이 체포돼 그중 19명이 처형당했고, 수많은 사람이 고문과 투옥을 당했다.

마녀사냥을 옹호한 코튼 매더(하버드 법인 이사).

마녀사냥의 광기는 마침내 주지사의 부인 등 상류층 인사들까지 마녀로 지목되고, 인크리스 매더 총장 또한 《양심의 사례들》이란 소책자를 통해 충분한 증거 없이 무고한 신자를 마녀로 모는 것은 잘못임을 경고하면서야 중단되었다. 이후 재판에 참여한 많은 인사가 당시의 잘못된 결정을 인정하고 자성과 참회의 태도를 보였지만, 재판장이었던 윌리엄 스토우턴과 코튼 매더는 반성하지 않았다고 한다.

훗날 미국의 극작가 아서 밀러는 세일럼의 마녀재판을 소재로 희곡을 썼으며, 이를 바탕으로 제작된 영화가 잘 알려진 〈크루서블〉이다. 물론 영화에서 하버드에 대한 이야기는 단 한 줄도 언급되지 않는다. 하지만 세일럼의 피바람은 하버드 진로에 큰 영향을 미쳤다. 마녀재판에 대한 자성이 일면서 종교적 편견에서 비교적 자유롭고자 하는 새로운 움직임이 생겨난 것이다. 이후 인크리스 매더와 코튼 매더의 영향력은 급격히 감소하고, 1708년 하버드 역사상 최초로 성직자가 아닌 평신도였던 존 레버레트John Leverett가 총장으로 선출되었다. 이는 하버드가 엄격한 청교도주의에서 벗어나 학문적 독립기관으로 전환하는 첫 시도였다.

18, 19세기를 거치면서 하버드의 교육과정과 학생들은 점차 비종교적인 방향으로 변화하게 된다. 특히 1865년 남북전쟁이 끝나고 전쟁에서 승리한 북부를 중심으로 산업화가 급속도로 진행되면서 더 실용적인 커리큘럼이 필요해졌다. 이 시기 하버드는 소위 보스턴의 브라만 가문이라 불리는 상류층 자제들이 진학하는 필수 코스였다. 제6대 대통령이었던 존 퀸지 애덤스의 손자이자 2대 대통령 존 애덤스의 증손자인 헨리 애덤스Henry Adams는 자서전에서 하버드에 입학한 이유를 다음과 같이 설명하고 있다.

코튼 매더와 예일의 탄생

아버지를 이어 하버드 총장을 꿈꿨던 코튼 매더에게 존 레버레트의 총장 취임은 그야말로 마른하늘에 날벼락 같은 소식이 아닐 수 없었다. 분노한 매더는 1701년 코네티컷에 문을 연 신생대학(뉴칼리지)으로 관심을 옮긴다. 당시 이 대학 설립자 12명 중 11명이 하버드 출신이었다. 1716년 대학을 뉴 헤이븐으로 옮길 때 매더는 엘리후 예일Elihu Yale이란 부유한 상인에게 재정적인 도움을 요청하고, 예일은 책 417권과 9가마니의 재화, 조지왕의 초상화 등을 기부한다. 감사의 표시로 매더는 학교 측에 대학 이름을 예일로 바꿀 것을 제안한다. 매더는 자신을 '사랑스러운 갓난아기(예일 대학)의 대부'라고 즐겨 불렀다고 한다.

"수대에 걸쳐 아담가家와 브룩스가, 보일스톤가, 고햄가의 자제들
이 하버드 칼리지에 진학했다. (…) 그들이 하버드를 택한 이유는
친구들이 하버드에 갔기 때문이고, 하버드는 그들의 사회적 자긍
심을 세워 줄 이상적인 곳이기 때문이다."[15]

하버드가 지니는 역사적 중량감은 보스턴에 세워졌다는 점에서도
기인한다. 보스턴은 미국에서 가장 오래된 유서 깊은 도시로, 그 실체
가 무엇이었든지 보스턴 차사건으로 상징되는 미국 독립혁명의 발아
지이다. 그로 인해 존 핸콕과 새뮤얼 애덤스, 존 애덤스 등 많은 하버
드 출신이 미국 독립혁명에 주도적으로 참여했다. 게다가 초대 대통
령인 조지 워싱턴을 비롯해 2대(존 애덤스), 3대(토머스 제퍼슨), 5대(제임
스 먼로), 6대(존 퀸지 애덤스), 7대(앤드류 잭슨) 등 4대 제임스 매디슨을 제
외한 초기 대통령 여섯 명도 하버드에서 명예학위를 받았다.

하지만 19세기 중반까지만 해도 하버드는 매사추세츠 주에서 명성
을 떨치는 정도였다. 기록을 보면 1810년 하버드 입학생의 82퍼센트
가 매사추세츠 주 출신이었고, 1830년대에는 86퍼센트로 늘어났다.
중·서부 지역 학생들은 하버드보다 예일을, 남부 지역 학생들은 프린
스턴을 더 선호했다고 한다.[16] 이때까지만 해도 하버드는 지방 명문대
학에 불과했던 것이다.

그러던 하버드가 19세기 말부터 미국 전역으로 영향력을 미치는
명문대학으로 부각된다. 이렇게 만든 사람이 찰스 엘리엇Charles Eliot
총장이다. 가장 위대한 하버드 총장으로 평가받는 엘리엇은 "하버드
칼리지의 안전과 미국의 번영을 위해서 매사추세츠 주에서만이 아니
라 전국에서 인재를 끌어들여야 한다"고 믿었던 과학자였다. 그는 실

하버드를 전국적인 명문대학으로 발전시킨 찰스 엘리엇 총장.

제로 미국 전역에서 훌륭한 교수들을 끌어모았고, 선택과목 제도를 도입하고 입학 전형 기준을 마련하는 등 대학의 현대화에도 힘썼다. 그러면서 지금의 종합대학으로서 면모도 갖추었다. 엘리엇이 총장으로 있던 40년(1869~1909) 동안 학생층도 급격히 다양해졌다. 남북전쟁 전까지 약 70퍼센트를 차지하던 매사추세츠 주 출신 학생들의 입학 비율이 20세기 말에는 절반 수준으로 줄고, 다른 지역의 입학 비율이 1905년까지 약 42퍼센트로 증가했다.[17] 그러나 엘리엇 총장은 여성의 입학은 차단해 페미니스트들로부터 비판을 받기도 했다.

엘리엇의 지휘 아래 19세기 말 하버드는 등록생 4000명과 기금 1200만 달러를 보유한 명실상부한 미 최고의 대학으로 성장한다. 엘리엇은 대학이 국가의 이익을 위해 복무해야 한다고 믿었는데, 이는 1901년 대통령이 된 시어도어 루스벨트(1880년 하버드 졸업)의 신념이기도 했다. 하버드 감독이사회Board of Overseers 이사를 역임했던 루스벨트는 대학이 공익을 위해 복무할 것을 역설한 최초의 미 대통령이었다. 이후 하버드는 두 번의 세계대전을 거치며 미국의 성장과 행보를 나란히 한다.

반체제 인사들의 안식처?

하버드를 둘러싼 수많은 신화 중 하나가 하버드가 좌파 자유주의(미국에서 좌파 자유주의자는 통상 불평등에 반대해 정부가 빈곤층을 대거 지원하는 것에 동의하는 민주당원을 지칭한다. 이들은 전쟁도 반대한다. 오늘날 미국에서 실질적인 의미의 좌파 자유주의자는 거의 존재하지 않는다고 봐도 무방하다)의 본거지라는 주장이다. 이런 진보적인 이미지가 하버드의 실체를 파악하게 하는 데 가장 큰 장애물이 된다. 다큐 제작 과정에서 가장 어려웠던 점도 바로 하버드의 진보적인 이미지를 올바로 이해하는 것이었다. 많은 사람이 하버드에 문제가 많긴 해도 진보적인 학자도 많지 않느냐는 식으로 생각하기 때문이다. 결국 하버드의 실체를 이해하려면 단순한 사건이나 인물 위주가 아닌 거대한 역사적 흐름과 국제관계 속에서 하버드가 어떤 역할을 해 왔는지 추적할 수밖에 없다.

하버드는 진보라는 등식이 성립되는 데 기여한 일등공신은 1950년대 미국을 휩쓸었던 매카시즘 광풍이다. 당시 매카시주의자들은 하버드를 거세게 공격했다. 하버드의 교수와 학생들이 수정헌법 제5조(피의자의 권리 보장, 이중 처벌 금지, 불리한 진술 강요 금지)를 들어 증언을 거부했기 때문이다. 그뿐만 아니라 1953년 총장이 된 네이선 퓨지Nathan Pusey는 매카시 의원이 하버드를 공격할 때마다 이에 맞서 기자회견을 열거나 성명을 발표하기도 했다.

많은 이가 이런 퓨지 총장의 행동을 영웅적으로 보았다. 그러나 퓨지 총장은 1969년 하버드 학생들이 학군단 폐지를 외치며 대학 행정실이 있던 유니버시티 홀을 점거하자 재빨리 경찰을 투입해 폭력적으로 진압한 일로 더 잘 알려져 있다.

하버드는 매카시즘 당시 자신들의 행적을 두고두고 자랑거리로 삼고 있다. 가령 영국의 찰스 황태자를 비롯해 2만여 명이 참석한 1986년 개교 350주년 행사장에서 연사들은 매카시즘 당시를 들먹이며 하버드가 반체제 인사들의 안식처였고, 학문의 자유를 수호해 온 전당이었노라 연거푸 강조했다. 당시 하버드에서 박사 과정을 밟고 있던 존 트럼보우 박사(하버드 로스쿨 '노동과 삶' 프로그램 감독)는 하버드를 진보적인 학문기관으로 왜곡하는 분위기에 분노를 느꼈고, 지배층을 위한 봉사기관으로서 하버드의 실체를 규명하는 《하버드는 어떻게 지배하는가How Harvard Rules》를 집필하게 되었다.

트럼보우 박사는 매카시즘에 대한 하버드의 대응이 매우 이중적이었다고 지적한다. 매카시 의원이 공산주의에 너그럽거나 약간 좌파에 호의적인 주류학자들을 비난하거나 공격할 때는 이들을 강력하게 보호했지만, 실제 사회주의자이거나 진보적인 교수들은 가차 없이 내쳤다는 것이다.[18]

매카시즘 당시 대학의 태도를 연구한 엘런 슈레커Ellen Schrecker 교수 역시 자신의 저서 《대학은 상아탑이 아니다No Ivory Tower》에서 당시 대학들은 매카시즘에 맞서 싸우기는커녕 오히려 매카시즘을 공고히 하는 데 기여했다고 주장한 바 있다. 매카시즘이 미 대학에 미친 영향과 당시 하버드의 대응에 대해서는 4장에서 더 구체적으로 짚어 볼 것이다.

하버드가 반체제 인사들의 안식처라는 주장은 하버드 출신들이 미 정부 출발에서부터 대대로 온갖 요직을 독차지해 오고 있는 현실과도 매우 상반된다. 맥조지 번디, 헨리 키신저, 즈비그뉴 브레진스키 등 익히 알려진 국가안보엘리트들이 하버드 출신인 것만 봐도 알 수 있는 일이다. 이들을 비롯한 하버드 학자들은 베트남전쟁을 비롯해 미국이 개입한 수많은 전쟁과 내정간섭을 합리화하고 정당화하는 데 앞장서 왔다. 흔히 하버드는 민주당의 텃밭이라고 생각하지만, 우파였던 레이건 정부 때에도 하버드 출신이 케네디 시절보다 2배는 더 많이 포진해 있었다고 전해진다.

하버드의 좌파 자유주의 신화에 대해 촘스키 교수는 좌파 자유주의가 미 제국주의 세력의 핵심 이데올로기라는 점을 이해해야 한다고 지적한다. 대표적인 좌파 자유주의 정부로 알려진 케네디 집권기만 봐도 그렇다. 이 시기 미국은 역사상 가장 악랄한 제국주의 국가의 모습을 보였다. 케네디는 베트남전쟁을 확전시켰고, 인류 역사상 최악의 화학전이 되게 한 고엽제 사용을 승인했으며, (자신이 암살된 직후에 일어났지만) 브라질의 군사쿠데타를 계획하고 승인했다. 마찬가지로 좌파 자유주의 정부로 분류되는 오바마 정부의 외교정책 역시 부시 정부와 거의 다르지 않다는 것이 촘스키 교수의 촌평이다. 그는 미국 사회에서 좌파 자유주의자란 '이미 실패한 정책을 비판하는 사람들'을 뜻하는 것일지 모른다며 냉소한다. 그 때문에, 하버드를 좌파 자유주의의 본거지로 규정하는 것에 반대하지는 않지만 이것이 무엇을 의미하는지는 정확히 이해할 필요가 있다는 것이다.[19]

남부의 보수적인 대학들에 비하면 하버드가 진보적인 곳임은 틀림없다. 보수학자뿐만 아니라 몇몇 진보학자가 포진해 있어 이런 시각이 더 설득력을 얻는다. 그러나 하버드의 대표적인 진보학자인 리처드 레빈스 교수(공공보건대학원)는 하버드를 정확히 파악하려면 하버드가 가진 모순된 성향을 이해할 필요가 있다고 지적한다.

1964년 브라질 군사쿠데타

1964년 3월 31일, 브라질 군부는 민주적으로 선출된 주앙 골라르트 대통령을 끌어내리려고 쿠데타를 감행한다. 당시 골라르트는 독자적인 외교노선 아래, 석유산업을 포함한 국가기간산업을 국유화하고 다국적 기업의 이윤을 제한함으로써 우익 세력과 군부, 미국의 반발을 샀다. 이에 미국은 케네디 정부 때부터 군사 쿠데타를 계획하고 군사작전에 깊숙이 개입한다. 기밀문서가 해제되면서 이런 사실이 밝혀졌다.

쿠데타 직전 미 대사 링컨 고든은 존슨 미 대통령과 지속적으로 접촉했고, 존슨은 골라르트 정부의 전복을 돕기 위해 "우리가 할 수 있는 것은 모두 하라"고 지시했다. 미국은 CIA를 통해 브라질 군부에 쿠데타에 필요한 자금과 군수품을 지원했고, 장기전을 대비해 해군 특수부대도 파견했다. 브라질 군부는 쿠데타에 성공해 1985년까지 집권했다.

미국은 1953년 이란, 54년 과테말라, 63년과 65년 도미니카공화국, 67년 그리스, 73년 칠레 등 수많은 나라의 의회 정부에 직간접적으로 개입해 전복했다. 촘스키 교수는 1960, 70년대 케네디에서 닉슨 정부에 이르는 시기에 미 정부가 일련의 잔혹한 신나치주의식 국가안보정책을 펼쳤고, 이것이 아메리카 대륙 곳곳에 악영향을 끼쳤음을 강하게 비판한다.

하버드의 사명은 미 지배계급이 필요로 하는 지식노동을 수행하는 것이다. 이들은 자신의 임무를 매우 유연하게 규정한다. 어떤 분야에서는 세상에 개입하기 위해 세상을 정말 잘 이해하며 또 다른 분야에서는 지식을 세상을 정당화하는 데 이용한다. 때로는 순수학문 발전에 깊숙이 공헌하기도 하는데, 가령 하버드 고고학이나 언어학이 좋은 예가 될 것이다. 하버드는 이러한 종류의 조합체이고, 이런 기능을 수행하기 위해 일정한 경계 안에서 최대한의 자유를 보장해야 한다는 사실을 잘 알고 있다.[20]

레빈스 교수는 푸에르토리코에서 독립운동을 하다 해고된 자신을 하버드가 고용할 수 있었던 것은 외부 압력을 무시할 수 있는 힘을 하버드가 갖고 있기 때문이라고 설명한다. 그런 만큼 하버드가 이념 때문에 자신을 해고하지는 않겠지만, 대학의 위원회가 교수들을 면담하러 올 때 자신은 부르지 않는 걸로 속내를 드러낸다고 말한다. 결국, 교수의 신분은 위협받지 않겠지만 학내에 그의 목소리는 존재하지 않는 것이다. 이쯤 되면, 하버드가 진보학자를 고용하고 일정한 경계 안에서 그들의 비판적인 목소리를 허용하는 이유가 분명해진다. 바로 하버드의 자긍심을 유지하기 위해서다.

물론 하버드가 허용할 수 있는 진보학자의 범주에도 분명한 경계는 있었다. 마르크스주의 경제학자로 유명한 폴 스위지Paul Sweezy가 하버드를 떠난 것이 적절한 예가 될 것이다. 스위지는 당대의 석학으로 인정받던 보수주의 경제학자 조지프 슘페터의 적극적인 지지에도 마르크스주의자란 이유로 하버드에서 종신교수가 되지 못했다. 이후 그는 미련 없이 학계를 떠나, 리오 휴버먼(《자본주의 역사 바로 알기》 저자)과 함께 《먼슬리 리뷰Monthly Review》[21]를 창간하기도 했다. 하버드가 마르크스주의 경제학자는 내쫓았으면서 좌파 생물학자—리처드 레빈스 교수 외에도 리처드 르원틴Richard Lewontin, 2002년 타계한 스티븐 제이 굴드Stephen Jay Gould 등 저명한 진화생물학자들이 재직했다—들을 받아들인 이유는 무엇일까. 레빈스 교수에 따르면 하버드가 생물학은 중요하게 여기지 않았기 때문이다.

하버드는 자신이 지닌 독보적 위치로 남 눈치 볼 것 없이 진보적 학자들을—일정한 경계 안에서—고용하고, 이는 결과적으로 '학문의 자유의 전당'으로서 하버드의 아우라를 형성하는 데 일정한 역할을 해 왔다. 사실 지식의 전당이 되려면, 비판적 사고와 이를 용인하는 내부 분위기가 필요 불가결하다. 여기서 '학문의 자유'라는 전제에 숨겨진 양면성에 주목할 필요가 있다. 과거 하버드의 많은 학자가 CIA와 긴밀한 관계를 맺어 가며 미 정부가 필요로 하는 비밀연구들을 수행해 왔고, 이에 대한 비판이 제기될 때마다 자신들의 활동을 학문의 자유로 정당화하고는 했기 때문이다. 가령 유전학 연구의 위험성을 줄곧 경고해 왔던 존 벡위드 교수(하버드 메디컬스쿨)는 자신의 자서전에서 1970년대 하버드 유전학자들의 비도덕적인 유전자 연구를 중단시키려다 학문의 자유를 침해한다는 이유로 동료 교수들에게서 외면을 당하고 학자의 신분까지 위협받았던 씁쓸한 기억을 토로한 바 있다.[22]

사실 대학의 연구비를 대부분 국가나 대기업이 지원하는 요즘 학문의 자유를 논하는 것 자체가 무의미하게 들릴 것이다. 중요한 사실은 미 지배엘리트들이 인류의 가장 소중한 자산인 지식의 이용 가치를 꿰뚫고 있었다는 점이고, 이로 인해 하버드를 비롯한 수많은 대학이 국가안보를 명분 삼아 미 정부를 위해 봉사해 왔으며 하버드는 이를 '학문의 자유'로 세련되게 둔갑시켜 방어해 왔다는 것이다. 그 결과, 교육의 목적이 심하게 왜곡되고 교육계가 부패했지만 이를 날카롭게 비판하는 목소리는 거의 없다. 주류 언론이 보여 주는 하버드는 예나 지금이나 최고로 똑똑한 천재들이 모인 순수한 학문의 전당일 뿐이며 이러한 신화가 미디어를 통해 지속적으로 유통되면서 결국 절대적인 진실로 받아들여진다. 따라서 하버드를 올바로 이해하는 것은 우리가 발 딛고 살아가는 오늘의 현실을 직시하기 위한 첫걸음이라 할 수 있을 것이다.

주

1   리처드 레빈스 인터뷰에서.

2   John Trumpbour, *How Harvard Rules*, (MA: South End Press, 1989), p. 4 재인용.

3   마이클 앤새라 인터뷰에서.

4   Richard Notorn Smith, *The Harvard Century*, (NY: Simon and Schuster, 1986), p. 11 재인용.

5   Randy Cohen, "Should You Give to Harvard?", 《뉴욕타임스》, 2009년 9월 28일.

6   1969년 하버드 학생들이 발간한 소책자 《*How Harvard Rules*》, p. 5.

7   Donn M. Kurtz II, "Harvard and Oxford", 《Global Study Magazine》 참조.

8   Brian Burnsed, "Where the Fortune 500 CEOs Went to College", 《U. S. News & World Report》 2011년 1월 3일.

9   Justin C. Worland, "Harvard Accepts Record Low 6.2 Percent of Applicants to the Class of 2015", 《하버드 크림슨》 2011년 3월 31일 참조.

10 Justin C. Worland, "Legacy Admit Rate at 30 Percent", 《하버드 크림슨》 2011년 5월

11일.

11 Sam Dillon, "Elite Korean School, Forging Ivy League Skills", 《뉴욕타임스》 2008년 4월 27일.

12 에드워드 J. 베이커 인터뷰에서.

13 "A Harvard Chronology", 《하버드 매거진》 1986년 9·10월호, p. 69.

14 Andrew Schlesinger, *Veritas: Harvard College and the American Experience*, (Ivan R. Dee, 2005), p. 18 재인용.

15 John Trumpbour, *How Harvard Rules*, (MA: South End Press, 1989), p. 4에서 재인용.

16 Stephan Thernstrom, "POOR BUT HOPEFUL SCHOLARS", 《하버드 매거진》 1986년 9·10월호 참조.

17 위의 잡지.

18 존 트럼보우 인터뷰에서.

19 노엄 촘스키 인터뷰에서.

20 리처드 레빈스 인터뷰에서.

21 1949년 창간된 미국의 대표적인 진보 잡지. 창간호에 알베르트 아인슈타인의 〈왜 사회주의인가〉를 서문으로 실었다.

22 존 벡위드 지음, 《과학과 사회운동 사이에서》, 이영희·김동광·김명진 옮김, (그린비, 2009), p. 183 참조.

2장

소수 독재 사회

"미 대학은 운영 방식에 있어서도
예외적이다. (…) 우리는 합의되지 않고
인기 없는 결정이라 할지라도 만약 필요하다면
이를 용인할 수 있는 통치 시스템을 갖추고 있다.
민주주의가 만병통치약이 아니라는
사실을 우리는 익히 알고 있다."

─하버드 학장 겸 법인 이사를 지낸 헨리 로소브스키[1]

"소련에 크렘린이 있고, 바티칸에 추기경단이 있다면
하버드에는 하버드 법인이 있다."

─새뮤얼 헌팅턴[2]

2011년 여름, 교육과학기술부의 국립대 총장 직선제 폐지 움직임을
둘러싸고 갈등이 벌어졌다. 8월 24일자《경향신문》기사다.

> 교육과학기술부는 직선제가 대학 내에 파벌을 만들고 인기주의에
> 영합해 대학 개혁을 어렵게 한다는 이유를 들어 직선제 폐지를 밀
> 어붙이고 있다. 이 방안은 국립대들의 의견을 취합해 다음 달 최종
> 결정될 예정이다.[3]

교과부가 총장 직선제 폐지를 주장하는 이유가 선거로 인해 파벌
이 만들어지는 등 여러 폐단이 생기기 때문이란다. 이들의 논리대로
라면 국민이 서로 등을 돌리게 하고 인기주의에 영합한 공약을 남발
하게 하는 대통령 직선제부터 폐지해야 마땅할 것이다. 그나저나, 과
거처럼 관선총장이 임명되면 대학 내의 파벌과 줄서기가 사라질 것인
지 의문이다.

국립대학 총장 직선제는 87년 6월항쟁 이후 전개된 학원 민주화 투

하버드 최초의 여성 총장 드류 파우스트.

쟁 과정에서 대학을 더 민주적이고 자율적으로 운영하기 위해 도입한 것이다. 총장 직선제 역사는 아직 30년도 채 되지 않았다. 한 세대도 채우지 못한 제도를 두고 대학 경쟁력 운운하는 것은 지나친 비약이 아닐까. 전국 국·공립대 교수들이 직선제의 폐단보다 임명제로 인한 민주주의 후퇴가 더 큰 문제라고 반발하는 것도 당연하다. 직선제를 폐지하면 대학이 자본과 정치권력에 더 종속될 것은 뻔하기 때문이다.

이명박 정부 들어 그동안 우리 사회가 힘겹게 쌓아 온 민주적 성과들이 짓밟힌 것이 어제오늘 일이 아니다. 그렇더라도 최근 교육계에서 논의되는 보수적인 정책들은 그 진의가 몹시 의심스럽다. 어쨌거나 대한민국 교육계의 '거꾸로 행진'은 하버드 학장이자 법인 이사였던 헨리 로소브스키처럼 대학 운영에 민주주의는 불필요하다는 신념을 지닌 이들에게 두 손 들어 환영할 만한 일임에는 틀림없다.

이쯤에서 세계 최고 명문인 하버드 대학에서는 총장을 어떻게 선출하는지 궁금하지 않을 수 없다. 2012년 현재 376년의 유구한 역사를 지닌 하버드는 로렌스 서머스의 뒤를 이어 2007년 최초의 여성 총장으로 취임한 드류 파우스트를 포함해 지금까지 총장 28명을 배출했다. 초대 대통령 조지 워싱턴 취임이 1789년으로 하버드가 문을 연 지 약 150년 후인데도 현재 오바마가 제44대 대통령인 점을 감안하면, 하버드 총장직의 수명이 얼마나 긴지 짐작할 수 있다. 평균 재임 기간이 약 13.4년이다. 2001년 취임한 로렌스 서머스가 5년 만에 물러남으로써 평균치를 조금 낮추었을 뿐이다. 한번 임명되면 스스로 물러나지 않는 한 그대로 있을 수 있는 제왕적 자리가 바로 하버드 총장이다. 그렇다면 총장은 누가 선출하는 것일까? 바로 하버드 법인이다.

단 7명이 쥐락펴락

어떤 조직이든 그 조직의 지배 구조를 알아야 실체를 파악할 수 있듯이, 하버드는 하버드 법인을 알아야 제대로 파악할 수 있다. 아래 조직도는 하버드의 권력 구조를 나타낸 것이다. 보이는 것처럼 모든 권력은 하버드 법인에서 나온다.

하버드 법인의 역사는 360여 년 전으로 거슬러 올라간다. 1650년,

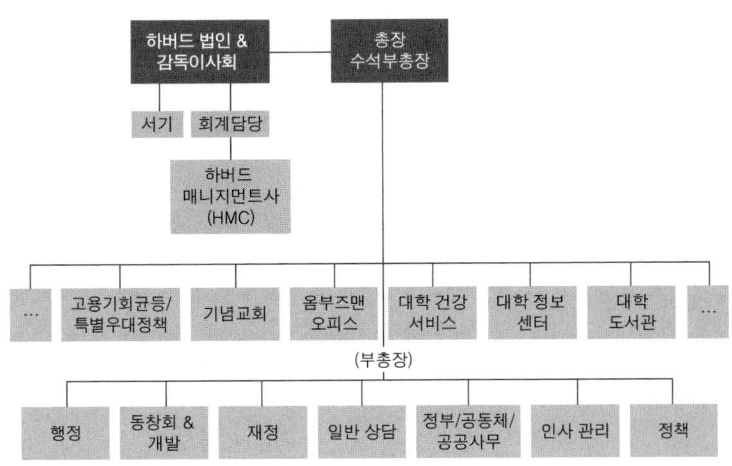

출처: 《하버드 대학 팩트북》 (2007~08)

하버드는 매사추세츠 주 의회로부터 이사들의 권리와 특권 등을 명시한 하버드 칼리지 헌장charter을 승인받고, 이것이 하버드 법인의 출범으로 이어진다. 하버드 법인Harvard Corporation 혹은 '총장과 하버드의 이사들President and Fellows of Harvard College'이라 불리는 독특한 이 권력 조직은 지난 2010년 말 개편되기 전까지 총장을 포함한 7인으로 이루어져 왔다. 이들이 대학 내의 모든 주요한 일을 결정한다. 하버드의 정치학자 새뮤얼 헌팅턴이 하버드 법인을 "우리의 폴릿부로(Politburo, 옛 소련의 공산당 정치국)"[4]라고 부른 점에서도 하버드 법인의 막강하고 절대적인 영향력을 짐작할 수 있다.

하버드의 또 다른 권력 기구로 감독이사회Board of Overseers가 있다. 하버드 법인은 대부분 외부 인사로 구성되는 데 반해 감독이사회는 하버드 졸업생 중에서 투표를 통해 선출된 30명으로 구성된다. 법인이 대학 학사 전반에 관해 이사회에 보고하면 이사회에서는 중요 사항에 대해 자문을 하거나 승인을 한다. 하지만 감독이사회는 상징적 기구일 뿐이다. 실질적으로 하버드를 운영하는 결정권을 가진 것은 법인이다. 이것은 주지의 사실이다. 감독이사회 선출 과정을 잘 아는 이들은 감독이사회가 철저하게 비민주적으로 운영되는 하버드의 지배 방식을 민주적으로 포장하기 위한 형식적 장치라고 비판한다. 가령 연방판사이자 감독이사회 이사였던 조지 레이턴George Leighton은 "감독이사회는 정책에 대해 자문을 하지 않는다. 이들이 하는 일은 동의를 해 주는 것이다"고 정의 내리기도 했다.[5]

하버드 법인은 서반구에서 가장 오래된 법인이라는, 독특한 역사적 위치를 차지하고 있다. 총장을 포함한 7명의 이사는 한 번 선출되면 언제까지나 유임이 가능했다. 따라서 누군가 사망하지 않는 한 자

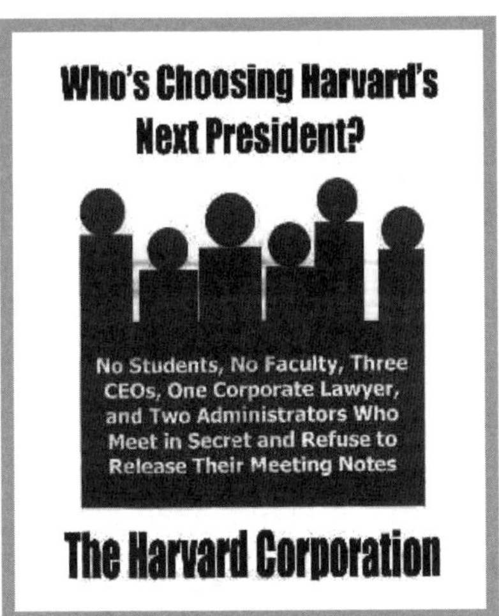

하버드 법인을 풍자하는 포스터. "누가 차기 총장을 뽑나요? 학생도 아니고, 교수진도 아니고, 비밀리에 모이고 회의록 공개도 거부하는 CEO 3명과 기업변호사 1명, 행정가 2명이 뽑지요!"라는 문구가 쓰여 있다.

리가 나지 않고, 공석이 생길 경우에는 내부 논의를 거쳐 비공개로 후임자를 뽑았다. 이사들의 관심사는 대학 재정과 예산 문제, 장기적인 대학 발전 계획 등이고, 통상 2주에 한 번 비공개로 회의를 열어 왔다. 물론 회의 장소나 안건, 결정 과정을 대학 구성원들에게 공개할 의무는 전혀 없다.

1980년대 후반까지 이사들이 줄곧 백인 남성이었다는 사실은 의미심장하다. 1989년에야 기업변호사였던 주디스 리처드 홉이 첫 여성 이사로 선출되었고, 흑인은 그보다 한참 뒤인 2000년에 선출되었다. 역시 기업변호사였던 콘래드 K. 하퍼다.

존 트럼보우 박사는 하버드 법인의 사명은 하버드가 지배계급에 봉사하는 기관으로서 전통(?)을 지속하도록 하는 것이라고 잘라 말한다. 법인이 여론과 완전히 단절되어 있음도 지적한다. 그는 하버드 학장이자 《대학 소유자를 위한 안내서》(국내에서는 《대학 갈등과 선택》으로 출간)를 쓴 헨리 로소브스키Henry Rosovsky[6]가 민주주의가 만병통치약은 아니라고 공공연히 호언장담했던 것을 지적하면서 소수가 비민주적으로 운영하는 하버드 법인이 그 산 증거인 셈이라고 꼬집는다.[7]

그렇다면 과연 어떤 이들이 이사로 선정되는 것일까? 흔히 학장과 교수 등 대학 내부 인사들로 구성되리라 생각하는데, 이는 현실과 한참 동떨어진 해석이다. 초창기 이사회는 종교인, 법조인, 정치인, 학계 인사 등 사회 저명인사들을 중심으로 구성되었다. 특히 개신교 성직자들은 남북전쟁 이후까지도 이사회를 대표하는 중요한 집단이었다. 초기 이사회는 교수진과 학생들이 종교의식에 순응하게 하고, 대학 유지에 필요한 자금을 조달하는 데 목적이 있었기 때문이다. 당시의 대학은 지식을 탐구하고 가르치는 곳이라기보다 계급을 재생산하고 보증하는 기관이었다고 이해하는 것이 더 정확하다.

19세기 말 미국이 경제대국으로 서서히 부상하면서 법인 이사들은 북동부의 기업가와 금융자본가, 기업의 집행위원이나 이사직을 맡고 있던 변호사들로 대체되기 시작한다. 이는 비단 하버드만의 현상은 아니었다. 기업이 미국 고등교육에 미친 영향을 연구한 클라이드 W. 바로우는 《대학과 자본주의 국가》(문화과학사)에서, 19세기 말부터 미국 대학들이 기업가들의 지배를 받기 시작했음이 뚜렷이 드러난다고 보고하고 있다. 특히 대학 이사회를 구성했던 이들의 직업 분석을 통해 "20세기의 처음 30년 동안에, 북동부 주요 사립대학교 이사회들이 지배적인 금융그룹들에 소속된 기업 임원들의 관리하에 들어갔다"[8]고 주장한다. 19세기 말부터 20세기 초 사이 미 대학 이사들의 직업군을 분석한 65쪽 표만 봐도 당시 미 대학들의 소유권에 심상치 않은 변

1861년과 1929년 사이 사립대학·대학교·공대의 이사 직업 (단위: 퍼센트)

	1861~1880	1881~1900	1901~1920	1921~1929
전문직업인 (의사, 교육자, 변호사, 판사)	71.5	62	50.3	38.2
사업가 (언론인, 상인, 제조업/광업, 철도사업가, 기사, 은행/금융)	19.1	30.0	38.0	51.4
농업경영자	0	0	0	0
정부 관리 (연방정부, 주/지역, 군대)	7.5	6.6	6.7	4.9
기타	2.0	1.3	5.0	5.6
합계	100.1	99.9	100.0	100.1
기업인과 변호사 전체	**31.6**	**54.7**	**59.2**	**66.0**

출처: 《대학과 자본주의 국가》

화가 일어났음을 짐작할 수 있다.

이사들 중 기업인과 변호사가 차지하는 비중이 19세기 말 31.6퍼센트에서 20세기 초 66퍼센트로 2배 이상 급증한다. 이는 대기업과 부호들에게서 거액의 기부금이 대학으로 밀려들어 오기 시작한 시점과도 맞아 떨어진다.

남북전쟁 이후 미국은 제2차 산업혁명을 맞아 철도, 은행, 광산, 철강, 금융, 신문, 통신 등 산업 전반에 걸쳐 급성장한다. 신흥부자들이 속출하고, 1890년에 이르러서는 부유층 1퍼센트가 미국 부의 51퍼센트를 차지하고 있다고 분석될 정도였다. 20세기 초까지 대학 운영자금의 가장 큰 원천은 개인 후원금이었고, 소수에게 부가 집중되면서 이들에 대한 대학의 의존도도 높아진다.

이 무렵, 미국 경제를 움직이는 양대 산맥이 J. P. 모건과 록펠러 가문이었다. 모건은 금융업으로, 록펠러는 석유사업으로 시작해 산업

20세기 초 하버드에 거액을 기부한 모건 부자(왼쪽이 J. P. 모건, 오른쪽이 J. P. 모건 주니어).

전반을 장악했다. 이 둘은 하버드에 엄청난 돈을 기부하는 하버드의 소중한 돈줄이었는데, 20세기 초 모건이 하버드 의과대학의 건물을 세 채 신축하는 데 100만 달러 이상을 기부한 이래 모건과 록펠러 가문은 경쟁적으로 하버드를 지원하기 시작했다.

그러다 보니 두 가문은 하버드에 적잖은 영향력을 행사해 왔다. 모건의 아들 J. P. 모건 주니어(1889년 하버드 졸업)는 감독이사회의 중요한 일원이었고, 모건의 손자인 헨리 S. 모건(1923년 하버드 졸업) 역시 1935년부터 82년 사망할 때까지 수십 년 동안 감독이사회 이사로 재직했다. 존 D. 록펠러의 아들 데이비드 록펠러(1936년 하버드 졸업)도 1954년부터 66년까지 감독이사회 이사를 역임했고, 1966년부터 68년까지 감독이사회 대표를 맡는 등 하버드와 관계가 밀접했다.

두 가문의 막강한 인맥은 하버드 법인 이사 면면을 보더라도 확연히 드러난다. 26년 동안 법인 이사였던 메이저 히긴슨Major Higginson은 J. P. 모건, 카네기 기업 등의 이사회에 이름을 올리고 있었고, 1912년 법인 이사가 된 로버트 베이컨Robert Bacon 또한 모건의 동업자였으며, 모건의 또 다른 동업자인 토머스 라몬트Thomas Lamont도 중요한 법인 이사였다.[9] 또한 무수한 이사가 록펠러 집안이 소유한 기업들의 간부이거나 이런저런 자문을 주고받는 위원회의 위원들이었다. 현재 하버드 법인의 영향력 있는 이사인 로버트 루빈은 골드만삭스 회장, 클린턴 정부 재무장관을 거쳐 록펠러 제국의 기반인 시티그룹의 회장을 지냈다. 모건과 록펠러 두 가문이 미국 상위 200개 기업의 65퍼센트를 소유하고 있다는 분석도 있으니, 사실상 이들과 관계없는 이들로 하버드 법인을 채우기란 불가능한 일이다.

기업에서 점점 더 많은 자금을 지원받으면서 기업의 중역들과 변호사들이 하버드 법인을 구성하는 새로운 구심점으로 등장했다. 1969년, 하버드 법인 이사들의 직책만 봐도 기업 회장직이 1개, 사장직 3개, 중역직이 24개였던 것으로 조사되었다. 1988년에는 이사 7명이 회장직 5개와 중역직 34개를 겸하고 있는 것으로 집계되었다. 한 사람이 여러 직책을 겸했다는 말인데, 가령 하버드 법인의 중요한 이사였던 로버트 스톤은 한때 회장직 3개와 중역직 15개를 동시에 맡고 있었다고 한다.[10]

세계 최고 명문대학을 진두지휘하는 핵심 세력이 거대 자본의 이익을 대변하는 중역들이라는 사실은 의미심장하다. 이것이 얼마나 심각한 상황인지는 잠깐 상상해 봐도 알 수 있는 일이다. 삼성과 현대, LG, 포스코 등의 대기업 임원들이 비밀리에 모여서 서울대 총장을 뽑

고, 그렇게 뽑힌 총장이 특별한 사유로 사임하지 않는 한 몇십 년이고
—하버드 총장은 종신직이다. 최장 기간 총장이었던 찰스 엘리엇
(1869~1909)은 무려 40년 동안 재직했다—서울대를 쥐고 흔든다면
어떨까. 바로 이것이 한국의 보수세력들이 부러워하는 하버드 총장
선출 제도이다. 미국식 자유 민주주의의 첨병임을 자신해 온 하버드
에 이런 봉건적인 제도가 남아 있다는 것 자체가 신기할 정도다.

물론 기업인들이 대학 이사회를 장악한 것은 미 대학들의 전반적
인 현상이라 새삼스러운 일도 아니다. 비상시에 필요한, 부유한 기금
후원자를 확보해 놓아서 대학으로서는 나쁠 것이 없다. 그렇다면 수
많은 기업인이 바쁜 시간을 쪼개 가며 대학 경영에 나서는 속내는 과
연 무엇일까. 학교가 젊은이를 교화시키고 있고, 교육이 이데올로기
통제를 위한 수단으로 전락했다고 지적한 촘스키 교수의《실패한 교
육과 거짓말》서문에서 그 배경을 찾아볼 수 있다.

> 기업문화의 학교에 대한 지배력이 강화될수록, 교사의 역할은 "공
> 인된 진실", 즉 "정치·경제·이데올로기의 시스템에서 모든 것을
> 분석하고 실행하고 결정하며 운영하는 소수집단"에 의해서 미리
> 결정된 "공인된 진실"을 전달하는 역할로 축소된다. (…) 학생들은
> 그들을 바보로 만들려는 음모에 가담한 정도에 따라서 보상을 받
> 고, "앵무새처럼 주입된 지식만을 주절대고, 비판적 사고를 포기하
> 고, 사회질서에 순응하고, 성스런 질서 유지를 위해 필요한 이데올
> 로기로 가득한 내용만을 받아들이는 착한 학생"이 되어 간다.[11]

이처럼 미국의 기업인들이 대학의 이사회를 장악한 것은 이들이

대학을 합의된 이데올로기를 전달하는 하나의 통로로 인식한 혐의가 짙다. 그로 인해 대학은 수동적이고 순응적인 지식기능인들을 배출하는 인력양성소가 되어 버렸다. 이처럼 기업이 대학을 통제하기 시작하면 교육기관은 본래의 공공성을 잃을 수밖에 없다. 연구비를 지원한 특정 기업의 요구에서 자유롭지 못할 것이기 때문이다. 2002년에 불거진 하버드·엔론 스캔들이 그 좋은 예다.

하버드와 엔론의 밀월

2002년, 하버드 재학생들과 동창생들로 이루어진 그룹 '하버드 와치'[12]가 하버드와 엔론의 밀월관계에 대한 충격적인 보고서[13]를 발표한다. 그 내용은 2001년 말 엔론이 갑작스레 파산을 선언하기 직전, 하버드의 기금을 운용하는 하이필드 캐피탈Hifield Capital이 엔론의 주식을 공매해 5000만 달러를 벌어들였다는 것이다. 지역신문이 하이필드 캐피탈이 엔론의 종말을 예견했다고 호들갑을 떨 만큼 당시 하버드의 주식 매매 시점은 절묘했다.

이처럼 하이필드 캐피탈의 성공에는 단순히 실력이나 운이라고 믿기 어려운 수상한 정황들이 있다. 그중 하나가 당시 엔론 재정위원회 위원장이던 허버트 "퍽" 위노커Hervert "Pug" Winokur가 하버드 법인 이사로 활동하고 있었다는 점이다. 위노커는 1995년부터 하버드 자산을 운용하는 하버드 매니지먼트사Harvard Management Company 이사로 있으면서 하버드 기금 관리에 깊숙이 개입해 왔다. 엔론 주식을 처분한 하이필드 캐피탈은 하버드 매니지먼트사의 펀드매니저 조나단 제이콥

엔론 스캔들

엔론은 한때 미 7대 기업에 속할 정도로 손꼽히는 에너지 회사였다. 연 판매고가 1000억 달러(130조 원)를 넘고, 《포춘》에서 선정한 6년 연속 '미국에서 가장 혁신적인 회사'였다. 그런데 2001년 말 미 역사상 가장 큰 규모의 파산을 기록하면서 붕괴한다. 1980년대 기업합병으로 탄생한 엔론은 인수합병 당시부터 막대한 부채를 떠안고 있었고, 이를 감추기 위해 각종 유령회사를 설립해 신용을 포장했다. 또한 엄청난 정치자금을 뿌리는 등 막강한 로비력을 동원해 규제 철폐에 앞장섰다. 1992년 조지 H. W. 부시 대통령이 재선에 나섰을 때 엔론의 케네스 레이 회장은 공화당 전당대회장을 맡았고, 조지 W. 부시에게도 정치자금을 쏟아 부었다. 파산 전, 위기를 직감한 엔론의 간부들은 딕 체니 부통령을 비롯한 부시 정부 고위 관리들을 만나 수차례 로비도 시도했다. 파산을 앞두고 레이 회장은 재빠르게 자신이 보유한 증권을 처분했고, 엔론 주식은 하루아침에 휴짓조각이 되었다. 엔론이 파산하자 경영진과 회계법인, 법무법인 등을 상대로 소송이 이어졌고, 케네스 레이 회장과 최고경영자 제프리 스킬링은 사기와 내부자 거래 등으로 유죄판결을 받았다. 엔론 스캔들은 기업 사기와 부패를 보여 주는 대표적인 사건으로 기억되고 있다.

슨이 1999년 하버드의 자산 5억 달러를 종잣돈으로 창립한 투자회사인데, 위노커는 회사 설립을 승인한 하버드 매니지먼트사 이사 중 하나였다. 2000년 2월, 위노커는 하버드 법인 이사로 선출되었고, 하버드 매니지먼트사를 감독하는 것이 그의 중요한 임무였다. 세간이 하이필드 캐피탈이 엔론 주식을 처분한 시점을 의심스럽게 바라볼 만한 충분한 이유가 바로 여기에 있다.

보고서에 따르면 위노커는 엔론의 고위험 기업 모델을 성공으로 이끈 일등공신이었고, 엔론이 밀어붙였던 에너지 분야 규제 철폐를 관철시키는 데 중요한 역할을 했다. 엔론의 창립 임원이자 대주주였던 로버트 벨퍼Robert Belfer도 하버드에서 각종 위원으로 활동했으며, 하버드에 750만 달러를 기부해 에너지 분야에 관해 전략적인 연구를 수행하는 벨퍼 센터를 세웠다. 이렇게 엔론의 많은 간부가 하버드와 끈끈한 관계를 맺어 왔다.

구체적으로 보면 엔론은 하버드 학자들에게 연구비 수백만 달러를 지원해 자신들의 이익에 부합하는 정책을 생산하도록 했다. 케네디스쿨의 하버드 전력정책그룹Harvard Electricity Policy Group에서는 에너지 시장 규제 철폐의 근거가 될 정책들을 생산해 냈고, 비즈니스스쿨에서는 엔론의 모델을 칭찬하는 사례 연구를 무려 다섯 번이나 내놓았다. 심지어 마지막 연구는 엔론이 무너지기 불과 몇 달 전인 2001년 8월에 제출되었다. 하버드 교수들은 엔론의 중역들과 함께 책을 내기도 했고, 엔론의 요구에 부응한 대가를 후하게 챙겼다.

2001년 600억 달러 이상으로 평가받던 엔론의 주식 가치는 파산과 함께 추락했고, 퇴직연금을 엔론 주식으로 보유하고 있던 노동자 2만여 명은 하루아침에 전 재산을 잃었다. 《뉴욕타임스》 칼럼니스트 폴

크루그먼(프린스턴 대학 경제학과) 교수가 "9·11테러가 세계무역센터를 무너뜨렸다면 엔론은 시장에 대한 신뢰를 무너뜨렸다. 건물은 다시 지을 수 있지만 신뢰는 쉽게 되찾을 수 없다"[14]고 논평했을 정도로 파장은 컸다. 그러나 크루그먼 자신도 엔론에서 자문비 5만 달러를 받았던 사실이 알려지면서 거센 비판에 휩싸이기도 했다.

물론 하버드는 자신들은 학문기관이며 엔론 사태와 아무 관련도 책임도 없다고 발뺌할 것이다. 하지만 엔론의 어젠다를 위해 연구비를 받아 가며 봉사한 학자들은 이 사태에서 결코 자유로울 수 없으며 엔론의 경영진들과 같은 무게의 책임을 느껴야 할 것이다.

스캔들의 파장이 커지자 위노커는 물의를 일으킨 것에 책임을 지고 법인 이사에서 물러나고, 전직 재무장관이자 시티그룹 의장인 로버트 루빈Robert Rubin이 그 자리에 앉는다. 하지만 루빈 역시 클린턴 정부 시절 엔론에 유리한 법률 제정을 도운 핵심 인물이었고, 시티그룹은 엔론의 가장 큰 채권자였다. 엔론 스캔들은 대학이 특정 기업과 결탁해 그들의 이익을 위해 복무하면 어떤 결과를 초래하는지 보여 준 타산지석의 사례다.

하버드와 특정 기업 간의 수상쩍은 커넥션은 이것만이 아니다. 2002년 10월,《보스턴 글로브The Boston Globe》는 하버드 와치의 또 다른 보고서를 바탕으로 하버드가 하켄Harken이라는 전망 없는 에너지 회사에 지나치게 투자해 온 정황을 폭로했다. 하켄은 훗날 대통령이 된 아들 부시가 이사로 재직하고 있다는 점 외에는 주목할 것이 없는 기업이었다. 하버드 매니지먼트사가 하켄에 투자하기 시작한 것이 1986년인데, 부시가 하켄에 이사로 취임한 바로 직후라는 점도 의혹을 가중시켰다. 하버드 매니지먼트사는 아버지 부시가 대통령으로 재직하던 1989~91년 사이에 하켄에 자금을 쏟아 부어 세 번이나 구제했고, 그사이 아들 부시는 자신이 보유한 하켄 주식의 3분의 2에 해당하는 84만 8000만 달러어치를 매각할 수 있었다. 하켄이 여전히 재정악화에 시달리자 1990년 하버드는 하켄과 파트너십을 맺고, 무려 6450만 달러나 또다시 쏟아 부었다. 그 결과 하켄의 주식은 급등하고, 부채 2000만 달러도 정리할 수 있었다. 결과적으로 하버드 매니지먼트사는 하켄에 투자해 수천만 달러를 날린 셈이다. 당시 항간에서는 하버드가 부시 패밀리에 호의를 표한 것이라는 뒷얘기가 무성했다. 물론 하버드 매니지먼트사는 이러한 사실을 전면 부정했다.[15]

이처럼 특정 기업들에 조종되기 시작하면 하버드 같은 세계적인 명문대라도 중립적 가치를 잃을 수밖에 없다. 더욱 놀라운 것은 내용의 심각성에 비해 이러한 사실들이 세상에 거의 알려지지 않았다는 점이다. 주류 언론 역시 대부분 하버드 출신들이 장악하고 있기 때문이다. 바로 이것이 하버드와 지배엘리트들의 놀랍고도 무서운 통제 메커니즘이며, 하버드 와치와 같은 대학 감시 기구가 반드시 필요한 이유이다.

모르쇠만 되뇌는 총장

하버드 권력 구조의 또 다른 특징이 바로 분권화다. 엔칭연구소 부소장을 지낸 에드워드 J. 베이커 교수는, 하버드는 다른 어느 곳보다 분권화되어 있으며 '제힘으로 살아야 한다'는 것이 모토라고 지적한다. 이는 모든 프로그램을 스스로 운영해야 하고 거기에 드는 자금도 알

아서 조달해야 한다는 뜻이다.[16]

하버드의 분권화 역사는 그리 길지 않다. 2차대전 이후 하버드는 미 정부로부터 지속적으로 연구자금을 받아 정부의 전략연구소로 기능했고, 이는 케네디가 집권한 1960년대 초에 정점에 이른다. 한편 민권운동으로 시작된 학생들의 저항운동은 60년대와 70년대에 거센 베트남전쟁 반대운동으로 이어졌고, 이 여파로 하버드는 대학 운영 방식을 바꾸게 된다.

1969년 학군단 폐지를 요구하던 학생들이 대학 행정실이 있는 건물을 점거하자 당시 네이선 퓨지 총장은 즉각 경찰을 투입해 하버드를 아비규환 아수라장으로 만들어 버렸다. 이 일로 퓨지의 위기 대처 능력이 심각하게 문제시되었고, 결국 71년 퓨지는 총장직에서 물러난다.

새 총장 데릭 복Derek Bok은 노동법 전문가로 학생들의 농성장에 경찰을 보내는 대신 커피와 도넛을 들고 나타나 대화를 요청하는 노련한 사람이었다. 로스쿨 학장에서 총장으로 신분이 상승한 복의 임무는 위기에 처한 노쇠한 하버드를 수렁에서 구하는 것이었다. 복은 전통적인 대학 운영 모델을 버리고 새롭고 현대화된 기업형 운영체제를 대학 행정체계에 도입한다. 이른바 대학 행정 업무를 분권화한 것이다. 복은 먼저 학사와 관리 업무를 분리하고, 부총장도 4명이나 두었다.

복은 대학원도 분권화했다. 사실 각 대학원들은 독자적으로 종신교수를 뽑고 입학정책을 세우며 각자 능력껏 기금을 조성하는 등 전통적으로 자치적인 기관이었다. 분권화된 시스템 덕분에 이제 대학본부는 각 대학원에서 벌어지는 일들에 대한 책임에서 해방되었다. 6장에서 자세히 살펴보겠지만 가령, 1985년과 86년 새뮤얼 헌팅턴 교수와 나다브 사프란 교수가 CIA와 비밀리에 연구를 진행하다 적발된 사

대학 분권화를 실행한 데릭 복 총장.

레가 좋은 예다. 60년대 후반 학생운동의 여파로 CIA와 비밀리에 연구하는 것이 학내에서 금지되었다. 평소에 복 총장도 이를 강력히 지지했다. 그런데 스캔들이 터지자 복 총장은 금지 규정을 강제하지도, 금지 규정을 환기시키는 캠페인도 벌이지 않았다. 분권화 이후 대학 본부는 각 단위에서 일어나는 일을 알 수 없을 뿐 아니라 설령 일이 생겼더라도 아무 책임도 질 필요가 없기 때문이다. 결국 분권화 시스템이 대학본부에 면죄부를 준다는 것이 일반적인 평가다. 최고 책임자는 궁극적으로 책임은 있겠지만 직접적으로 관련은 없기 때문이다.

하버드 와치에서 활동해 온 로버트 와이스먼은 이런 하버드 운영 방식을 고찰한 에세이에서 복의 세련된 기업형 관리 체제의 폐해가 심각하다고 지적한다. 여러 단계의 수직적 구조가 생김으로써 누가 책임자인지 규명하기 어려워졌고, 그러면서 누구도 관련되기를 원하지 않는 분위기가 형성되었다는 것이다. 이것은 결국 대학본부가 모두로부터 멀어지는 것을 뜻했고, 특히 학생들에게는 접근할 수 없는 미지의 대상이 되는 것을 의미했다. 와이스먼은 분권화된 시스템은 교육뿐만 아니라 학생들의 사고방식에까지 영향을 미친다고 주장한다. 즉 대학본부가 학생들을 수동적으로 이끌고 조직에 순응하게 만들며 자신들이 지배하는 방식을 받아들이도록 학생들에게 강요한다는 것이다.[17]

마지못해 이루어진 개혁

하버드 법인의 지나친 영향력과 비민주적 운영 방식에 대해 하버드 내·외부에서 끊임없이 비판이 제기되어 왔다. 가령 19세기 중반 주 의회 산하 위원회에서 교육개혁이라는 명분 아래 하버드를 조사한 일이 있다. 당시 위원회는 하버드가 매사추세츠 주 주민들의 기대치를 충족하지 못하고 있다고 판단해, 하버드에 직업교육과 목적이 분명한 구체적인 교육을 더 충실히 할 것 등을 담은 개혁안을 제시한다. 흥미로운 것은 거기에 하버드 법인 이사를 15명으로 늘릴 것과 입법기관이 이들을 선출하고 임기를 6년으로 제한하는 내용이 담겨 있었다는 것이다.[18] 의미심장한 내용이 아닐 수 없다. 이는 법인의 막강한 권력과 독재적 운영 방식에 대한 불만과 문제의식이 오래전부터 축적되어 왔음을 시사한다. 하지만 주 의회도 하버드의 권위를 뛰어넘지는 못했던 것 같다. 이 과감한 개혁 법안의 실행은 어찌된 영문이지 다음 주 의회로 넘겨졌고, 이후 유야무야 사라져 버렸다.

한 세기가 훌쩍 지난 2010년 12월 6일 하버드 교내 신문인《하버드 크림슨》은, 〈하버드 법인이 관리 구조에 대한 역사적인 진단을 발표하다〉는 제목으로 법인의 대대적인 구조 개혁 방침을 밝혔다. 개혁안의 주요 골자는 법인 이사 수를 7명에서 2배에 가까운 13명으로 늘리고, 이사 임기를 6년으로 제한하며, 재정·투자 계획·학교 시설 관리 등을 담당할 다양한 위원회를 설치한다는 것이다. 기사에 따르면 대학본부는 개혁안은 대학 구성원과 동문들의 끊임없는 비판과 요구의 결과이며, 개혁을 통해 더 투명하고 책임감 있게 법인을 운영하고 공동체의 결속을 강화하리라 약속하고 있다.[19]

물론 개혁안대로 하더라도 하버드 법인의 규모가 다른 대학들에 비해 여전히 작은 건 사실이다. 미 대학운영협회의 최근 조사 결과에 따르면 미 사립대학들의 이사회는 평균 29명으로 구성되며, 이들은 8개 정도의 독자적인 위원회에서 활동하는 구조로 되어 있다고 한다.[20] 역사나 기금 규모 면에서 세계 최고, 최대라는 하버드를 지금껏 단 7명이 운영해 왔다는 사실이 그저 놀라울 따름이다. 하지만 이 개혁안은 법인 출범 360년 만에 최초로 시도된 것이라는 점에서 주목할 만하다.

그런데 그동안 법인의 폐쇄적인 운영 방식, 하버드·엔론 스캔들로 상징되는 법인 이사들의 도덕성 문제 등으로 끊임없이 비판을 받으면서도 모르쇠로 일관하던 하버드가 왜 갑자기 법인을 개혁하려 한 것일까. 바로 2008년 전 세계를 뒤흔든 금융위기 때문이다(이 문제에 관해서는 9장에서 구체적으로 다룰 것이다).

하버드 매니지먼트사는 위험한 투자로 한때 하버드에 엄청난 이익을 가져다주었다. 기금은 매년 몇 배씩 튀었고, 펀드매니저들은 매년 보상금 수천만 달러를 받아 챙겼다. 그러나 대학을 펀드회사처럼 운용하며 승승장구하던 하버드는 금융위기라는 암초에 걸려 불과 1년 사이에 기금 총액의 약 30퍼센트, 110억 달러를 날려 버리고 만다. 기금 손실로 재정 압박을 받자 하버드는 직원 1000여 명을 잘라 내고, 인근 땅을 매입해 진행하던 대규모 공사를 중단한다. 학교 안팎에서 거세게 반발했다. 법인의 불투명하고 무책임한 운영 방식에 대한 비판이 쏟아졌고, 지역공동체에 대한 무책임한 행동을 지적하는 목소리도 높아졌다. 심지어 대학의 면세 특권을 재고해야 한다는 강도 높은 주장도 나왔다. 결국 사면초가에 놓인 하버드는 법인 구조 개편이라는 비장의 카드를 내놓을 수밖에 없었던 것이다.

시대착오적 추종

그런데 한국에서는 하버드를 좇아 국립대를 법인화하고 총장 직선제를 폐지하려고 하니 아이러니한 상황이 아닐 수 없다. 2010년 12월, 한나라당(현재 새누리당)이 서울대 법인화법을 날치기한 후 이 문제는 교육계의 중요한 화두가 되었다. 서울대 법인화는 다른 국립대학들의 법인화를 초래할 것이고, 그것은 등록금 인상과 기초학문 고사로 이어질 가능성이 크기 때문이다. 또한 서울대 법인화법은 총장 선출 권한을 이사회에 넘김으로써 대학의 민주주의와 자율성을 침해할 것이 분명하다.

대학이 시장과 권력의 논리에 종속되기 시작하면 교육의 공공성은 흔들릴 수밖에 없다. 더욱 씁쓸한 것은 법인화를 옹호하는 일부 국내

보수 언론들이 하버드 법인을 긍정적 벤치마킹의 대상으로 거론한다
는 것이다. 이런 상황을 하버드 출신들에게 들려주면 어처구니가 없
다며 코웃음을 친다. 적어도 미국에서 하버드 법인은 독재적 혹은 봉
건적 대학 운영의 상징이기 때문이다.

국립대의 법인화 추진은 미국이라는 신기루를 좇는 현 정부의 일
그러진 자화상이다. 미국도, 미국이 신봉하던 신자유주의 체제도 이
미 한계에 부딪혀 새로운 대안을 모색해야 하는 이 순간, 오직 대한민
국의 보수세력만이 '나 홀로' 미국을 앙망하는 것은 아닌지 자숙해 볼
일이다. 아울러 미국의 헤게모니가 약해진 이유 중 하나가 기업이 대
학들을 통제해서임을 명심해야 할 것이다.

주

1 John Trumpbour, *How Harvard Rules*, (MA: South End Press, 1989), p. 33 재인용.

2 존 트럼보우 인터뷰에서.

3 박은하, "'총장 직선제' 없애면 대학 경쟁력 생길까", 《경향신문》 2011년 8월 24일.

4 John Trumpbour, *How Harvard Rules*, (MA: South End Press, 1989), p. 44.

5 위의 책, p. 411.

6 경제학자다. 1973년부터 84년까지 하버드 대학 문리학부 학장을 지냈으며 유대계 출신
으로는 처음으로 하버드 법인 이사(1985~97)로 선출되었다.

7 존 트럼보우 인터뷰에서.

8 클라이드 W. 바로우, 《대학과 자본주의 국가》, 박거용 옮김, (문화과학사, 2011), p. 79.

9 John T. Bethell, *Harvard Observed*, (MA: Harvard University Press, 1998), p. 34
참조.

10 John Trumpbour, *How Harvard Rules*, (MA: South End Press, 1989), p. 142 참조.

11 노엄 촘스키 지음, 《실패한 교육과 거짓말》, 강주헌 옮김, (아침이슬, 2001), p. 18.

12 미국의 소비자 운동을 주도해 온 넬프 레이더의 후원으로 진보적인 하버드 학생들과 졸업생을 중심으로 조직된 하버드 대학 감시 조직. 2000년대 중반 활동이 중단되었다가 최근 재건 움직임을 보이고 있다.

13 A Harvard Watch, 'Trading Truth: A Report on Harvard's Enron Entanglements', 2002년 1월 31일.

14 홍은택, "엔론, 후폭풍 5-거액 자문비 뿌려 '침묵'을 샀다", 《동아닷컴》 2002년 2월 6일.

15 Beth Healy & Kranish, "Harvard invested heavily in Harken", 《보스턴 글로브》, 2002년 10월 30일.

16 에드워드 J. 베이커 인터뷰에서.

17 Robert Weissman, "How Harvard is Ruled", *How Harvard Rules*, (MA: South End Press, 1989), p. 44 참조.

18 Andrew Schlesinger, *Veritas: Harvard College and the American Experience*, (Ivan R. Dee, 2005), pp. 106~107 참조.

19 Elias J. Groll & Zoe A. Y. Weinberg & William N. White, "Harvard Corporation Announces Historic Overhaul to Governance Structure", 《하버드 크림슨》 2010년 12월 6일.

20 Paul Fain, "Harvard U. Overhaul Governing Board in Recession's Wake, a First After 360 Years", 《The Chronicle》, 2010년 12월 6일.

3장
부자-백인-남성의 카르텔

“교육을 통해서 우리 자신과 가족과
재산을 폭도들로부터 지켜야 한다.”
—하버드 후원자인 헨리 리 히긴슨이
1886년에 쓴 기금 모금 독려 편지에서[1]

“처음부터 하버드는 다른 인종들과 함께 거주하는 것이
가능하리라고는 생각조차 하지 않았다.”
—하버드 총장 애봇 로렌스 로웰이
흑인 신입생의 기숙사 입주 요청을 거절하면서 쓴 편지에서[2]

“하버드는 여성을 학생으로 받아들이지
않을 뿐만 아니라 학교 주변에 기숙하는 것을
규칙[3]으로 하는 그 어떤 학교도 여성을
받아들여서는 안 될 것이다. (…)
세상은 여성의 타고난 정신 능력에 대해
아무것도 아는 바가 없다.”
—하버드 총장 찰스 엘리엇의 취임사에서[4]

2011년 8월 《한겨레신문》은 하버드 역사상 경제, 인종적으로 가장 다양한 학생들이 입학한다고 보도했다. 가을에 입학하는 신입생 중 라틴계가 9.8퍼센트, 흑인이 10.5퍼센트, 아시아계가 17.7퍼센트로 非백인이 무려 38퍼센트를 차지해 개교 이래 최고치를 기록했다는 것이다. 윌리엄 커비 인문과학대학 학장의 "우수한 학생은 계층, 인종에 상관없이 좋은 교육을 받을 동등한 자격이 있다는 것이 우리의 믿음"이며 "하버드는 사회경제적 계층과 관계없이 뛰어난 학생들을 수용하고, 이들을 적극 지원할 것"이라는 인터뷰 내용도 덧붙이고 있다.

기사 내용대로 오늘날 하버드는 전 세계에서 모여든 다양한 인종으로 이루어져 있다. 84쪽 표를 보면 여전히 백인이 압도적으로 많지만 미국 전체 인구에 비추어 보면 아시아·태평양계가 월등히 많다는 사실을 알 수 있다.

여학생의 약진도 두드러진다. 하버드 학부생의 51퍼센트, 대학원생의 48퍼센트, 전문 과정의 49퍼센트가 여성이다. 이러한 변화는 실로 격세지감이라는 말을 떠올리게 한다. 하버드는 처음부터 돈 많은

	학부	대학원	전문 과정	미국 인구 조사
흑인/비히스패닉	8	3	6	12.1
아시아/태평양	17	9	12	4.3
백인/비히스패닉	42	42	43	65.8
히스패닉	7	3	5	14.5
아메리칸 인디언	1	0.2	0.6	0.9
국제 유학생	11	33	22	

출처: 위키피디아(2010년 현재)

백인 남성들을 위한 대학이었기 때문이다. 19세기 말 하버드에 땅 31에이커(약 3만 8000평)를 기부하고 법인 이사로 활동한 헨리 리 히긴슨과 찰스 엘리엇 총장, 로렌스 로웰 총장은 19세기 말부터 20세기 초까지 하버드를 주도적으로 이끌었던 인물이다. 그러므로 이 장 첫머리에서 인용한 이들의 말은 시사하는 바가 크다. 100년 전 하버드는 과연 어떤 곳이었을까?

상류층의, 상류층에 의한

미국 건국의 아버지 중 한 명인 벤저민 프랭클린은 하버드 졸업생을 가리켜 "오만과 허영심만 가득한 최악의 멍청이"라고 악평했다. 오늘날 만점에 가까운 SAT(Scholastic Aptitude Test, 미국 대학 수학능력시험) 점수를 받고, 6퍼센트대의 살인적인 경쟁률을 넘어 천신만고 끝에 하버드에 입성한 학생들이 들으면 몹시 억울할 독설이다. 하지만 프랭클린이 청소년기를 보낸 18세기 초를 생각한다면 그의 비평이 그저 냉소만은 아님을 알게 될 것이다.

하버드는 시작부터 상류층의, 상류층에 의한, 상류층을 위한 대학이었다. 당연한 일이겠지만 초기 졸업생들은 모두 성직자나 행정관 등 지배엘리트 자제였고, 하버드는 이들을 차세대 사회 지도층으로 인도하는 확실한 징검다리가 되어 주었다. '교육을 통해 위험한 군중으로부터 우리의 가족과 재산을 지키자'고 부르짖던 하버드의 후원자 헨리 리 히긴슨의 편지는 '지배계급의 재생산'이라는 하버드의 초기 성격과 목적을 명확하게 드러내고 있다. 따라서 하버드는 학생들 신분에 매우 민감했을 것이다.

18세기까지 총장은 학생들의 사회적 계층을 식별한 명부를 보관하고 있었다. 명부를 근거로 식당에서 좌석 배치는 물론 예배 행진시 자리 배치, 교실 내에서 발언권 등을 학생등록부에 꼼꼼히 명시해 놓았다고 한다. 그러나 시간이 흐르고 자신의 자식이 더 나은 대접을 받아야 한다고 믿는 부모들의 불평이 늘어나면서 기존의 리스트를 고수하기가 어려워졌다. 그래서 포셀리언Porcellian, A. D., 플라이Fly 등 신분이 비슷한 학생들의 네트워크인 파이널 클럽final club이 형성되었다고 한다.[5] '최고를 향한 마지막 계단'을 뜻하는 파이널 클럽은, 하버드 하면 흔히 떠올리는 공부벌레 이미지와 아울러 학생귀족 집단을 떠올리게 한다. 파이널 클럽에는 1791년 가장 먼저 만들어진 포셀리언을 비롯해 모두 여덟 개 클럽이 있고, 남학생만 가입할 수 있다. 가입하는 데 경쟁이 치열한데, 가입이 바로 상류사회로 진입하는 것을 의미하기 때문이다. 프랭클린 루스벨트가 '자신의 인생에서 가장 큰 패배는 포셀리언에 가입하지 못한 것'이라고 회고할 정도였다니, 파이널 클럽의 영향력이 어느 정도인지 가히 짐작할 만하다. 이들의 아지트인

클럽 하우스는 하버드 스퀘어를 중심으로 흩어져 있으며 이 클럽들이
보유한 부동산을 모두 합치면 케임브리지에서 두 번째로 많다는 분석
도 있다. 하지만 초대받지 않으면 입장도 못하는 이들만의 파티는 학
내에 위화감을 조성할 뿐만 아니라 데이트 강간의 온상이라는 비난도
받고 있다.

이 고급 사교 클럽에 발을 들여놓을 수 있는 이는 대부분 대를 이어
하버드에 진학해 온 명문가의 자제들이다. 1959년 하버드를 졸업한
빅터 월리스 교수(Victor Wallis, 버클리음대 사회학)는 명문가의 자제들이
계속 하버드에 진학할 수 있는 배경으로 하버드의 불공정한 입학정책
을 지적한다.

> 하버드 출신 집안의 자제들은 능력과 상관없이 입학이 허락되었
> 다. 이는 하버드 졸업생의 후손에게 특혜를 주는 어퍼머티브 액션
> (Affirmative action, 원래는 흑인·히스패닉 등 소외계층에 특혜를 주는 정
> 책)이라는 비판을 받기도 했다. 그들은 아랑곳하지 않고 자기들끼
> 리 클럽 활동을 하는 등 끼리끼리 어울려 다녔으며, 특유의 고상한
> 옷차림만으로도 식별이 가능할 정도였다.[6]

하버드 하면 천재 혹은 공부벌레의 이미지만 간직해 온 이들이라
면 이런 얘기가 놀라울지도 모르겠다. 그렇다면, 하버드의 동문 자녀
입학 비중은 어느 정도일까. 하버드 홈페이지의 입학정보란을 찾아봐
도 정확한 통계는 밝혀져 있지 않다. 60년대 말 하버드 학생들이 발표
한 자료에 따르면 당시 입학생 중 약 20퍼센트가 동문 자녀이고, 40퍼
센트는 명문 사립학교 일명 프렙 스쿨(Prep School, '대학 진학 준비 학교'

를 말한다) 출신이었다고 한다. 살인적인 합격률을 자랑하는 하버드이지만 레가시 지원자의 합격률은 약 30퍼센트에 육박한다. 하버드 학장을 지낸 윌버 J. 벤더Wilbur J. Bender는 1958년 2월,《하버드 투데이》에서 동문우대정책의 필요성을 이렇게 역설했다.

> 나는 하버드 후손들이 오늘날과 마찬가지로 언제나 우선권을 갖게 되기를 희망하고 그래야 한다고 믿는다. 이것은 단순히 감정이나 이기심의 발로가 아니라 오늘날과 같이 뿌리가 전혀 없는 사회에서는 전통과 양육이 중요하다는 믿음에 근거한 것이다.[7]

과연 '전통과 양육'이 벤더 학장의 진심이었을까. 눈치 빠른 이라면 여기서 달러 사인을 감지했을 것이다. 동문 자녀 특례입학제도가 비단 하버드에만 존재하는 것은 아니다. 대부분의 아이비리그 대학에도 있다. 그 이유는 주지하다시피 기부금 때문이다. 보통 아이비리그 대학 합격률이 7~20퍼센트인 반면 동문 자녀의 합격률은 대체로 30퍼센트를 넘는다고 한다. 결국 부와 권력을 넘어 학벌까지 세습되고 있는 것이다.

하지만 하버드는 다른 대학들보다 장학금 제도가 훨씬 잘 갖추어진 것으로 정평이 나 있다. 19세기 중반 동문들 사이에서 대대적인 장학기금 조성 캠페인이 펼쳐진 결과다. 하지만 장학금의 확충에도 하버드 문턱을 넘는 대다수 학생은 여전히 중·상류층이다. 1936년 미국민의 소득 수준과 하버드 학생을 자녀로 둔 가족의 소득 수준을 비교한 다음 표는 당시 하버드 학생들의 계급을 짐작하게 한다.

수입	전 국민 퍼센트	하버드 퍼센트
$0~2500	88.0	16.3
$2500~7500	10.5	36.3
$7500~50000	**1.5**	**47.3**

출처: 《*Making Harvard Modern*》(Morton Keller & Phyllis Keller)

1870~1986년까지 하버드 학생 부모의 직업 분포 (단위: 퍼센트)

	1870~75	1903	1986
전문직	28.6	29.5	59.3
사업가	55.7	56.7	31.0
정부관료	4.2	3.0	4.3
농부	4.2	3.0	0.5
육체노동직	7.3	7.8	5.0

출처: 《하버드 매거진》(1986년 9~10월호)

위 표를 보면 알 수 있듯이 전 국민의 1.5퍼센트에 불과한 고소득층 출신이 하버드 학생의 가족에서는 절반을 차지하고 있다. 그만큼 하버드가 소수 특권층을 위한 곳임을 알 수 있다.

또 1870년부터 1986년까지 하버드 입학생 자녀를 둔 부모들의 직업군 분석 결과를 보면, 전문직 종사자와 사업가가 많다. 흥미로운 것은 20세기 말에 이르러서도 계급 구성이 별반 달라지지 않은 것이다. 기록에 따르면, 1986년 학부생의 42퍼센트 이상이 장학금을 받았다고 한다. 결국 기금 부족이 진학을 가로막는 방해물은 아니라는 말이다. 그런데도 전문직과 사업가 출신 자녀들의 입학 비율은 높아진 반면 농부와 노동자층 자녀들의 비율은 더 낮아졌다.

물론 거의 30년 전의 분석 결과니, 지금과는 다를 수 있다. 하버드도 높은 문턱을 낮추기 위해 2004년에 총소득 4만 달러 이하 가정의 자녀들에게는 학비를 면제해 주는 파격적인 장학제도를 도입했다. 그러나 하버드가 출발해 20세기 후반에 이르기까지 부유층 명문가 자제들의 진학 코스였다는 사실은 하버드의 정체성을 이해하는 데 매우 중요한 단서다.

하버드생들은 파업 진압의 달인?

1912년 미 로렌스에서 일어난 파업은 부자들의 대학, 하버드의 정체성을 극명하게 보여 준다. 1912년 1월 11일, 매사추세츠 주 방직공장이 밀집해 있던 로렌스의 한 공장에서 파업이 일어난다. 파업은 순식간에 전 도시로 번지고, 순식간에 노동자 2만 5000여 명이 파업에 동참한다. 로렌스는 1845년 방직산업을 위해 세워진 산업도시로 대표적인 이민자들의 도시였다. 당시 노동자들은 주급 9달러를 받으며 56시간의 강도 높은 노동에 시달렸고, 노동자 상당수가 여성과 연약한 어린이였다.

한 조사에 따르면 당시 로렌스 노동자 셋 중 하나는 공장의 먼지와 섬유로 인한 결핵으로 숨졌고, 10대 이전에 노동을 시작한 아이들의 3분의 1이 청소년기에 이르기 전에 사망했다고 한다. 매사추세츠 주가 여성과 아이들의 노동시간을 주당 54시간 이하로 제한하는 법을 통과시키자 공장주들은 줄어든 시간에 똑같은 양의 일을 처리하도록 하면서 임금은 삭감했다.

격분한 노동자들이 파업을 일으켰다. 이때 몇몇 여성 노동자가 제

강도 높은 노동에 시달렸던 방직공장의 어린이들.

임스 오펜하임이 시카고 여성 노동운동가들을 위해 쓴 시 〈빵과 장미〉의 시구("우리는 빵을 원한다. 그러나 장미도 원한다")가 쓰인 피켓을 들고 나오면서 '빵과 장미' 파업으로 불리게 되었다. 로렌스 시장은 주 정부에 도움을 요청했고, 군인 500명이 즉각 로렌스로 출동한다. 흥미로운 사실은 이때 하버드생들도 '계급을 사수하라'는 모토 아래 동원되었다는 것이다. 당시 파업 진압에 참여한 학생들은 기말시험에서 별도의 학점도 받는다.

1919년에 일어난 보스턴 경찰 파업(경찰노조 설립을 주 당국이 불허하자 보스턴의 일선 경찰들이 들고일어났다. 당시 경찰들은 열악한 근무환경 개선과 최저생계비에도 못 미치는 급여 인상 등을 요구했다) 때에도 하버드생 200여 명이 경찰 대체 인력으로 자원할 것을 요구하는 대학의 부름에 따라 갈고 닦은 파업 진압 실력을 발휘했다. "당시 하버드 학생들은 매사추세츠 대로 다리를 건너 행진했고, 시위자들을 해산하는 데 결정적인 역할을 했다. 하버드가 파업 방해자들을 제공한 셈이다."[8]

지금은 상상하기조차 어려운 이런 일이 일어난 데에는 당시 하버드 총장인 애봇 로렌스 로웰Abbott Lawrence Lowell의 역할이 컸다. 로웰은 미 최초 대법관인 존 로웰의 후손으로 6대에 걸쳐 하버드에 진학한 대표적인 보스턴 '브라만' 가문 출신이었다. 로렌스 인근의 또 다른 방직도시 로웰을 개척한 프랜시스 카봇 로웰Francis Cabot Lowell 또한 로웰 가문 일원이었다. 이것이 로웰 총장이 "계급을 사수하라"고 부르짖은 속사정이다.

로웰 총장은 민주주의를 예찬하면서 동시에 여성과 흑인, 유대인, 동성애자들을 혐오하고 차별하는 데 아무런 문제의식을 느끼지 못하는 전형적인 상류층 백인이었다. 그의 극단적인 인종관에서 비롯된

학생들을 파업 진압에 동원한 애봇 로렌스 로웰 총장.

차별정책은 하버드의 인종주의를 거론할 때 다시 이야기할 것이다. 로웰은 20세기 미국의 마녀재판이라 불리는 '사코와 반제티' 재판에서 법정 편을 들어 하버드 안팎에서 거센 비난을 받기도 했다. 하버드의 한 인사는 로웰을 가리켜 "특권에 눈이 먼 사람"[9]이라고 비난했다.

하버드가 로웰의 후임으로 화학자 제임스 코넌트James Conant를 지목한 것은 당시로서 매우 충격적인 사건이었다. 코넌트는 사진제판원의 아들로 가족 중 처음으로 대학 문턱을 넘은, 하버드 역사상 최초의 평민 출신 총장이었기 때문이다. 이 소식에 가장 충격을 받은 이는 아마도 로웰이 아니었을까. 코넌트는 자서전에서 자신이 총장으로 뽑힌 사실을 전해 주러 온 로웰의 태도가 몹시 냉랭했다고 회고했다.

비록 평민 출신이지만 코넌트는 대단한 야심가였다. 그의 권력 지향적인 성향은 1933년 총장에 선출된 후 쓴 아래의 글에서 잘 드러난다.

1933년은 독일과 미국 그리고 나에게 상당히 중요한 해였다. 이해에 히틀러는 권력을 잡았고, 프랭클린 루스벨트는 대통령에 당선됐으며, 나는 하버드 총장이 되었다.[10]

하버드 총장이 자신을 미 대통령, 독일 총통과 동격으로 생각한 점은 매우 흥미롭다. 코넌트는 미래의 부인에게 자신의 세 가지 야심을

사코·반제티 재판과 로웰위원회

1920년 매사추세츠 주 작은 도시에서 강도가 2명을 사살하고 돈을 빼앗아 달아나는 사건이 발생했다. 3주 후 경찰은 이탈리아 이민자인 사코와 반제티를 잡아들였다. 이듬해 5월 시작된 재판에서 증인들은 엇갈리는 증언들을 내놓았고, 검찰이 제시한 증거는 허점이 많았다. 법정 밖에서는 사코와 반제티가 무정부주의자란 이유로 공정하지 못한 재판을 받고 있다는 주장이 제기되었지만, 배심원들은 유죄 판결을 내렸다. 이후 1927년까지 수차례에 걸친 항소와 탄원 등 사코와 반제티를 살리기 위한 법적 싸움이 이어졌다. 파리, 베를린, 부에노스아이레스 등 세계 곳곳에서 석방 운동이 일어났고, 여론의 압력에 밀린 주지사는 하버드 총장 로웰을 대표로 하는 위원회를 설치해 사건 전반을 재조사할 것을 요청한다. 로웰은 합리적 의심의 여지가 많은데도 사코와 반제티에게 유죄 판결을 내렸고, 결국 둘은 전기의자에 앉았다. 사코, 반제티 재판은 세계 수많은 지식인과 저항적 예술인들에게 영감을 불러일으킨 사건이었다.

평민 출신으로는 처음으로 하버드 총장에 오른 제임스 코넌트.

이야기했다고 한다. 첫째는 뛰어난 화학자가 되는 것, 둘째는 하버드 총장이 되는 것, 셋째는 내무장관 정도의 각료가 되는 것이었다. 비록 내무장관까지는 아니지만 하버드를 떠나 1955년 독일 대사가 되었으니 대강 꿈은 이룬 셈이다.

총장으로서 코넌트의 야심은 하버드의 귀족적 색채를 줄이고 엘리트 중심의 실력을 중시하는 대학으로 바꾸어 가는 것이었다. 그래서 우수한 학생들을 선발하기 위해 입학시험제도를 도입한다. 다른 많은 대학이 이 제도를 따라 받아들이면서 SAT 제도가 자리 잡는다. 2차대전을 거치면서 코넌트는 원자폭탄 제조, 투하에 개입하는 등 역대 총장 중 누구보다 영향력 있는 인물로 성장하지만, 반유대주의자이고 나치와 교류한 일 등으로 비난을 받기도 했다. 2차대전과 하버드의 변화 과정은 이후에 더 구체적으로 살펴볼 것이다.

감히 흑인 따위가!

하버드는 신대륙으로 이주한 백인 앵글로색슨계 신교도White Anglo-Saxon Protestant들이 목사 양성을 위해 세운 대학이다. 이들을 와스프 WASP라고 한다. 미국 상류층을 이루는, 신교도를 믿는 북유럽계 백인들을 가리킨다. 가톨릭교도, 유대인 그리고 슬라브계, 스페인계, 지중해 쪽의 백인은 제외한 말이다. 하버드의 출발이 와스프라는 점은 하버드의 인종주의를 이해하는 데 중요한 열쇠가 된다.

하버드가 유색인종을 받아들이기까지 지난한 세월이 필요했다. 흑인은 1851년에 처음 지원하는데, 당시 존경받던 한 목사의 후원을 받은 버버리 윌리엄스라는 청년이었다. 당시 하버드 야드를 드나들던 흑인들은 모두 부유한 학생들을 돌보는 하인이었다. 이들은 캠퍼스를 부지런히 돌아다니며 석탄과 물을 나르고 벽난로에 불을 지피고 부츠를 닦아 광을 냈다. 아침이면 주인님의 방문 앞으로 달려가 달게 잠든 주인님을 깨워 수업에 늦지 않도록 하는 것도 이들의 중요한 임무였다. 흑인의 입학 소식에 당연히 학내는 격하게 술렁거렸다. 급기야 버버리의 후원인과 친밀했던 에드워드 에버레트Edward Everett 총장까지 나서서 버버리를 받아들일 것을 호소했다고 한다. 하지만 버버리는 입학의 꿈을 이루기 전에 17살의 나이로 결핵에 걸려 사망하고 만다.[11]

비록 버버리의 꿈은 좌절되었지만 하버드는 더는 철옹성이 아니었다. 불과 10여 년 후인 1865년 하버드는 흑인 학생 둘을 받아들인다. 첫 번째 흑인 입학생으로 기록된 필라델피아 출신의 리처드 T. 그리너와 메디컬스쿨에 입학해 최초의 하버드 흑인 졸업생이 된 에드윈 C. J. T. 하워드가 그들이다. 1895년에는 최초의 흑인 박사도 탄생하는데, 민권운동가로 널리 알려진 W. E. B. 두 보이스Du Bois다.

불과 10여 년 사이에 하버드의 담장이 낮아진 이유는 무엇일까. 1865년에 남북전쟁이 끝났다는 점에 주목해야 할 것이다. 남북전쟁이 한창이던 1863년 링컨 대통령이 노예해방을 선언한 데 이어, 1865년 수정헌법 13조가 비준됨으로써 노예해방이 본격적으로 실현되었다. 남북전쟁 당시 하버드는 북군을 적극 지지했던 터라 흑인 학생들을 거부할 명분이 더는 없었고, 대학 이미지 제고를 위해서라도 서둘러 흑인 학생들을 받아들여야 했을 것이다.

어렵게 하버드의 담을 넘었지만 흑인들이 동등한 대접을 받기까지는 또다시 오랜 시간이 걸렸다. 흑인 신입생들은 하버드 야드 안에 있는 기숙사에 입주할 수 없었고 학교 밖에서 따로 숙소를 구해야 했다. 이는 흑인과 백인을 함께 거주시킬 수 없다는 로웰 총장의 확고한 철학 때문이었다. 흑인들 또한 불필요한 대립을 피하기 위해 그러고 싶을 것이다. 이것이 명문가 출신 로웰 총장의 편리한 사고방식이었다.

하버드와 남북전쟁

남북전쟁은 미 연방을 지키려는 북부 연방주의자들과 연방에서 탈퇴해 독자적인 길을 가려던 남부 분리주의자들 사이에서 벌어진 한판 승부였다. 일찌감치 산업화와 공업화를 이뤘던 매사추세츠 주는 연방주의자들의 전초기지였고, 바로 그 중심에 하버드가 있었다. 남북전쟁 당시 북군에 입대한 하버드생은 1311명으로 이 중 138명이 사망했다. 남군에는 257명이 입대해 64명이 사망했다고 한다. 1874년, 하버드는 남북전쟁의 승리를 기념하고, 하버드 출신 전사자들을 추모하기 위해 메모리얼 홀Memorial Hall을 건설한다. 흥미로운 것은 이곳 어디에서도 남군을 위해 싸우다 전사한 학생들 이름은 찾아볼 수 없다는 것이다. 그런데 1차대전에서 희생된 학생들을 추모하는 기념교회Memorial Church에는 당시 적이었던 독일군 전사자 4명까지 기록되어 있다. 하버드가 유독 남군 측 전사자들을 거부한 것은 연방주의로 상징되는 하버드의 정체성을 드러낸 한 예다.

로웰 총장의 인종관은 그가 1912년 이민제한연맹(Immigration Restriction League, 1894년 동남부 유럽에서 모여드는 '바람직하지 않은 이민자'들의 유입에 반대하는 이들이 설립한 단체)의 부총재가 된 것으로 충분히 짐작할 수 있다. 특히 반유대주의 성향이 강했던 로웰은 이탈리아, 그리스, 슬라브, 러시아계 유대인들의 이민이 앵글로색슨계 신교도 문화와 미국의 번영을 위협하고 있다고 강도 높게 비판했다. 또한 하버드에 유대인 학생이 증가하는 것을 우려해 이들의 입학 비중을 15퍼센트 정도로 제한하는 정책을 실시해 유대계 동문들로부터 거센 반발을 불러일으키기도 했다.

당시 앵글로색슨계 백인 지배층 사이에서 반유대주의 정서는 보편적인 것이었다. 가령 1920년 하버드 법인 이사가 사망하여 공석이 생기자 당시 감독이사회 이사였던 J. P. 모건 주니어는 로웰 총장에게 다음 이사로 결코 유대인이나 가톨릭 신자를 받아들여서는 안 된다고 경고하는 내용의 편지를 보내기도 했다. "유대인에게는 항상 유대인이 가장 중요하고 미국이 그다음인데, 내가 걱정하는 것은 로마 가톨릭 신자 역시 교황주의자(즉, 가톨릭 신자)가 우선이고 미국이 두 번째라는 점이다."[12]

이런 인종차별적인 분위기는 1920년대 하버드 내 KKK단의 움직임을 다룬 1923년 10월 22일자 《하버드 크림슨》의 기사에서도 감지할 수 있다. 시카고 지부와 정체불명의 남자 Mr. T의 도움으로 하버드 KKK 지부가 1921년 설립되었고, 이미 상당한 수의 조직원을 확보하고 있으며, 자신들의 영향력을 선보일 결정적 순간을 기다리고 있다는 내용이었다.

하버드의 유구한 역사를 세세히 기록한 그 어떤 책도 이러한 사실

The Harvard Crimson

VOL. LXXXIV. No. 26   CAMBRIDGE, MASS.   OCTOBER 22, 1923   PRICE 5 CENTS

KU KLUX KLAN AT HARVARD AWAITS MOMENT TO STRIKE

"We May Be Inactive but Our Influence is Felt" are Leader's Ominous Words

SEEKING MORE MEMBERS

Indications Point to Good Deal of Activity in Increasing Numbers Before Action

Started two years ago and ever since, month by month, growing more powerful, the Harvard Ku Klux Klan has only been waiting for the favorable moment to show its strength.

And now there are indications that the next few weeks will see the largest drive yet for Klan membership. As yet the branch has worked under considerable secrecy but coupled with this drive the Harvard public may expect to see the Klan pursue a more open policy, leading probably to a formal statement of its aims and platform.

The shadow of the Klan lies from West to East across the country. Only recently the Fiery Cross has been seen in Boston. And now Harvard, considered the stronghold of culture and conservatism, is about to try its strength with the boasted omnipotence of the Invisible Empire.

TRADITIONAL POLICY

Following its traditional policy the Crimson refrains from publishing the names of known members of the Harvard branch of the Klan. They will, however, if necessary, be given to authorized persons.

The Harvard Klan was started some two years ago and made its influence felt with a membership drive. At that time a Mr. W—, the organizer of the Chicago chapter and an imperial officer of the Klan, and a Mr. T— were most active in furthering the organization. But the greatest strength and size of the Klan has come only in the past six months.

Klan Opposes Open Door Policy

Whether or not the action of the University last year in decreeing the policy of non-discrimination tended to increase Klan membership is an open question. The plank in the Klan's national platform bearing on the subject is well known, and what part of it the Harvard branch stands for may be only a question of degree. But it is certain that the decision of last spring was a signal for violent demonstrations in meetings of the Harvard Klan. Yet in the final test, the decision was reached to attempt no active participation in the domestic issues of the University.

Such policy has apparently been pursued during the first few weeks of College. The Klan as such has not interfered with social or religious organizations, and the Harvard public, lulled possibly into a false sense of security, has wondered at the apparent inactivity.

Questioned the other day concerning the plans of the organization, a prominent member hesitated to admit this inactivity. "The Harvard Klan," he said, "is inactive. But it is very far from being disorganized, nor can I say that even now its influence is unfelt." And the remarks and actions of associate members fully bear out his statement.

KU KLUX KLAN WILL STRIKE WHEN READY

Like all organizations the Klan has sought for a representative Harvard membership. While few prominent undergraduates have openly declared their allegiance, yet from the very nature of the organization it is impossible to tell what man's friends or acquaintances may belong or may be aspiring to membership. The national platform, to which the Harvard branch subscribes, appeals at once to men of the most advanced and most conservative political opinions. Nor can the type be defined until the Klan chooses to abandon its present temporary inactivity.

What the reasons are for the present apparent stagnation is more difficult to ascertain. The Klan's activities in Oklahoma have raised adverse criticism from the public, criticism which, as some have suggested, a relatively small chapter might be unwilling to encounter in the year's first demonstration. Others interested in the Klan have suggested that there may be division in the Harvard branch itself. To many Harvard may appear so much 100 per cent American that education by the Klan is futile. While more despairing members may see so little Americanism in the University, so much unpatriotism, such a mass of political, racial, religious, and intellectual filth, that the task of making it pure would be too Herculean for even the "white wings" of the Invisible Empire.

Coeducation may not appear as a plank of the platform to be published by the Klan, yet it has lately looked with no aversion on the scheme of founding a branch of the Kamelia (the female of the Klan) at Radcliffe. This latter plan holds innumerable possibilities for furthering the principles of the Klan.

But what the definite policy of the Harvard Klan may be can only be ascertained from their more open appeal for members, which the University can expectantly await within the next few weeks.

하버드 KKK단의 동향을 다룬 《하버드 크림슨》의 기사.

은 전하지 않는다. 이 때문에 하버드에서 수십 년을 보낸들 하버드가 한때 인종차별주의의 온상이었다는 사실을 각성할 기회는 거의 없다.

2011년 겨울, 하버드의 한 연구팀이 〈하버드와 노예제도: 잊혀진 역사의 탐색〉이라는 보고서를 발표해 주목을 받았다. 보고서는 하버드 총장들이 노예를 거느렸으며, 노예들이 빠르게는 1639년부터 하버드 캠퍼스에서 일했다는 것, 노예들이 때로는 캠퍼스 근처에서 교수형이나 화형을 당하는 등 비극적인 죽음을 맞기도 했다는 것, 노예무역으로 막대한 수익을 올린 노예상인들이 하버드의 중요한 후원자였다는 사실 등을 밝히고 있다.[13] 사실 그리 새로운 내용은 아니지만, 그동안 의도적으로 생략되어 왔던 하버드의 숨겨진 역사를 공개적으로 들춰냈다는 점에서 주목할 만하다. 무엇보다 하버드 역사학자를 비롯해 학생과 대학원생 30여 명이 대거 참여해 작성한 보고서라는 점은 놀라움을 넘어 부럽기까지 하다.

기록에 따르면, 로웰의 흑백분리정책은 1950년대까지 이어졌다.

50년대를 기점으로 미국의 시민권 투쟁이 고조되기 시작했고, 민권운동의 중심지가 대학이었다는 점을 감안하면 당연한 결과라 할 수 있을 것이다. 하버드가 오늘날과 같은 '열린 대학'으로 전환되기까지 오랜 시간이 걸렸고 그 과정에 학내 구성원들의 적극적인 노력이 있었다.

하버드 메디컬스쿨의 존 벡위드Jon Beckwith 교수는 1968년 마틴 루터 킹 목사가 암살되자 무슨 행동이라도 해야겠다고 마음먹는다. 당시 하버드 의대에 입학하는 아프리카계 미국인 수가 2년에 1명, 즉 매년 0.5명밖에 되지 않았다. 이 사실을 깨달은 그는 다른 진보학자들과 함께 소수 민족의 입학을 위한 추천제를 적극 추진한다. 하버드의 성향을 잘 알고 있던지라 교수회의에서 역사, 도덕, 정치적 주장이 아닌 향후 아프리카계 미국인들 중 일부가 미국 의학계를 이끌 것이므로 지금부터라도 이들을 받아들여야 한다고 설득해서야 목적을 달성할 수 있었다고 한다.[14]

1974년, 아프리카계 미국인으로 하버드 교육대학원의 첫 종신교수가 된 찰스 윌리 명예교수 역시 하버드가 지금의 다인종 대학이 되는 과정을 생생히 지켜본 산 증인이다. 교육기관의 인종차별을 철폐하기 위해 애썼던 그는 아프리카계 교수진, 스태프들과 함께 매주 학장 한 명을 초청해 아침식사를 함께하는 모임을 제안했다고 한다. 한 명씩 돌아가며 초대한 이유는 각 단위들의 구체적인 문제를 파악하기 위해서였다. 식사를 함께하면서 학장들을 인종주의자라고 비난하는 대신 다양한 학생을 찾는 데 어려움이 있다면 자신들이 돕겠노라 설득해 나갔다.[15] 이런 지난한 과정을 거쳐서야 높고 깊은 하버드의 벽은 조금씩 허물어질 수 있었던 것이다.

유대인 학살의 근거, 우생학

2011년 7월, 사우스캐롤라이나 주는 애리조나식 반反이민법을 통과
시켰다. 애리조나, 미시시피, 조지아, 앨라배마 주 등 남부를 중심으
로 확산되고 있는 반이민법에는 경찰이 외모만 보고도 체류 신분 확
인을 요구할 수 있는 권한과 고용주가 직원을 뽑기 전 체류 신분을 확
인토록 하는 전자고용인증시스템을 의무화하는 내용 등이 포함되어
있다.

오늘날 미국 극우 보수주의자들의 행태를 보면 역사는 반복된다는
말이 현실로 다가온다. 이들의 주장과 논리는 20세기 초 미국을 시작
으로 전 세계를 휩쓸었던 우생학자들의 주장과 별반 다르지 않기 때
문이다.

우생학이란 무엇인가. 계급과 인종의 우열은 고정된 것이라는 유
전적 결정론으로, 19세기 말 영국의 프랜시스 골턴Francis Galton이 시작
해 20세기 초 미국을 통해 전 세계로 확산되었다. 당시 보수적인 학자
들 사이에서 인종 간의 차이를 발견하고 백인의 우월성을 입증하려는
노력은 보편적인 것이었다. 리처드 레빈스 교수는 그 이유를 계급적
인 관점에서 찾는다.

> 노예 소유주들은 노예제도를 정당화해야 했기 때문에 인종차별적
> 이고 진화론적인 주장을 펴기 시작했다. 다윈에 이어 그들은 열대
> 지방에서는 게으르고 열등한 인종이 나오는 반면에 기온이 온난하
> 지 못한 곳에서는 우수한 인종이 만들어진다고 주장했다.[16]

주목할 것은 이들 보수학자가 자신들의 이데올로기를 정당화하기 위해 과학을 도구로 이용했다는 점이다. 유전학자 존 벡위드 교수는 에세이 〈인종차별주의의 과학〉에서 하버드가 미 사회에 만연한 인종과 계급, 성 불평등성을 합리화하는 이론을 제공하는 주요 근거지였음을 지적한 바 있다. 가령 19세기 하버드의 저명한 동물학자였던 루이스 애거시즈Louis Agassiz는 인종별로 두개골을 과학적으로 측정한 결과 흑인 뇌는 7개월 된 태아처럼 "불완전한 뇌"임이 증명되었다고 주장했다. 흑인 갓난아이의 두개골 봉합선이 백인 갓난아이보다 일찍 결합되어, 흑인은 지나치게 많이 배우면 뇌가 부풀어 두개골이 터질 것이라는 의견도 덧붙였다.[17]

수많은 하버드의 학자가 인종 간의 차이와 백인의 우월성을 입증하는 데 학문적 열정을 쏟았고, 이들의 노력은 20세기 초 미국에 우생학이 확산되는 데 큰 영향을 미쳤다. 예를 들어 1910년대 하버드의 생물학자 에드워드 이스트Edward East와 윌리엄 캐슬William Castle은 백인과 흑인이 결혼하면 열등한 아이가 나온다는 유전학적 이론을 제시했고, 이는 34개 주에서 실시된 이종족 결혼 금지법의 근거가 되었다. 심리학자들도 우생학 운동을 적극 거들었다. 하버드 심리학과 교수였던 윌리엄 맥도걸William McDougall은 민주주의를 생물학적 능력에 기반을 둔 카스트 제도로 대체할 것과, 낮은 계급의 출산과 서로 다른 계급끼리의 결혼을 법적으로 제한할 것을 주장했다. 나타니엘 허시Nathaniel Hirsch 심리학과 교수 역시 이민 계층의 유전적 열등성을 입증할 수 있다고 주장했다. 하버드의 인류학자 어니스트 후툰Ernest Hooton도 우생학 운동에 뛰어들었고, 1935년에 개인의 범죄적 성향을 인종적 유전형질에 근거를 둔 책을 출간하기도 했다. 칼턴 쿤Carleton Coon

흑인은 유전적으로 열등하다고 주장한 하버드의 과학자 루이스 애거시즈.

인류학 교수는 물리적 인류학 연구를 통해 흑인은 백인보다 덜 진화된 초기 발달 단계에 있음이 증명되었다고 결론지었다. 인종주의 집단들이 쿤의 '증거'를 널리 유포했는데, 심지어 인종차별을 정당화하기 위한 근거로 KKK단의 신문에 실리기도 했다.[18]

존 벡위드 교수는 당시 우생학이 미국 사회에서 빠르게 번져 나간 배경으로 전보다 많은 이민자의 유입과 경제적 불황을 지적한다. 사실 미국은 19세기 말부터 인종 문제로 많은 어려움을 겪고 있었다. 중국, 일본은 물론 동남부 유럽에서 이민자가 계속 몰려오자 앵글로색슨족은 경계하기 시작했고, 이민자들 때문에 범죄·매춘·알코올 중독이 늘어나는 등 사회 문제가 심각해진다고 보았다. 시어도어 루스벨트 대통령 역시 우생학에 경도된 대표적인 인물이었다. 앵글로색슨족이 우월해 미국이 성공할 수 있었다고 믿을 정도였다. 그렇기 때문에 다른 인종과 피가 섞이면 앵글로색슨족이 생물학적으로 퇴화될 것이라고 주장했다.

우생학은 앵글로색슨계 지배엘리트들 사이에서 급속도로 퍼져 나갔다. 하버드를 전국적인 명문대학으로 키워 낸 찰스 엘리엇 전 총장 역시 우생학에 심취해, 1912년 런던에서 열린 제1차 세계우생학대회에서 미국 측 부회장을 맡기도 했다. 전화를 발명한 벨Bell도 미국 측 부회장이었고, 윈스턴 처칠은 영국 측 부회장이었다. 엘리엇의 후임으로 총장직에 오른 로웰 총장 역시 같은 해 이민제한연맹의 부총재가 되어 나쁜 혈통을 차단하는 것은 하버드 총장들의 신성한 의무임을 증명해 보였다.

미국에서 우생학이 뿌리를 내리는 데 결정적인 역할을 한 사람이 하버드 출신의 유전학자 찰스 다벤포트Charles Davenport였다. 그는 1911년 쓴 우생학에 관한 교과서에서, 가족마다 고유한 유전적 특질을 갖고 있기 때문에 결함이 있는 사람이 사촌이나 가까운 친인척과 결혼하는 것은 파멸에 이르는 길이라고 경고했다. 반면 다벤포트를 비롯한 많은 우생학자는 유전적으로 우수한 엘리트 집안은 사촌과 결혼하는 것이 가장 바람직하다고 주장했다. 《종의 기원》을 쓴 다윈이 사촌과 결혼했다는 것이 그 근거였다. 또한 동남부 유럽인들이 계속 이민해 오면, "(미국인들의) 피부는 급격히 어두워지고 키는 작아질 것이며, 변덕스럽고 음악과 예술에 애착을 가진 사람들이 더 늘어날 것이며, 절도·납치·폭행·살인·강간 등이 더 많이 일어나고, 성적으로도 더 부도덕해질 것"[19]이라고 우려했다. 한마디로 '좋은 혈통good blood'을 가진 사람들이 이민해 오는 것은 바람직하지만, '나쁜 혈통bad blood'을 가진 사람들이 이민해 오는 것은 바람직하지 않다[20]고 결론짓는다. 이런 주장을 근거로 다벤포트는 사회 개량을 위한 대규모 강제 불임과 부적당한 이들의 강제 수용, 결혼제한법의 확산 등을 적극 옹호했다.

1898년 다벤포트는, 롱아일랜드에 있는 콜드 스프링 하버 연구소(Cold Spring Harbor Laboratory, 세계 분자생물학 연구의 본산지)의 감독이 되었고, 1910년 이곳에 우생학 기록보관소Eugenics Record Office, ERO를 출범시킨다. 이곳의 첫 번째 임무는 가장 '바람직하지 않은' 미국인을 식별하는 것이었다. 당시 우생학자들이 타깃으로 삼은 이들은 과연 누구이며, 얼마나 될까. 빈민가와 병원, 감옥 등을 전전해 국가가 보호, 감독해야 하는 이가 약 100만 명, 결함은 있으나 국가가 관리까지는 하지 않는 이가 약 300만 명, 여기에 유전인자가 열등하거나 이들과 혈족관계로 얽히고설켜 바람직한 부모나 시민이 되기 어렵다고 판단되는 '경계선' 부류가 약 700만 명이었다. 1100만이 넘는 이 수치는 당시 미 전체 인구의 10퍼센트를 넘는 것이었다.[21]

다벤포트는 유전자 연구뿐만 아니라 대기업 재단들의 지원을 받는 일에서도 독보적인 능력을 발휘했다. 그의 적극적인 러브콜에 카네기 기업이 오케이 사인을 보냈고, 록펠러 재단도 이 거대한 '인류 정화' 프로젝트에 동참하기 시작했다. 당시 콜드 스프링 하버 연구소에서 다벤포트는 연봉 3500달러에 여행 경비는 별도로 받았는데, 플로리다 대학 총장이 연봉 2500달러, 노스웨스턴 대학 도서관 직원이 1200달러를 받았던 것과 비교하면 가히 파격적이라 할 만하다.[22]

우생학은 곧 미 공공정책에도 커다란 영향을 미쳤다. 우생학자들의 압력으로 1924년 이민제한법이 통과되었고, 그 결과 북유럽 계통이 아닌 이민자들의 숫자는 급격히 줄어들었다. 또한 1907년 인디애

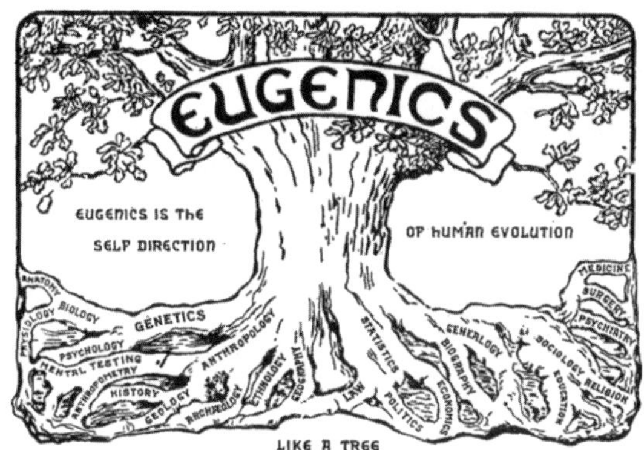

미국의 대표적인 우생학자 찰스 다벤포트(왼쪽)와 1921년 제2차 우생학대회 로고(오른쪽).

나 주를 시작으로 약 33개 주에서 강제불임법이 통과되어 6만 5000명 이상이 강제 불임의 고통을 당했다. 시술 대상은 감호소에 수감된 정신이상자, 정신박약아를 비롯해 장애인, 간질환자, 성범죄자, 마약 중독자, 알코올 중독자 등 다양했으며, 심지어 미성년자에게 보호자 동의 없이 시술을 강요하기도 했다. 가계도와 더불어 IQ테스트도 판단의 근거로 활용되었다. 테스트를 해서 70 이하가 나오면 가차 없이 시술 대상이 되었다. 백인이 개발해 그들에게 유리할 수밖에 없는 테스트가 불합리한 제도를 정당화하는 데 악용된 것이다.

물론 우생학의 번성이 하버드 학자들의 탓이라고만 볼 수는 없다. 그러나 존 벡위드 교수는 당시 하버드의 많은 학자가 교과서에 우생학을 포함하면서 우생학적 사고가 전 사회로 퍼져 나가는 데 일익을

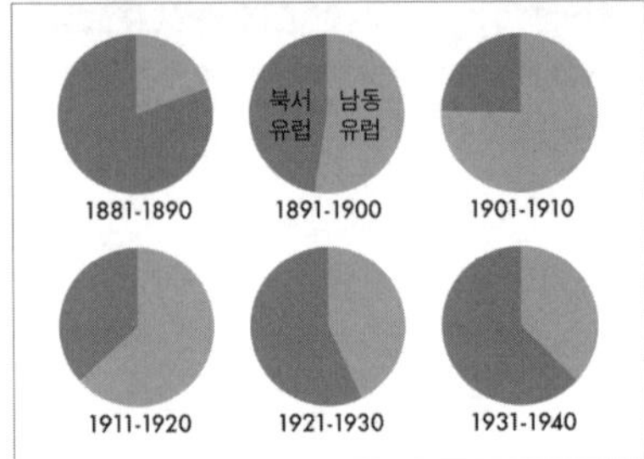

1924년 이민제한법에 서명하는 쿨리지 대통령(위)과 이민제한법 전후 북서유럽과 남동유럽 이민자들의 비율 변화(아래).

담당했음을 지적한다. 당시 미국 대부분의 대학에서 우생학을 포함하는 과목을 개설했다고 한다.

미국 우생학자들은 전 세계 인종주의자들에게 생물학적 결정론의 과학적 근거를 제공했고, 미국의 이론과 실행, 법제화는 이내 유럽의 모델이 되었다. 특히 우생학은 나치가 창궐한 독일에서 꽃을 피웠으며, 히틀러에게 큰 영향을 끼쳤다. 히틀러는 우생학자 매디슨 그랜트Madison Grant가 쓴 《위대한 종의 소멸The Passing of the Great Race》을 읽고 깊이 감동해 미국의 우생학 대표에게 감사편지도 보냈다. 편지에서 히틀러는 그랜트의 책을 자신의 성경이라 극찬하면서 조만간 자신이 미국의 우생학 프로그램을 복제할 것임을 다짐했다고 한다.[23]

리처드 레빈스 교수는 나치 학자들이 자신들의 사회진화론을 정당화하기 위해 미국의 자료들을 이용했음을 지적한다. 독일 의사들이 인종차별주의자가 된 것은 히틀러가 강요해서가 아니며, 오히려 의사들이 히틀러를 더욱 인종차별주의자, 우생학자로 만들었다고 한다. 이 독일 의사들은 미국의 보수적인 과학자들의 후원에 의존했다.[24]

1907년 인디애나 주에서 제정된 강제불임법은 독일 최초의 우생학적 강제 불임 프로그램의 모델이 되었다. 당시 유력한 독일의 한 의사는 미국의 강제 불임 관련법들을 독일에서도 시행할 것을 다음과 같이 촉구했다.

> 우리 같은 인종위생학자들이 하고자 하는 것은 전혀 새롭거나 못들어 본 것이 아니다. 일류 문화국가인 미국에서는 우리가 추구하는 것이 이미 오래전에 도입되고 시험되었다. 그것은 그만큼 분명하고 단순한 사실이다.[25]

1933년 히틀러가 권력을 장악하고 우생학을 기반으로 한 강력한 인종정책들을 펼쳐 나가자 미국의 우생학자들은 두 손 들어 이를 크게 환영했다. 생각해 봐라. 자신들이 수십 년간 주창해 온 과학적 이론이 이제 독일에서 국가의 철저한 통제를 받으며 체계적으로 실현될 상황에 이른 것이다. "무엇보다도, 미국의 인종학자들은 나치가 자신들로부터 영감을 받아 순수한 우생학적 국가를 건설하고 있다는 사실을 매우 자랑스러워했다. (…) 미국의 우생학자들은 (독일을) 돕기 위해 안달이 나 있었다. 미국의 우생학자들은 제3제국의 진전 상황을 주시하고 있었기 때문에 자신들의 중요한 역할을 분명하게 이해하고 있었다."[26]

독일 우생학자들의 연구를 지원한 것은 다름 아닌 미국의 록펠러 재단이었다. 다벤포트를 비롯한 미국 우생학자들은 대기업의 지원을 받고 독일의 우생학자들과 다수의 공동 프로젝트를 수행하며 친밀한 관계를 지속했다. 이들은 1933년 집권 이후 히틀러가 펼친 반유대주의 정책도 찬미한다. 이 끈끈한 동맹관계는 2차대전이 일어나기 직전인 1930년대 후반까지 이어진다. 나치의 유대인 강제 수용과 대량 학살 또한 미국의 인디언 보호구역 강제 수용과 대량 학살에서 영감을 얻은 것이다.

2차대전이 끝난 후, 많은 미국 학자가 이런 사실을 부인하고 당시 독일이 어떤 일을 벌였는지 몰랐노라 발뺌했다고 한다. 하지만 당시 언론에서도 히틀러의 반유대주의와 인종말살정책을 상세히 보도하고 있었고, 미국 내에서 반나치 정서도 심화되어 가고 있었다. 연합국이 나치 전범을 재판한 뉘른베르크 재판에서도 많은 나치 과학자가 수용소에서 벌어진 자신들의 실험은 미국의 선례를 따른 것이라며 무죄를 주장했다고 한다. 일례로 필리핀 미군 부대에서 전염병을 연구하기 위해 죄수들을 생체실험 대상으로 삼았던 사실을 언급하기도 했다.

우생학은 짧은 시간에 급속히 확산된 것만큼이나 순식간에 사람들의 기억에서 지워졌다는 점에서 더욱 충격적이다. 나치 우생학에 대한 반감과 홀로코스트 대학살의 충격 때문이었다. 마치 누군가가 일부러 그 기억을 도려내기라도 한 것처럼 우생학이란 단어는 홀연히 증발했고, 이후 아무도 그 단어를 떠올리지 않게 된 것이다. 가령 1950년대 하버드에 입학해 61년 박사 학위를 받은 존 벡워드 교수는 학부 시절 우생학이란 단어는 들어 보지도 못했다고 증언한다. 맨해튼 프로젝트(2차대전 당시 미국이 영국, 캐나다와 함께 핵무기를 생산하기 위해 만든 비밀 프로그램)에 참여했던 물리학자들이 자신들이 개발해 낸 '핵무기'라는 괴물에 책임감을 통감하면서 이후 집단적으로 핵무기 통제를 위해 애썼던 것과는 사뭇 대조적이다.

우생학은 지배계층이 학문을 이데올로기 통제에 이용할 때 얼마나 무서운 결과를 불러올 수 있는지를 여실히 증명한다. 또한 흔히 객관적이고 사실에 기반한다고 굳게 믿고 있는 과학조차도 이데올로기를 가지고 있으며 의식적으로 왜곡되어 사용될 수 있음을 엄중히 경고하고 있다. 과학자들 역시 자신의 계급적 기반에서 사고할 수밖에 없고, 연구비를 지원하는 대기업과 정부로부터 결코 자유로울 수 없기 때문이다.

유전자 연구의 위험성을 줄곧 경고해 왔던 존 벡위드 교수는 과학적 주장은 한번 발표되면 수십 년 동안 지속될 수 있기 때문에 더욱 위험하다고 지적한다. 가령 하나의 과학적 주장이 논문으로 제출되고 이것이 미디어의 주목을 받게 되면 TV쇼, 영화, 교과서 등을 통해 반

미군의 생체실험

미국은 스페인과 벌인 전쟁에서 이겨 1898년 필리핀을 차지한다. 20세기 초 미군 부대 군의관이던 리처드 P. 스트롱Richard P. Strong은 콜레라와 열대병을 연구하고 있었고, 필리핀 죄수들을 상대로 생체실험을 했다. 1906년 죄수들에게 비브리오 콜레라균의 일종을 주입시켰다. 하지만 의도된 실수인지 여부는 알 수 없으나 콜레라균 대신 선腺페스트균이 주입되었고, 죄수 대부분이 사망하고 말았다. 미군은 스트롱 박사의 연구를 극비에 부쳤고, 1913년 그는 하버드 메디컬스쿨의 교수로 임용되었다. 나치의 생체실험, 일본의 731부대의 생체실험 등은 익히 알려져 있지만 미군의 생체실험 정도와 규모는 아직도 알려진 바가 거의 없다.

복적으로 노출되면서 절대적인 진리로 굳혀진다는 것이다. 설령 이에 대한 비판이 존재하더라도 말이다.[27]

유전자 연구를 둘러싼 논란은 1975년 하버드의 에드워드 윌슨 Edward Wilson 교수가 《사회생물학: 새로운 종합Sociobiology: The New Synthesis》을 출간하면서 또다시 반복된다. 사회생물학은 개미나 원숭이 같은 동물 행동 연구를 바탕으로 인간을 포함한 생명체의 사회적 행동이 유전자와 환경의 상호작용에 따른 것이라고 주장한다. 사회적 행동까지 유전될 수 있다는 그의 이론은 엄청난 파장을 불러일으켰고, 대중 매체들은 이에 열렬히 환호했다. 가령 잡지 《플레이 보이》는 물오리들 사이에서 강간은 흔히 일어난다는 사회생물학 연구를 바탕으로 강간은 남성의 자연적인 충동이라고 합리화했다. 사회생물학 논쟁은 유전학 연구를 둘러싼 많은 쟁점에 다시 불을 붙였고, 국내에서도 2005년 윌슨의 《통섭: 지식의 대통합Consilience: The unity of knowledge》이 번역되면서 사회생물학에 관심이 모아지기도 했다.

추악한 거래

하버드와 나치의 친밀한 관계는 비단 우생학을 중심으로 과학자들이 교류한 것에 그치지 않았다. 하버드가 히틀러 제국과 빈번하게 교류했고, 이를 통해 나치즘을 용인해 준 정황이 최근 드러났다. 2004년 역사학자 스티븐 H. 노어우드Stephen H. Norwood 교수는 1933~37년까지 하버드와 히틀러 제국의 협력 관계를 연구한 논문을 발표해 큰 충격을 주었다.[28]

　구체적인 밀회 내용을 훑어보면, 1934년 5월 독일 순양함이 보스턴에 정박했을 때 보스턴 시가 리셉션을 열어 주었고 여기에 하버드 교수들도 초대되어 함께 연회를 즐긴 일부터 시작해, 이해 히틀러 최측근이 된 하버드 출신이 하버드 졸업식에 초대되어 융숭한 대접을 받은 것, 1935년 하버드 대학본부가 대학 예배당에 나치 문장을 전시하도록 허락한 것, 1936년 하이델베르크 대학 550주년 기념식에 사절단을 보낸 것 등 다양하다.

　히틀러의 최측근이 된 이는 1909년 하버드를 졸업한 에른스트 한프슈탱글Ernst Hanfstaengl이었다. 한프슈탱글은 독일인 아버지와 미국인 어머니 사이에서 태어난 부유한 사업가였다. 피아노를 잘 치고, 재학 시절 하버드 풋볼팀 응원가를 작곡할 정도로 재주꾼이었다. 1922년 독일로 돌아간 그는 '독일과 독일 문명을 구원해 줄' 히틀러와 운명적으로 만난다. 둘의 끈끈한 관계는 1923년 맥주홀 폭동[29]이 실패로 끝난 뒤 부상당한 히틀러가 피신한 곳이 다름 아닌 한프슈탱글의 집이었다는 사실에서도 알 수 있다. 경찰이 체포하러 왔을 때 자살하려던 히틀러를 만류한 이 역시 한프슈탱글의 부인이었다. 한프슈탱글은 하버드 풋볼 응원가를 개작해 〈나치 행진곡〉을 작곡하기도 했다. 나치 정권의 상징인 팔을 쭉 뻗어 하는 경례와 구호(Sieg Heil, '승리 만세'라는 뜻) 역시 하버드 미식축구팀 응원부의 율동과 구호에서 유래한 것이라는 주장도 있다. 한프슈탱글의 부와 사회적 연줄의 이용 가치를 일찍이 알아본 히틀러는 그를 외신보도 본부장 자리에 앉혔다.

　1934년 한프슈탱글은 25주년 동창회에 참석하기 위해 미국으로 돌아온다. 하버드는 성공해서 돌아온 동문을 즉각 대환영하고 나섰다. 심지어 《하버드 크림슨》은 나치 고위관료가 된 그에게 명예학위를 주어야 한다고 주장하기까지 했다. 한프슈탱글은 하버드 졸업식에 초대되었고, 하버드에 장학기금 1000달러를 전달할 의사를 밝혔다. 이 소식은 순식간에 전국적 이슈로 떠올랐다. 볼티모어의 한 신문은 "한프슈탱글의 방문은 일가친척들이 나치에 '고문과 시달림'을 받은 '민족들'을 모욕하는 행위"라고 책망하면서 《하버드 크림슨》의 제안은 "철없고", "어처구니없는" 것이라고 비난하기도 했다.[30]

졸업식 주간에 한프슈탱글은 동문들과 관리자들로부터 융숭한 대접을 받았다. 온갖 파티에 불려 다니고 경마장에 초대되어 즐기는가 하면 코넌트 총장 집에 초대되어 차도 마셨다. 그가 따뜻한 환대를 받느라 분주한 사이 캠퍼스와 보스턴의 경찰들은 학교 담장에 붙은 반나치 스티커를 떼어 내고 시위대들을 진압하느라 진땀을 흘렸다. 학생들과 동문들이 주축이 된 시위대는 한프슈탱글에게 '강제 수용소' 석사 학위나 주라며 더러운 돈을 받지 말라고 하버드에 요구했다. 300년간 평화롭게 진행되던 졸업식은 아수라장이 되었다. 여러 명이 체포되고 이 중 7명은 6개월의 중노동형에 벌금 20달러를 선고받았다. 여론이 악화되자 결국 코넌트 총장과 법인은 한프슈탱글의 장학금 제안을 거절할 수밖에 없었다.

하지만 나치 고위관료를 환대한 하버드의 정책은 다른 대학들에 적잖은 영향을 미쳤다. 1934년 10월, 예일 대학은 이탈리아의 무솔리니가 보낸 파시스트 학생 대표단을 환영하면서 하버드의 선례를 따른 것임을 강조했다고 한다. 당시 《예일 데일리 뉴스》는 엔젤 총장의 결정을 지지하며 이는 "지난 6월 코넌트 총장이 에른스트 한프슈탱글을 환대한 것을 따르는 것"이라고 정당화했고, 《하버드 크림슨》도 〈예일이 하버드의 선례를 따라 이탈리아인들을 환영〉이라는 제목의 기사

를 보도했다.[31]

1936년 하버드가 하이델베르크 대학 550주년 기념식에 축하 사절단을 보냈을 때 하버드뿐만 아니라 당시 스무 곳이 넘는 미 대학이 기념식에 참석했다고 한다. 반면, 영국 대학들은 하이델베르크가 인종과 종교, 정치적인 이유로 교수 44명을 해고한 일을 비난하며 단 한 곳도 사절단을 보내지 않았다고 한다. 기념식 참석을 재고하라는 요구가 빗발치자 코넌트 총장은 이는 순수한 학문적 교류일 뿐이라고 반박했다. 그러나 6월 30일에 열린 기념식에는 나치 선전부장 괴벨스와 독일 무장친위대 사령관 하인리히 히믈러 등이 참석했으며 기념식 내내 열렬한 나치 연설이 줄을 이었다고 한다. 대표단으로 참석한 하버드 교수 중 2명이 이곳에서 명예졸업장을 받기도 했다.

이러한 하버드와 나치의 거래는 그저 놀랍다. 1930년대 중반이면 이미 나치의 반유대주의, 강제 수용소, 사상 탄압 등의 만행이 미국 전역에 알려진 상황이었다고 한다. 이런 현실에서 하버드가 나치와 적극 교류한 까닭은 무엇일까. 먼저 코넌트 총장의 반유대주의 정서를 지적할 수 있을 것이다. 반이민동맹을 이끌고 반유대주의를 공개적으로 천명했던 로웰 총장의 뒤를 이어 코넌트 역시 유대인의 입학을 제한하는 쿼터제를 지속했다. 하지만 이보다 더 근본적인 원인은 하버드가 지닌 권력 지향적인 성향에 있을 것이다. 30년대 중반은 아직 나치가 득세할 때였고, 하버드의 학자들을 비롯한 미국 상류층들은 독일의 실패를 전혀 예상하지 못했다. 록펠러 재단이 나치 학자들에게 아낌없이 연구비를 쏟아 부었던 것도 그만큼 독일에 대한 믿음이 강했음을 반증한다.

사실 하버드뿐만 아니라 미국도 히틀러를 적극 지원하고 있었다.

이러한 사실이 다만 알려지지 않았을 뿐이다. 《화폐 전쟁》의 저자 쑹
훙빙은 히틀러가 짧은 시간에 권력을 장악할 수 있었던 것이 외부에
서 자금을 지원받았기 때문이라고 지적한 바 있다. 여기서 외부가 다
름 아닌 '월가'다. 1924~31년 월가는 독일에 총 1380억 마르크를 대
출해 주었는데, 이 기간에 독일이 지급한 전쟁 배상금은 불과 860억
마르크뿐이었다. 사실상 미국에서 자금을 지원해 준 덕분에 독일은
군대를 재정비할 수 있었다는 것이다.[32]

또한 미 정부가 2차대전 이후 나치 전범들을 복직시켜 공산주의자
들을 몰아내고, 나치 과학자들을 비밀리에 미국으로 입국시켜 무기
개발에 이용한 것은 주지의 사실이다. CIA의 전신인 OSS가 추진했던
'페이퍼클립Paperclip 작전'은 미국의 장대한 나치 재활용 프로젝트의
결정판이었다. 2차대전 막바지에 이르러 구상되기 시작한 이 프로젝
트의 핵심은 나치 과학자들과 그 가족들을 비밀리에 미국으로 이송하
는 것이었다. 트루먼 대통령이 나치당의 조직원이나 나치즘에 적극적
으로 기여한 과학자들은 제외하라고 주문하자 OSS는 나치 전범들의
기록을 말소해 버렸다. 과거 행적이 세탁된 나치 과학자들은 1945년
부터 남미 등을 통해 하나둘 미국으로 입국하기 시작했으며 뉴멕시코
의 화이트 샌즈White Sands, 텍사스의 포트 블리스Fort Bliss, 앨라배마의
헌츠빌Huntsville 등 미사일과 탄도미사일 연구기지로 보내졌다. 이렇게
입국한 과학자가 1600여 명에 이른다.

극비 사항이었던 '페이퍼클립작전'은 2010년 《뉴욕타임스》가 600쪽
에 달하는 미 법무부의 보고서를 입수하면서 폭로되었다. 이 보고서
는 CIA가 전후 첩보 활동에 나치 전범들을 활용하기 위해 이들을 비
밀리에 입국시켜 군사기지, 미 항공우주국NASA 등에 취직시킨 정황을

'페이퍼클립'에 속한 로켓 과학자들.

상세히 기록하고 있었다. 가령 탄약공장에서 강제노동을 주도했던 로 켓전문가 아더 루돌프는 나사에서 일하게 되었고, 이후 '새턴로켓의 아버지' 중 한 사람이 되었다고 한다. 로켓 공학의 아버지로 불리며 아 폴로 우주선 발사를 성공시킨 베르너 폰 브라운이 히틀러의 지원을 받 아 로켓을 개발하던 나치 과학자였다는 것 또한 널리 알려진 사실이 다. 과학자들을 포함해 미국으로 입국한 나치 인사는 약 1만 명으로 이들 중 상당수는 미 정부에서 일하고 있다고 한다.[33] 일각에서 미국 의 대외정책이 나치와 별다를 것이 없다고 비판하는 것도 당연하다.

이 거대한 나치 재활용 프로젝트에 하버드가 빠질 리 없다. 하버드 러시아연구소는 차후 소련에 대한 중요한 정보를 제공해 줄 것을 기 대하며 나치 부역자들을 미국에 입국시켰고, 나치 친위대SS의 싱크탱 크였던 반제 연구소Wannsee Institut에 근무했던 전범 니콜라스 포프 Nicholas Poppe를 교수로 채용하는 방안을 적극 추진했다.[34] 포프는 하버 드가 자신에게 교수직을 주기로 약속했고 자신이 받는 "월급의 절반 은 극동부서에서, 다른 절반은 하버드 러시아연구소에서 오는 것"[35]

이라고 주장하기도 했다. 복잡한 속사정은 알 수 없으나 하버드가 약속한 교수직은 성사되지 않았고, 결국 포프는 워싱턴 대학에 자리를 잡는다.

과거 하버드가 유색인종을 차별하고, 생물학적 결정론인 우생학을 적극 확산시켰으며, 히틀러의 나치 제국을 용인해 주었다는 것은 오늘날의 하버드를 생각하면 쉽게 상상하기 어려운 일이다. 이 모든 난센스는 바로 하버드의 기반이 와스프WASP라는 데에 있다. 물론 누군가는 이 모든 것이 지나간 과거사일 뿐이라고 일축할지 모르겠지만 말이다. 하지만 이 아름답지 않은 과거 역시 하버드가 목 놓아 부르짖는 훌륭한 전통의 일부라는 사실을 기억해야 할 것이다. 과거를 직시하고 이를 냉철하게 평가하지 않는다면 진정한 발전은 있을 수 없기 때문이다. 무엇보다 중요한 사실은 지금 하버드 모습은 안팎에서 끊임없이 요구해서 얻어진 투쟁의 산물이라는 점을 깨닫는 것이다. 특히 여성들이 하버드에 진입하기까지 지난한 투쟁의 시간이 필요했다는 걸 기억해야 한다.

감히 여자 따위가!

설립 당시 하버드가 남성의, 남성에 의한, 남성만을 위한 대학이었다는 사실은 그리 놀라운 일이 아니다. 여성 인권운동의 역사를 한번 돌아봐라. 미국 여성들이 참정권을 가진 것이 1919년이다. 여성의 뇌는 너무 작아서 투표와 같은 복잡한 일을 수행할 수 없다는 것이 그 이전까지 통용되던 상식이었다. 그러니 하버드가 유독 여성을 박해했다고 탓할 수는 없는 노릇이다. 다만 흥미로운 사실은 여성의 능력에 대해서는 줄기차게 의문을 제기해 온 하버드가 여성의 돈은 거부하지 않았다는 점이다.

설립 초기부터 여성은 하버드의 주요한 기부자였다. 첫 기부자는 모울슨 여사라 불렸던 안네 래드클리프Anne Radcliffe로, 하버드의 여성 교육기관이었던 래드클리프는 그녀의 이름을 딴 것이다. 부유한 상인의 아내였던 그녀는 1643년 100파운드를 시작으로 1712년까지 총 400파운드가 넘는 돈을 기부했다. 1732년에는 도로시 살톤스톨Dorothy Saltonstall이 가난한 학자들을 위해 300파운드가 넘는 돈을 기부했다. 이 기부금들은 재정 기반이 취약한 하버드가 어려운 고비를 넘기는 데 중요한 역할을 했다.

19세기 중반에 이르자 이들 관대한(?) 여성 기부자들 사이에서 새로운 움직임이 형성되기 시작했다. 단순히 기부자에 머무는 것이 아니라 자신들의 선조들이 꾸준히 후원해 온 하버드에 입학해 교육을 받고 싶어 했던 것이다. 물론 이러한 여성들의 욕구는 당시 사회를 이끌던 대다수 남성에게는 사회 질서를 어지럽히는 매우 위험한 시도로 간주되었다. 이후 하버드 역사는 하버드의 높은 문턱을 넘으려는 여성, 흑인, 소수민족과 이를 막으려는 백인 남성 기득권층 사이의 세력 다툼의 역사였다고 해도 과언이 아니다.

수많은 여성이 하버드 입학을 시도했다가 고배를 마셨다. 이런 잔혹사의 기원은 멀리 19세기 중반까지 거슬러 올라간다. 보스턴에서 15년 동안 의술을 펼쳤던 해리어트 K. 헌트Harriot K. Hunt라는 여성이 1848년 메디컬스쿨에 지원했다가 남학생들의 거센 반발에 백기를 들고 말았다. 1878년에는 메디컬스쿨에 여성을 받아들이면 1만 달러를 기부하겠다는 제안이 들어왔지만 이 역시 하버드는 거절했다. 1881년 하버드 법인이 여성의 입학을 승인하려는 움직임을 보이자 이번엔 메디컬스쿨 교수진이 충분한 논의 없이 그러한 결정이 이뤄지면 전원 사임하겠노라며 압력을 가했다. 여성의 입학을 둘러싼 저항과 논쟁은 이후로도 100여 년간 줄기차게 계속되었고, 하버드 내부에서도 여성의 입학을 허락해야 한다는 쪽과 이를 막아야 한다는 입장이 팽팽히 맞섰다.[36]

1869년 총장으로 취임한 찰스 엘리엇은 취임식에서부터 여성을 하버드에 받아들일 수 없다는 입장을 분명히 했다. 하버드는 물론 학교 주변에서 기숙을 요구하는 교육기관은 여성을 절대 받아들여서는 안 된다는 것이 그의 확고한 철학이었다. 여성의 정신 능력은 아직 검증되지 않았다고 둘러댔지만 사실은 수백 명의 젊은 남녀가 함께 기숙사 생활을 하게 될 경우 일어날지 모를 불상사를 우려한 것이었다. 결국 그는 여성을 걱정해서가 아니라 남성들이 공부하는 데 방해를 받게 될까 봐 여성을 막아선 것이다. 여성운동가들은 엘리엇의 이런 편협한 사고방식을 거세게 비판하며 그를 경멸했다. 물론 이는 엘리엇만의 문제는 아니었다. 여성이 교육을 받으면 건강을 해쳐 출산에 문제가 생길 뿐 아니라 여성스러움이 감소된다는 것이 당시 미 지배 엘리트들의 보편적인 사고방식이었다.

1879년 여성들로 이루어진 위원회가 결성되었고, 아넥스Annex라는 독자적인 여성 교육기관이 출범한다. 엘리엇 총장은 학위를 주지 않는 것을 전제로 출범을 허락한다. 이 교육기관은 요즘으로 치면 평생교육원과 비슷한 개념으로, 하버드의 몇몇 교수가 직접 수업을 진행했다. 비록 학위는 없지만 여성들은 배움에 목말라서, 하버드 교수들은 부수입을 올릴 수 있어서 양쪽 모두 크게 환영했다고 한다. 그 결과 첫 학기 27명이었던 학생 수가 불과 15년 사이에 200명으로 늘고, 교수도 69명이나 둔 교육기관으로 성장하게 된다.

이 무렵 여성 교육기관이 줄을 이어 설립되었다. 1837년 세워진 마운트 홀리오크 칼리지Mount Holyoke College를 시작으로 바사Vassar, 스미스Smith, 웰슬리Wellesley, 브린 마워Bryn Mawr, 버나드Barnard, 래드클리프Radcliffe에 이르기까지 세븐 시스터즈Seven Sisters로 불리는 일곱 개의 여성 명문대학이 차례로 설립되어 여성 교육의 전성시대를 열었다.

엘리엇 총장과 법인이 계속 학위를 거부하자 아넥스는 1894년 하버드와 분리된 교육기관으로 주 정부로부터 설립 인가를 받았다. 대학 이름은 하버드 최초 여성 기부자의 이름을 따 래드클리프라 했고, 하버드의 저명한 과학자 루이스 애거시즈 교수의 미망인 엘리자베스 캐리 애거시즈Elizabeth Cary Agassiz가 초대 총장이 되었다. 이후 래드클리프는 헬렌 켈러를 비롯한 수많은 여성 인재를 배출하면서 미 여성 고등교육의 산실로 자리 잡는다.

여성들은 학사 과정을 넘어 석사, 박사 과정도 공부하기 위해 계속 투쟁했고, 그 결과 1894년부터 비록 제한된 숫자이지만 래드클리프 학생들도 하버드의 대학원 과정 수업을 들을 수 있게 되었다. 하지만 그러고도 학위를 받지 못하는 일이 허다했다. 1928년, 래드클리프 졸업생 일부가 졸업장을 줄 것과 래드클리프와 하버드가 합병하는 방안을 제시하자 로웰 총장은 이참에 래드클리프를 완전히 떼어 내겠노라 공언하고 나섰다. 이후 몇 년 동안 래드클리프 학생들과 졸업생들은 학교를 지키기 위해 필사적으로 노력했고, 1931년 하버드 법인은 마지못해 양측의 관계를 유지해 나가기로 결정한다.

여성 선거권과 노동자 인권을 위해 투쟁했던 래드클리프 출신 사회주의 운동가 헬렌 켈러.

그런데 이 무렵 미국에서는 중대한 사회적 변화가 일어나고 있었다. 1919년, 마침내 여성도 참정권을 갖게 된 것이다. 참정권은 여성의 사회적 지위에 극적인 변화를 가져왔고, 하버드도 이런 변화를 무시할 수는 없었다. 이해에 하버드는 앨리스 해밀턴Alice Hamilton을 메디컬스쿨 조교수로 임용하는 파격적인 인사를 단행한다. 이는 흑인들의 입학

하버드 최초의 여교수인 앨리스 해밀턴.

을 극구 거부하던 하버드가 노예해방이 선포되고 북군이 승리하자 잽싸게 태도를 바꾼 사례와 비슷하다. 해밀턴은 저명한 직업병 전문가였고, 일리노이 주 직업질병위원회 이사로 활동하며 직업병에 대한 보상법률이 제정되는 데 공헌하기도 했다. 당시 보스턴의 신문들이 "최후의 보루가 무너졌다"며 호들갑을 떨 정도로 하버드의 여교수 채용은 비상한 관심을 불러 모았다.

그러나 하버드가 수백 년간 고수해 온 전통(?)을 그리 쉽게 허물 리는 없었다. 메디컬스쿨은 해밀턴에게 채용 조건으로 세 가지를 금지했다. 첫째, 하버드 교수클럽을 사용하지 말 것, 둘째 풋볼 경기장에 입장하지 말 것, 마지막으로 졸업식 행진 때 함께 행진하는 것은 꿈도 꾸지 말 것이었다. 1935년 해밀턴이 정년퇴직하자 하버드에는 다시 남자 교수들만 남게 되었다.

하버드에서 첫 여성 종신교수는 영국 출신의 역사학자 헬렌 마우드 캠Helen Maud Cam이었다. 캠은 1948년 종신교수가 되었고, 54년 은퇴할 때까지 가르쳤다. 1960년대 후반까지 정교수로 임명된 여성은

구 래드클리프 아카데믹 캠퍼스.

열 손가락을 꼽는 정도였다.

1962년 래드클리프를 졸업하고 하버드에서 박사 학위를 받은 문화비평가 마가렛 굴레트Margaret Gullette는 학부 시절 단 한 번도 여성에게서 수업을 받은 적이 없었다고 증언한다. 굴레트의 기억에 따르면 당시 여성 정교수는 단 한 명이었는데, 자신의 전공과 무관한 천문학을 가르쳤기 때문이다. 굴레트는 하버드의 남성중심주의에 질려 버렸다. 어느 날 학부의 작문 수업 시간이었다. 교수가 무엇이 되고 싶은지 쓰라고 했는데 자신도 모르게 "나는 남자가 되고 싶다"고 쓴 일도 있다고 한다.[37] 오늘날은 여학생이 과반수이고, 총장도 여성인 것을 생각하면 하버드가 지난 100년 사이에 얼마나 달라졌는지 짐작할 수 있을 것이다.

하버드 교수들이 래드클리프로 건너가 똑같은 수업을 반복하는 우스운 전통은 2차대전과 함께 막을 내렸다. 많은 교수가 전쟁에 개입하면서 실제로 수업을 할 수 있는 교수의 숫자가 급격히 줄어든 탓이었다. 제임스 코넌트 총장을 비롯한 수많은 과학자가 핵무기를 비롯한 온갖 무기 개발에 앞장섰으며 인문사회과학 분야의 교수들은 OSS에 참여해 각종 정보를 수집, 분석하는 활동에서 일익을 담당했다. 그 바람에 1943년부터는 래드클리프 학생들도 하버드 야드에서 함께 수업을 받았고, 1947년에 이르면 몇몇 코스를 제외한 대부분 수업을 남녀가 함께 듣는다. 하지만 여성에 대한 차별은 여전히 존재했다. 여성은 하버드 야드에 자유롭게 드나들 수 없었고, 남학생들 공부에 방해된다며 라몬트 도서관은 출입도 못하게 했다.

1960년대에 민권운동과 반전운동이 거세지면서 사회 곳곳에서 변화를 요구했고, 여성운동 또한 매우 활발하게 펼쳐졌다. 여성운동은 미국인의 일상생활을 크게 뒤흔들었고, 하버드의 여성정책에도 적잖은 변화를 불러왔다. 1963년 하버드 일반대학원에서 여성의 입학을 허용하기 시작했고, 이해부터 래드클리프 졸업생들도 하버드 졸업장을 받는다.

1970년 2월에는 하버드 역사상 최초로 남녀 공동 기숙 실험이 있었다. 래드클리프 여학생 150명이 아담스, 윈드롭, 로웰 하우스 등 하버드 안의 기숙사로, 남학생 150명이 래드클리프 기숙사로 옮겨 함께 생활했다. 이 프로그램은 매우 성공적이어서, 이해 가을에는 여학생 300명 이상이 하버드 기숙사 5곳으로 옮겨 갔다.[38] 1999년 래드클리

1879	여성 교육기관 '하버드 아넥스' 설립
1894	1894년 래드클리프 칼리지 설립 인가
1943	여학생들도 하버드 야드에서 함께 수업을 받기 시작
1963	하버드 일반대학원에 여성 입학 허용. 래드클리프 학생들도 하버드 졸업장 받게 됨.
1970	최초의 하버드와 래드클리프 합동 졸업식
1975	여성 학부생 수 제한 폐지
1977	래드클리프와 하버드 합병 문서에 서명
1999	래드클리프와 하버드 공식적으로 합병

프와 하버드가 공식적으로 합병하면서 하버드는 비로소 남녀공학으로 자리 잡는다. 하지만 남녀 교수진의 극심한 불균형은 여전한 문제로 남아 있었다. 1960년대 후반 교직원 성비를 분석한 125쪽 표를 보면, 여성이 하버드의 벽을 넘기가 얼마나 어려웠을지 짐작된다.

현재 하버드 여학생 비율은 학부가 51퍼센트, 대학원 48퍼센트, 전문 과정이 49퍼센트이다. 이런 흐름에 맞게 하버드는 여교수도 더 채용하려 애쓰고 있다. 하버드가 발표한 공식 자료에 따르면 2011~12년 현재 하버드의 여성 정교수는 약 233명으로 전체의 약 22퍼센트 수준이다.[39] 1950년대 중반, 하버드 문리학부 종신 여교수가 단 3명이었던 것을 상기하면 비약적인 발전이다. 그러나 여전히 종신교수직보다 행정직에 임명되는 수가 더 많다는 게 현직에 있는 이들의 귀띔이다.

2001년, 클린턴 정부 2기 재무장관을 지낸 로렌스 서머스가 하버드 총장이 되면서 종신교수직에 임명되는 여성의 숫자가 급격히 줄어들었다. 그가 총장으로 지낸 5년 동안 인문사회과학 분야에서는 37에서 16퍼센트로 감소했고, 2004년 종신교수직을 받은 32명 중 여성은

단 4명뿐이었다. 전임자인 루덴스타인 총장 시절과 비교하면 약 70퍼
센트가 줄어든 셈이다.

서머스 총장의 성차별 태도는 2005년 1월, 여성 관련 세미나에서
"과학과 공학 분야에서 여성의 성취도가 낮은 것은 선천적인 능력 차

하버드의 교직원 분류(1968~69)

	합계	남성	여성	여성 비율
법인	7	7	0	0.0
감독이사회	30	30	0	0.0
교육 분야				
유니버시티교수	5	5	0	0.0
교수	580	577	3	0.5
부교수	151	143	8	5.3
조교수	401	384	17	4.2
연구교수/연구조교수	3	3	0	0.0
임상교수, 임상 부·조교수, 임상직원	357	340	17	4.8
명예교수	184	175	9	4.9
강사	406	356	50	12.3
객원교수, 객원부교수, 객원강사 등	158	149	9	5.7
준교우	235	211	24	10.2
전임강사	791	722	69	8.7
대학강사	75	71	4	5.3
대학원생 조교	1296	1091	205	15.8
연구원, 연구조교 등 연구직원	1530	1286	244	15.9
조교	385	317	68	17.7
잡다한 학술 분야 임명직	371	326	45	12.1
행정직원				
학장, 중역, 이사 등	167	126	41	24.6
국장, 도서관 직원, 큐레이터	469	327	142	30.3
보건서비스	137	126	11	8.0
운동부 관리·코치	33	33	0	0.0
학생감·신입생 자문	98	96	2	2.0
목사	6	6	0	0.0
사업소직원	91	79	12	13.2
자잘한 관리 업무 임명직	103	83	20	19.4
래드클리프 이사·관리 피임명자	118	30	88	74.6

출처: 하버드생들이 발간한 소책자 《*How Harvard Rules Women*》

이 때문"이라는 말을 내뱉음으로써 절정에 이르렀다. 미국 여성계와 학계가 발칵 뒤집혔다. 취임 직후부터 그의 오만하고 독선적인 업무 스타일은 하버드 구성원들과 끊임없는 마찰을 불러일으켰고, 급기야 하버드 문리학부 교수진은 서머스에 대한 불신임 투표를 강행하기에 이른다. 결국 서머스는 2006년 재임 5년 만에 총장직에서 물러난다. 그리고 하버드 역사상 최초의 여성 총장인 드류 파우스트가 그 자리에 앉는다.

2010년 3월 12일자 《뉴욕타임스》에 따르면, 파우스트 총장 체제 출범 이후 여성 종신교수가 늘고, 학내 구성원들의 육아를 지원하는 등 다양한 여성 복지정책도 추진되고 있다고 한다. 2009년 종신직의 경우 여성 16명, 남성 25명으로 남성이 여성보다 약 1.5배 높은 수준이다. 과거에 비해 격차가 많이 줄어들었지만 수학과 과학 분야는 여전히 남성이 압도적이다.[40] 앞으로도 갈 길이 멀다는 것을 시사한다.

그러나 중요한 사실은 변화가 일어나고 있다는 것이다. 지금 하버드를 보면서, 100년 전 부유층 백인 남자들로 득실거리던 하버드를 떠올리기란 쉽지 않을 것이다. 전 국민의 10퍼센트를 하류인간으로 규정하고 이들의 씨를 말리자고 외치는 극단적 인종주의자나 하얀 고깔모자를 뒤집어쓰고 '니그로(negro, 흑인)' 싹쓸이를 외치던 KKK 같은 비밀결사집단도 상상하기 힘들다. 명문가 출신이라고 하버드를 제집 문지방 넘듯 하던 시절은 끝났다. 단지 여성이라는 이유로 배울 기회를 박탈당하거나 도서관 출입을 금지당하던 시절도 끝났다.

이러한 변화는 하버드가 각성해 일어난 것이 아니라 대학 안팎에서 끊임없이 요구하고 투쟁하면서 서서히 쟁취해 온 것이다. 그러므로 100년 뒤 하버드는 지금 이 순간 우리가 어떤 모습의 하버드를 상상하고 요구하느냐에 따라 달라질 수 있다. 이를 지켜보고 감시하는 것은 우리에게도 매우 중요하다. 하버드가 어떤 행로를 택하는가는 하버드와 별반 관계없어 보이는 대한민국 국민들의 삶에도 중대한 영향을 미치기 때문이다.

주 ──

1 1969년 하버드 학생들이 발간한 소책자 《*How Harvard Rules*》, p. 4 재인용.

2 Andrew Schlesinger, *Veritas: Harvard College and the American Experience*, (Ivan R. Dee, 2005), p. 166 재인용.

3 미국이나 유럽에서는 학생들이 학교 근처에서 기숙하는 것이 기본이다. 엘리엇 총장은 젊은 남녀를 가까이 기숙하게 했을 때 발생할 사태(?)를 걱정하고 있는 것이다. 여성들을 위해서가 아니라 여성들 때문에 남성들이 공부에 집중하지 못할까 봐 걱정하고 있는 것이다. 그가 왜 여성에게 교육받을 기회를 주지 않았는지 짐작되는 말이다.

4 위의 책, p. 129, 131 재인용.

5 John Trumpbour, *How Harvard Rules*, (MA: South End Press, 1989), pp. 3~4 참조.

6 빅터 월리스 인터뷰에서.

7 《*How Harvard Rules*》, p. 5 재인용.

8 웨인 랭글리 인터뷰에서.

9 Andrew Schlesinger, *Veritas: Harvard College and the American Experience*, (Ivan R. Dee, 2005), p. 170 재인용.

10 Richard Norton Smith, *The Harvard Century: The Making of a University to a Nation*, (Simon and Schuster, 1986), p. 117 재인용.

11 Andrew Schlesinger, *Veritas: Harvard College and the American Experience*, (Ivan R. Dee, 2005), p. 101 참조.

12 위의 책, p. 161 재인용.

13 Corydon Ireland, "Harvard and slavery", 《하버드 가제트》, 2011년 11월 18일.

14 존 벡위드 인터뷰에서.

15 찰스 윌리 인터뷰 재정리.

16 리처드 레빈스 인터뷰에서.

17 Jon Beckwith, "The Science of Racism", *How Harvard Rules*, (MA: South End Press, 1989), p. 243.

18 Jon Beckwith, "The Science of Racism", *How Harvard Rules*, (MA: South End Press, 1989), pp. 244~245 참조.

19 Edwin Black, *War Against the Weak*, (Thunder's Mouth Press, 2004), p. 74.

20 위의 책, p. 74.

21 위의 책, pp. 58~59 참조.

22 위의 책, p. 40 참조.

23 위의 책, p. 259 참조.

24 리처드 레빈스 인터뷰에서.

25 존 벡위드, 《과학과 사회운동 사이에서》, 이영희·김동광·김명진 옮김, (그린비, 2009), p. 156.

26 Edwin Black, *War Against the Weak*, (Thunder's Mouth Press, 2004), p. 277.

27 존 벡위드 인터뷰에서.

28 Stephen H. Norwood, "Legitimating Nazism: Harvard University and the Hitler Regime, 1933-1937", 《American Jewish History; June 2004》(Volume 92, No. 2).

29 1923년 11월 8일, 히틀러가 이끄는 나치당원들이 바이에른 지도자들이 모여 있던 뮌헨의 한 맥주홀을 습격하여 바이마르 정부를 전복하려다 실패한 사건.

30 Stephen H. Norwood, "Legitimating Nazism: Harvard University and the Hitler Regime, 1933-1937", 《American Jewish History; June 2004》(Volume 92, No. 2).

31 위의 논문.

32 쑹훙빙 지음, 《화폐 전쟁》, 차혜정 옮김, (랜덤하우스코리아, 2008), p. 207 참조.

33 Eric Lichtblau, "Nazis Were Given 'Safe Haven' in U. S., Report Says", 《뉴욕타임스》 2010년 11월 13일 참조.

34 John Trumpbour, *How Harvard Rules*, (MA: South End Press, 1989), pp. 81~82 참조.

35 Sigmund Diamond, *Compromised Campus: The Collaboration of Universities with the Intelligence Community, 1945-1955*, (Oxford, 1992), pp. 92~93 참조.

36 Catherine Clinton, "Women & Harvard, The First 350 Years", 《하버드 매거진》

1986년 9·10월호 참조.

37 마가렛 굴레트 인터뷰에서.

38 Andrew Schlesinger, *Veritas: Harvard College and the American Experience*, (Ivan R. Dee, 2007), p. 237

39 Harvard University Office of the Senior Vice Provost Faculty Development & Diversity 2011 Annual Report

40 Tamar Lewin, "Women Making Gains on Faculty at Harvard", 《뉴욕타임스》 2010년 3월 12일 참조.

4장

펜타곤 대학

"하버드에게 최고의 행운은 2차대전이 일어난 것이다."
– 조지 고에탈스George Goethals[1]

"우리는 좀 더 큰 의미에서 다각적인 방법으로
대학과 군대를 연결하기 위해
최선을 다하고 있다. 20세기 중반의 특징 중 하나는
우리가 평화도 아니고 전쟁도 아닌 상황에 살고 있다는 것이고,
기술과 학문의 습득은 그것이 사회과학이든 자연과학이든
이전보다 훨씬 더 국가 방위와 가까이 연결되어 있다는 것이다.
대학이 국가적 관심사를 최대한으로 발전시키려 하지 않거나
대학과 대학 구성원들, 국가안보세력과의 관계를
이해하지 않는다면 이는 자기 역할을 방기하는 것이다."
– 맥조지 번디(당시 하버드 학장, 케네디 대통령 국가안보보좌관 역임)의
1955년 학군단 프리젠테이션에서[2]

누구에게나 인생의 전환점이 있게 마련이다. 하버드의 경우 2차대전이 바로 그런 대전환점이었다. 전쟁의 승리로 미국은 세계에서 최고 자리로 끌어올려졌고, 이는 하버드를 비롯한 미국 대학들의 진로에도 적지 않은 영향을 미쳤다.

촘스키 교수는 이러한 일련의 과정을 이해하기 위해 2차대전 이후 일어난 미국의 변화에 주목할 필요가 있다고 지적한다. 2차대전 이전까지 미국은 문화적인 후진국가로 간주되었다. 철학자나 물리학자라면 영국이나 독일로, 예술가나 작가라면 파리로 가는 게 당연한 수순으로 여겨질 정도였다. 국제관계에서도 영국이나 프랑스보다 끗발이 약한 후발주자였다. 19세기 말 스페인과 벌인 전쟁에서 승리해 필리핀을 차지했지만 미국의 주 세력권은 여전히 서반구였다.

2차대전은 이러한 국제질서를 완전히 바꾸어 놓았다. 전쟁으로 인해 유럽 주요 국가들은 산업시설을 거의 다 잃었지만, 미국은 전시소비에 힘입어 경제가 몇 배로 성장했고, 대공황도 벗어날 수 있었다. 그 결과 산업, 외교, 군사 등 모든 부문에서 역사상 전례를 찾아볼 수 없는 절대적인 우위를 차지하게 되었다. 세계 부의 절반이 미국에 집중되었고, 세계적인 군사 통제권도 쥐게 되었다. 중요한 사실은 미 지배엘리트들이 미국이 과거의 전통적 제국주의 세력을 대신하게 되었다는 것을 명확하게 이해하고 있었다는 점이다.[3]

미국의 위상 변화는 대학에도 고스란히 반영되었다. 과거 "유럽과 종속적 관계에 있었던 전전戰前의 열등의식에 반발[4]"한 미국인들은 이제 더는 무능한 유럽을 의식하고 싶어 하지 않았다. 실패한 유럽문화 대신 새로운 국제질서에 발맞추기 위해 소련이나 중국을 연구하는 것이 더 생산적이라고 여겼다. 미국이 국제사회에서 최강자로 급부상하면서 맹목적 애국주의가 판을 쳤고, 이것은 냉전이라는 새로운 전선으로 이어졌다. 이런 일련의 과정은 미 대학들의 행보에도 큰 영향을 미쳤다.

군사 훈련소가 된 캠퍼스

2차대전이 하버드에 어떤 변화를 불러왔는지 이해하려면 먼저 당시 하버드맨들의 활약상을 살펴볼 필요가 있다. 앞장에서 살펴보았듯이 30년대 후반까지 하버드는 독일과 핑크빛 관계를 지속하고 있었다. 하버드 안에서는 미국의 참전을 반대하고 승리가 확실시되는 독일과 손을 잡아야 한다고 주장한 이도 많았다. 심지어 존 F. 케네디(1940년 졸업)는 1939년 10월 《하버드 크림슨》에 이름을 밝히지 않고 쓴 사설에서 영국의 패배 가능성이 매우 높은 만큼 루스벨트 대통령이 하루 빨리 히틀러와 비밀협상에 나서야 한다고 촉구했다. 히틀러에게 양보함으로써 미국이 또다시 끔찍한 세계전쟁에 뛰어드는 것을 막아야 한다는 것이었다. "이는(히틀러와의 협상은) 십중팔구 일어날, 오직 더욱 가공할 규모일, 1917년의 대재앙이 재현되는 것으로부터 우리를 구해줄 것입니다."[5] 유럽에서 벌어지는 전쟁에 휩쓸려 총알받이가 될 수 없다는 것은 비단 케네디만의 생각은 아니었다. 당시 하버드 학생회가 실시한 여론 조사에 따르면 학부생 1800명 중 95퍼센트가 미국의 참전을 반대했고, 이 중 78퍼센트는 설령 영국과 프랑스가 패배하더라도 절대 개입해선 안 된다고 할 만큼 강경했다고 한다.[6]

1939년 9월 1일, 나치 독일군이 폴란드 서쪽 국경을 침공하면서 본격적인 2차대전이 시작되었다. 그동안 전쟁에 대한 입장 표명을 망설이던 코넌트 총장은 행동에 나설 것을 결심하고, 인류 문명을 지키기 위해 전체주의에 맞서 싸우자고 권유하기 시작했다. 하지만 학생들의 반응은 싸늘했고, 이러한 분위기는 1941년 일본의 진주만 공습이 있기 전까지 계속되었다.

진주만에서 사망한 전사자 명단에 공교롭게도 1941년 하버드 졸업생인 엔사인 필립 R. 가제키Ensign Philip R. Gazecki가 있었다. 그는 2차대전에서 사망한 하버드 졸업생 제1호로 기록되었다. 이런 사실이 알려지자 불과 며칠 사이에 하버드의 기류가 달라졌다. 하버드는 학부생들에게 체력 단련 프로그램을 강제로 실시했고, 몇 달 사이에 해군과 육군이 하버드의 시설들을 점유하기 시작했다.

2차대전에서 하버드생들은 다른 어떤 전쟁에서보다 더 많이 피를 흘렸다. 697명이 사망했는데, 이 수치는 1차대전 때 373명보다 2배 가까이 많고, 한국전쟁 때 17명과 비교하면 40배나 넘는다. 수치상으로 보면 하버드생들은 한국전쟁에는 별 관심을 안 가졌던 것 같다.

캠퍼스에서 훈련을 받고 있는 해군들. 존 하버드 동상을 막 지나가고 있다.

학생들뿐만 아니라 교수들도 적극적으로 전쟁에 뛰어들었다. 많은 하버드 학자가 자원해 OSS에서 활동했는데 특히 정보 수집과 분석에서 중추적인 역할을 했다. 이는 교수진의 급격한 감소를 초래해 뜻하지 않게 래드클리프 학생들이 하버드맨들과 함께 수업을 듣는 계기가 되기도 했다. 많은 학자가 전쟁 기간 동안 정보 요원으로 활동했고 이후에도 정보기관과 밀월관계를 은밀히 지속했다.

2차대전 중 가장 두드러지게 활약한 이는 제임스 코넌트 하버드 총장이다. 그는 1차대전 때는 미군을 위해 독가스 개발을 도왔고, 2차대전 때에는 역사에 이름을 남길 만한 자취를 제대로 남긴다. 히틀러를 인정하고, 하버드 학자들과 나치 학자들의 교류를 지원까지 했던 그가 30년대 후반 들어 나치에게서 등을 돌려 버린 것이다. 단박에 그는 반나치의 대명사로 떠올랐다. 1941년, 과학자들을 전쟁에 동원하기 위해 결성한 국방연구위원회National Defense Research Committee 의장이 되었고, 이 위원회 산하의 폭탄·연료·가스·화학전 부문 총감독도 맡았다. 레슬리 그로브스 장군, 하버드 출신 물리학자 로버트 오펜하이머, 화학자 조지 키스티아코브스키 하버드 교수 등과 함께 원자폭탄을 개발하는 맨해튼 프로젝트에 깊이 관여했고, 1945년 7월 16일, 뉴멕시코 주 앨라모고도에서 최초의 원자폭탄 실험을 할 때도 그 자리에 있었다. 또한 일본에 어떤 방식으로 원자폭탄을 투하할 것인가를 트루먼 대통령에게 조언한 임시위원회 8인 중 한 명이었다.

한편, 당시 임시위원회 위원들은 원폭 투하 지점과 그 파괴력을 놓고 의견이 분분했다고 한다. 위원회 책임자였던 헨리 스팀슨Henry Stimson은 자신이 쓴 보고서에서 "우리는 일본에 어떤 경고도 주어선 안 되며 민간인 지역에 (폭격을) 집중할 수는 없지만 가능한 한 많은 이가 거주하는 지역에 심각한 심리적 충격을 주는 쪽을 추구해야 한다는 것"에 동의했으며 코넌트 총장의 제안에 따라 "가장 바람직한 공격 지점은 노동자들을 대규모로 고용하고 있고, 인근은 노동자들 주거지인 군수공장"이라는 데 동의했다고 밝히고 있다.[7] 하버드 총장이 원폭 투하 효과를 극대화하기 위해 민간인 희생을 최대화할 필요가 있다고 역설한 것이다.

미국은 8월 6일 히로시마에 첫 원자폭탄 '작은 소년Little boy'을, 8월 9일 나가사키에 두 번째 폭탄 '뚱보Fat man'를 투하했다. 결과는 참혹했다. 그해 12월까지 히로시마에서 14만 명, 나가사키에서 7만 명, 모두 21만 명이 사망했으며 수십만 명이 방사능에 피폭했다. 사망자 중 대부분이 민간인이었다. 진보적인 역사학자 하워드 진Howard Zinn은 2차대전 당시 육군 항공대에서 폭격수로 싸우면서 전쟁의 참혹함을 절실히 깨달았다고 한다. 그는 전후 연구를 통해 당시 일본은 이미 항복할 준비가 되어 있었으며 원폭 투하는 도덕적으로나 군사적으로 전혀 정당성이 없었다고 주장했다. 전후에 일본인 군 관계자와 행정관을 인터뷰한 미국 전략폭격조사단은 다음과 같이 결론을 내렸다고 한다.

모든 사실에 대한 세부적인 조사와, 관련된 일본인 생존 지도자들의 증언을 토대로 조사단이 내린 견해는 다음과 같다. 일본은 원자폭탄이 투하되지 않았다 해도, 소련이 전쟁에 개입하지 않았다 해도, 침공 작전이 계획되거나 고려되지 않았다 해도, 1945년 12월 31일 이전에, 아마도 1945년 11월 1일 이전에 틀림없이 항복했을 것이다.[8]

당시 일본은 항복 조건으로 천황의 지위 보장을 요구했다. 하지만 미국은 포츠담선언에서 천황제 보장을 삭제하고 일본에 '무조건적인 항복'을 요구했다. 일본이 이를 거부한다는 이유로 원자폭탄의 투하가 합리화되었다. 어처구니없는 사실은 원폭 투하 이후 일본이 항복했는데도 미국은 다시 천황의 지위를 보장해 주었다는 것이다. 결국 미국은 소련에 힘을 과시하고 전후 국제사회에서 우위를 차지하기 위해 일본에 핵무기를 떨어뜨린 것이다.

코넌트의 또 다른 업적은 2차대전 이후 원자폭탄을 규제하려는 과학계 내부의 움직임을 재빨리 진압한 것이다. 전후 과학자들은 원자폭탄을 국제사회가 규제해야 한다는 쪽과 미국의 발전을 위해 더 우수한 원자력 무기를 서둘러 개발해야 한다는 쪽으로 나뉘어 팽팽히 맞섰다. 맨해튼 프로젝트에 참여했던 과학자들은 주로 전자 쪽이었다. 이들은 소련도 곧 원자폭탄을 개발할 것임을 예견했고, 미국과 소련이 파괴력이 강한 무기를 개발하느라 경쟁하기 시작하면 이는 곧 인류의 재앙이 될 수 있다고 우려했던 것이다.

코넌트는 자신의 영향력을 최대한 활용해 술렁거리는 과학계를 잠재웠다. 그런 뒤 현역 군인을 포함한 위원 9명에게 원자폭탄 규제에 관한 절대적 권한을 주는 메이–존슨 법안The May-Johnson Bill이 통과되도록 돕는다. 그러나 많은 과학자가 군과 정부에 원자력 규제권을 줄 수 없다며 이 법안에 강하게 반발하자 결국 법안은 폐지된다. 그 대신 민간인이 운영하는, 원자력에너지위원회를 구성하자는 맥마흔 법안McMahon Bill이 마련된다. 코넌트는 이 위원회에서도 영향력 있는 자문위원으로 활동했다. 이후 히로시마에 투하된 원자폭탄보다 파괴력이 50~100배인 강력한 수소폭탄 개발이 거론될 때는 이를 반대하기도 했다.

종전의 선물

2차대전 이후 미 대학들도 급격히 변한다. 첫 번째 변화 원인은 1944년 6월 제정된 제대군인원호법G. I. Bill of Rights이다. 이 법의 표면적 이유는 참전 군인들의 사회 진입을 돕기 위한 것이었지만, 1000만 명이 넘는 젊은 남성이 노동시장에 재진입할 경우 일어날 수 있는 실업률 폭등 같은 부정적인 사태를 막으려는 게 진짜 목적이었다. 법의 골자는 실업보조금 지급, 대학·전문학교 입학시 전액 장학금 지원, 저금리 주택융자금 지원 등이었다.

제대군인원호법의 성과는 기대 이상이었다. 1956년까지 대략 220만 명이 대학교육 혜택을 받았고, 660만 명이 이런저런 훈련프로그램을 지원받았다. 부유층의 특권으로 인식되던 고등교육의 기회가 확대되면서 더 많은 이가 사회경제적 활동에 참여할 기회를 얻었고, 이는 전후 미 전반에 걸쳐 일어난 경기 급성장의 기반이 되었다. 배움에 굶주린 수많은 제대군인이 대학으로 몰려들자 미 대학들은 엄청난 속도로 성장하기 시작했다. 참혹한 전쟁 후 어김없이 발생하는 베이비붐도 이러한 사회 변화를 거들었다. 1946년부터 64년까지 무려 신생아 7500만 명이 태어났다. 교육 기회의 확대는 경제적 번영과 구매력 증대로 이어졌고, 이것이 베이비붐과 맞물리면서 미 중산층이 폭발적으로 증가하게 했다.

제대군인원호법은 깐깐한 하버드의 입학정책을 무장해제했다. 매년 입학자가 급격하게 늘어 1947년에는 1만 4000명이라는 기록적인 수치에 이르렀다. 이전보다 훨씬 많은 가톨릭 신자와 유대인, 흑인, 중·서부 출신들이 모여들었다. 이제 더는 출신 성분을 따질 계제가 아니었다. 갑자기 늘어난 학생들로 강의실과 기숙사가 턱없이 부족했다. 어떤 제대군인들은 체육관에 간이침대를 놓고 숙식을 해결했다. 당시 한 동문회보는 하버드를 "제대군인들의 대학"[9]이라 부르기도 했다. 코넌트 하버드 총장과 교수진들은 즐거운 비명을 지르며 학문 분야를 세분화하고, 학부 중 일정한 양의 교과과정을 이수하게 하는 현대적 대학교육 모델 개발에 박차를 가했다. 하버드의 교육 프로그램이 미국을 비롯한 세계 많은 대학의 롤모델이 된 것은 물론이다.

2차대전이 대학에 미친 가장 중요한 변화는 대학과 정부의 관계에서 일어난다.

2차대전 이전까지는 정부가 앞장서서 연구개발을 대규모로 지원하고 대학이 이를 수행하는 형태는 아직 존재하지 않았다. 연방정부가 과학자들을 동원한 첫 사례는 남북전쟁 당시 링컨 대통령이 미국과학아카데미National Academy of Sciences, NSA를 창설한 일이다. 윌슨 대통령도 1차대전 동안 국가연구위원회National Research Council, NRC를 창설해 과학자와 엔지니어들을 적극 활용했다. 하지만 2차대전 전까지 국가가 고등교육기관을 지원하는 경우는 주로 국가가 관여하는 농업실험연구소의 연구기금 지원이 거의 전부였다. "1940년 연방정부의 연구·개발금액 총액은 7400만 달러에 불과했으며 그중 40퍼센트가 농업 부문에 할당"[10]되어 있었다는 것이다.

원자폭탄을 개발한 맨해튼 프로젝트의 성공은 이후 대학의 역할을 바꿔 놓았다. 정책입안자들은 국가가 번영하는 데 과학이 얼마나 중요한지 깨달았고, 국가가 과학 연구에 관한 대형 프로젝트를 후원해줘야 한다고 인식하게 되었다. 국가가 대학의 명운을 결정짓는 큰손으로 등극했다는 것은 사회적으로 지식생산시스템이 갖추어졌음을

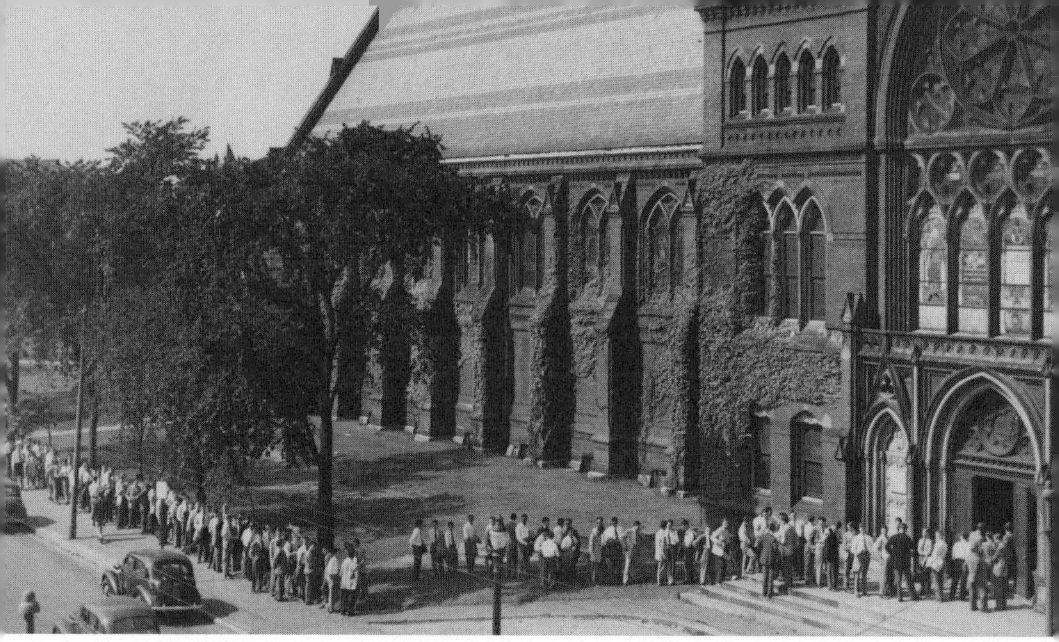

등록하기 위해 기다리는 학생들(위)과 메모리얼 홀에서 등록 절차를 밟고 있는 학생들(아래).

의미한다. 이제 대학의 연구는 새마을운동과 같은 국가 차원의 기획 사업이 되었고, 어마어마한 자금이 대학으로 유입되기 시작했다.

다음의 그래프는 연방정부의 연구개발비 지출 추이를 한눈에 보여준다. 1945년을 전후로 매년 폭발적으로 증가해 1970년대에 이르러 일정한 수준을 유지한다.

이런 정부 정책의 수혜를 입은 대표적인 대학이 하버드다. 하버드는 크게 두 통로로 연구자금을 지원받았다. 첫째, 국가와 파트너십을 맺어 상당한 공적자금을 받았는데, 그 돈은 1965년까지 학교 운영비의 3분의 1 정도에 해당되었다. 정부의 연구 지원금이 하버드의 가장 중요한 수입원으로 급부상했음을 의미한다. 정부가 군사적인 목적으로 연구비를 지원한다는 사실을 하버드는 명확히 인식하고 있었다.

연방정부의 연구개발비 지출 추이

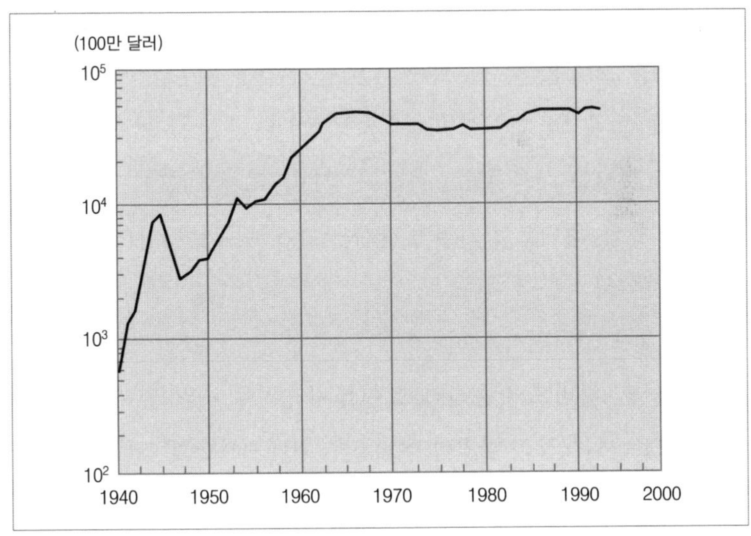

출처: 《냉전과 대학》

1943년 9월 하버드에서 명예학위를 받은 윈스턴 처칠 영국 총리.

1946년 코넌트 총장이 "해군과 육군의 비전 있는 지도자들 덕분에 지금 이 순간 적지 않은 규모의 정부 자금이 각종 연구를 위해 대학에 지원되고 있다"[11]며 감사의 말을 남긴 것만 봐도 알 수 있다. 또 다른 연구자금 통로는 대외정책에 관심이 깊었던 록펠러, 포드, 카네기 등 대기업이었다. 하버드와 기업의 관계는 이 장 뒷부분에서 지역연구와 관련해 자세히 다룰 것이다.

2차대전을 거치면서 하버드의 위상은 절정에 이르러 있었다. 미국의 승리는 곧 하버드의 승리였고, 이를 증명하듯 수많은 정치 지도자가 하버드 졸업식장을 찾았다. 1943년 9월에는 윈스턴 처칠 영국 총리가 하버드 명예학위를 받았다. 하버드에서 열린 기념행사장에서 처칠은 앵글로 아메리칸과 맺은 형제애를 거듭 강조했고 "세계 방방곡

하버드 졸업식장에서 '마셜 플랜'을 발표한 조지 마셜(첫 줄 오른쪽에서 세 번째. 그 왼쪽은 제임스 코넌트 총장).

곡에 정의와 법치를 수립하기 위해 함께 행진"하자고 외쳤다. 〈미래의 제국은 정신의 제국이다The empire of the future is the empire of the mind〉는 명연설도 이곳에서 나온 것이다.

1946년에는 훗날 제34대 대통령이 되는 드와이트 아이젠하워 장군이 명예학위를 받고, 이듬해 47년에는 조지 마셜 장군도 받는다. 졸업식장에서 마셜은 그 유명한 '마셜 플랜'을 발표한다. 마셜플랜은 전후 소련을 견제할 목적으로 유럽 16개국을 지원하는 유럽부흥정책이다. 당시 마셜의 연설은 채 12분이 안 되었다. 어느 누구도 중요성을 인식하지 못했지만 그의 연설은 하버드 역사상 가장 중요한 졸업연설로 기록되었다. 마셜이 역사적으로 중요한 정책을 발표하는 장소로 하버드 졸업식장을 택한 것은 당시 하버드와 정부의 밀접한 관계를 반증하는 좋은 예다.

대학으로 흘러들어 간 군사비

'냉전'은 소련과 서방 사이의 이념적 전쟁을 뜻한다. 1947년 미 대통령의 고문이던 버나드 바루크가 처음 이 개념을 썼고, 저널리스트 월터 리프만이 책 제목으로 쓰면서 널리 퍼졌다.[12] 1946년 처칠의 〈철의 장막〉 연설 이후 1947년에 공산주의에 맞서는 나라들에 군사, 경제적으로 원조하는 트루먼 독트린이 발표되면서 냉전이 본격화되었다. 소련의 동유럽 점령, 중국에서 공산당의 승리, 소련에서 최초의 원자폭탄 실험, 한국전쟁 발발 등 일련의 사건이 미 사회 전역을 공포와 히스테리 상태로 몰아갔다. 특히 1949년 소련의 원폭 실험은 미국을 자극했고, 이는 52년 미국의 세계 최초 수소폭탄 실험으로 이어졌다.

팽팽하게 맞서는 미소의 사활을 건 대량살상무기 경쟁은 아이러니하게도 미 대학들을 급성장하게 했다. 군사 연구에서 대학의 역할이 이전보다 훨씬 중요해졌고, 연구보조금·특별연구비 등의 명목으로 군사비가 대학으로 흘러들어 갔다.

리처드 레빈스 교수(하버드 공공보건대학원)는 대학의 군사화를 촉진한 한 원인으로 1957년 발사된 스푸트니크 1호를 지적한다. 소련이 미국보다 먼저 인공위성을 쏘아 올리자, 미 지배계층은 심각한 불안과 공포를 느꼈고, 일순 패닉 상태에 빠졌다. 과학 연구에 더욱 박차를 가해야 한다는 주장이 강력히 제기되었고, 그 결과 1958년 미 항공우주국이 창설되어, 슈퍼컴퓨터 개발을 비롯한 온갖 우주개발 프로그램이 빠르게 추진되었다.

자연과학뿐만 아니라 사회과학 분야도 학문 목적이 변질되었다. 가령 식민지의 자국 군대를 돕기 위해 인류학자를 이용하는 식이었다. 일례로 파나마에서 도마뱀을 연구하던 레빈스 교수의 동료는 연구비를 지원받는 대신 기존의 지도에 표시된 강의 위치를 정확히 교정해 줄 것을 요청받았다고 한다. 태국에서 새의 이동을 연구하려던 또 다른 학자의 사례도 비슷하다. 미 정부가 새의 이동 경로에 있는 마을들 위치를 알고 싶어 했던 터라 이 학자를 전폭적으로 지원했다는 것이다. 이처럼 미 정부는 어떤 종류의 지식이든 군사적으로 이용할 수 있다는 것을 알아차리기 시작했고, 얼마나 많은 지식이 이런 식으로 이용되었는지는 아직 다 알 수 없다.[13]

촘스키 교수는 미 정부가 체제 유지를 위해 냉전 상황을 전략적으로 이용했음을 강조한다.

> 냉전 시기의 선전 활동, 즉 '소련이 미국을 공격할 것이다'는 선전은 국가의 내부 통제를 위해 이용되었다. (…) 냉전 시기에 실제 일어난 사건들을 들여다보면 소련, 미국과는 거의 관계가 없다. 이는 미국과 소련, 두 세력의 범위에서 일어난 내정간섭, 전복, 침략, 테러 등과 관계된 것이고, 미국에게 이는 세계 대부분을 의미한다. (…) 소련 붕괴 이후 어떤 일들이 벌어졌는가를 돌아보면 흥미롭다. 이 시기가 냉전의 실체에 대해 많은 것을 드러내는 순간이기 때문이다. 대략 1990년에 소련이 거의 사라진 후 나토(북대서양조약기구)가 어떻게 되었는가를 봐라. 나토는 러시아로부터 서유럽을 보호한다는 명목으로 정당화되고 지원까지 받은 군사조직이었다.

1990년, 러시아 패거리는 사라졌고, 나토의 선전을 믿었다면 '그래 나토는 이제 사라지겠지'라고 생각했을 것이다. 하지만 나토는 사라지기는커녕 오히려 더 확장되었다. 나토는 사실상 고르바초프와 한 약속을 위반하고 자신의 영역을 아시아까지 확장했고, 지금은 미국의 영향권에 놓인 국제조정기구가 되었다.[14]

　냉전은 미 지식인들의 운명에도 여러 방식으로 개입했다. 코넌트 총장처럼, 미 정부의 대외정책 결정 과정에 깊이 개입하는 새로운 종류의 인텔리계층이 출현한 것이다. 역사학자 시어도어 드레이퍼Theodore Draper는 이를 가리켜 "새로운 종류의 정치화된 지식인, 즉 대외정책 결정 과정에 개입하는 지식인층이 등장했다"고 평가하기도 했다.[15] 오늘날 흔히 폴리페서라고 자조하는 새로운 지식인층이 역사의 전면에 화려하게 등장한 것이다.

　하버드 학자들은 그 명성에 걸맞게 냉전의 바람잡이 역할을 충실히 수행했다. 냉전 시기에 대對소련 전략을 기초한 폴 니츠Paul Nitze처럼 다수의 하버드 학자가 정치관료가 되어 냉전의 기본 설계를 작성했다. 또한 많은 하버드맨이 정보기관과 긴밀한 관계를 맺어 가며 미 정부를 뒷받침하고 있었다. 가령 하버드의 저명한 역사학자 윌리엄 랭어William Langer는 하버드 출신의 정보 분석가 S. 에베렛 글리슨S. Everett Gleason과 함께 미국이 세계의 지도자로 등장하는 과정을 기록한 《격리에 대한 도전The Challenge to Isolation: 1937~1940》을 출판한다. 랭어 교수는 당시 CIA의 연구조사 책임자였고, 글리슨은 국가안전보장회의National Security Council, NSC 부국장이었다.

　2차대전 당시 OSS 연구·분석 분과 수장으로 활약한 랭어 교수는 전후에 OSS가 CIA로 전환하는 과정에서 혁혁한 공을 세운 것으로 알려져 있다. 1950년 초, 랭어 교수는 CIA 국장 월터 베델 스미스로부터 OSS 연구 분과를 재정비해 달라는 요청을 받고 워싱턴으로 향한다. 역사학자 존 라넬라그John Ranelagh는 "랭어와 스미스가 재조직한 CIA의 분석적인 절차, 판단

CIA와 긴밀했던 윌리엄 랭어.

과정은 정보기관 역사상 가장 중요한 성과"라고 치켜세웠는가 하면, 트루먼 대통령도 랭어와 스미스 덕분에 CIA가 "정부의 국가안보체계에서 효율적이고 영구적인 조직이 되었다"고 극찬했을 정도였다.[16] 물론 랭어 교수 사례는 하버드와 CIA의 끈끈한 동반관계를 증명하는 작은 사례에 불과하다. 1951년 코넌트 총장이 보고한 내용을 보더라도 그렇다.

하버드의 수많은 구성원이 군대와 관련된, 매우 은밀한 과학적인 문제에 깊이 연루되어 있다. 사실 여기저기서 많은 교수가 정부의 요청과, 학자와 교수로서 자신의 책임감 사이에서 어떻게 시간을 나누어야 할지 난처해 하고 있다.[17]

하버드 학자들과 CIA의 밀접한 관계는 6장에서 다시 살펴볼 것이다. 메인 주립대학교 응오빈롱 역사학 교수는 당시 대학의 많은 학자가 정부를 위해 일하고 싶어 했고, 다양한 분야에서 정부 자문위원이 되기를 자원했다고 지적한다. 1, 2년이라도 정부 자문위원으로 일하

다 대학으로 돌아오면 엄청난 사회적 지위를 보장받았기 때문이다. 정부와 관계가 긴밀하지 않은 학자들의 연구나 논문 내용도 대부분 정부의 이데올로기와 정책을 옹호하는 것이었다.[18] 이들에게 냉전 시기는 "아, 옛날이여~!"를 부르짖고 싶을 만큼 아름다운 시절로 기억 될지도 모르겠다.

하지만 냉전 시기라면 치를 떠는 이들도 있다. 많은 진보적 지식인 이 반공주의라는 마녀사냥에 휩쓸렸고, 그 과정에서 도덕성과 학자로 서 자존심에 깊은 상처를 입었다. 이들에게 냉전 시기는 정치, 학문, 사상의 암흑기로 기억될 것이다. 특히 반공주의 마녀사냥은 매카시즘 으로 명명되는 1949~54년 사이에 절정을 이루면서 미 대학들을 뒤 흔들어 놓았다.

매카시즘의 배후

1950년 초 위스콘신 주 상원의원 조지프 매카시 Joseph McCarthy는 공화 당 당원대회에서 정부 고위층 공산주의자 297명의 명단을 가지고 있 다고 폭로했다. 파란이 일었다. 사건이 커지자 상원에서 조사위원회 를 구성했다. 그러나 매카시는 아무 증거도 제시하지 못했다. 하지만 매카시는 무책임한 폭로를 멈추지 않았고, 신문들은 사실 여부를 확 인하지 않은 채 앞다투어 이를 헤드라인으로 뽑았다. 그 덕분에 매카 시에 대한 대중적인 인지도와 지지도가 날로 높아졌다. 사회 전 분야 에 걸쳐 공산주의자를 색출하는 일이 급속도로 확산되었고, 공산주의 에 연루되었다고 의심받는 진보학자들도 희생양이 되었다.

당시 매카시즘이 용인되고 확산될 수 있었던 사회, 정치적 배경에는 1949년 소련의 핵무기 개발과 중국의 공산화 그리고 1950년에 발발한 한국전쟁이 있었다. 소련의 핵무기 개발 시점을 1950년대 중반쯤으로 예견했던 미국은 1949년 8월 소련이 핵실험에 성공하자 큰 충격을 받았고, 즉각 원자폭탄보다 수십 배 위력을 발휘하

매카시즘 광풍을 몰고 온 조지프 매카시.

는 수소폭탄 개발에 박차를 가하기 시작했다. 그해 10월 1일, 국민당과 치른 내전에서 승리한 중국 공산당이 중화인민공화국 수립을 선포하면서 미국 내 분위기는 한층 심각해졌다. 바로 이런 상황에서 매카시 의원이 미 정부의 핵심에서 일하는 공산주의자 명단을 가지고 있다고 선포해 댄 것이다. 그리고 불과 몇 달 후 한국전쟁이 발발하면서 미국의 국내외 정책은 급격히 보수화된다.

따라서 매카시는 당시 미 정부가 필요로 했던 극단적인 반공 열기 확산을 위해 '얼굴마담'으로 기용된 어릿광대에 불과했다. 매카시즘이 대학에 미친 영향과 당시 대학의 역할을 깊이 연구한 예시바 대학 엘런 슈레커Ellen Schrecker 교수는 소위 매카시즘이라 불리는 반공주의 광풍은 매카시 상원의원이 등장하기 이전부터 이미 존재했으며 매카시는 공산주의에 맞선 성전을 가장 열렬히 실행했던 하나의 실천자에 불과했다고 지적한 바 있다. 슈레커는 반공주의 광풍을 조종한 영광은 당시 FBI 국장이었던 에드거 후버Edgar Hoover에게 돌아가야 마땅하며, 1970년대 이후 정보공개법에 따라 드러난 내용들을 1950년대에

매카시즘을 조장한 FBI 국장 에드거 후버(위)와 간첩 혐의로 기소되어 실형을 산 하버드 출신 엘저 히스(아래).

알았다면 우리는 이를 매카시즘이 아닌 후버이즘이라 불렀을 것이라고 주장한다.[19]

매카시의 표적이 된 수많은 이가 하원 반미활동조사위원회에 불려 갔다. 하버드 출신의 국무부 관리로 초기 한반도 정책에 막강한 영향력을 발휘했던 엘저 히스Alger Hiss도 그중 한 명이었다. 간첩 혐의로 기소된 히스는 법정에서 자신의 무죄를 주장했지만 결국 위증죄로 실형을 살았다. 히스는 1996년 사망할 때까지 자신은 무고하다는 주장을 굽히지 않았지만 많은 이가 그를 소련 스파이라 확신했고, 그 덕분에 하버드는 '찰스강의 크렘린'으로 불리게 되었다.

히스뿐만 아니라 하버드 재학 시절 공산주의 서클 활동을 했던 학자들이 줄줄이 소환되면서 하버드는 좌파 대학의 본거지로 명성을 날리게 된다.

1953년 2월, 하버드 출신의 세 학자—시카고 대학의 다니엘 부스틴Daniel Boorstin, 스미스 칼리지의 로버트 고햄 데이비스Robert Gorham Davis, 문학평론가 그랜빌 힉스Granville Hicks—가 반미활동조사위원회에 증인으로 불려 나갔다. 이들은 수많은 방송 카메라가 지켜보는 가운데 하버드 재학 시절 공산주의 서클에서 활동했던 동료들의 이름을 밝혔고, 그중에는 당시 하버드 부교수였던 물리학자 웬델 H. 퍼리 Wendell H. Furry도 있었다.

냉전 이데올로기는 지식인들에게 살아남으려면 밀고자가 될 것을 강요했다. 그러나 퍼리는 자신에 대한 불리한 증언을 피하기 위해 수정헌법 제5조를 들어, 공산주의 활동에 대한 모든 질문에 묵비권을 행사하는 것으로 맞섰다. 이후 다른 하버드맨들도 퍼리의 전략을 따름으로써 하버드는 매카시주의자들의 미움을 사게 된다. 그리고 하버드 법인은 퍼리를 소환해 자체 조사한 뒤 이렇게 발표했다.

> 하버드는 우리 교수진 중 한 명이 수정헌법 제5조를 이용한 것을 매우 유감스럽게 생각한다. (…) 첫째로 우리는 모든 교육자의 충실한 증언을 토대로 오늘날 교육계에 조금이라도 공산주의자들이 활동하고 있다면 이를 적발할 것이라 믿는다. 하지만 더 중요한 것은 우리의 관점에서 볼 때, 수정헌법 5조에 기대는 것은 교수진은 충실히 진실을 추구해야 한다는 기대치와 전적으로 모순된다는 것이다.[20]

하버드 법인은 퍼리 교수를 해고하지 않는 대신 3년 동안 근신하라는 결정을 내렸다. 수정헌법 5조를 이용한, 종신 재직권이 없는 다른 교수 두 명(헬렌 D. 마크햄, 레온 J. 케이먼)의 조교수직도 유지한다고 발표했다. 하지만 이들의 경우 계약이 갱신되지는 않았다. 엘런 슈레커 교수는 매카시즘에 대한 "하버드의 대응 방식이 다른 어떤 대학보다 더 위선적"이었다고 비판한다. 세간의 주목을 받은 퍼리와 같은 교수는 학교에 남도록 허용되었지만, 학내에서 영향력이 적은 하위직 교수들은 재빨리 그리고 조용히 제거되었다는 것이다.[21]

하버드가 당시 마녀사냥을 지휘했던 FBI와 은밀히 공조한 것은 여기저기에서 감지된다. 시그문드 다이아몬드Sigmund Diamond 박사 사례도 그중 하나다. 그는 1953~54년 사이에 하버드에서 강의를 병행하는 행정관리직을 제의받았다. 어느 날 녹음기를 든 FBI 요원 둘이 그를 찾아왔다. 과거에 공산당 활동을 함께했던 동료들 이름을 밝히라는 것이다. 다이아몬드 박사가 거부하자 곧바로 문리학부 학장이던 맥조지 번디McGeorge Bundy가 그를 호출했다. 당시 정보기관과 긴밀했던 번디는 다이아몬드 박사에게 동료들 이름을 밝히라고 거듭 요구했고, 두 번의 인터뷰 모두 녹음했다고 한다.[22] 결국 다이아몬드 박사는 하버드의 임명장을 받지 못했고, 훗날 1944~55년 사이 대학과 정보기관의 공조관계를 폭로하는 《변절한 캠퍼스Compromised Campus》를 출간한다.

당시 미국 사회는 공포에 휩싸여 있었다. 소련이 핵폭탄 실험에 성공하자 마녀사냥의 광기는 더욱 기승을 부렸다. 미국의 힘을 가능하게 했던 원자폭탄 기술이 경쟁국에 넘어갔다는 것은 사실 크나큰 충격이었다. 미 정부는 간첩들의 도움이 없었다면 소련이 핵폭탄의 비밀을 알 수 없었을 것이라고 억지를 부렸다. 때마침 한국전쟁이 터지고 미국이 전쟁에 뛰어들면서 '원자탄 스파이' 법적 기소는 매우 효과적으로 먹혀들었다. 간첩들이 이적 행위를 저질러 소련이 핵폭탄을 보유하게 되었고, 그로 인해 한국전쟁이 일어났다고 우길 수 있었던 것이다. 1953년 마침내, 소련에 원자폭탄 제조 비밀을 건네준 혐의로 로젠버그 부부가 기소되고, 이내 무고하게 사형당하는 비극이 벌어지

로젠버그 부부의 사형

로젠버그 부부

1950년, 육군통신국에서 일하던 줄리어스 로젠버그와 아내 에설 로젠버그가 간첩 혐의로 체포된다. 원자폭탄 개발에 참여한 과학자들은 "(원자폭탄 제조 과정에 대해) 현재 남아 있는 '비밀'은 과학적·기술적 세부 사항뿐"이며 이 역시 "몇 년 내에 다른 나라들에서 충분히 개발해 낼 수 있는 수준"[23]이라고 진술한 바 있었다. 재판부는 이들의 말을 무시해 버렸고, 로젠버그 부부에게 사형선고를 내렸다. 로젠버그 부부가 소련에 원자폭탄 제조 비밀을 넘겼다는 것이다. 전 세계에서 구명 운동이 일어났지만 1953년 부부는 전기의자에 앉았다.

이후 줄리어스가 소련에 정보를 전달한 정황은 확인되었지만 에설이 관련되었다는 증거는 없다. 로젠버그 부부 사형은 미 정부가 국가안보와 반공주의라는 미명으로 저지른 살인이었다. 6살 때 부모를 잃고 고아원으로 보내졌던 둘째아들 로버트는 현재 정치범 자녀들을 후원하는 로젠버그 재단을 운영하고 있다.

고 만다.

공포가 확산되면서 바야흐로 복종의 시대가 도래했다. 1950년 캘리포니아 대학 학생감들은 고용계약서에 충성서약을 첨부했고, 이는 많은 대학으로 퍼져 나갔다. 1953년, 미국 유수 대학들의 총장과 학장들의 조직인 미국대학협회Association of American Universities, AAU는 학문의 자유를 위협하는 주요한 요소는 '세계 공산주의'이며 공산당원의 '대학에서 직위를 가질 권리를 무효화한다'고 선언했다. 하버드, 예일, 컬럼비아, 프린스턴, MIT를 비롯해 30여 개 대학 총장들이 여기에 서명했다. 〈대학 및 대학교직원의 권리와 의무〉라는 제목으로 발표된 이 성명서는 대학을 '학문의 이상과 도덕률과 국가와 정치 체제에 대한 충성으로 결속된 개별학자들의 연합체'라고 정의하면서 '경제 발전과 마찬가지로 지적 발전에도 자유기업가정신은 필수적'이라고 강조했다.[24]

한 강연회에서 엘런 슈레커 교수는 대학원생 시절 조교로 채용되는 과정에서 충성서약에 사인한 일이 있음을 고백한 적이 있다. 당시 양심의 가책은 느꼈지만, 아무도 문제시하지 않았고 별 해도 없을 것 같아 사인을 했다는 것이다. 몇 년 후 자신보다 용감하고 정치적으로 각성된 한 동료가 사인을 거부한 이후 사인을 강요하는 일이 점차 사라졌지만, 이 교수는 종신교수직을 받지 못했다고 한다. 슈레커는 자신의 책《대학은 상아탑이 아니다》에서 이렇게 쓰고 있다.

마르크스주의와 그 실천자들은 비록 대학에서 모조리 다 추방되지는 않았다 할지라도 주변화되었다. 정치적 현 상황에 대한 공개적인 비판은 모습을 감추었다. (…) 미국의 학자들이 얼마나 철저하게 자기검열을 했는지 그 정도를 가늠하기란 어렵다. 쓰이지 못한 책과 강의되지 못한 강좌 그리고 수행되지도 못한 연구가 얼마나 되는지 정확하게 측정할 길은 없다.[25]

매카시즘은 하버드에도 큰 변화를 가져왔는데, 2차대전의 영웅이자 하버드 신화를 낳은 제임스 코넌트 총장이 물러난 것이다. 매카시즘 초기 코넌트는 대학가에 확산되는 마녀사냥의 위험성에 대해 우려를 나타냈지만, 공산당 당원을 교육계에서 몰아내야 한다는 신념은 확고했다. 한 공개석상에서 있었던 일화는 그가 얼마나 철저한 반공주의자였는지 짐작하게 한다. 만약 하버드의 저명한 교수가 집무실에 들어와 자신이 공산주의자였음을 밝히면 어떻게 하겠느냐는 질문에 그는 "정신과 전문의에게 보내겠다"며 침울하게 농담 삼아 말하기도 했다.[26]

하지만 매카시의 칼날은 연방정부와 영화산업계를 거쳐 이제 고등교육기관으로 향하고 있었다. 하버드가 '찰스 강의 크렘린'으로 불리면서 코넌트도 마녀사냥에서 안전할 수는 없었다. 실제 FBI는 코넌트를 타깃으로 삼아 그에 대해 구체적으로 조사했다고 한다. 당시 국무장관으로 지명된 존 포스터 덜레스가 FBI에 코넌트에 대한 일상적 수준의 조사를 요구했고, FBI 국장이었던 후버는 현장요원 23명에게 "코넌트의 성격, 충성심, 명성, 동료, 자질 등에 대해 철저히 조사하라"고 지시했다는 것이다.[27]

정보기관이 코넌트를 주시한 이유는 무엇일까. 그가 캠퍼스에서 벌어지는 마녀사냥에 미온적인 태도를 보였고, 수소폭탄 개발을 반대했다는 것에서도 원인을 유추해 볼 수 있다. 코넌트가 수소폭탄 개발

반대 입장을 분명히 하자 그의 제자이자 원자폭탄의 아버지라 불리던 로버트 오펜하이머도 이에 용기를 얻어 폭탄 개발을 반대하고 나선다. 오펜하이머는 1953년 12월, 공산주의 활동 경력, 수소폭탄 제조 반대 등의 이유로 기소당하고, 54년에 보안 청문회에 불려 갔다. 청문회에서 그는 소련에 핵무기에 관한 정보를 흘리지 않았는지에 대해 집중적으로 추궁을 받았다고 한다. 청문회가 로젠버그 부부의 사형이 집행된 바로 이듬해에 진행되었으니 당시 분위기가 얼마나 살벌했을지 짐작이 된다. 오펜하이머는 원자폭탄 개발에 기여한 공로와 과학계 다수의 반발로 공산주의자라는 혐의를 벗을 수 있었다. 하지만 이후 군사 기밀에 접근할 수 없었고, 공직에서도 쫓겨났다.

이러한 일련의 과정에서 코넌트가 느꼈을 위기의식과 피로감을 짐작할 수 있다. 1953년 코넌트는 하버드 연례 보고서에 "만약 어떤 대학이든 전복적인 활동을 하는 구성원이 있다면 정부가 이들을 찾아내서 기소하기를 바란다"고 쓰면서 아래와 같이 덧붙였다.

> 나는 공산주의자에게 학교나 단과대학, 종합대학 내의 어떠한 지위를 주는 것에도 반대한다. 교직원 중 누구도 공산당과 관련된 이가 없고, 혹시라도 위장한 공산주의자가 있으리라고 생각지 않는다. 만약 있다 해도 공산당 비밀당원을 찾아내기 위해 대학을 조사하는 것은 아카데믹 공동체 정신에 피해를 줄 수 있고 그 피해는 소위 공산주의자가 대학에서 일으킬 수 있는 피해를 넘어서는 것이다.[28]

이는 사실상 코넌트 총장의 작별 인사였다. 코넌트는 1952년 말, 대통령으로 당선된 아이젠하워의 제안을 받아들여 독일 고등판무관으로 가기로 결정을 내린다. 하버드 학자들의 청문회 줄소환이 예정된 상황에서 새어 나온 그의 사임 소식은 하버드 내부에 엄청난 충격을 불러일으켰다. 당시 하버드에서 정부학을 가르쳤던 맥조지 번디는 코넌트의 선택을 두고 "하버드 총장이 기껏 독일을 지휘하기 위해 떠난다는 것은 열 단계 정도의 신분 하락"[29]이라고 논평했다고 한다.

하버드에 원자폭탄 투하에 가까운 충격을 남기고, 1953년 코넌트는 독일로 떠났다. 매카시는 코넌트의 반공정신이 충분하지 않다고 공격을 해 댔고, 이 때문에 코넌트가 승인을 얻을 것인가가 내내 언론의 화젯거리였다. 아이젠하워 대통령이 개인적으로 중재해서야 사태는 해결되었다. 한편 하버드 법인은 즉각 새로운 총장 영입에 나섰다. 정부, 정보기관과 긴밀한 33살의 맥조지 번디가 유력한 후보로 떠올랐지만, 너무 젊다는 것이 문제였다. 데이비드 록펠러까지 총장 후보로 거론되었던 것을 보면 당시 하버드가 코넌트를 대체할 인물을 찾느라 무척 고심했음을 알 수 있다.

하버드 법인이 선택한 인물은 뜻밖에도 별로 알려지지 않은 1928년 졸업생 네이선 퓨지Nathan Pusey였다. 아이오와 주에서 태어난 그는 하버드 역사상 최초의 비동부 출신 총장이다. 공교롭게도 매카시 의원의 소속구인 위스콘신 주 애플턴에 있는 로렌스 칼리지의 총장이기도 했다. 수려한 외모에 호의적인 사람이었지만 한편으로는 고집이 세고 타협하지 않는 성격이었다. 이후 매카시가 하버드를 공격할 때마다 퓨지는 기자회견을 열거나 성명서를 발표해 가며 번번이 매카시를 좌절시켰다.

승리에 취한 매카시는 육군까지 공격 대상으로 삼았다. 그런데 널리 존경받던 마셜 장군을 공격하는 실수를 저지르고 만다. 1954년에

매카시의 공격에 강력히 맞섰던 네이선 퓨지 총장.

열린 매카시-육군 청문회는 TV로 대대적으로 보도되었고, 이를 지켜본 사람들은 매카시의 주장에 근거가 없다는 사실을 깨닫는다. 많은 정치인도 되풀이되는 마녀사냥에 피로를 느끼고 있었다. 또한 매카시즘의 동력이던 한국전쟁마저 휴전으로 끝나 매카시는 쓸모를 다해 가고 있었다. 결국 1954년 12월, 상원은 매카시에 대한 탄핵안을 표결에 부쳤고, 이후 상원에서 그의 영향력은 급격히 약해졌다. 상심한 매카시는 알코올 중독에 빠져들었고, 57년 만 48세의 젊은 나이로 세상을 떠나고 만다.

매카시즘의 광풍이 학계에 미친 영향은 무엇일까. 리처드 레빈스 교수는 매카시즘 이후 정부의 직접적인 간섭은 줄어들었지만, 대학과 학과 내부에서 간섭하는 일은 오히려 증가했다고 지적한다. 가령 마르크스주의 경제학 연구를 진부한 것으로 간주해 학계 내부에서 자체적으로 배제하는 식이다. 따라서 매카시즘 이후 차별은 아카데믹 내부에서 정해진 절차에 따라 일어났고, 그 결과 오늘날 어떤 연구는 매우 중요한 것으로 간주되지만 다른 것들은 아예 고려의 대상조차 되지 않게 되었다는 것이다.[30]

펜타곤 대학

공산주의로부터 문명을 보호한다는 명분 아래 50년대 미국 대학들은 급격하게 군사화되었다. 엘리트들은 공산주의와 싸워 이기려면 학계의 지원이 반드시 필요하다는 사실을 인식했고, 이는 냉전 시대 각종 연구소들의 설립으로 이어졌다. 1952년 MIT에 문을 연 국제연구센터 Center for International Studies, CIS와 58년 하버드에 문을 연 국제문제연구소Center For International Affairs, CFIA가 대표적이다. 국제연구센터는 MIT에 기반을 두었지만 많은 하버드 학자가 설립에 참여했다. 국제연구센터와 하버드의 관계는 69년 하버드 학생들이 학교 행정실을 점거 농성하는 과정에서 찾아낸 비밀문서에서 명확히 드러난다.

> (…) MIT 국제연구센터를 설립하자는 얘기는 하버드 교수진들에게서 나왔다. MIT 국제연구센터는 처음부터 케임브리지 공동체 전체의 이익을 위한 공동사업으로 착안되었다.[31]

문서에는 국제연구센터의 자문단 명단도 덧붙여 있었다.

명단만 보아도 알 수 있듯이 국제연구센터는 하버드와 MIT를 중심으로 한 학계 인사와 국무부, CIA, 군부가 함께 참여한 전형적인 냉전형 연구소였다. 지금의 국제연구센터 홈페이지를 보면, 국제문제 연구를 돕고 장려하기 위해 설립되었다고 쓰여 있지만, 사실은 한국전쟁 당시 MIT를 중심으로 실시된 '트로이 프로젝트' 결과물로 설립되었다. 처음부터 CIA의 지원을 받은 것이다.

MIT가 신무기를 개발하고 비밀 프로젝트를 추진하는 미 정보기관의 부설연구소로 기능해 왔다는 것은 익히 알려진 사실이다. 촘스키 MIT 교수는 냉전 시대 대학의 역할을 비판적으로 분석한 글 〈냉전과 대학〉에서 "MIT는 사실상 펜타곤 대학이었다"고 규정한 바 있다. 그는 MIT에 있는, "펜타곤이 운영하는 대형 군사실험실은 차치하더라도 MIT 예산의 약 90퍼센트가 펜타곤에서 나왔다"고 회고한다.[32]

기초과학뿐만 아니라 사회과학 분야도 펜타곤의 지원을 받았다. 국제연구센터와 정치학과는 공공연히 CIA로부터 재정 지원을 받았으며, 이는 비밀도 아니었다. 하지만 60년대 베트남전쟁 반대운동이 고조되고 학생운동이 시작되면서 CIA의 재정 지원은 더 은밀해진다.[33] 1960년대 초 포르투갈 인들이 살던 케임브리지 동쪽을 허물고 현재 MIT 캠퍼스가 있는 켄달 스퀘어Kendall Square로 재개발할 당시 재건축 건물의 첫 입주자가 CIA 요원이었을 정도로, MIT와 CIA의 관계는 각별했다. 베트남전쟁 반대운동에 앞장섰던 MIT 학생들은 MIT를 가리켜 '찰스 강의 펜타곤'이라 부르기도 했다.

하버드 국제문제연구소는 MIT 국제연구센터의 업그레이드 버전이라 할 수 있다. 한때 '하버드의 CIA'라 불렸던 국제문제연구소는 미 대외정책의 밑그림을 그리는 데 핵심적인 역할을 해 왔다. 하버드 문

트로이 프로젝트와 MIT 국제연구센터

한국전쟁이 한창이던 1950년, 소련이 '미국의소리(미 연방정부가 운영하는 국제방송)' 라디오 선전 방송에 방해 전파를 쏘기 시작하자 미 국무부 차관 제임스 웹James Webb은 MIT 총장 제임스 킬리안James Killian에게 이 문제를 해결할 팀을 구성해 달라고 요청한다. 킬리안은 하버드를 비롯한 여러 대학의 교수로 곧 팀을 구성했는데, 이것이 트로이 프로젝트다. 프로젝트에 참여한 교수들은 처음에는 통신기술 문제를 연구하다, 미국의소리가 어떤 내용을 누구에게 어떤 방식으로 전파할 것인가를 다루는 정치전과 심리전 연구로 연구 범위를 확대했다. 트로이 프로젝트는 1950년 가을부터 51년 겨울까지 실행되었고, 미 외교정책 연구기관인 MIT 국제연구센터의 설립으로 이어졌다.

리학부 학장을 지낸 맥조지 번디가 설립에 중요한 역할을 하고, 그밖에 정치학자 헨리 키신저Henry Kissinger, 포드 재단의 부총재 돈 프라이스Don Price, 카네기 그룹의 부사장을 지내고 후에 코넬 대학 총장이 된 제임스 퍼킨스James Perkins, 록펠러 재단의 총재이자 훗날 케네디와 존슨 정부에서 국무장관을 지낸 딘 러스크Dean Rusk 등도 관여했다. 국제문제연구소 설립을 제창하고 초대 소장을 지낸 로버트 보위Robert Bowie는 훗날 CIA 부국장으로 활동하기도 했다.[34]

국제문제연구소는 미 외교정책의 향방에 중요한 가이드라인을 제시해 왔다. 그런 만큼 정부, 정보기관과도 아주 가까웠다. 이 때문에 베트남전쟁 반대운동이 급물살을 탔을 때 학생들로부터 수차례 공격을 당하는 수모도 겪었다. 이 과정에서 각종 문서들이 유출되어 국제문제연구소가 CIA 비밀공작의 온상임이 드러났다. 미국의 진보잡지 《네이션》의 저널리스트 앤드류 캅카인드Andrew Kopkind는 국제문제연구소CFIA에서 'F'는 CIA와 구별하기 위해 넣은 것이 분명하다며 냉소했다. 주위의 시선을 의식한 나머지 국제문제연구소 관계자들은 항상 'F'에 강세를 두어 발음했다고 한다.

이런 연구소들은 대학이 정부의 하청업체에 불과했음을 확인시켜 주는 증거다. 또한 냉전 시대 대학의 역할을 이해하는 바로미터가 바로 이런 연구소들의 활동이다.

(냉전 시대 대학의 역할은) 무엇보다 인력, 특히 행정인력을 배출하는 것이다. 모든 정치계급이 하버드, 예일, 프린스턴, MIT 등 몇몇 엘리트 대학 출신이다. 따라서 좁게 보면 대학은 냉전 시대를 이끌어 갈 신규 인력을 배출하는 곳이지만, 더 크게 근본적으로는 이

데올로기를 재생산하는 곳이었다. 즉, 냉전에 기반을 둔 제국주의 체제를 뒷받침할 이데올로기를 창출하고, 이를 젊은이들에게 주입하는 것이 대학의 중요한 임무였다.[35]

촘스키 교수에 따르면 지식인은 '정당화의 전문가'들이다. 이들은 정부가 필요로 할 때마다 외교정책을 정당화하기 위한 완곡한 수사법을 제공한다. 6장에서 자세히 다루겠지만, 새뮤얼 헌팅턴 교수가 베트콩의 근거지를 말살하기 위해 농촌 마을을 폭격하는 것을 '강제적 도시화와 현대화 프로그램'으로 합리화한 것이 좋은 예다. 새뮤얼 헌팅턴처럼 중대한 국가정책 입안자들을 가장 많이 배출해 온 곳이 하버드다. 그런데도 하버드는 꽤 진보적인 이미지를 가지고 있으며, 자신들이 학문의 자유를 수호하기 위해 앞장서 왔다고 자부한다. 하지만 하버드의 역사를 살펴보면 그건 하나의 신화에 불과하다.

조지 카치아피카스 교수는 하버드를 비롯한 많은 대학의 학자가 미 정부의 어젠다를 위해 봉사했으면서도 그 활동을 학문의 자유로 방어해 왔다고 지적한다. 일례로 반전운동 당시 정부의 요구로 전쟁연구를 수행한 이딜 드 솔라 풀Ithiel de Sola Pool 교수 사례를 든다. MIT의 저명한 사회과학자인 풀 교수는 베트콩 포로들을 취조하는 연구를 수행했는데, 학생들이 크게 반발했다고 한다. 인간을 고문하고 죽이기 위한 응용 연구이지, 순수 연구가 아니라는 이유에서였다. 풀 교수는 이 연구에 관한 공개 토론회에서 "나는 내가 원하는 연구를 할 자유가 있다"고 주장했다. 이에 카치아피카스 교수는 "풀 교수의 말은, 다시 말해서, 자신이 원하면 다른 사람들을 죽일 수도 있는 연구를 할 수 있다"는 것이라고 반박했다.

학문의 자유라는 개념은 원래 유럽에서 발달된 것으로 이것의 목적은 교회, 정부와 같은 기성 체제에 반대하는 이들이 처벌받지 않고 발언할 수 있는 권리를 보장하기 위한 것이었다. 이것은 결코 전쟁을 일으키는 이들이 대형 살상무기를 만들 권리나 인종적 혐오감을 가진 이들이 다른 인류를 해치는 것을 방어하려는 의도가 아니었다. 학문의 자유의 목적은 대학을 학자들이 자유롭게 토론할 수 있는 공간으로 만들기 위한 하나의 보호 장치였다. (…) 오늘날 하버드나 MIT 등 대규모 대학들은 학문의 자유라는 베일 뒤에 숨어 사실은 자신들이 정부, 군대에 봉사하며 대학을 유린하고 있다는 사실을 감추고 있다. 학문의 자유의 본래 목적은 기성 체제에 반대하는 목소리를 보호하기 위한 것이지 기업, 교회, 정부, 군사 지도자들을 보호해서 그들이 대학의 자원을 사악한 목적에 사용할 수 있도록 하기 위한 것이 아니다.[36]

응오빈롱 교수(메인 주립대학 역사학과)의 지적도 크게 다르지 않다. 그는 정부의 이데올로기를 옹호하고 정책을 합리화하는 연구를 수행해 온 수많은 학자가 줄곧 자신들은 중립이라는 태도를 견지했다고 주장한다.[37] 그러나 그들의 연구가 정부의 특정한 정책과 이데올로기를 정당화한다면 이는 이미 중립적일 수가 없다. 만약 어떤 학자가 베트남전쟁을 합리화하는 연구를 수행함으로써 전쟁이 확대되는 데 이바지했다면 그는 이미 베트남전쟁에 개입한 것이다. 실제 전쟁터에 나가 실탄을 쏘았는지 여부는 여기서 별로 중요하지 않다.

정부가 연구비를 지원하면서 대학과 긴밀하게 지내는 것이 왜 문제냐고 반문할 이가 있을지도 모르겠다. 하지만 국가라는 거대 권력과 만나면 대학은 그들의 시녀로 전락할 수밖에 없으며, 이것은 올바른 가치관을 갖고 사회를 발전시킬 시민 양성이라는 교육 본래의 기능을 잃어버리는 것이다.

리처드 레빈스 교수는 정부가 대학의 연구에 깊이 개입하고 연구 방향을 결정짓는 자금줄이 되면서 과학계를 심하게 오염시켰다고 지적한다. 과학의 연구 과정은 무엇보다 투명해야 하는데도 소위 정부라는 기업과 일하려면 질문을 던지지 말아야 한다는 것이 전제되기 때문이다. 또 지배계층에 유용한 것을 주로 연구 주제로 삼기 때문에 연구 대상의 폭도 좁아진다. 결과적으로 과학은 지배 메커니즘에 종속되고, 이러한 부패는 젊은 세대가 과학계에 진출하는 것을 꺼리게 만들었다. 과거 과학계는 지식으로 연결된 하나의 공동체였지만, 지금은 커리어주의, 경쟁주의가 치열해지면서 동료들끼리도 비밀을 숨기기에 급급해진 게 현실이다. 그리고 점점 더 많은 학생이 어느 쪽이 돈을 더 많이 벌 수 있는가를 놓고 비즈니스스쿨이냐 과학계 진출이냐를 결정하고 있다. 이렇게 정부는 대학 공동체를 부패시켰다. 이제 연구에서 중요한 것은 연구 결과물을 어떻게 상품화할 것이냐가 되어 버렸다.[38]

케네디 신화의 겉과 속

친애하는 국민 여러분, 국가가 나에게 무엇을 해 줄 것인가를 묻지 말고 내가 국가를 위해 무엇을 할 것인가를 물어보십시오.

미 역사상 최연소 대통령으로 당선된 케네디는 미 자유주의의 아이콘이다. 1961년 1월 20일, 세계인의 주목을 받으면서 취임식장에 선 그는 국민들에게 미국을 위해 무엇을 할 것인지 스스로에게 물어보라고 준엄하게 주문한다. 이 취임사는 세계적인 명연설로 기억되는데, 한 마디 한 마디에서 미국의 자신감이 배어난다. 이 무렵 미국은 세계 최강대국이라는 정점에 이르러 있었기 때문이다. 만약 한국 대통령이 취임사에서 이런 연설을 했다면 어땠을까? 곧바로 탄핵 대상이 되지 않았을까?

케네디는 국방, 재무, 법무장관 등을 비롯한 주요 내각의 핵심을 하버드 출신들로 채웠다. 34살에 하버드 역사상 최연소 학장이 된 맥조지 번디를 국가안보자문으로 불러들였고, 비즈니스스쿨 출신으로 한때 교수직도 겸한 로버트 맥나마라를 국방장관에, 더글라스 딜론(Douglas Dillon, 1931년 졸업)을 재무장관에, 동생인 로버트 F. 케네디(Robert F. Kennedy, 1948년 졸업)는 법무장관으로 임명했다. 아치볼드 콕스(Archibald Cox, 1934년 졸업)는 법무부 차관, 데이비드 벨(David Bell, 1941년 경제학 석사)은 예산감독, 경제학자 갤브레이스Galbraith는 인도 대사, 역사학자 에드윈 라이샤워Edwin Reischauer 교수는 일본 대사로 임명했다. 하버드의 저명한 역사학자 아서 슐레진저Arthur Schlesinger는 케네디의 특별보좌관이 되었다.[39] 무수한 하버드맨이 워싱턴으로 불려가자 케임브리지 하버드 캠퍼스에는 다람쥐만 남았다는 농담까지 나돌 정도였다. 이처럼 하버드 출신들이 케네디 내각의 주축을 이루면서 당시 하버드 내부에서는 '우리가 우주의 중심'이라는 분위기가 팽배했다고 한다.

비록 내각에는 임용되지 않은 학자들도 이런저런 자문위원으로 활

하버드 출신들이 케네디 내각에 대거 등용된 것을 풍자한 카툰.

약하며 부지런히 워싱턴과 보스턴을 오갔다. 촘스키 교수는 케네디 정부 시절 하버드와 MIT 교수들이 아침 비행기로 워싱턴에 가서 재클린 케네디와 점심을 먹거나 케네디 대통령에게 정책 자문을 하고 저녁 셔틀로 돌아오는 것을 매우 자랑스러워했다고 기억한다.[40]

이들 하버드맨들은 미국의 피그스만 침공과 쿠바 미사일 위기, 베트남전 확전 등 외교정책에 지울 수 없는 흔적을 남긴다. 특히 국방장관 로버트 맥나마라와 국가안보자문을 지낸 맥조지 번디 등은 안보전문가로서 역할을 충실히 수행하며 하버드맨의 탁월한(?) 능력을 과시했다.

쿠바에 소련 미사일 기지가 설치되는 것을 막음으로써 케네디는 단숨에 세계를 위기에서 구한 영웅으로 떠오른다. 그리고 이것은 그의 주요한 업적으로 지금까지 세계사에 기록되고 있다. 북핵 위기가 터져 나올 때마다 한국의 언론들은 케네디의 쿠바 미사일 외교를 반면교사로 삼아야 한다고 목청을 돋운다. 그런데 이러한 맹목적인 평가와 케네디 숭배가 과연 합당한 것인지 한번 되짚어 봐야 할 것이다.

우선 쿠바 미사일 위기는 미국이 먼저 중동지역에 대륙간탄도미사일 기지를 설치했기 때문에 발생했다는 점을 명확히 인식해야 한다. 따라서 미국과 케네디는 이 문제를 해결한 마술사가 아니라 위기의 원인 제공자이다. 그런데도 당시 케네디는 소련의 쿠바 미사일 기지 건설을 무력시위라고 주장하면서 기지 완공을 강행하면 3차대전도 불사하겠다는 공식성명을 발표한 것이다. 케네디의 과격한 발언으로 세계는 또다시 전쟁이 일어날지 모른다는 불안감에 휩싸였고, 각 학교와 가정에서 대피 훈련을 하는 등 일촉즉발의 상황에 이르렀다. 결국 미소 양측의 필사적인 노력으로, 그것도 미국이 비밀리에 자신들

피그스만 침공과 쿠바 미사일 위기

1959년 쿠바는 사회주의 국가가 되었다. 대통령 카스트로는 곧 쿠바 내 미국을 비롯한 외국자본을 몰수하고 1961년 미국과 외교단절을 선언한다. CIA는 쿠바인 망명자들을 이용해 봉기를 유도할 계획을 세운다. 마침내 1961년 4월 미국이 훈련시킨 쿠바 망명자 1500여 명이 쿠바 남부 피그스만을 공격한다. 하지만 사상자 100여 명을 내고, 1000여 명이 생포되는 패배를 맛본다. 미국은 피그스만에 상륙하기만 하면 쿠바에서 반카스트로 세력이 들고일어나리라 기대했던 것이다. 하지만 쿠바 민중은 카스트로를 지지하고 있었다. 이 일로 쿠바와 미국의 관계는 더욱 악화되고, 이는 62년 쿠바 미사일 위기로 이어진다.

쿠바 미사일 위기는 소련이 쿠바에 미사일을 배치하려는 것에 미국이 반발하면서 일어났다. 소련은 미국이 터키와 중동에 핵미사일을 설치하자 맞대응했던 것이다. 이 사건은 미국이 터키와 중동의 미사일 기지를 은밀히 없애는 조건으로 종결되었다.

메인호 사건

1898년, 당시 스페인령 쿠바 아바나 항에 정박해 있던 미국 선박 메인호가 원인 불명으로 폭발하는 사건이 일어났다. 미국은 스페인의 소행으로 몰아갔고 언론도 동조했다. 국민들은 분노했고, 마침내 미국은 쿠바 침공의 명분을 얻어 스페인과 전쟁을 시작한다. 미국이 압승했고, 스페인은 쿠바와 필리핀, 푸에르토리코, 괌까지 미국에 넘겨주고 만다. 메인호를 '다시 한번 가라앉히자'는 로버트 케네디의 발언은 메인호 사건이 결국 당시 전쟁을 합리화하려는 미 정부의 전략이었음을 간접적으로 시인한 셈이다.

이 설치한 미사일 기지를 제거한다는 조건하에 사태가 해결되었다. 따라서 이를 케네디 대통령의 업적으로 돌리는 것은 말 그대로 역사의 왜곡이 아닐 수 없다. 케네디와 최측근들의 대화 일부를 들여다보면 당시 케네디가 얼마나 안일하게 이 문제를 바라보고 있었는지 짐작할 수 있다.

> 케네디: 소련은 왜 갑자기 미사일을 설치하려는 거야?
>
> 번디: 소련은 핵탄두를 조종하고 있고….
>
> 케네디: 그래. 하지만 지금 쿠바에 미사일 기지를 설치해서 얻는 이익이 뭐야? 이건 우리가 터키에 느닷없이 중거리 탄도탄을 설치하는 거나 마찬가지라고. 지금 이게 얼마나 위험해 보이겠어.
>
> 번디: 대통령 각하. 우리도 이미 그렇게 하지 않았습니까.
>
> 존슨: 네. 우리는 이미 설치를 했는데….
>
> 케네디: 알아. 하지만 그건 5년 전 일이잖아.[41]

한마디로 케네디는 내가 하면 로맨스요, 남이 하면 불륜이라는 식의 후안무치한 제국주의적 속성을 거침없이 드러내고 있는 것이다. 당시 기록을 바탕으로 출판된 많은 자료를 보면, 케네디를 비롯한 그의 보좌관들의 사고방식이 얼마나 위험한 것이었는지 알 수 있다. 국방장관 로버트 맥나마라는 '미사일 기지만이 아닌 쿠바 시민들의 사망 가능성을 고려한 공습'을 주장하면서 '최소 수백에서 천 명의 쿠바 민간인이 희생돼야 한다'고 발언했는가 하면 평화의 전도사로 추앙받는 로버트 케네디 법무장관은 미국과 스페인의 전쟁을 촉발시켰던 것처럼 '메인호를 다시 한번 가라앉히자'고 제안하기도 했다.[42]

책상물림들의 잘못된 선택

케네디는 3년을 채우지 못한 짧은 임기 동안 미국과 세계 역사에 지울 수 없는 상흔을 남겼다. 바로 베트남전쟁이다. 케네디가 베트남전쟁을 중지하려고 노력하다 확전을 원하던 미 군산복합체로부터 암살당했다는 일각의 주장과 달리 케네디는 지상군 파병을 주저했을 뿐 베트남에 대한 야욕을 저버린 적이 단 한순간도 없었다. 실제 베트남전쟁을 확전으로 이끈 것도 케네디였다. 베트남전쟁은 1962년 케네디가 남베트남을 폭격하려고 미 공군을 보내면서 공공연하게 시작되었기 때문이다. 조지 카치아피카스 교수(웬트워스 공대 인문학부)는 베트남전쟁 초기 케네디가 추진한 세 가지 전략에 주목한다. 에이전트 오렌지, 그린 베레, 전략촌 프로그램이 바로 그것이다.[43]

베트남에 고엽제를 살포하는 미군.

에이전트 오렌지

에이전트 오렌지Agent Orange는 베트남전쟁 중 미군이 가장 많이 사용했던 고엽제다. 케네디는 다이옥신이 함유된 이 고엽제를 베트남에 대량 살포했다. 말라리아를 옮기는 모기나 거머리를 퇴치하기 위해서라고 했지만, 실제로는 베트콩이 은신한 정글을 고사시키고 게릴라가 장악한 지역의 경작지를 파괴하기 위한 것이었다. 다이옥신은 인류 역사상 가장 독성이 강한 물질로, 독성이 청산가리의 1만 배, 비소의 3000배에 이른다. 극히 적은 양만 흡수해도 몸속에 축적돼 암, 신경계 손상, 기형 유발, 독성유전 등의 각종 후유증을 일으킨다.

　1962년부터 71년까지 에이전트 오렌지를 포함한 고엽제 약 2000만 갤런이 베트남과 라오스, 캄보디아 등지에 광범위하게 뿌려졌고, 남베트남 국토의 20퍼센트가 넘는 500만 에이커도 고엽제에 노출되었다. 베트남 외교부의 공식 발표에 따르면, 고엽제에 노출된 숫자는 약 480만 명으로 이 중 40만 명이 죽거나 불구가 되고 50만 명은 선천성 기형아로 태어났다. 상당량의 고엽제가 한국군 거주 지역에도 뿌려져 한국군도 많이 치명적인 피해를 입었다. 국가보훈처에 따르면 한국에서 고엽제 후유증 환자로 파악된 사람은 약 2만 5000명이다. 조지 카치아피카스 교수는 케네디의 화학전 프로그램이 사담 후세인의 것보다 더 많은 인명을 살상했다며 베트남전은 인류 역사상 최악의 화학전이라고 강도 높게 비판한다.

그린 베레

그린 베레Green Beret는 미 육군 특수부대다. 특수부대는 2차대전 때 조직되었고, 1960년 케네디가 '그린 베레'란 이름을 정식으로 붙여 창설했다.

제3세계에서 빈번하게 발생하는 공산주의자들의 게릴라 투쟁을 진압하려는 것이 목적이다. 미국이 베트남에 본격적으로 지상군을 파병한 것은 65년이다. 하지만 이미 61년부터 그린 베레 요원들은 베트남에 비밀리에 투입되어 남베트남군의 특수부대 창설을 돕고 대對베트콩 작전을 수행하고 있었다. 이렇게 간 특수부대원만 해도 1만 6000명이 넘는다고 한다.

전략촌 전략

전략촌 전략Strategic Hamlet은 여기저기 흩어져 있던 남베트남 농촌 사람들을 베트콩에게서 떼어 놓으려고 전략촌으로 강제로 이주시킨 작전을 말한다. 미국이 베트남에서 저지른 가장 악랄한 정책이다. 1961년부터 시행되었고, 63년 7월까지 850만 명 이상이 전략촌 7205곳으로 강제로 이주당했다. 친미반공 성향의 응오딘지엠 정권은 주민들을 고향 땅에서 몰아내려고 집과 마을을 불태웠다. 62년에는 미 공군기가 남베트남 인구의 80퍼센트 정도가 살고 있던 지역을 폭격하기 시작했다. 그 바람에 남베트남 사람들은 포로수용소 같은 수용소로 강제로 이주되었다. 이는 응오딘지엠 정권과 미국에 대한 거센 반발을 불러일으켰다. 결과적으로 전략촌 전략은 실패할 수밖에 없었다. CIA 보고서에 따르면, 약 80퍼센트에 이르는 남베트남 주민들을 이주시켰는데도 베트콩이 이들 대부분을 통제하고 있었다고 한다. 결국 응오딘지엠은 CIA의 용인 아래 63년 11월 2일, 케네디 대통령 암살 20일 전에 제거되었다. 이후 전략촌 전략은 사실상 중단되었다.

케네디와 함께 베트남전쟁에 깊이 개입했던 맥조지 번디.

케네디가 전쟁을 중단하려고 애쓴 '평화의 사도'였다는 말은 가당치도 않다. 놀라움을 넘어 개탄할 만한 일이다. 맥나마라, 맥조지 번디 등 케네디를 보좌한 하버드 출신들도 전쟁의 책임에서 자유로울 수 없음은 마찬가지다. 이들 책상물림 천재들은 베트남의 상황을 전혀 이해하지 못했고, 이들의 잘못된 선택과 판단으로 수많은 베트남 민중과 전쟁에 끌려 간 젊은 청춘이 목숨을 잃었다. 1962년 5월 베트남에 다녀온 국방장관 맥나마라는 '우리는 승리하고 있다'며 의기양양하게 보고했다. 그러나 95년 그는 전쟁을 주도했던 것에 사과하고 후회한다는 내용의 책을 펴냈다.

1964년 베트남전쟁을 취재해 퓰리처상을 받은 언론인 데이비드 핼버스탬David Halberstam은 72년 《최고의 인재The Best and the Brightest》를 펴냈는데, 이 책에서 맥조지 번디를 베트남전쟁을 잘못 판단한 명석한 이들 중 한 명이라고 지적한다.

그렇다면 맥조지 번디는 과연 어떤 인물인가. 번디는 하버드 총장을 지낸 애봇 로렌스 로웰의 큰조카로, 전형적인 보스턴의 부유한 가정에서 태어났다. 예일 대학을 나왔고, 예일의 전설적인 해골과 뼈The Skull and Bone Society[44] 회원이었으며, 평소 이를 자랑스러워했다고 한다. 대학 졸업 후에는 하버드연구원협회Harvard Society of Fellows에 입학하는데, 이 협회는 로웰 총장이 퇴임 직전에 설립한 일종의 대안적 박사 과정이다. 수업, 시험, 논문도 없고 학위도 주지 않지만 하버드만의 화려한 연줄을 만드는 데는 탁월한 곳이다. 그것은 학사 학위뿐인 번디가 1949년 하버드에서 강의를 시작하고, 단 2년 만에 부교수가 된 것으로 충분히 알 수 있는 일이다.

국가안보보좌관 시절 번디의 파워는 케네디가 한 기자에게 "맥(번디)이 열정적으로 사업을 인계받았으며, 그가 약간의 남은 역할이라도 나에게 넘겨주길 바랄 뿐"[45]이라고 빈정거릴 정도로 셌다. 1966년 안보보좌관에서 물러난 번디는 포드 재단 이사장으로 자리를 옮겼지만, 베트남전쟁의 책임은 늘 그를 따라다녔다. 95년 맥나마라가 회고록을 내자 그도 준비하다가 심장마비로 사망하고 만다. 케네디 대통령의 최측근이었던 그는 베트남전쟁의 실제 기획자는 케네디와 존슨 대통령이고, 다른 사람들은 조력자에 불과했다고 주장한 바 있다.

촘스키 교수는 자신의 책 《JFK를 다시 생각하기*Rethinking Camelot: JFK, the Vietnam War, and U. S. Political Culture*》에서 올리버 스톤의 영화 〈JFK〉로 대변되는 '케네디가 암살당함으로써 베트남전쟁을 중단할 기회를 잃었다'는 식의 케네디 신화에 심각한 의문을 제기한다. 1990년대 공개된 전쟁 초기 자료들만 봐도 케네디가 베트남 문제에 관한 한 초지일관 강경했다는 사실을 알 수 있다는 것이다. 촘스키는 1968년 구정공세*Tet Offensive*[46] 이후 반전 여론이 높아지면서 케네디에 대한 묘사가 달라졌다고 지적한다. 특히 흥미로운 것은 소위 교육받은 지식인들의 반응이다. 가령 당시 케네디 정권과 관련 있던 많은 지식인이 케네디 회고록을 썼는데, 구정공세 이후에 다시 썼다는 것이다. 몇 군데 고쳐 쓴 수준이 아니라 아예 다른 책을 출판했다. 초기에는 평화적 해결 따위는 염두에 없던 강경파로 묘사되었던 케네디가 고쳐 쓴 책에서는 베트남전의 확전을 필사적으로 막으려 했던 용감한 평화주의자

보스턴에 있는 케네디 도서관.

로 재구성되었다. 촘스키는 지금 우리가 아는 케네디가 이 모습이라면서, 놀라운 변화가 아닐 수 없다고 지적한다.[47]

1963년 11월 22일 취임 1000일을 앞둔 시점에서 케네디가 암살된다. 이 일로 케네디를 비판하는 일이 더욱 불가능해졌다. 동양이나 서양이나 죽은 자에게는 관대하기 때문이다.

케네디 암살은 베트남전쟁을 종식시킬 기회가 아니라 케네디를 명확하게 분석하고 그의 공과를 지적할 기회를 사라지게 만들었다. 비극적인 최후로 케네디는 신화 속으로 들어갔고, 덕분에 재임 기간이 짧았는데도 미 역사상 위대한 대통령 중 하나로 추앙받게 되었다. 케네디 신화는 하버드를 둘러싼 신화와 비슷하다는 점에서 의미심장하다. 따라서 케네디를 바로 평가하는 일은 무수한 신화로 덧칠된 하버드의 실체에 한 걸음 더 다가가는 계기가 될 것이다.

지역연구는 새로운 지배 전략

OSS 출신 요원들이 2차대전 이후 미 대학에서 발전된 지역연구 프로그램을 조작, 지휘, 자극했다.[48]

맥조지 번디의 말이다. 냉전의 또 다른 산물은 지역연구의 확장이다. 2차대전 이전에는 열 손가락으로 꼽던 미 대학의 국제관계 연구소가 1968년까지 191개로 늘어났다. 지역연구의 목적은 순수한 학문 탐구가 아니라 미 정부의 현실적 요구, 즉 서로 다른 문화 간에 발생하는 구체적인 문제들을 처리할 전문가 양성이었다.

맥조지 번디는 이런 사실을 공공연히 강조했다. 초기 지역연구 확장에 나선 이 중 상당수가 CIA 전신인 OSS 요원이었던 점만 봐도 빈말이 아님을 알 수 있다. 케네디와 존슨 대통령 자문위원이던 로저 힐스맨Roger Hilsman에 따르면, OSS 설립 배경에는 학자들이 스파이 역할을 대신할 수 있다는 기발한 발상도 숨겨져 있었다고 한다. 촘스키 교수는 지역연구의 확장이 새로운 방식의 식민지 지배 전략이라고 분석한다.

2차대전 이후 미국은 식민지 통치자에 상응하는 힘을 갖게 되었는데, 전통적인 제국과는 다른 방식으로 식민지를 지배하고자 했다. 식민지에 관리자를 보내는 대신 간접적인 지배 전략을 취하려고 한 것이다. 이를 위해 식민지의 지도 체제를 어떻게 다룰지 이해하는 즉, 지역연구 프로그램을 실시하게 되었다.[49]

지역연구가 어떻게 정치적으로 이용되었는지 암시하는 중요한 사례가 있다. 1943년 미국의 주요 사회과학단체 7개의 통합협의회인 사회과학연구위원회SSRC 산하 세계지역위원회는 〈사회과학에서 세계의 지역들〉이라는 보고서를 통해 지역연구의 전망을 고찰한 후 미국에 이익이 되는 지역으로 극동(중국과 일본)과 라틴아메리카를 꼽았다고 한다. 하지만 종전 직후인 1945년 하버드의 위원회가 작성한 보고서에서는 우선순위 지역이 소련과 중국으로 바뀌었다. 당시 보고서에 따르면 하버드는 '여러 가지 사항을 고려하여, 지역연구의 대상을 소련과 중국으로 결정'하였으며 '소련에 관한 지식과 이해는 아마 우리의 대외정책에서 가장 중요하고도 유일한 관심사가 될 것'이라고 주장하고 있다. 또한 '하버드는 현재의 인적 자원을 가지고 정예의 소련 연구팀을 구성할 수 있다'고 단언하고 있다.[50]

1948년 하버드는 보고서대로 위풍당당하게 러시아연구소를 출범시켰다. 이 연구소는 하버드와 정보기관의 합작품으로, 국무부·군부·CIA 등이 관여했다. 자금은 카네기 기업이 지원했다. 카네기 기업은 5년간 75만 달러를 쏟아 부었다. 전직 OSS 요원으로 뒷날 보건교육복지부 장관이 된 존 가드너John Gardner 등이 중재자로서 중요한 역할을 했다. 54년 윌리엄 랭어 교수가 러시아연구소 소장이 되었다. 그는 연구소 안의 수많은 군사요원과, 군대와 맺은 연구 계약 실적을 가리키며 러시아연구소를 "공산주의에 맞선 선전 활동의 전진기지"[51]라 칭하기도 했다. 이후 많은 지역연구소가 러시아연구소의 전철을 밟았다. 랭어 교수는 1954년 하버드에 중동연구소를 설립해 초대 소장을 겸임하는가 하면, 이후 동아시아연구소 설립을 돕는 등 하버드에서 지역연구가 꽃 피게 하는 데 큰 족적을 남겼다.

지역연구는 미국의 많은 대학에서 급속도로 확산되었다. 록펠러, 카네기, 포드 등 대기업 재단들의 재정 지원 덕에 가능한 일이었다. 초기에는 록펠러 재단과 카네기 기업이 기타 작은 재단들과 연합해 1945년부터 48년까지 3년 동안 3400만 달러라는 막대한 자금을 쏟아 부었다. 카네기 기업은 하버드 러시아연구소를, 록펠러 재단은 컬럼비아 대학의 소련 연구를 지원하는 중요한 자금줄이었다. 1950년대 이후에는 포드 재단이 지역연구소 약 83개를 지원하면서 더 실질적인 역할을 맡게 된다.

이들 대기업 재단이 지역연구에 관심을 가진 이유는 무엇일까. 1950년 11월, 비망록에 기록된 하버드 교수들의 대화에서 그 속사정을 짐작할 수 있다. 이들은 '중동 지역의 석유 회사가 현지에 보낼 젊은 인재를 찾는 데 어려움을 겪고 있으며' 이 회사가 '미시간 대학의 중동연구소 설립에 필요한 자금을 지원'했고 '추가적인 훈련기관(하버드를 의미함)'을 찾고 있음을 언급하고 있다.[52] 결국 순수한 학문적 필요성보다는 미국의 대기업들이 해외시장을 개척하는 데 필요한 인력 양성을 위해 대학이 인력보급소 역할을 자처했던 것이다. 중동연구소의 1962~63년 연례보고서에 따르면, 초기 9년 동안 운영자금이 시종일관 중동에 기반을 둔 석유회사들에서 지원된 것도 놀랄 일은 아니다.

1957년 소련의 스푸트니크 발사도 의도하지 않게 미국의 지역연구 성장에 기여했다. 미국이 절대적으로 앞서 있다고 믿었던 분야에서 소련에 추격을 당하자 미 지배엘리트들은 일순 패닉 상태에 빠졌다. 이 기회를 이용해 아이젠하워 행정부는 58년 국방교육법National Defense Education Act을 통과시켰다. 국방교육법은 국가 방위상 필요한 인재 확보를 위해 정부가 전 교육기관에 자금을 지원하는 것을 골자로 하고 있으며, 특히 과학과 수학 교육에 중점을 두었다. 또한 외국어, 기술, 지역연구 분야도 연방정부의 지원을 받게 되었고, 그 결과 미 전역의 지역연구센터에 보조금이 지급되었다.

결국 지역연구는 대학을 정보기구로 전락시키는 데 결정적인 영향을 끼쳤다. 프랑스의 역사학자 J. B. 뒤로셀J. B. Duroselle은 "연구 주제를 절대화하고 지역을 인간 우주의 본질적인 요소로 바라보지 못하는 지역연구는 학문적으로 전혀 가치가 없는 순전한 말장난에 불과하다고 감히 말할 수 있다. (…) 결국 상상할 수 있는 것은, 군국주의·제국주의적 목적을 가진 이런저런 국가의 국방부나 외무부의 위촉을 받고 있는 지역연구이다"[53]고 비판하기도 했다.

정부와 기업, 정보기관의 후원을 받으며 쑥쑥 성장하던 지역연구는 60년대 카멜롯camelot 프로젝트를 둘러싼 스캔들이 터지면서 위기를 맞는다. 카멜롯 프로젝트는 1964년 미 육군이 추진한 게릴라 진압 작전과 관련된 것이다. "전 세계 개발도상국가들의 정치적으로 중요한 사회 변화 양상을 예측하고, 그에 영향력을 행사할 수 있는 일반적 사회 체제 모델의 개발 가능성을 측정하는 것"[54]이 취지였다. 쉽게 말해, 미국의 영향권에 있는 나라들에서 내전 혹은 잠재적 반란세력이 성장할 가능성을 예측하는 한편, 내전이나 반란이 일어났을 때 효과적으로 진압하기 위한 대게릴라 작전 방법을 배우고자 하는 것이 주요 목적인 것이다. 라틴아메리카 12개국을 비롯해 중동 3개국, 아프리카 1개국, 유럽 2개국(프랑스와 그리스) 등이 초기 연구 대상이었다고 한다.

그러나 이 프로젝트는 뜻하지 않은 암초에 걸려 좌초하고 만다. 미

육군으로부터 지원금을 받아 프로젝트를 추진했던 아메리카 대학
American University의 특수작전연구소가 칠레 출신 학자인 휴고 뉴티니
Hugo Nutini에게 협조 가능한 칠레 학자들을 조사해 줄 것을 부탁했다.
뉴티니의 제안을 받은 칠레 학자들은 이 프로젝트 배후에 미 정부와
육군이 있음을 알게 되었고, 이 모든 사실이 언론에 폭로되었다. 학자
들을 비윤리적인 연구에 동원하려 했던 미 국방부에 대한 비난이 거
세게 일었고, 마침내 의회에서 청문회까지 열리게 되었다. 결국 육군
은 모든 계획을 취소했다.

카멜롯 프로젝트는 미 정부와 학자들의 공동 연구가 정당한가에
대한 열띤 논쟁을 불러일으켰다. 또한 지역연구의 냉전적 측면에 대
한 윤리적 각성을 촉구했고, 많은 정부가 자국에서 연구를 진행하고
있는 미국 학자들과 거리를 두는 계기도 되었다.

지역연구의 또 다른 위기 원인은 무르익은 베트남전쟁 반대운동이
다. 60년대 중반 이후 베트남전쟁을 둘러싼 저항의 목소리가 점차 거
세지면서 대학의 역할도 도마에 올랐다. 학문적 식민주의 관점에서
연구되던 지역연구라고 예외일 수 없었다. 냉전에 부응해 군사기지화
되었던 대학은 반전운동과 68혁명이라는 거대한 역사적 물결에 휩쓸
려 새로운 길을 도모할 수밖에 없었다.

주

1 Richard Norton Smith, *The Harvard Century: The Making of a University to a Nation,* (Simon and Schuster, 1986), p. 151 재인용.

2   *How Havard Rules*, p. 35 재인용.

3   노엄 촘스키 인터뷰 재정리.

4   노엄 촘스키 외 지음, 《냉전과 대학》, 정연복 옮김, (당대, 2001), p. 47

5   Richard Norton Smith, *The Harvard Century: The Making of a University to a Nation*, (Simon and Schuster, 1986), p. 187 재인용.

6   위의 책, p. 187.

7   "Selected Documents on Truman's Decision to Use the Atomic Bomb, 1945" (Harry S. Truman Presidential Library). http://personal.ashland.edu/~jmoser1/abomb.htm

8   하워드 진, 《오만한 제국》, 이아정 옮김, (당대, 2001), p. 48.

9   John T. Bethell, *Harvard Observed*, (Harvard University Press, 1998), p. 175.

10   노엄 촘스키 외 지음, 《냉전과 대학》, 정연복 옮김, (당대, 2001), p. 193.

11   John Trumpbour, *How Harvard Rules*, (MA: South End Press, 1989), p. 52.

12   위키피디아 참조.

13   리처드 레빈스 인터뷰에서.

14   노엄 촘스키 인터뷰에서.

15   John Trumpbour, *How Harvard Rules*, (MA: South End Press, 1989), p. 53 재인용.

16   위의 책, p. 70 재인용.

17   *How Harvard Rules*, pp. 35~36 재인용.

18   응오빈롱 인터뷰에서.

19   Ellen Schrecker, "Political Tests for Professors: Academic Freedom during the McCarthy Years", 1999년 10월 7일. http://sunsite.berkeley.edu/uchistory/archives_exhibits/loyaltyoath/symposium/schrecker.html

20   Andrew Schlesinger, *Veritas: Harvard College and the American Experience*, (Ivan R. Dee, 2005), p. 203.

21   Elizabeth Mehren, "Harvard's Loyalty Oath Still Stings Opponent", 《로스앤젤레스 타임스》 2001년 4월 5일.

22   Sigmund Diamond, *Compromised Campus: The Collaboration of Universities with the Intelligence Community, 1945-1955*, (Oxford, 1992), pp. 17~18 참조.

23   노엄 촘스키 외 지음, 《냉전과 대학》, 정연복 옮김, (당대, 2001), p. 25 재인용.

24   위의 책, p. 28 재인용.

25 위의 책, p. 90 재인용.

26 Andrew Schlesinger, *Veritas: Harvard College and the American Experience*, (Ivan R. Dee, 2005), p. 198.

27 Sigmund Diamond, *Compromised Campus: The Collaboration of Universities with the Intelligence Community, 1945~1955*, (Oxford, 1992), p. 112.

28 John T. Bethell, *Harvard Observed*, (Harvard University Press, 1998), p. 190.

29 Richard Norton Smith, *The Harvard Century: The Making of a University to a Nation*, (Simon and Schuster, 1986), p. 186.

30 리처드 레빈스 인터뷰 재정리.

31 *How Harvard Rules*, p. 15.

32 노엄 촘스키 외 지음, 《냉전과 대학》, 정연복 옮김, (당대, 2001), p. 57.

33 노엄 촘스키 인터뷰에서.

34 John Trumpbour, *How Harvard Rules*, (MA: South End Press, 1989), p. 66 참조.

35 노엄 촘스키 인터뷰에서.

36 조지 카치아피카스 인터뷰에서.

37 응오빈롱 인터뷰에서.

38 리처드 레빈스 인터뷰 재정리.

39 Andrew Schlesinger, *Veritas: Harvard College and the American Experience*, (Ivan R. Dee, 2005), p. 215 참조.

40 노엄 촘스키 인터뷰에서.

41 John Trumpbour, *How Harvard Rules*, (MA: South End Press, 1989), p. 77 재인용.

42 위의 책, pp. 77~78 재인용.

43 조지 카치아피카스 인터뷰에서.

44 예일 대학의 비밀 학생 클럽. 조지 대통령 부자를 비롯해 수많은 미 정·재계 엘리트가 이곳 출신이다.

45 Andrew Schlesinger, *Veritas: Harvard College and the American Experience*, (Ivan R. Dee, 2005), p. 215.

46 1968년 1월 30일, 베트남 고유명절인 음력설을 맞아 북베트남군과 베트남민족해방전선 이 감행한 대규모 총공격전. 이 사건으로 미국이 승리할 수 없음이 확실해졌고, 미국의 여론은 급격히 반전으로 돌아선다.

47 노엄 촘스키 인터뷰 재정리.

48 John Trumpbour, *How Harvard Rules*, (MA: South End Press, 1989), p. 54 재인용.

49 노엄 촘스키 인터뷰에서.

50 노엄 촘스키 외 지음,《냉전과 대학》, 정연복 옮김, (당대, 2001), p. 139.

51 John Trumpbour, *How Harvard Rules*, (MA: South End Press, 1989), p. 81.

52 위의 책, p. 88.

53 노엄 촘스키 외 지음,《냉전과 대학》, 정연복 옮김, (당대, 2001), p. 147.

54 위의 책, p. 165.

5장

"판은 우리가 짠다"
—CFR, 삼각위원회, CPD

"일종의 국제주의적 간섭주의는
먼 옛날부터 외교 문제에 관련한 하버드의 구상에
주요한 신념이 되었다."
— 콜린 캠벨, 《뉴욕타임스》 기자[1]

"워싱턴의 진정한 통치자는 보이지 않는다.
그들은 막후에서 권력을 행사하고 있다."
— 펠릭스 프랭크퍼터, 미국 대법관(1939~62)[2]

앞장에서 살펴보았듯이, 수많은 학자가 미국의 외교정책 수립에 이바지했는데 그중 가장 영향력 있는 대가大家들을 배출한 곳이 다름 아닌 하버드다. 각 정부마다 소위 하버드팀이 존재한 사실로도 알 수 있는 일이다. 아이젠하워는 원자폭탄 개발에 참여했던 하버드 물리화학자 조지 키스티아코브스키George Kistiakovsky, 케네디는 맥조지 번디, 닉슨은 헨리 키신저, 카터 대통령은 즈비그뉴 브레진스키Zbigniew Brzezinski[3]와 호흡을 맞췄다.

맥조지 번디는 베트남전쟁 초기 미국의 개입에 중대한 영향을 끼쳤고, 닉슨의 국가안보보좌관이었다가 국무장관이 된 헨리 키신저는 1968년 파리협상을 방해함으로써 베트남전쟁을 지연시켰다. 그뿐만 아니라 그는 라오스와 캄보디아에 폭격을 명령해 수십만 명을 죽음으로 내몰았으며, 1973년 칠레의 아옌데 정부를 전복하기 위해 피노체트의 군사쿠데타를 지원하는 등 세계에서 일어난 수많은 내전과 쿠데타, 암살에 연루되었다. 그의 화려한(?) 전적에 대해선 6장에서 더 살펴볼 것이다. 카터 대통령의 국가안보보좌관이었던 브레진스키는

1977~78년 소말리아-에티오피아 국경분쟁(오가덴 전쟁)[4] 당시 미국이 강력히 개입할 것을 주장하며 사태를 더욱 악화시켰다.

이와 같은 사례는 하버드 출신 몇몇 권력 지향적인 인사의 문제지 하버드 전체로 확대할 만한 것은 아니라고 반박할 독자도 있을지 모르겠다. 하지만 《뉴욕타임스》 콜린 캠벨의 기사가 시사하듯이 미 대외정책에 하버드맨들이 개입한 것은 비단 최근 몇십 년 사이에 벌어진 일이 아니다. 그 역사를 제대로 알려면 먼저 미국의 대외정책을 과연 누가, 어떤 논의를 거쳐 결정하는지 알아야 한다.

미 대외정책의 나침반, CFR

미 외교정책 뒤에는 무시할 수 없는 영향력을 행사하는 민간외교압력단체들이 있다. 그중 가장 주목할 집단이 뉴욕에 기반을 둔 미 외교협회Council on Foreign Relations, CFR다. CFR은 1차대전 직후인 1921년 설립된, 미국의 대표적인 엘리트 조직이다. 미국 외교정책을 좌지우지할 만큼 힘이 막강하다. 《화폐 전쟁》의 저자 쑹훙빙은 2차대전 이후 대통령 선거에 나선 후보 가운데 단 3명을 제외한 모두가 이 협회 회원이었다고 주장한다. 1921년 이래 재무장관은 이 협회에서 도맡았고 국무장관 14명, 국방장관 11명, 중앙정보국장 9명도 배출했다.[5] 또한 "케네디가 자신의 국무부 참모진으로 최초 지명한 82명 중 63명이 CFR 회원이었다."[6]

언론이 CFR의 존재를 거론하는 일은 드물지만, 이미 이들의 영향력은 널리 알려져 있다. "《뉴스위크》는 CFR의 리더십을 '미국 외교정책의 기반'이라 인정했고, 《뉴욕타임스》는 CFR이 '미국 외교정책의 기본을 구상하는 데 상당한 공헌을 해 왔음'을 시사했다"[7]고 한다. 항간에서는 공화당과 민주당이 번갈아 가며 집권하는데도 외교정책이 일관된 것을 꼬집으며, 그 비밀이 바로 CFR 회원들이 정부 요직을 장악하고 있기 때문이라고 비판한다.

그러다 보니 CFR이 펴내는 연구 보고서들은 흔히 미 대외정책의 기조를 잡는 나침반 역할을 한다. 국무부 관리들이 CFR 문건들을 읽고 새 정책의 가닥을 잡거나 기존 정책을 수정, 보완하기 때문이다. 한국 외교통상부 관계자들도 미국의 한반도 정책 방향을 가늠하기 위해 CFR 관계자들을 만나거나 그들의 연구 보고서들을 찾아 읽는 일이 다반사라고 한다. 일각에서 CFR을 가리켜 실제 국무부라고 부르는 것도 놀랄 만한 일은 아니다.

> 어떤 사람들은 외교협회를 가리켜 실제 국무부라고 부른다. 왜냐하면 2차대전 이후 독일의 고등판무관을 지낸 존 맥클로이(1916년 하버드 로스쿨 입학)를 비롯해 다른 이들이 사람이 필요할 때면 언제든 적당한 인물을 고르기 위해 CFR 회원 명단을 훑어본다고 여러 번 말했기 때문이다.[8]

존 맥클로이의 발언을 입증이라도 하듯 하버드 출신으로 국가안보 보좌관이었던 맥조지 번디와 헨리 키신저, 즈비그뉴 브레진스키 모두 CFR의 유력한 회원이었다. 그렇다면 과연 어떤 이들이 CFR 회원이 되는 것일까. CFR 홈페이지를 보면 이 협회에는 정상급 관료, 저명한 학자, 기업주, 언론인과 법조인, 심지어 명망 있는 비영리단체 전문가까지 다양한 이들이 참여하고 있다. 그러나 회원 명부에 등재되는 영광은 아무나 누릴 수 있는 것이 아니다. 제아무리 똑똑하고 재력이 넘쳐도 신규 회원이 되려면 반드시 기존 회원의 추천을 받아야 한다.

CFR은 1차대전 이후 미국의 대외정책 방향을 놓고 지배엘리트들 사이에서 갈등이 생기면서 만들어졌다. 종전 후 윌슨 대통령은 국제질서를 바로잡기 위해 국제기구 창설을 제안했고, 미국이 주도해 국제연맹이 창설된다. 하지만 공화당 강경파들은 미국이 새로운 세계질서에 편제되는 것을 원치 않았다. 결국 미 의회는 국제연맹을 창설한 베르사유 조약의 비준을 거부한다. 이를 유감스럽게 여겼던 일부 영향력 있는 인사들이 이후 CFR 설립을 추진하게 된다. 전 국무장관 엘리후 루트Elihu Root가 첫 명예총재를, 월가의 변호사이자 1924년 미 대선에서 민주당 대선 후보로 나섰던 존 W. 데이비스John W. Davis가 총재를 맡았다. 흥미로운 사실은 초기 CFR의 중심 세력이 은행과 석유회사, 기업형 로펌 등 국제주의적인 외교관계를 강조하는 자본주의자들이었다는 것이다.

> 1921년 고립주의의 폐해에 맞서기 위해 창립된 CFR 회원은 자본주의 지배층에서도 가장 국제주의적인 당파의 사람들이었다. 회원은 은행(체이스맨해튼과 JP모건사에서 8명씩, 퍼스트내셔널 시티뱅크와 케미컬뱅크에서 7명씩), 석유회사(모빌에서 7명, 엑손에서 6명), 법률법인회사(설리반 & 크롬웰에서 8명)에서 선출되었고, 특히 록펠러 그룹의 재정적 이익에 관심을 두고 있었다.[9]

초기 CFR을 설립하고 확장하는 데 중추적인 역할을 한 이들이 하

버드 출신이다. 말끔한 양복에 넥타이
를 맨 수많은 젠틀맨이 뉴욕의 하버드
클럽에 모여 앉아 담소를 나누며 CFR
설립에 관한 아이디어를 주고받았다
고 한다. CFR에서 발간하는 《포린 어
페어스Foreign Affairs》 첫 편집장인 하버
드 역사학자 아치볼드 캐리 쿨리지
Archibald Cary Coolidge와 《포린 어페어
스》 발간을 제안한 하버드 비즈니스
스쿨의 초대학장 에드윈 게이Edwin Gay
등이 대표적이다.

CFR에서 발간하는 《포린 어페어스》
첫 편집장이었던 아치볼드 캐리 쿨
리지.

하버드 최초의 러시아 역사학자였던 아치볼드 캐리 쿨리지는
1917년 윌슨 대통령이 구성한 일종의 자문그룹 '조사Inquiry'에서 활약
한 바 있다. 윌슨은 1차대전 이후 필요한 평화협상을 준비하기 위해
학자 약 150명을 모아 이 팀을 출범시켰다. 정부가 장기 외교정책을
수립하는 데 학자들을 동원한 첫 시도로 평가되며, 이 중 일부가 훗날
CFR의 창립을 주도한다. 조사팀에 참여한 3분의 1 이상이 하버드 출
신이거나 교수였다. 쿨리지 교수는 평소 시어도어 루스벨트, 윌리엄
태프트 대통령을 비롯해 권력 최상층을 자신의 친구들로 간주했고,
학생들에게 국무부 도어맨이 이름만 들어도 자신이 누구인지 안다며
자랑하곤 했다.[10]

《포린 어페어스》의 발간을 제안한 에드윈 게이는 1차대전 당시 전
쟁산업위원회에서 활동한 바 있고, 출판업계 동향을 잘 파악하고 있
었다. JP모건 사장 토머스 래먼트Thomas Lamont가 소유한 《뉴욕 이브닝

《포린 어페어스》에 소련 봉쇄정책에
관한 글을 게재한 조지 케넌.

포스트》에서 1920~23년까지 편집자로 지내기도 했다. 그는 잡지가 대중을 교육시키기 위한 가장 적절한 수단이라고 보았고, 첫 편집장으로 아치볼드 캐리 쿨리지를 추천했다.

1922년 9월 15일 첫 호를 시작으로 《포린 어페어스》는 미 외교정책의 이정표를 제시하는 핵심적인 매체로 자리 잡는다. 특히 1947년 7월호에 실린, 조지 케넌의 논문 〈소련 행동의 원천The Sources of Soviet Conduct〉은 냉전 시기 미 대외정책의 기본 지침이 된 기념비적인 글로 꼽힌다. 당시 국무부 정책참모였던 조지 케넌은 이 글에서 소련을 파트너가 아닌 경쟁자로 규정하고, 소련에 강력한 봉쇄정책을 실시해야 한다고 주창했다. 글이 'X'라는 가명으로 발표되어 이후 'X 논문'으로 불렸다.

오늘날 《포린 어페어스》의 영향력은 세계적이다. 한국의 차기 대선 주자로 떠오른 박근혜 전 한나라당(현재 새누리당) 대표도 이 잡지 2011년 9·10월호에서 자신의 외교정책을 밝혔다. 이에 대한 당시 한국의 반응은 별로 좋지 않았다. 일단 같은 당인 정몽준 의원이 대필 의혹을 제기했고, 두루뭉술한 내용은 차치하더라도 평소 자신의 대외정책에 별 말이 없던 박 전 대표가 외국 잡지에서 이를 처음 밝힌 것이 뜨악했던 까닭이다. 국내 한 신문에 실린 관련 기사를 보자.

(…) 평소 주요 외교, 안보 현안에 입을 열지 않던 박 전 대표가 외

A New Kind of Korea

Building Trust Between Seoul and Pyongyang

Park Geun-hye

On August 15, 1974, South Korea's Independence Day, I lost my mother, then the country's first lady, to an assassin acting under orders from North Korea. That day was a tragedy not only for me but also for all Koreans. Despite the unbearable pain of that event, I have wished and across the region, and nascent great-power rivalries highlight the endemic security dilemmas that plague this part of Asia. On the other hand, South Korea's extraordinary development, sometimes called the Miracle on the Han River, has, alongside China's rise, become a major

《포린 어페어스》에 실린 박근혜 전 한나라당 대표 기고문.

국 잡지에서 비로소 자신의 외교정책 방향을 밝힌 것이 못내 마음에 걸린다. 우리가 미국 잡지를 통해 박 전 대표의 외교정책을 알아야 하는 현실을 정상적이라고 할 수 있을까. 아무래도 외교의 출발점은 국내라는 평범한 진리를 박 전 대표가 잊은 듯하다.[11]

해방 이후 고착돼 온 종속적인 대미관계를 돌아보면 박 전 대표의 행동을 이해 못할 바도 아니다. 《포린 어페어스》에 기고하는 것이야말로 미 지배엘리트들에게 눈도장을 찍을 수 있는 확실한 방법임에 틀림없기 때문이다. 만약 에드윈 게이 교수가 이 해프닝을 보았다면 《포린 어페어스》 발간 제안자로서 몹시 흡족해 했을 것이다.

초기 CFR을 이끌었던 미 엘리트들에게서 한 가지 주목할 만한 경향이 발견된다. 그들은 자신들이 대영제국의 뒤를 이어 국제사회를 이끌 새로운 강자로 부상하고 있음을 자각하고 있었다는 점이다. 에드윈 게이의 말이 그 사실을 잘 드러내고 있다.

> 대영제국을 우리의 유산이라고 본다면 나는 자연권을 생각하게 된다. 우리의 승계는 필연적인 것이다.[12]

존 트럼보우 박사는 19세기 말부터 20세기 초 미국 엘리트들은 자신들이 차세대 글로벌 주자가 되리라는 걸 직감하고 있었다고 지적한다. 19세기 말 미국은 쿠바 문제를 둘러싸고 스페인과 벌인 전쟁에서 승리하면서 국제사회의 새로운 제국주의 세력으로 부상한다.

> 여러 면에서 CFR 사람들은 자신들이 대영제국의 후계자이며, 이는 그들의 자연적인 권리라고 이야기했다. 그들은 하버드에서 많은 고전을 공부했고, 여기서 그리스와 로마에 대해 배웠다. 그들은 "영국을 그리스의 아테네에 비유한다면 우리는 로마와 같다. 우리는 그들을 이어 로마제국을 건설할 것이다"고 말하곤 했다.[13]

미국의 제국주의가 여러 면에서 로마와 흡사하다는 지적은 진보적인 사상가들 사이에서 늘 제기되어 온 것이다. 진보학자 마이클 파렌티Michael Parenti는 자신의 책 《카이사르의 죽음》에서 로마 귀족들이 카이사르를 암살한 이유를 부유한 보수세력과 개혁세력 간의 갈등으로 해석한다. 또한 이 책에서 로마의 제국주의를 비판하는 보수주의 경제학자 조지프 슘페터Joseph Schumpeter의 다음 글을 인용해, 미국의 글로벌리즘과 우회적으로 비교하기도 한다.

(…) 그것은 실상 끊임없이 전쟁을 일으키면서 평화를 안겨 주는 척하는 정책, 계속 전쟁을 준비하는 정책, 남의 문제에 끊임없이 개입하려는 정책이다. 로마인들이 볼 때, 세상 구석구석에 제국의 이익이 위협을 받고 공격을 당하지 않는 곳은 아무 데도 없었다. 만약 그 이익이 로마제국의 것이 아니라면 로마 동맹국의 것이었다. 만약 그 지역에 로마의 동맹국이 없다면 일부러 동맹국을 만들었다. 만약 이런 이익을 만들어 내는 것이 현실적으로 불가능하다면 그때는 국가의 명예가 훼손되었다고 시비를 건다. 전쟁은 늘 합법성의 아우라를 부여받는다. 로마에는 언제나 사악한 마음을 가진 이웃들의 공격이 도사리고 있었고, 쉴 곳을 위해 싸움을 해야 되었다. 온 세상에 적들의 무리가 가득했고 그들의 명백한 침략적인 의도에 맞서서 세상을 지키는 것이 분명한 로마의 의무였다.[14]

조지 카치아피카스 교수는 그리스와 로마의 지배 방식을 비교할 때 두 가지 유의미한 차이점이 있다고 지적한다. 첫째, 도시국가였던 그리스 지배엘리트들은 수많은 파벌로 나뉘어 암투를 벌인 반면 중앙집권국가였던 로마 지배층은 로마제국의 깃발 아래 함께 뭉쳤다는 점이다. 로마 지배층처럼 오늘날 미국 지배엘리트들도 자국의 이익을 위해서라면 일치단결하는 모습을 보여 왔다. 촘스키 교수는 "미국 지식인들은 범상치 않은 이데올로기적 동질성을 갖고 있다"고 지적하면서, 한마디로 이들은 "진보든 보수든 이런저런 형태의 국가자본주의를 고수하고 있다"고 분석한 바 있다.[15]

두 번째 차이점은 그리스와 로마의 식민지 지배 방식이 달랐다는 것이다. 그리스는 식민지를 개척한 후 정복지의 주민들을 노예로 만들었지만, 로마는 그들과 동맹을 맺거나 그들에게 시민권을 주는 등의 동화정책을 펼쳤다. 그리고 그들을 충실한 제국의 일원으로 흡수했다. 이는 미국의 시민권 제도를 연상시킨다. 과거 모든 길이 로마로 통했던 것처럼 미국은 시민권 제도를 통해 세계 인재들을 미국으로 끌어들이고 있다. 물론 미국은 영토를 지배하던 로마와 달리 정치, 경제, 문화로 다른 나라를 종속시킨다는 점이 다르긴 하지만 말이다. 그런데도 시민권 제도야말로 미국이 제국으로 성장할 수 있었던 중요한 근간이란 점에는 이의가 없을 것이다.

결과적으로 로마와 미국은 많이 닮았다. 로마가 뛰어난 군사력을 바탕으로 지중해권 곳곳에 식민지를 건설했던 것처럼 미국도 최강의 군사력을 자랑하며 세계 곳곳에 군사기지를 세우고 있다. 라틴어처럼 영어가 세계 곳곳에서 공용어로 쓰이고, 로마문화가 찬란하게 조명받았던 것처럼 할리우드, 스타벅스, 코카콜라, 맥도널드로 상징되는 미국문화가 전 세계를 지배하고 있다. 이처럼 미국과 로마가 유사한 까닭은 CFR을 비롯한 미국 지배엘리트들이 로마를 모델로 삼았기 때문은 아닐까.

CFR과 하버드의 끈끈한 관계는 20세기를 거치며 지속되어 왔다. 특히 국제관계를 연구하는 하버드 학자는 대부분 CFR 회원이었다. 하버드 법인과 감독이사회 이사 중 상당수도 CFR에 적을 두었다. "1973년 조사 결과에 따르면 감독이사회 이사 30명 중 12명이, 1986년엔 30명 중 6명이 CFR 회원"이었다고 한다. 또한 "1922~72년까지 CFR 감독들 중 적어도 24퍼센트는 하버드 교수, 감독이사회 이사 혹은 하버드 행정관리자"였으며 "(이것은) CFR에서 활동하고 있던 상당수의 하버드 출신 동문들은 아예 포함하지도 않은 수치"라고 한다.[16] 이쯤 되면 CFR은 하버드맨들이 주축이 된 사교클럽이라 해도 무방할 것이다.

지금 CFR은 회원 수가 4300명이 넘는 거대한 조직이다. 전체에서 하버드맨이 차지하는 비율이 과거처럼 높지는 않을 것이다. 그러나 CFR과 하버드의 관계는 여전히 남다르다. 일례로 하버드 법인에서 영향력 있는 로버트 루빈 이사가 현재 CFR 공동의장이다. 하버드의 전 총장 로렌스 서머스 또한 CFR 회원이었고, 그가 총장으로 재직할 당시 하버드 법인의 이사로 참여했던 7명 전원이 CFR 소속이었다.

미국 중심인 국제사회를 이해하려면 CFR의 실체와 역할을 이해하는 것이 필수다. IMF, 세계은행, UN 등을 설립해 미 자본주의를 중심으로 세계질서를 재편할 때 그 밑그림을 그린 것이 CFR이었기 때문이다.

제국의 야심 '대영역'

1939년 말, 독일이 폴란드를 침공한 지 1주일 후 CFR은 미국을 중심으로 세계질서를 재편할 구상을 하며 연구 프로젝트를 출범시킨다. 이것이 '전쟁과 평화연구'다. 2차대전 이후 새로운 글로벌 리더로 등장할 것이 분명한 미국의 경제, 정치적 목표를 구체화하려는 게 목적이었다. 그런데 프로젝트 출범 시점이 일본이 진주만을 공격한 1941년보다 2년 앞서 있다. 즉, 미국이 직접 전쟁에 뛰어들기 전부터 CFR은 이미 세계를 지배하려는 야심을 품었다는 얘기다.

프로젝트는 경제와 금융, 안보와 군비, 영토, 정치 네 분야로 나뉘어 진행되었고, 100여 명이 참여했다. 이들은 뉴욕에서 수백 차례 회동했고, 682종의 메모를 국무부에 전달했다. 국무부는 이 프로젝트를 극비에 부쳤고, 전달된 메모는 적절한 정부 부처들로 전달되었다. 록펠러 재단이 후원했고, 후원금은 총 35만 달러에 이르렀다.[17]

촘스키 교수는 이 프로젝트에서 발전시킨 '대영역Grand Area'이라는 개념에 주목한다. 대영역이야말로 미 제국주의적 전략의 근간이기 때문이다. 촘스키 교수는 "미국이 전쟁에 개입하기 이전부터 정책입안자들과 분석가들은 전후에 미국이 '절대적인 힘'을 쥘 수 있도록 미리 손을 써야 하며, 그런 지정학적 구상을 방해할 수 있는 '어떤 형태의 주권 행사도' 확실히 '제한'시켜야 한다고 결론짓고 있었다. 이들은 '미국이 군사, 경제적으로 우월해지기 위한 통합적인 정책'을 수립했으며, 이 정책을 실시할 '대영역'에 서반구와 전前 대영제국, 극동지역을 포함했고, 이후 독일의 패배가 확실해지자 유라시아 지역의 가능한 한 많은 영역도 포함하려 했다"[18]고 분석한다.

그런데 대영역 범위에서 유럽이 제외된 것이 흥미롭다. 미국이 초기에 그렸던 대영역 범위는 곧 비독일 점령 지역이었는데, 3장에서 언급했듯이 당시 미국 엘리트들이 독일의 승리를 확신하고 있었기 때문이다. 이들은 독일이 최소한 유럽은 통제하리라 믿었던 것이다.[19]

대영역 구상의 핵심은 미국을 중심으로 움직이는 글로벌한 통제시스템을 만드는 것이었다. 많은 하버드맨이 이 엄숙한 프로젝트에 참여했는데, 그중 이사야 바우먼Isaiah Bowman은 CFR 창립 멤버로 '전쟁과 평화연구'를 실질적으로 이끈 사람이다. 그 외에도 경제학자 앨빈 한센Alvin Hansen, 역사학자 윌리엄 랭어William Langer, 크레인 브린턴Crane Brinton 등도 프로젝트에 참여한 대표적인 인물이다.

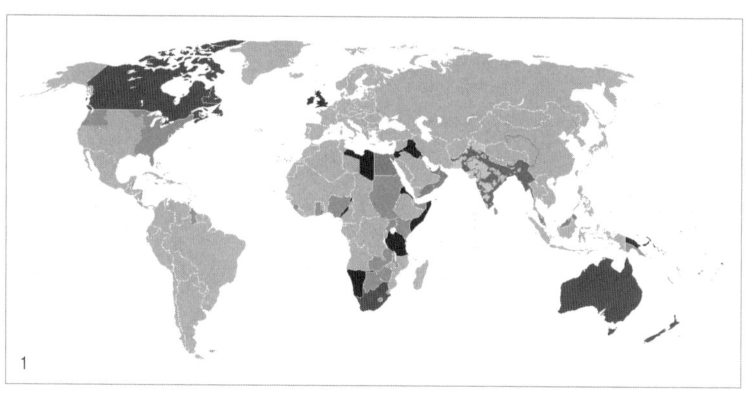

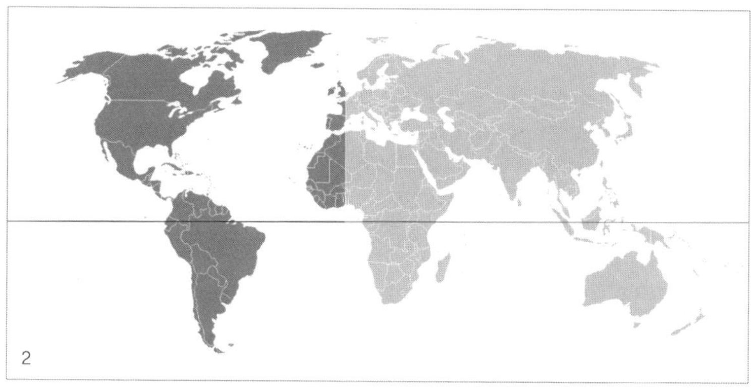

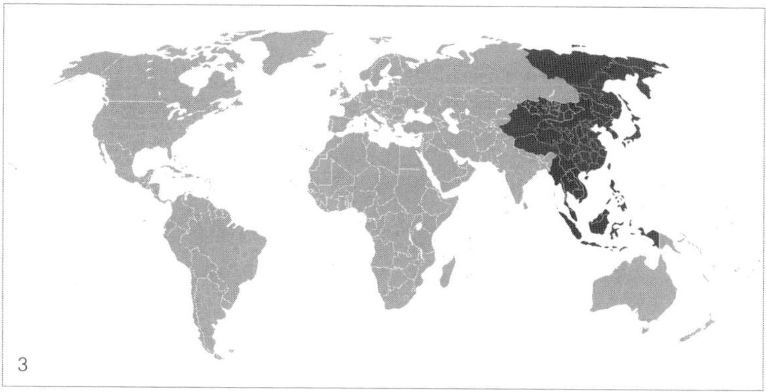

2차대전 종전 이전부터 미국은 전 대영제국(1), 서반구(2), 극동지역(3)을 지배할 전략을 세웠다.

촘스키 교수는 프로젝트에서 논의된 것이 대부분 그대로 이행된 점이 흥미롭다고 지적한다. 연구에 참여한 많은 이가 후에 정부 고위 관료가 되었으니 놀랄 일도 아니다. 프린스턴 대학 출신으로 연구에 참여했던 앨런 덜레스는 CIA 국장(1953~61)이 되고, 중요한 일원이었던 앨런의 형 존 포스터 덜레스는 아이젠하워 정부에서 52대 국무장관(1953~59)을 지냈다.

이사야 바우먼은 1942년 동료에게 보낸 편지에서 미국의 전후 목표를 노골적으로 드러낸다. "승리에 대한 우리의 평가는 승리 이후 우리가 얼마만큼 (세계를) 지배하게 될 것이냐에 달려 있다"[20]고 쓴 것이다. 바우먼과 CFR 정책입안자들이 구상한 것은 UN과 브레튼우즈 체제Bretton Woods System[21]로 구체화되었다.

카터 정부를 장악한 삼각위원회

CFR과 더불어 미 대외정책에 영향력을 행사해 온 또 다른 민간외교 압력단체로 1973년 결성된 삼각위원회Trilateral Commission가 있다. 삼각위원회는 출발부터 CFR과 떼려야 뗄 수 없는 관계다. 삼각위원회 결성을 주도한 것이 당시 CFR 의장이던 데이비드 록펠러였기 때문이다. 1936년 하버드를 졸업한 데이비드 록펠러는 미 석유재벌 록펠러 가문의 후계자로, 미 외교정책에 막강한 영향력을 행사해 왔다.

삼각위원회는 지구를 북미와 서유럽, 일본(이후 아시아·태평양 지역으로 확대) 세 지역으로 나누어 서로 갈등을 해소하고 유대하게 하는 것을 목표로 한다. 초기에는 각 지역에서 유망한 정치인, 기업인, 학계 인사 60여 명이 대의원으로 참여했다. 이후 회원이 계속 늘어 1982년에는 240명, 2011년 8월 현재는 390명(유럽 170, 북미 120, 아시아 100)이 활동하고 있다.[22] 폴 볼커 전 연방준비제도이사회 의장, 오토 람스도르프 독일 자유민주당 당수, 헨리 키신저 전 국무장관, 빌 클린턴 전 대통령 등 쟁쟁한 정계 인사부터 소니, AT&T, 펩시콜라, 체이스맨해튼은행 등 내로라하는 기업계 인사들까지 참여하고 있다. 한국인으로는 한승주 전 외무부장관을 비롯해 정몽준 의원, 이재용 삼성전자 사장, 신동빈 롯데그룹 회장, 홍석현《중앙일보》사장, 이신화 고려대 교수, 이경숙 전 숙명여대 총장, 사공일 G20 조직위원회 위원장 등이 회원 명부에 올라 있다.

삼각위원회를 구상하고, 구성에 주도적인 역할을 한 사람이 하버드의 정치학자 즈비그뉴 브레진스키다. 70년대로 접어들면서 미국 경제는 침체기로 접어들고, 60년대부터 유럽·미국·일본 등 세계 전역에서 '68혁명'이라 부르는 대대적인 저항운동이 일어난다. 이런 상황에서 지배엘리트들은 위기의식을 느끼지 않을 수 없었다. 삼각위원회는 이런 배경에서 고안되었다.

삼각위원회가 1975년 발간한《민주주의의 위기The Crisis of Democracy》는 엘리트 집단들의 위기의식을 담은 총체적인 보고서다. 삼각위원회에서 개최한 강연을 수록한 것으로 프랑스 사회학자 미셸 크로지에Michel Crozier, 미국의 새뮤얼 헌팅턴, 일본의 사회학자 조지 와타누키(Joji Watanuki, 동경 상지대학)의 강연이 담겨 있다. 강연자들은 "삼각위원회에 참여한 국가들의 국민이 1960년대에 들면서 공공의 장에 진입하려 했기 때문에 '민주주의의 위기'가 닥쳤다"고 보았으며, "당시 상황을 '과도한 민주주의'라고 진단하면서, 이런 위기를 극복하려면

'절제된 민주주의'의 교육이 필요하다"고 주장했다. 그들의 논리대로라면 대중이 "온순하고 무관심한 대중"으로 돌아간 때에야 진정한 민주주의가 회복될 수 있는 것이다.[23]

삼각위원회 회원들은 1977년 출범한 카터 정부의 주축을 이루게된다. 카터도 회원이었다. 록펠러를 도와 삼각위원회 창설에 중요한역할을 했던 브레진스키가 당시 조지아 주지사였던 카터를 삼각위원회 회원으로 추천했고, 카터는 데이비드 록펠러의 지원을 받아 결국대통령에까지 오른다. 그 공로로 브레진스키는 카터 대통령의 국가안보보좌관이 되고, 미 대외정책에 막강한 영향력을 행사한다. 당시 삼각위원회 미국 측 회원 65명 중 25명이 카터 정부 때 요직을 장악한다. 촘스키 교수는 〈카터 정부: 신화와 실제〉라는 글에서 한 민간기구가 이처럼 두드러지게 영향력을 행사한 것은 매우 드문 현상이라며놀라워한다. 또한 북미, 서유럽, 일본 즉 3자 협력 체제는 미국이, 세계가 '대영역'의 범위를 넘어 이제는 "진정한 공동 관리"를 요구하고있다는 걸 자각했음을 반영한다고 지적한다.

> 삼각동맹은 상호 간의 내부 관계를 세워 나가야 하며, 이제 대영역 Grand Area 계획의 범위를 넘어선다고 인정되는 소련연방과 3세계모두와 정면으로 맞서야만 한다. 이러한 집중관리체제에서 미국은계속 결정적인 역할을 수행할 것이다. 헨리 키신저가 설명한 대로다른 세력들은 오직 "지역의 이해관계"를 가지는 반면 미국은 반드시 "지역 사업 각각을 관리하기보다는 질서 체제framework of order전반에 관심"을 가져야 한다.[24]

삼각위원회를 구상한 즈비그뉴 브레진스키(왼쪽)와 삼각위원회 회원이었던 지미 카터 대통령(오른쪽).

결국 삼각위원회는 CFR에서 구상한 대영역 프로젝트를 변화된 현실에 맞춰 재적용하는 것일 뿐 둘의 본래 목적과 성격은 같다고 할 수 있을 것이다. 따라서 삼각위원회가 CFR의 영향력을 약화시킨 것은 결코 아니다. "카터 정부에서 주요 요직을 차지한 삼각위원회 회원 중 84퍼센트는 동시에 CFR 회원이기도 했다"[25]는 분석이 이를 반증한다.

카터는 북핵 문제를 평화적으로 해결하려고 북한을 방문하는 등 한국과는 인연이 깊다. 그러나 '인권과 평화의 상징'으로 칭송받는 그가 실은 1980년 5·18민중항쟁의 진압을 승인한 당사자이다. 1980년 5월 22일, 광주 시민들이 계엄군을 도청에서 몰아낸 바로 그 다음 날, 백악관에서는 한국 문제를 논의하기 위한 중요한 회의가 열렸다. 당시 회의에 참석한 이들은 국무장관 에드먼드 머스키, 국무부 차관 워런 크리스토퍼, 동아시아태평양 차관보 리처드 홀브룩, 국가안보보좌관 즈비그뉴 브레진스키, CIA 국장 스탠스필드 터너, 국방장관 해롤드 브라운, 전 CIA 한국지부장 도널드 그레그였다. 이들은 "가장 시급한 사항은 광주의 질서를 회복하는 것"이라는 데 합의했고, 한미연합사 작전통제권에 있던 20사단의 광주 투입 요청을 승인했다. 또한 6월에 존 무어 수출입은행 총재를 한국에 보내 미국식 원자력발전소 건설을 위한 계약 체결과 서울 지하철을 확장하는 문제를 처리하도록 하는 내용도 결정했다.[26] 당시 미 지배엘리트들의 관심은 자국의 경제적 이익을 최대한 끌어내기 위해 한국을 신자유주의 시장경제체제로 전환하는 것이었다. 국가 폭력에 분연히 일어선 광주 시민들의 정당한 투쟁과 민주주의를 향한 열망 따위는 고려의 대상이 아니었던 것이다.

광주를 피로 진압한 후, 5월 31일 CNN과 한 인터뷰에서 카터는 "때로는 안보가 인권보다 우위에 서야 한다"[27]고 뻔뻔하게 강조하기도 했다. 항쟁 진압 1주일 뒤, 카터는 존 무어 수출입은행 총재를 서울로 보내 전두환에 대한 지속적인 지원을 약속했다. 그해 12월, 미국식 원자력 발전소를 세우는 데 필요한 6억 달러 차관을 승인해 주기도 했다.

그러나 카터가 취임 초부터 유난히 '인권 후진국'의 인권을 강조한 것은 분명한 사실이다. 특히 그는 그동안 묵인되었던 이란 팔레비 국왕(재위 1941~79)의 인권 탄압에 강한 우려를 표명하면서 개선을 요구했다. 카터의 이런 태도는 당시 미 지배엘리트들의 심기를 거슬렀고, 그에게서 등을 돌릴 결정적인 빌미가 되었다. 심지어 그를 밀어 주었던 데이비드 록펠러조차 언짢아했다고 한다. 카터가 재선에서 실패한 이유가 짐작되는 대목이다.

팔레비 국왕과 미 지배엘리트들의 핑크빛 밀월관계는 꽤 오래되었다. 1953년 CIA가 이란의 석유 국유화를 막기 위해 꾸민 이란쿠데타

이란쿠데타와 작전명 TP-에이잭스

1951년 이란 국회가 석유
의 국영화를 결정하자 영국
과 미국은 팔레비 국왕을
움직였다. 석유 국영화에
앞장서고 있는 모사데그 총
리를 몰아낼 비밀작전을 계
획한 것이다. TP-에이잭스
(Ajax, 그리스신화에 등장하는
트로이 전쟁 영웅)라 명명된

팔레비(왼쪽)와 카터(오른쪽).

이 작전에 앨런 덜레스 CIA 국장은 100만 달러 지출을 승인했고, 하버드
출신으로 시어도어 루스벨트 대통령 손자인 커미트 루스벨트 주니어
Kermit Roosevelt Jr.가 작전을 수행했다. 당시 《뉴욕타임스》는 "자원이 풍부
한 후진국들은 광포한 민족주의에는 반드시 비싼 대가가 따른다는 객관
적인 교훈을 얻었을 것이다"[28]며 쿠데타를 치켜세웠다.

　팔레비 국왕은 이후 서구화-친서방 정책인 백색혁명을 단행했고, 비밀
경찰과 정보기관을 통해 이슬람 원리주의자들과 팔레비 왕조를 비판하는
사람들을 폭력으로 다스렸다. 결국 1979년 이란혁명이 일어나 해외로 도
피한다. 이후 이슬람 종교 지도자인 호메이니가 집권했다. 중동 지역에
이슬람 원리주의 물결이 확산될 것을 우려한 미국과 서방은 이란과 대립
하던 이라크의 사담 후세인을 지원하기 시작했고, 1980년 9월 후세인이
이란을 공격하면서 이란-이라크 전쟁(1980~88)이 발발해, 100만 명이
넘는 희생자가 발생했다.

이래 이어져 왔다. 하버드는 1968년 팔레비 국왕을 졸업식에 초청해 명예학위를 주기까지 했다. 70년대 말, 팔레비의 인권 탄압과 학살이 극에 달했을 때도 미국은 샤에 대한 지지를 멈추지 않았다.

팔레비 독재 왕정의 친미 노선과 미국의 노골적인 지원은 이란 사회에 반미 감정을 확산시켰고, 이는 1979년 이란혁명 이후 일어난 이란 미 대사관 인질 사건[29]으로 터진다. 인질 구출에 실패하면서 카터 정부는 재집권에 실패하고, 레이건 정부가 들어선다. 당시 레이건 선거캠프에서 일한 바바라 호네거Barbara Honegger는 자신의 책《10월의 기습October Surprise》에서 레이건-부시 캠페인팀이 1980년 대선에서 승리하려고 이란과 선거 이후까지 인질 석방을 늦추는 비밀거래를 했고, 그 대가로 미국은 이란에 무기를 제공했다고 폭로한 바 있다.

레이건 정부의 주축 '현재의 위험위원회'

미 대외정책에 큰 영향을 끼쳐 온 또 다른 민간외교압력단체로 '현재의 위험위원회The Committee on the Present Danger, CPD'가 있다. CPD는 3차에 걸쳐 결성됐고, 아이젠하워·레이건·조지 W. 부시 세 정권에서 특히 강력한 영향력을 행사했다. 1차는 1950년에 조직되었는데, 소련과 중국 등 공산권에 맞서 국방 예산을 대규모로 편성해야 한다고 주장하는 정부 관리들과 기업인들, 학계 인사들이 주로 참여했다. 냉전의 마스터플랜이라는 백악관 안보회의 전략문서 'NSC-68'을 기초한 폴 니츠(Paul Nitze, 1928년 하버드 졸업)와 당시 하버드 총장이던 제임스 코넌트가 대표적인 인물이다.

2차 CPD는 1976년에 조직됐다. 지미 카터가 대통령으로 당선된 뒤, 매파 민주당원과 공화당 민족주의 그룹의 결합으로 이뤄졌다. 존슨 행정부에서 국무부 차관을 지낸 유진 로스토우 Eugene Rostow 예일대 교수와 폴 니츠, 하버드 역사학자 리처드 파입스Richard Pipes 등이 주도했고, 도널드 럼스펠드 전 국방장관과 새뮤얼 헌팅턴 교수 등

CPD를 주도한 폴 니츠.

도 함께했다. 이들은 카터 재임 기간에 각종 논문 등을 통해 소련에 대한 강경책을 주장하며 데탕트에 반대하는 로비를 치열하게 벌였다.

삼각위원회가 카터 정부를 장악했다면 CPD는 레이건 정부의 주축

백악관 안보회의 전략문서 NSC-68

1949~50년 사이에 작성된 전략문서. 당시 국무부 정책실장이었던 폴 니츠가 초안을 작성한 것으로 알려져 있다. 니츠는 이 문서에서 "소련은 서구 문명을 파괴하는 악의 세력"이라 단정하고 대소련 강경론과 군비 증강을 주장했다. 처음에 트루먼 대통령과 고위관료들은 이 보고서에 냉담했다. 불필요하게 군비를 늘리고 냉전을 확대한다는 이유에서였다. 그러나 1950년 한국전쟁이 터지면서 다시 보고서를 꺼내 들었고, 냉전 시기를 거치면서 미 대외정책의 기조로 삼았다.

이 되었다. 특히 CPD 회원 상당수가 외교, 안보 분야 고위직에 임명되었다. "레이건 정부 초기 정책자문을 비롯해 행정부 고위·중간관료 임명자 90명을 조사한 결과 레이건을 포함한 32명이 CPD 소속이었다. 31명은 CFR, 삼각위원회 소속은 12명뿐이었다"[30]고 한다.

CPD는 대규모 전투부대를 강화하고, 공산주의를 근절하기 위해 미국이 세계 곳곳에서 더 많이 간섭해야 한다고 주장했으며, 소련의 위협을 과장하기도 했다. 카터 정부 시절부터 미국이 핵우위를 점해야 한다고 주장했던 리처드 파입스는 레이건 정부 때 대소련 정책을 담당하는 안보보좌관이 되었다. 그는 레이건이 공산주의에 지나치게 온건하다며, 레이건에게 러시아 국민들의 약탈적 성향에 대해 재교육할 필요가 있다고 주장할 만큼 극단적인 대소 강경론자였다.

리처드 파입스는 1980년대 말 고르바초프가 소련을 실제로 변화시키고 있다는 사실을 부정하는 글을 썼다. 그는 소련이 서구를 속여 서구를 약화시키고, 자신이 바른 길이라 믿었던 군사비에 막대한 돈을 지출하는 것을 중지시키려고 계략을 꾸미는 것이라고 주장했다. 소련의 공산주의자들은 항상 우리를 속이려는 계략을 꾸미고 있음을 깨달아야 한다는 것이 여러 해 동안 레이건 정책자문을 지낸, 하버드의 저명한 역사학자의 논지였다.[31]

2004년 출범한 3차 CPD는 9·11테러 이후 이슬람 테러리즘을 겨냥해 민주, 공화 양당의 강경파들로 구성됐다. 전 CIA 국장인 제임스 울시가 위원장을, 2000년 대선 당시 앨 고어의 러닝메이트 조지프 리버만 상원의원과 공화당의 존 킬 상원의원이 명예위원장을 맡았다.

기자회견을 통해 밝힌 3차 CPD의 목적은 '민주주의와 자유에 반대하는 극단적 이슬람주의자들이 자행하는 글로벌 테러리즘에 맞서 승리하기 위한 정책을 추진하려는 것'이다. 특히 울시 전 CIA 국장은 극단적 이슬람과 벌이는 전쟁을 '4차대전'이라고 표현했다고 한다. 1, 2대전에 이어 소련과 대치한 냉전 시기인 '3차대전'에서도 승리한 미국이 이제 이슬람과 4차대전을 치른다는 것이다. 3차 CPD는 네오콘의 싱크탱크인 미국기업연구소American Enterprise Institute, AEI의 연구원들을 비롯해 헤리티지 재단The Heritage Foundation, 후버 연구소Hoover Institution, 맨해튼 연구소Manhattan Institute, 프리덤 하우스Freedom House 등 미국을 움직이는 신보수주의자들이 주도적으로 이끌어 가고 있다.[32]

제국의 합의 기구

민간외교압력단체들의 역할은 무엇일까. 존 트럼보우 박사는 미 지배 엘리트들 사이에서 이데올로기적 합의를 이끌어 내고, 신규 엘리트를 양성하며, 각 기구가 서로 결합할 수 있도록 하는 등 세 가지 주요 역할을 한다고 분석한다.[33]

먼저 이데올로기적 합의라는 측면은 헨리 키신저가 남긴 "우리에게는 확립된 체제가 필요하다. 사회가 이를 필요로 한다. 대통령이 바뀔 때마다 국가정책에 대한 끊임없는 비난에 시달리면서, 결국 기조를 바꾸는 지경에 처할 수는 없는 일이기 때문이다"[34]는 명언(?)에서 미루어 짐작할 수 있다. 결국 대통령이 바뀔 때마다 외교정책의 기조가 달라지는 상황을 방지하기 위해 미국의 이익을 대변할 소수 압력

집단의 형성이 불가피하다는 것이다. 그럼 이들은 누구의 이익을 대변하는 것일까. 이들 대부분이 고위관료, 월가의 기업인 그리고 대학교수들이라는 점과, 외교압력단체에 실질적으로 자금을 지원하는 것이 누구인지를 헤아려 보면 굳이 더 설명할 필요가 없을 것이다.

미 대외정책 생산에 기여할 신규 엘리트 양성은 이들 단체들의 존립 근거이기도 하다. 정책입안자들이 이들 단체에서 신규 인력을 채용할 것이기 때문이다. 결과적으로 이들 단체의 멤버십은 일종의 보험증서처럼 이편과 저편을 가르는 중요한 기준선으로 작용해 왔다. 가령 당신이 CFR 회원이라면 젠틀맨 그룹으로 불려 갈 가능성이 그만큼 높아진다는 의미다. 언제든 사람이 필요할 때면 CFR 회원 명단을 살펴본다던 존 맥클로이의 발언은 20세기 현대 정치사를 통해 이미 검증되었다.

마지막으로 이들 외교압력단체가 정부의 장기적인 대외정책 수립에 관여해 왔음을 주목해야 할 것이다. 반면 각 대학의 지역학연구소나 국제관계 연구소들은 이런 장기적인 대외정책 수립에 필요한 구체적인 자료나 정보를 제공하며, 특정 어젠다나 단기적 과제에 집중하기도 한다. 따라서 이들 외교압력단체들은 목적이 서로 다른 수많은 엘리트 기구를 공통의 어젠다로 묶어 내는 조정 기구의 역할을 수행한다고 볼 수 있다. 로마의 지배엘리트들이 하나로 뭉쳐 거대한 제국을 이뤘듯, 미국 지배엘리트들 또한 더 강력한 미국을 위해서는 자신들의 의견을 하나로 모아야 한다는 점을 명확하게 인식하고 있었던 것이 아닐까. 이 때문에 이들 민간외교단체는 제국을 지탱하는 데 필요한 일종의 합의 기구 역할을 수행한다고 볼 수 있다.

흥미로운 사실은 이들 단체 인사들은, 하버드를 비롯한 주요 엘리트 대학 출신이면서 단체의 자금줄인 정보기관, 대기업 등과도 관련을 맺고 있는 사람들이라는 것이다. 가령 CFR 회원인 맥조지 번디는 하버드 학장을 지내면서 하버드 국제문제연구소 설립에 깊이 관여했고, 케네디 대통령의 국가안보보좌관을 거쳐 지역연구의 자금줄이었던 포드 재단의 총재도 지냈다. 번디는 하버드와 정부, 대기업의 얽히고설킨 관계를 단적으로 보여 준 대표적인 인물이다.

이들 외교압력단체는 민간단체인데도, 정부와 긴밀한 관계를 맺으며 미 외교정책 수립에 무시할 수 없는 힘을 발휘해 왔다. CFR, 삼각위원회, CPD. 이 단체들은 이름과 목적, 출범 시기는 각각 다르지만, 하버드로 상징되는 미 지배엘리트들의 민간외교압력단체라는 점에서는 동일하다.

주

1 Colin Campbell, "The Harvard Factor", 《뉴욕타임스》 1986년 7월 20일.

2 쑹훙빙 지음, 《화폐 전쟁》, 차혜정 옮김, (랜덤하우스코리아, 2008), p. 223 재인용.

3 하버드 정치학자. 카터 정부에서 국가안보보좌관(1977~81)을 지냈다. 1980년 5월 22일 미 백악관 회의에서 5·18민중항쟁 진압을 결정한 미 안보엘리트 7명 중 하나다.

4 1977년 소말리아가 에티오피아의 오가덴Ogaden 지역을 장악하고자 일으킨 전쟁. 전쟁 전까지 소말리아를 지원했던 소련은 에티오피아를, 에티오피아를 지원했던 미국은 소말리아를 물밑 지원하는 아이러니한 상황이 벌어졌다. 브레진스키는 이 전쟁이 중동 지역에서 미국의 입지를 위협한다며 강력한 조치를 주장했다.

5 쑹훙빙 지음, 《화폐 전쟁》, 차혜정 옮김, (랜덤하우스코리아, 2008), p. 228 참조.

6 *How Harvard Rules*, p. 13.

7 John Trumpbour, *How Harvard Rules*, (MA: South End Press, 1989), p. 57.

8 존 트럼보우 인터뷰에서.

9 John Trumpbour, *How Harvard Rules*, (MA: South End Press, 1989), p. 57 재인용.

10 위의 책, p. 58 참조.

11 이승철, "(여적) 박근혜와 '포린 어페어스'", 《경향닷컴》 2011년 8월 24일.

12 John Trumpbour, *How Harvard Rules*, (MA: South End Press, 1989), p. 58 재인용.

13 존 트럼보우 인터뷰에서.

14 마이클 파렌티 지음, 《카이사르의 죽음》, 이종인 옮김, (무우수, 2004), pp. 25~26 재인용.

15 노엄 촘스키·미셸 푸코, 《촘스키와 푸코, 인간의 본성을 말하다》, 이종인 옮김, (시대의 창, 2010), p. 104.

16 John Trumpbour, *How Harvard Rules*, (MA: South End Press, 1989), pp. 65~66.

17 CFR 홈페이지(http://www.cfr.org) 참조.

18 노엄 촘스키, "Dominance and Its Dilemmas", 《보스턴 리뷰》.

19 Noam Chomsky interviewed by Barsamian, "Telling the Truth about Imperialism", 《International Socialist Review》 2003년 11·12월호 참조.

20 John Trumpbour, *How Harvard Rules*, (MA: South End Press, 1989), p. 59.

21 1944년 미국 뉴햄프서 주 브레튼우즈에 연합국 45개국 대표가 모여 출범시킨 새로운 국 제통화체제. 미국 달러를 기축통화로 하는 금환본위제도 실시와, 국제통화기금IMF과 국 제부흥개발은행IBRD 창설 등이 골자다.

22 삼각위원회 홈페이지(http://www.trilateral.org) 참조(2011년 8월).

23 드니 로베르·베로니카 자라쇼비치 인터뷰, 《촘스키, 누가 무엇으로 세상을 지배하는 가》, 강주헌 옮김, (시대의창, 2002), P. 152.

24 노엄 촘스키, "The Carter Administration: Myth and Reality", www.chomsky.info

25 John Trumpbour, *How Harvard Rules*, (MA: South End Press, 1989), p. 60.

26 조지 카치아피카스, "U. S. Involvement in the Gwangju Uprising", www.eroseffect. com

27 위의 자료.

28 Noam Chomsky interviewed by Barsamian, "Telling the Truth about Imperialism", 《International Socialist Review》 2003년 11·12월호 참조.

29 1979년 11월부터 1981년 1월까지 미국인 50여 명이 이란 주재 미국 대사관에서 인질로 억류됐던 사건. 카터 정부가, 신병 치료를 핑계로 망명한 팔레비 국왕의 미국 입국을 허 락하자 이란 측 강경파들이 크게 분노했고, 팔레비 신병 인도를 요구하던 학생 시위대가

미 대사관에 난입하면서 인질 사태가 벌어졌다.

30 John Trumpbour, *How Harvard Rules*, (MA: South End Press, 1989), pp. 60~61.

31 존 트럼보우 인터뷰에서.

32 이장훈, "'현재의 위험위원회' 부활, 이슬람 테러리즘 겨냥", 《UPKOREA.net》 2004년 7월 29일 참조.

33 John Trumpbour, *How Harvard Rules*, (MA: South End Press, 1989), p. 64.

34 위의 책, p. 65.

6장
최초의 점거 농성

HARVARD

"기계의 동작이 너무나 혐오스러워서,
여러분의 마음을 더럽고 역겹게 만들어서,
도저히 기계를 작동시킬 수 없습니다.
소극적으로도 작동시킬 수 없습니다.
여러분은 여러분 몸을 기어와 바퀴 위에,
혹은 레버 위에 이 모든 장치 위에 내던져서
기계들을 멈춰야 합니다.
그것들을 작동시키고, 소유한 사람들에게 알려야 합니다.
여러분이 자유로워지기 전까지,
그 기계들은 절대 작동되지 않으리라는 것을!"
ㅡ마리오 사비오, 버클리 자유발언운동 리더[1]

2차대전 이후 굳어진 냉전 구도가 미국 고등교육에 미친 여파는 크게 두 가지로 정리할 수 있다. 첫째는 미소의 가열한 군비 경쟁이 미 대학들의 질적, 양적 팽창을 불러온 것이고, 둘째는 대학이 연방정부의 적극적인 후원을 받아 연구함으로써 정부에 순응하는 파트너십이 형성되었다는 점이다. 이러한 변화는 공산주의를 이기려면 어쩔 수 없는 선택으로 받아들여졌고, 그 결과 대학은 이데올로기 전쟁의 최전선에 서게 되었다.

정부 관료들뿐만 아니라 교육현장의 지식인들도 대학이 국가안보의 버팀목이 되어야 한다고 굳게 믿었다. 일례로 캘리포니아 대학 총장 클라크 커Clark Kerr는 1963년에 펴낸 자신의 책 《대학의 용도The Uses of the University》에서 대학의 역할을 다음과 같이 규정했다.

대학은 이제 국가의 목표를 위한 가장 중요한 도구가 되었다. (…) 지식인들 또한 국가의 목표를 위한 도구, 즉 '군산복합체'의 한 구성 분자가 되었다. 이데올로기 전쟁에서 우리는 군산복합체에 상

당 부분 의존할 수밖에 없다. 그러므로 더 좋고, 더 빠른 것을 사용
할 수 있게 되기만 한다면 지식을 생산해야 한다.[2]

클라크는 국가의 목표에 부합하는 지식노동자 양성을 대학의 당면
한 과제로 보았다. 이를 효과적으로 수행하려면 종합대합university보다
확장된 규모의 초대형 대학 '멀티버시티multiversity'가 필요하다고 역설
하기도 했다. 대학과 지식인을 하나의 생산수단으로 바라보았던 당시
미 지배엘리트들의 천박한 사고방식이 고스란히 묻어난다.

하버드 출신들 또한 정부, 교육계의 요직을 꿰차고 앉아 이러한 분
위기를 조장하고 확산시켰다. 이런 흐름은 1950년대 매카시즘의 광
풍이 불러온 히스테리컬한 사회 분위기와 맞물리면서 거부할 수 없는
현실이 되었다. 이로 인해 대학생들은 수많은 규제와 억압을 강요당
해야 했다. 그러나 대공황과 두 번의 전쟁을 거치면서 생존을 위해 몸
부림쳤던 부모 세대와 달리, 경제적 풍요를 누리며 자유롭게 성장한
청년층들은 반발했다. 학생들은 평등, 빈곤, 전쟁 등 다양한 사회현상
에 관심을 갖기 시작했고, 적극적으로 사회를 변화시키고자 했다. 이
러한 출렁임은 1950년대부터 가열된 민권운동과 1960년대 중반부터
확산된 베트남전쟁 반대운동과 맞닿으면서 기존의 사회 질서를 송두
리째 뒤흔들어 놓았다.

"나에게는 꿈이 있습니다"

2008년 11월 4일, 미국 주요 언론은 일제히 건국 이래 최초의 아프리

카계 미국인 대통령의 탄생을 알렸다. 오바마의 당선은 수백 년간 고난과 차별을 받아 온 아프리카계 미국인들의 삶에 방점을 찍는 역사적 순간이었다.

노예제도가 폐지된 이후에도 아프리카계 미국인들은 여전히 열등한 인종으로 취급받았다. 이들은 각종 분리정책으로 이중삼중 차별을 받으며 살아 왔다. 이들의 사회적 지위에 결정적인 변화가 생긴 건 2차대전 때다. 100만에 가까운 아프리카계 미국인이 전장에 나갔다. 전장에서 이들은 적의 총탄뿐만 아니라 군대에 만연했던 인종차별주의 정책과도 맞서 싸워야 했다. 종전 이후 이들의 사회적 위상이 달라지기 시작한 것도 이 때문이다. 더욱이 전시경제가 호황을 타면서 아프리카계 미국인들을 고용하는 곳이 늘어 수입도 증가했다. 1940년에서 60년까지 평균 수입이 2배 이상 늘었을 정도다. 경제 수준이 향상되자 평등한 삶에 대한 욕구가 더 높아졌다. 특히 북부를 중심으로 아프리카계 미국인들의 참정권이 확대되면서 흑백문제는 점차 중요한 정치적 이슈가 되었다. 1909년 창설된 전미유색인지위향상협회 National Association for the Advancement of Colored People, NAACP와 1942년 조직된 인종평등회의Congress of Racial Equality, CORE는 아프리카계 미국인들의 민권운동을 이끄는 중요한 구심점이 되었다.

1950년대 들어 미국 민권운동사에 큰 획을 그은 굵직굵직한 사건이 줄줄이 터졌다. 첫 출발은 다름 아닌 교육 분야에서 일어났다. 1954년 미국 연방최고재판소가 공립학교에서 인종분리는 위헌이라는 결정을 내린 것이다. '브라운 판결'[3]로 알려진 이 역사적인 판결은 인종은 분리하되 평등한 교육을 가르친다는 1896년의 판결을 뒤집은 것으로, 비록 공교육 부문에 한정된 개혁이었지만 인종차별 철폐에

몽고메리 승차거부운동에 불을 붙인 로자 파크스. 그 옆은 마틴 루터 킹 목사.

한 획을 그은 사건이었다.

1955년에는 버스에서 백인에게 자리 양보를 거부한 로자 파크스가 체포되면서 역사적인 몽고메리 버스 승차거부운동이 일어났다. 이 사건으로 마틴 루터 킹을 의장으로 하는 몽고메리개선협회가 구성되었다. 로자 파크스를 비롯한 사람들은 시의 강경한 탄압에 맞서 381간의 투쟁 끝에 승리를 거둔다. 이 승리는 두 가지 면에서 의의가 크다. 아프리카계 미국인들이 남부 지역에서 조직적인 시위를 벌여 목적을 달성했다는 점과 이 투쟁으로 민권운동의 구심점이 된 킹 목사를 세상에 알렸다는 점이다.

1961년 인종평등회의 제임스 파머의 제안으로 남부 전역을 대상으로 인종차별 실태를 파악하기 위한 자유여행단이 조직되었다. 그러나 1차는 앨라배마에서 일어난 백인들의 폭력으로 해체된다. 이후 학생비폭력조정위원회Student Nonviolent Coordinating Committee, SNCC가 주도해 새로운 자유여행단이 결성된다. 갖은 제약과 한계에도 이들의 활동은 아프리카계 미국인들의 권리 투쟁에 새로운 활기를 불어넣었다.

미국 민권운동사에 한 획을 그은 역사적 사건은 1963년 워싱턴에서 열린 평화대행진이었다. 인간다운 대접과 공평한 기회를 기다리다 지친 아프리카계 미국인들이 1963년 8월 28일, 워싱턴 D. C.의 링컨 기념관 앞으로 모여들었다. 20만 명이 넘는 기록적인 숫자였다. 이날의 행진은 TV를 통해 처음 전국으로 중계되었고, 미 역사상 가장 성공한 대중집회로 평가된다. 그렇게 된 데에는 미디어의 역할이 결정적이었다. 전 국민이 지켜보는 가운데 마틴 루터 킹 목사가 연단에 섰다. 그리고 그 유명한 〈나에게는 꿈이 있습니다I have a dream〉는 명연설을 남긴다. 그의 메시지는 흑백 갈등을 극복할 수 있는 새로운 가능성을 열어 주었다. 행진을 마친 킹 목사가 백악관에서 케네디 대통령을 만나면서 집회는 절정에 이르렀고, 그 결과 이듬해인 1964년 흑인 차별을 금지하는 민권법Civil Rights Act이 제정된다.

민권운동은 대학으로도 확산된다. 전후에 태어난 대학생들은 인종적 편견이 덜한 사회 분위기에서 성장해 인종차별은 미국적 가치에 반하는 것이라 믿었다. 이 시기 민권운동에 중심을 둔 SNCC(1960)와 백인 학생운동가들이 중심이 된 민주사회를 위한 학생연합Students for a Democratic Society, SDS(1959)이 결성되면서 학생운동의 새로운 구심점이 된다.

불붙은 대학가

1960년대 SDS를 이끌었던 톰 헤이든Tom Hayden은 2010년, 5·18민중항쟁 30주년을 기념하는 국제학술대회에서 당시 자신들에게 영감을 준 것이 다름 아닌 한국의 학생들이었다는 인상적인 말을 남겼다. 언론을 통해 4·19혁명 전개 과정을 지켜보았고, 미국의 비호를 받으면서 무소불위의 권력을 휘두르던 독재자가 학생들의 시위로 물러나는 것에 큰 감동을 받았다는 것이다. 그의 말을 종합하면, 4·19혁명은 한국이라는 한 나라의 사건이었을 뿐만 아니라 60년대 전 세계를 뒤흔든 학생운동의 시작이기도 했다.

60년대 들어 서구 자본주의를 위협하는 대격변의 징후가 곳곳에서 나타났다. 1959년 피델 카스트로가 이끈 쿠바혁명이 성공했고, 62년 8년간의 전투 끝에 알제리가 프랑스에서 독립했다. 또한 2차대전 이후 승승장구하던 서구 자본주의 국가들에서 자본주의 질서가 강요하는 삶의 모순과 억압에 저항하는 사회운동이 분출되었다. 보수주의에 맞서고 전통적 좌파와도 노선을 달리하는 신좌파운동이 유럽과 미국을 휩쓸었고, 이러한 변혁 운동의 중심에 선 것이 바로 학생들이었다.

5·18민중항쟁 30주년 기념 국제학술대회에서 발언하는 톰 헤이든.

학생들의 투쟁은 자연의 정화 능력만큼이나 당연한 귀결점이었다. 대학이 정부와 기업의 철저한 부속물로 변질되어 버린 현실에 학생들은 환멸을 느끼고 있었다. 1962년 6월, 주요 학생운동 조직 대표 59명이 미시간 주 포트 휴런에 모여 자신들의 정치적 전망을 담은 선언문을 작성한다. 며칠간의 논쟁 끝에 미시간 대학 학보 편집장이자 SDS 비상근 간사였던 톰 헤이든이 작성한 선언문이 채택되었다. 이것이 미국 신좌파의 정치적 원칙과 전망을 담은 '포트 휴런 선언'이다. 그리고 SDS는 신좌파 운동의 중심 조직으로 자리 잡는다.

1964년 12월, 버클리 대학에서 일어난 자유발언운동Free Speech Movement, FSM이 미국 학생운동의 신호탄이 되었다. 학생들이 민권운동에 적극 참여하자 버클리 대학본부는 학내외 정치 활동을 금지해 버린다. 학생 수천 명이 규정 철폐를 요구하면서 시위를 벌였고, 급기야 학교 건물을 점거한다. 이 자유발언운동을 이끌었던 마리오 사비오는 "우리는 대학이라는 기업에 종속된 원료가 아니라 인간"이라고 외쳤다. 경찰들의 맹렬한 진압으로 봉기는 실패했지만, 이 운동으로

베트남인으로는 처음 하버드에 입학한 응오빈롱 교수.

많은 학생이 체제에 복무하는 대학의 역할에 문제의식을 공유하게 되었다. 버클리 자유발언운동은 60년대 후반 미국과 유럽 대학들에서 전개되었던 대학 점거 시위에 영감을 주었고, 미국의 학생운동이 더 급진적으로 전개되는 계기가 되었다.

1965년 통킹만 사건[4]을 빌미 삼아 존슨 행정부가 베트남에 대규모의 지상군을 파병하기 시작하자 학생들의 저항은 베트남전 반대운동에 초점이 맞춰졌다. 학생들과 진보적 지식인들은 대학 캠퍼스를 돌며 전쟁의 부당함과 미국의 개입을 알리는 토론회, 즉 티치 인Teach-in을 조직해 나갔다. 당시 베트남인으로는 처음 하버드에 입학해 주목을 받았던 응오빈롱 교수도 티치 인에 동참해 베트남의 절박한 상황을 알리는 데 앞장섰다. 그는 이러한 실천이 결국 베트남전쟁 반대운동을 확산시키는 동력이 되었다고 이야기한다. 65년 SDS가 조직한 워싱턴 시위에는 2만 5000명이나 모여 SDS의 정치적 영향력을 확인시켜 주었다.

1966년 정부가 징병을 확대하면서 반전운동에 더 불이 붙는다. 학생, 청년들은 전장에 나가지 않기 위해서라도 더 치열하게 싸워야 했다. 젊은이들은 징집명부 등록을 거부하기 시작했고, 소집명령에 응하지 않거나 징집거부청원서에 서명했다. 한 자료에 따르면, "50만 명 이상이 징집을 거부했고, 약 20만 명이 기소되었으며, 3000여 명이 징집을 피해 달아났다"[5]고 한다. 징집을 둘러싼 저항과 혼란이 계

베트남전쟁의 진실을 알렸던 티치 인(왼쪽)과 워싱턴 D.C.에서 열린 반전시위(오른쪽).

속되자 1973년 닉슨은 징병제를 폐지하는 특단의 조치를 취한다.

당시 하버드를 비롯한 대학생들은 졸업할 때까지 징집에서 면제되었다. 참전하고 싶지도 않았지만 대학생이라는 이유로 특혜를 받는 것이 옳지 않다는 것을 학생들은 인식하고 있었다. 이 때문에 학생들은 징병 확대에 더욱 거세게 저항했다.

드러나는 진실

1960년대 중반까지 하버드의 SDS는 스무 명 남짓으로 이루어진 소그룹에 불과했다. 그도 그럴 것이 60년대 하버드는 케네디의 대통령 당선과 함께 그들의 시대를 맞았기 때문이다. 수많은 하버드맨이 케네디 정부에서 각종 요직을 차지하면서 하버드맨들의 자부심은 하늘을 찔렀다. 하버드 내부에서는 '우리가 우주의 중심'이라는 인식이 팽배했다. 베트남전쟁 반대운동이 극적으로 확산되는 60년대 후반에 이르기까지 학생운동에 참여하는 학생들의 숫자는 미미했고, 학생들의 정치적 의식 수준 또한 매우 낮았다. 일례로 65년 SDS가 베트남의 실상을 알리며 미 정부와 대통령이 거짓말을 하고 있다는 내용의 소책자를 배포하자 많은 하버드 학생이 "너희들의 주장이 일리는 있을지 모르나 미국의 대통령은 절대 거짓말을 하지 않는다"며 반박했을 정도다.[6]

당시 하버드 입학생들은 대를 이어 하버드 졸업장을 받아 온 엘리트 집안 후손이거나 엘리트 대열에 합류하려고 필사적으로 노력해 하버드의 문턱을 넘은 노력파이거나 둘 중 하나였다. 하버드는 이들에게 미국이 이끄는 자유민주주의, 시장경제체제야말로 인류 문명이 도달하도록 예정되어 있던 진화의 종착지라고 가르쳤다. 학생들은 미국을 중심으로 한 세계질서체제를 당연한 것으로 받아들였다. 베트남전쟁이 아니었다면 베트남이 어디에 있는지 베트남과 인도차이나반도가 어떻게 다른지도 몰랐을 학생이 대부분이었다. 하지만 민권운동과 베트남전쟁을 계기로 학생들은 기성 체제의 폭력·위선과 맞닥뜨렸고, 과연 어떻게 사는 것이 옳은지 근원적인 질문을 던지게 되었다.

1964년, SNCC는 남부 미시시피에서 아프리카계 미국인의 유권자 등록을 촉구하는 캠페인을 열었다. 당시 남부의 흑인들은 짐 크로 법 Jim Crow Law[7]으로 말미암아 공공연히 차별을 받았으며, 기본권인 투표권마저 제약받고 있었다. 미시시피 주의 경우 흑인 인구가 45퍼센트를 차지했지만 이 중 단 6.7퍼센트만이 유권자로 등록되어 있었다. '자유의 여름'이라 불린 이 캠페인에 하버드와 래드클리프 학생들도 참여했는데, 이들은 하버드가 미시시피의 인종차별정책에 기여하는 에너지회사 '중남부 유틸리티'의 가장 큰 주주라는 사실을 배우고 돌아왔다. 학생들은 법인에, 인종차별에 반대하는 입장을 표명할 것과 중남부 유틸리티의 인종차별적 활동을 중단시킬 것을 요구했다. 아울러 중남부 유틸리티에 투자한 1000만 달러 중 10퍼센트를 거둬들여 시민권 투쟁을 하다 구속된 학생들의 보석금으로 사용할 것도 요구했다. 물론 하버드 법인은 이를 거절했다.[8]

이해 12월, 하버드 SDS는 버클리의 자유발언운동을 지지하는 행진을 벌였다. 1965년에는 베트남전쟁과 하버드가 인종차별정책을 펼치는 남아프리카공화국에 투자하는 것, 인근 주택들을 사들여 임대료를 대폭 인상하는 것 등에 반대하며 행진을 벌이기도 했다. 이러한 일련의 과정을 통해 하버드 학생들은 자신들이 다니는 학교에 대해 많은 질문을 하게 되었다. 자신들에게 무엇을 가르치고, 대학기금을 어디에 투자하며, 정부와 어떤 계약을 맺고 있는가 등을 구체적으로 묻기 시작한 것이다. 그 결과 60년대 초반 스무 명 남짓에 불과하던 SDS 회원이 68년에는 1200여 명으로 늘었다. 이들의 투쟁은 자신들이 우주의 중심이라며 기고만장했던 하버드를 뿌리부터 뒤흔들어 놓았다.

전쟁범죄자 새뮤얼 헌팅턴과 헨리 키신저

베트남전 반대운동 당시 학생운동가들이 중요시했던 것 중 하나가 대학이 전쟁을 위해 연구를 수행한다는 점이었다. 학생들은 대학이 정부와 긴밀하게 지내면서 정부를 위해 연구를 수행하는 것은 중립적이어야 할 교육기관의 본분에 어긋난다고 생각했다. 그런데 정부와 대학의 공조관계는 비단 하버드에서만이 아니라 전국 대부분 대학에서 벌어지는 현상이었다. 전쟁이 장기화되면서 더욱 많은 학자가 베트남전쟁 연구에 동원되었다.

역사학자 응오빈롱 교수는 테네시 대학이 정부와 계약을 맺고 수행했던 베트남의 교육시스템에 대한 연구를 사례로 든다. 연구 목적은 아직까지 미국이 베트남을 물리치지 못하는 원인과 해결책을 찾는 것이었다고 한다. 학자들은 베트남 사람들의 뿌리 깊은 민족주의를 승리 요인으로 보았고, 베트남 사람들은 역사와 문화, 영웅들에 대해 폭넓게 공부하기 때문에 민족주의가 강성한 것이라고 분석했다. 따라서 미국은 베트남 사람들이 역사와 문화보다는 과학기술에 관심을 더 갖게 하고, 깊이 생각하게 하는 에세이를 쓰는 대신 예/아니오로 답할 수 있는 단답형 질문 위주의 교육을 실시해야 한다고 제안했다. 또한 포르노 영화나 잡지 등을 들여보내 젊은이들의 관심을 '아랫도리'로 쏠리게 하면 머리 쓸 기회가 적어져, 결과적으로 공산주의자들을 물리칠 수 있다고 주장했다.[9]

응오빈롱 교수는 당시 수많은 대학에서 이러한 연구가 진행되었고, 대학은 베트남전쟁에서 승리하기 위한 대게릴라전 연구기지로 활용되었다고 지적한다. 많은 학자가 이런 연구에 동참했고, 그 대가로 정부로부터 자문비와 연구비를 두둑하게 받아 챙겼다. 가령, MIT의 저명한 사회과학자이자 국제연구센터 연구감독이었던 이딜 드 솔라 풀 교수는 '열린 무기Chieu Hoi'라는 비밀연구를 감독한 대가로 1만 8000달러를, 또 다른 베트남 관련 연구로 32만 달러를 받아 챙겼다. 또한 풀 교수가 창업에 참여한 주식회사 시뮬매틱Simulmatic은 펜타곤과 CIA로부터 2500만 달러를 받고 남베트남에서 베트콩 포로들과 망명자들을 분석하는 연구를 수행했다. 당시 MIT 학생으로 풀 교수와 논쟁을 하기도 했던 조지 카치아피카스 교수는 풀 교수가 자신의 연구실에 베트콩 포로들의 취조 파일을 가지고 있었고, 이것을 베트콩의 동기를 분석하는 데 이용했다고 증언한다.

하지만 가장 핵심적인 연구를 수행한 곳도, 정책을 생산한 곳도 하버드였다. 하버드 출신의 정치관료들과 학자들이 베트남전쟁의 일등공신이라는 것은 부인할 수 없는 명백한 사실이다. 하버드의 영웅 케네디 대통령을 비롯해 국방장관을 지낸 로버트 맥나마라, 대통령 안보보좌관이었던 맥조지 번디 등은 초기 베트남전쟁을 확전으로 이끈 장본인들이다. 하버드 학자들도 전쟁을 합리화하는 데 자신들이 가진 모든 역량과 재능을 쏟아 부었다. 정치학자 새뮤얼 헌팅턴이 대표적이다. 미 정부의 외교정책에 적잖은 영향을 미쳤던 헌팅턴 교수는 미 국가안보회의 위원을 지내고 CIA와 함께 수많은 연구 프로젝트를 수행한 한마디로 학자라기보다 정치관료에 가까운 인물이었다.《문명의 충돌》로 국내에도 잘 알려진 헌팅턴 교수의 업적은 베트남전쟁을 합리화하기 위해 '강제적 도시화 및 현대화' 프로그램을 입안한 것에서 절정에 이른다.

헌팅턴은 미국이 베트남전쟁에서 고전하는 이유가 남베트남 인구의 절반이 베트콩의 근거지인 시골 지역에 거주하기 때문이라고 진단하고, 이 사람들을 그곳에서 몰아내야 한다고 주장했다. 남베트남 민중들을 강제로 이주시키는 정책은 케네디 정부 시절에도 '전략촌 전

전쟁 연구로 돈벌이를 하는 하버드 학자들을 비꼰 카툰.

략'이라는 이름으로 추진되었으나 이미 실패한 바 있다. 헌팅턴은 여기서 한발 더 나아가 이런 이주 전략이야말로 베트남의 도시화, 현대화를 촉진해 결과적으로 베트남의 민주주의를 돕는 것이라는 황당한 주장을 펼친다. 미국 지식인들이 제3세계에 대한 정치, 경제, 군사적 개입을 '자유민주주의'로 포장해 온 것은 어제오늘 일이 아니다. 오죽하면 촘스키 교수가 지식인들을 가리켜 "정당화의 전문가들"이라고 불렀겠는가. 하지만 "마오이스트의 영감을 받은 시골혁명이 미국의 영감을 받은 도시혁명으로 인해 무너질 것"이라는 헌팅턴 교수의 궤변은 그가 수많은 "정당화의 전문가" 중에서도 절대지존의 권좌에 오를 만한 인물임을 입증한다.

> 미국은 방심한 채로 베트남에서 "민족해방전쟁"에 대한 답을 우연히 발견했다고 봐도 무방하다. 베트남의 민족해방전쟁에 대한 효과적인 반응은 전통적인 군사적 승리도 은밀한 방책 혹은 대게릴라 전투작전도 아니다. 오히려 대안은 이 문제의 나라에서 농촌의 혁명운동이 정권을 장악할 만큼 충분한 세력을 키워 낼 수 있는 국면에서 서둘러 벗어날 수 있도록 강제적인 도시화 및 현대화를 추진하는 것이다.[10]

강제적 도시화 및 현대화 프로그램의 핵심은, 게릴라를 일반인과 뒤섞여 헤엄치는 물고기라 비유할 때 미국은 그 바다를 비워 버림으로써 물고기가 헤엄칠 수 없도록 하겠다는 것이다. 그러나 조상 대대로 살아온 고향을 폭격해 강제로 떠나게 몰아대는 건 범죄적인 발상이다.[11] 하버드에서 수학하며 헌팅턴 교수와 친분이 있었던 응오빈롱 교수는 베트남에 대한 그의 인식이 매우 단순했다고 지적한다. 미국이 베트남에 도시화를 강제하고 식량과 물자를 지원하면, 혁명세력이 순식간에 와해되리라 믿었다는 것이다.

> 헌팅턴은 미국이 전 베트콩에게 혼다 오토바이를 지급하면 베트콩들이 오토바이를 타면서 반혁명세력이 될 것이라고 생각했고, 이를 '혼다혁명'이라 부르기도 했다. 나는 어처구니가 없어 그에게 되물었다. "샘(헌팅턴), 그 사람들이 오타바이를 타면서 혁명운동도 계속할지 모른다는 생각은 안 해 봤어요?"[12]

이것이 바로 세계적인 석학이자 20세기 후반 최고의 정치학자로 평가받는 헌팅턴의 사고방식이다. 미군은 헌팅턴의 논리를 근거로 베트남 마을을 폭격하고 농민들을 고향에서 내쫓았다. B-52 폭격기 한 대가 투하할 수 있는 폭탄 양은 약 2만 5000파운드인데, 반경 반 마일을 초토로 만들 수 있는 양이었다. 폭격기 8대면, 히로시마에 떨어진 핵폭탄에 버금갈 정도의 파괴력을 발휘한다. 베트남전쟁 당시 미군이 항공기로 투하한 폭탄은 약 700만 톤이다. 2차대전 때 사용된 양보다 3배나 많다. 그로 인해 사망한 남베트남 민간인만 약 150만 명으로 집계되고 있다. 이만하면 반전운동을 하던 대학생들이 헌팅턴을 '미친개'라고 비난한 이유를 짐작할 수 있을 것이다. 당시 하버드 SDS 지도자로 반전운동을 이끌었던 마이클 앤새라는 헌팅턴에 대해 이렇게 증언한다.

새뮤얼 헌팅턴의 손에는 실제 베트남에 가서 더러운 임무를 수행한 이들보다 더 많은 피가 묻어 있다. 정책과 프로그램을 고안한 사람들 그리고 이를 합리화한 이들은 그 정책이 불러온 결과로부터 결코 자유로울 수 없다. 이는 다른 지식인들도 마찬가지다. 당신이 어떤 정책을 정당화하는 데 일조했다면 그 결과에 대한 책임을 함께 져야 한다. (…) 케임브리지의 연구소에 앉아 내 손은 깨끗하다고 생각한다면 그것은 착각이다. 하지만 미국의 정치적인 교수들은 교묘한 방법으로 책임을 회피해 왔다.[13]

이쯤에서 헨리 키신저를 말하지 않을 수 없다. 닉슨 정부에서 국가안보보좌관, 국가안보협의회 의장, 국무장관 등을 역임한 키신저의 이름 앞에는 '하버드 출신 중 가장 성공한 정치관료'라는 수식어가 붙는다. 그러나 키신저는 어떤 인물인가. 1950년대 하버드 동료 교수들의 편지를 몰래 뜯어보고, 거기에서 취합한 정보를 FBI에 전달한 사람이다. 정보기관과 돈독한 관계를 유지했던, 파렴치한 냉전형 학자이기도 했다.

키신저는 1968년 말 닉슨의 당선을 돕기 위해 존슨 민주당 정부와 베트남의 파리협상을 방해한다. 당시 민주당 정부는 대통령 선거에서 유리한 고지를 점하기 위해 베트남 정부와 평화회담을 하려고 총력을 기울이고 있었다. 그러나 대선 사흘을 앞두고 남베트남 정부가 협상을 거부하면서 모든 것이 수포로 돌아갔다. 닉슨이 자신이 당선되면 유리한 조건으로 협상하겠다며 남베트남에 공작을 펼쳤던 것이다. 당시 공화당이 남베트남에 보낸 전문에는 "(존슨 정부의 압력에) 버티면 우리가 승리한다"[14]는 구절이 있었다고 한다. 닉슨이 민주당의 협상 전략을 간파한 것은 키신저 덕분이었다. 결국 전쟁은 연장되었고,

새뮤얼 헌팅턴(왼쪽)과 헨리 키신저(오른쪽)는 지식인의 외피를 쓴 대표적인 전쟁범죄자다.

1973년에 68년과 똑같은 내용으로 평화협정이 체결되었다. 전쟁이 연장된 기간 동안 2만 명이 넘는 미군이 죽고, 헤아릴 수 없이 많은 베트남, 캄보디아, 라오스 사람들이 희생당했다.

닉슨의 국가안보보좌관이 된 키신저는 라오스, 캄보디아가 북베트남의 근거지라고 주장하며 중립국에 대량 폭격을 명령했다. 이때 희생된 민간인이 캄보디아는 60만 명, 라오스 35만 명에 이른다. 촘스키 교수는 캄보디아를 폭격할 당시 키신저가 "무엇이든 움직이거나 이동하는 것은 폭격하라"고 지침을 내렸다면서 이것은 확실한 집단학살 명령이라고 비판한다.[15] 언론인 크리스토퍼 히친스Christopher Hitchens는 자신의 책 《키신저 재판》에서 미국이 70년대 초반 세계 각지에서 저지른 전쟁범죄와 대량 학살, 암살, 납치 등에 키신저가 관련되어 있음을 밝히고, 그가 인도차이나에서 저지른 전쟁범죄도 폭로한 바 있다.

극도로 혐오스러운 이들 폭격 '메뉴'의 공격 암호명들은 '아침', '점심', '저녁', '후식'이었다. (…) 폭격은 B-52 폭격기에 의해서 이루어졌다. B-52는 높은 고도에서 날기 때문에 지상의 감시를 피해서 고성능 폭탄을 수없이 운반할 수 있다. 또한 B-52는 접근 경고도 하지 않으며, 높은 고도에서 많은 폭탄을 투하하기 때문에 목표물을 정확하게 겨냥하여 폭격하지 못한다. 1969년 3월 18일과 1970년 5월 사이 캄보디아 국경에서 3630차례의 폭격이 있었고 폭격은 일정한 계획에 따라 시작되었다. 폭격이 민간인에게 미치는 영향을 모두 알고 있었으면서도 키신저는 이것을 은폐했다.[16]

조지 카치아피카스 교수는 "키신저의 정책은 인도차이나 반도에서 수십만 명을 죽음으로 내몰았고, 당시 그의 명령을 수행한 수많은 병사도 전쟁으로 인한 심리적 장애로 고통받으며 황폐한 삶을 살아야 했다"고 말한다. 이어 "키신저는 20세기 최악의 전쟁범죄자 중 한 명이며 20세기 역사가 진실로 쓰이는 날, 헨리 키신저라는 이름은 아돌프 히틀러와 어깨를 나란히 하게 될 것"이라고 단언한다.[17]

1973년 베트남전쟁에 종지부를 찍을 평화협정이 맺어지자 키신저는 그 공로로 노벨평화상까지 받았다. 당시 베트남 측 협상대표로 참여했던 레둑토도 공동 수상자였지만 수상을 거부했다. 70년대 말 정계에서 은퇴한 키신저는 외교 관련 컨설턴트로 활동하며 여전히 미 정계에 막강한 영향력을 미치고 있다.

새뮤얼 헌팅턴과 헨리 키신저는 인간에 대한 애정과 올바른 역사의식을 갖지 않은 자가 지식인의 외피를 뒤집어썼을 때 그 결과가 얼마나 파괴적일 수 있는지를 단적으로 보여 준다. 자신이 가진 얄팍한 지식을 바탕으로 지배계급의 논리를 대변하고자 하는 이들을 과연 진정한 지식인이라고 할 수 있을까. 이들은 자본과 권력의 노예가 되기를 자처하는 '지식기능인'에 지나지 않는다. 촘스키 교수는 자신의 책 《지식인의 책무》에서 "중요한" 문제에 대해서 "적합한 대중"에게 "가능한 범위 내에서" 진실을 찾아내 알리는 것이 지식인에게 주어진 도덕적 과제라고 말한다.[18] 또한 지식인을 평가할 때 질적 속성뿐만 아니라 도덕적 속성까지 보아야 한다고 조언한다.[19]

물론 헌팅턴이나 키신저는 제국에 봉사하며 승승장구했던 수많은 학자 중 두드러진 일부에 불과하다. 문제는 이 학자들이 자신들이 창안하거나 정당화한 정책에 대한 법적, 도의적 책임으로부터 늘 자유로웠다는 것이다. 2008년 헌팅턴이 사망하자 한국의 주요 언론은 호들갑을 떨었고, 하버드의 한 동료 교수는 "샘(헌팅턴)은 하버드를 위대한 대학으로 만든 학자"[20]라며 치켜세웠다. 하지만 베트남을 기억하는 수많은 사람에게 헌팅턴은 하버드를 가장 부끄럽게 만든 학자이기도 했음을 명심해야 할 것이다.

변화의 동력, 반전운동

베트남전쟁은 미 사회 전역에 내전에 가까운 충격을 주었다. 많은 학생이 인종주의와 관료주의, 전쟁, 핵, 성차별과 억압에 반대하면서 투쟁을 벌였다. 특히 68혁명이 일어난 1968년은 미국의 학생운동사는 물론 현대사에서도 매우 중요한 해였다. 수많은 역사적 사건이 줄지어 일어났기 때문이다. 먼저 1월 30일, 북베트남군과 베트남민족해방전선이 고유명절인 음력설에 총공격을 감행했다. 남베트남 주요 도시와 미국 대사관이 일시에 점거당했다. 이 광경이 TV로 방영되면서 미국은 승리하고 있으며 전쟁이 곧 끝나리라 장담했던 존슨 대통령과 미 정부의 공언이 거짓말임이 만천하에 드러났다. 여론이 급격히 반전으로 돌아서고, 이를 감지한 존슨 대통령은 3월 31일 재선 출마 포기를 선언하기에 이른다. 4월 4일, 마틴 루터 킹 목사가 암살되고, 이에 격분한 민중이 전국 100개 이상의 도시에서 들고일어났다.

4월 23일에는 컬럼비아 대학 학생들이 베트남전쟁과 관련된 전쟁 연구와 대학 캠퍼스의 무분별한 확장 중단을 요구하며 점거 농성을 시작했다. 급성장한 대학들이 캠퍼스 확장을 위해 주변 주택가들을 사들이는 바람에 노동자들이 높은 임대료를 감당 못해 내쫓기고 있었기 때문이다. 농성은 1주일 가까이 지속되었다. 그러나 경찰에 진압돼 학생 수백여 명이 연행되었다. 6월 5일에는 케네디 대통령 동생이자 반전운동가들에게 폭넓은 지지를 받던 로버트 케네디가 피격당했다. 킹 목사에 이은 로버트 케네디의 암살은 많은 학생운동가에게 커다란 충격을 안겨 주었다. 학생들은 더욱 격렬히 투쟁했고, 교수들이 국방부나 CIA로부터 연구비를 지원받는 것에 대한 항의 표시로 정보기관과 긴밀한 연구소들을 공격하기 시작했다.

이 와중에도 하버드는 이란 팔레비 국왕에게 명예학위를 주는 시대착오적인 행보를 선보여 빈축을 샀다. 졸업식장에서 퓨지 총장은 "고대의 땅에 사회, 경제적 혁명을 진행시키기 위한 생산수단으로 권력을 부여받은 20세기의 지도자"라며 팔레비 국왕을 치켜세웠다.[21] 이 위대한(?) 독재자는 11년 뒤인 1979년 이란혁명으로 권좌에서 쫓겨나 망명길에 오르게 된다.

1969년, 바야흐로 하버드에서도 혁명의 분위기가 무르익었다. 그렇게 되기까지 일련의 사건들이 있었다. 먼저 66년, 기존의 행정대학

학생들의 공격을 받은 하버드 국제문제연구소.

원을 새롭게 개편해 출범한 케네디스쿨의 초대로 당시 국방장관이었던 로버트 맥나마라가 하버드를 방문했다. 민주사회를 위한 학생연합 SDS 대변인은 맥나마라에게 공개토론을 제안했으나 거절당한다. 맥나마라가 강의하는 동안 밖에서는 시위가 벌어졌고, 강연을 마치고 돌아가려는 그가 탄 차를 학생 수백 명이 에워쌌다. 결국 맥나마라는 학생들에게 몇 가지 질문을 할 수 있도록 허락했고, 하버드 SDS 지부 공동의장 마이클 앤새라가 자동차 후드로 올라가 토론을 이끌었다. 한 학생이 지금까지 베트남에서 사망한 민간인 숫자가 얼마인지 묻자 맥나마라는 모른다고 대답했다. 맥나마라는 평소 자신의 정책에 온갖 숫자와 데이터를 들이대는 정치인이었다. 앤새라가 "당신의 정책 때문에 그 많은 사람이 죽어 가고 있는데, 어떻게 모를 수가 있느냐"고

따져 묻자 청중들 사이에서 거짓말쟁이, 살인자라는 야유가 터져 나왔다. 이성을 잃은 맥나마라는 학생들에게 손가락질을 해 대며 "나도 학창 시절에는 너희 같은 행동을 했다. 하지만 두 가지 커다란 차이가 있는데, 첫째 나는 예의를 지켰다는 것이고, 둘째 너희보다는 더 터프했다는 것이다. 그리고 나는 지금도 너희보다 더 터프하다"며 악을 써 댔다. 긴급히 출동한 경찰의 호위를 받으며 맥나마라는 약 300야드에 이르는 대학 터널을 통해 현장을 빠져 나가며 '터프함'을 증명해 보였다. 학생운동가들은 고무되었지만 하버드 측은 몹시 당황했다. 학장 몬로Monro는 맥나마라에게 공식 사과편지를 썼고, 학생 2000여 명이 그 편지에 서명했다고 한다.[22]

다음으로 학생운동가들은 화학무기 제조업체인 다우 케미컬The Dow Chemical이 하버드의 협조를 받아 학내에서 공공연히 신규 채용 행사를 벌이는 것에 주목했다. 다우 케미컬은 고엽제와 네이팜탄 등 전쟁 무기를 생산하는 곳으로 베트남전쟁에 깊이 관여하고 있었다. 학생들은 공적인 공간이어야 할 대학이 장비와 인력을 동원해서 다우 케미컬 같은 회사를 돕는 것은 옳지 않다고 보았고 이런 생각에 많은 학생이 공감했다.

이후 하버드 학생운동가들은 크게 세 문제에 초점을 맞추었다. 학내에서 공공연히 실시되던 학생군사교육단ROTC을 폐지할 것, 무분별한 캠퍼스 확장을 금지할 것(하버드가 캠퍼스 주변 주택들을 사들여 전세금을 대폭 올리는 바람에 수많은 노동자가 도시 외곽으로 내쫓기고 있었다), 인종을 차별하는 남아프리카공화국에 대한 투자를 철회할 것이었다. 이 중 베트남전쟁과 맞물리면서 가장 중요한 이슈로 떠오른 것이 바로 학군단 문제였다. 학군단은 1차대전 당시 애봇 로렌스 로웰 하버드 총장이 처음 제안한 이후 전국 대학에서 공공연히 실시되어 왔다. 당시 학생 운동가들이 학군단 훈련에 주목한 이유를 마이클 앤새라는 이렇게 설명한다.

> ROTC 훈련은 상징적인 방식으로 대학이 우리는 정부가 하는 일을 지지하며, 장교를 훈련시킴으로써 정부를 도울 것임을 표명하는 것이었다. 따라서 하나의 상징적인 방식으로 우리는 대학이 전쟁에 연루되어 있다고 주장했고, 캠퍼스 안에서 학군단 훈련을 중지할 것을 요구했던 것이다. 대학은 자유로운 사고가 통용되는 중립적 공간이어야 하지 베트남전쟁에서 미군 전투부대를 이끌 장교를 훈련시키기에 적절한 장소가 아니라는 것이 우리의 믿음이었다.[23]

네이팜탄을 개발한 하버드

네이팜탄은 1942년, 미 정부의 지원을 받은 하버드 과학자들이 비밀리에 개발한 것이다. 네이팜탄이 처음 테스트된 곳이 하버드 축구경기장이었다고 한다. 네이팜탄은 광범위한 지역을 짧은 시간에 불태울 정도로 파괴력이 엄청나다. 2차대전 때 유럽에서 쓰이기 시작했다. 45년 3월, 도쿄에도 투하돼 단 몇 시간 만에 8만 명 이상을 죽음으로 내몰았다. 48년 그리스내전을 비롯해 한국전쟁 등 미군이 개입한 전쟁마다 다량으로 쓰였고, 특히 베트남전쟁에서 많이 사용되었다.

ROTC 폐지를 요구하는 포스터.

　베트남전쟁에 대한 부정적 여론이 사회 전반으로 확산되면서 하버드 교수진도 학군단 폐지에 뜻을 모으기 시작했다. 1969년 2월 4일, 교수진은 투표를 거쳐 학군단에 학점을 부여하는 것과 학군단 강사를 교수진으로 임용하는 것 등을 철회하는 안을 통과시켰다. 하버드 법인은 이를 받아들이려 했지만 퓨지 총장이 반발하고 나섰다. 약 한 달 후인 3월 25일, 퓨지 총장은 학생과 교수진으로 구성된 자문위원회에서 ROTC 폐지 문제에 대한 자신의 입장을 명확히 했다. "하버드에 ROTC를 유지하는 것은 중요하다고 생각한다. 대학의 구성원들이 군대에 복무하는 것은 미국을 위해 대단히 중요하다고 믿기 때문이다. (…) 군산복합체를 부정적으로 바라보는 현재의 개념은 현실에 부합하지 않는다."[24]

하버드 SDS 리더로 반전운동을 이끌었던 마이클 앤새라.

퓨지 총장이 이렇게 말한 데는 그럴 만한 배경이 있었다. 퓨지 총장이 재직한 1953년부터 63년 사이에 연방정부의 하버드 연간 연구 지원금이 800만에서 3000만 달러 이상으로 증가했던 것이다. 이는 하버드 운영 예산의 3분의 1에 해당하는 것으로, 연방정부는 대학자금의 가장 큰 원천이었다.[25] 이 때문에 하버드가 그토록 자랑스럽게 여기는 학문의 자유 혹은 독립적인 기관으로서 대학의 위상이 돈에 팔렸다는 개탄이 쏟아졌다. 결국 퓨지는 독선적인 태도와 시대착오적인 발상으로 하버드 최초의 점거 농성이 일어나게 했고, 결과적으로 자신의 퇴장도 재촉하고 말았다.

최초의 점거 농성

1969년 4월 9일, 하버드 학생 수십 명이 대학 행정실이 있는 유니버시티 홀을 기습적으로 점거했다. 전날, 500여 명이 모여 향후 투쟁 방향을 논의했다. 유니버시티 홀을 점거하자는 주장부터 조금 더 기다리며 사태를 주시하자, 동맹휴학을 하자 등 다양한 의견이 나왔는데, ‘일단 유보’로 의견이 모아졌다. 모임을 마친 학생들은 총장 집 앞으로 몰려가 “학군단을 폐지하라”는 구호를 외치며 격렬한 시위를 벌였다. 그런데 다음 날 노동자학생동맹, 진보노동당 등 급진적인 조직에 소속된 학생들이 유니버시티 홀을 점거해 버렸다. 이들은 자신들이 먼저 움직이면 다른 조직도 따라 움직이리라 판단했던 것이다. 하버드 역사상 최초의 점거 농성은 이렇게 시작되었다. 졸업생이었지만 마이클 앤새라는 그 소식을 듣고 현장으로 달려가 점거 농성에 합류했다고 한다.

당시 현장 분위기는 한마디로 흥분과 열광의 도가니였다. 400~500명에 이르는 학생이 유니버시티 홀에 모여들었고, 우리는 그곳에서 끊임없이 토론했다. 대학의 역할은 무엇이며, 이상에 헌신한다는 것은 무엇인가, 도덕적인 삶을 산다는 것은 또 어떤 의미인가 등 수많은 생각이 쏟아져 나왔고 토론은 몇 시간이고 계속되었다.[26]

한편 일부 학생이 “하버드의 심장부라고 할 수 있는 대학 행정실에 들어왔으니 이번 기회에 대학의 파일들을 살펴보자”고 제안했다. 하버드는 대학 행정가들 소유가 아닌 학생들의 대학이니 당연한 주장이었다. 학생들은 이내 서류들을 살펴보기 시작했다. 그 내용은 학생들 자신도 깜짝 놀랄 정도였다. 그동안 하버드가 줄기차게 부정해 온 것이 모두 사실로 드러난 것이다. 학생들이 찾아낸 비밀서류들에 따르면 하버드는 그동안 육군, 해군, 공군은 물론 각종 정보기관으로부터 연구 지원금을 받아 오고 있었다. CIA 비밀 연구기지이기도 했다. 결국 대학이 순수한 학문이 아닌 미 정부의 체제 유지에 필요한 연구를 수행하는 부설 연구소로 전락해 있었다.

이런 비밀문서가 걱정되었던 것일까. 퓨지 총장은 극도로 분개하면서 진압을 서두른다. 점거한 다음 날인 10일 새벽 3시, 보스턴과 케임브리지 경찰들이 하버드로 이동하기 시작했다. 5시가 조금 안 된 시각, 마침내 진압이 시작되었다. 당시 경찰들은 하버드 입학은 꿈도 꿀 수 없는 블루칼라 노동계급이었다. 그들의 수많은 친구와 동료가 베트남에서 죽어 가고 있었다. 이들에게 명문대생으로 온갖 특권을 누리는 하버드 학생들의 투쟁은 엘리트들의 불장난 정도로 여겨졌다. 이 때문에 학생들에게 깊은 적개심을 품은 이도 많았다. 반면 학생들은 어떤 상황에서도 비폭력 원칙을 지키기로 결정하고, 서로 팔짱을 낀 채 인간사슬을 만들어 진압에 의연하게 맞섰다.

경찰들은 광포하게 진압해 나갔다. 학생들을 계단 아래로 내던지고, 질질 끌어내며, 구타했다. 피가 사방으로 튀었고, 곳곳에서 비명 소리가 터져 나왔다. 다음 기록은 당시 상황을 잘 보여 준다.

"진압 작전은 20분 만에 종료되었다. 196명이 체포되어 봉고차와 버스에 실려 기소 여부 수속 절차를 밟기 위해 관할 법원으로 옮겨졌다. 48명이 의료 조치가 필요한 부상을 입었으며, 이 중 두 명은

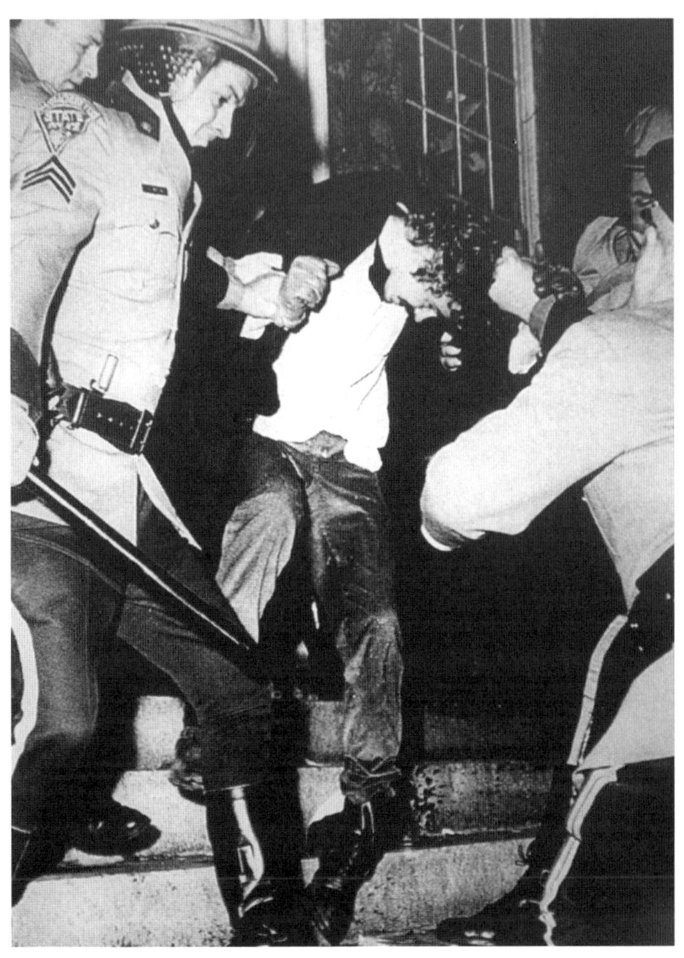
유니버시티 홀에서 끌려 나오는 학생들.

뇌진탕을, 또 다른 한 학생은 두개골이 골절되는 심각한 부상을 입었다. 이날 새벽 초과근무에 대해 케임브리지 경찰은 5007달러를, 보스턴 경찰은 1226달러를 하버드에 요구했다."[27]

진압 명령을 내렸던 퓨지 총장은 자신의 집에서 이 모든 상황을 망원경으로 지켜보았다고 한다. 그러나 이 광경을 지켜본 건 퓨지 총장만이 아니었다. 하버드 야드 중심에 있는 유니버시티 홀은 신입생 기숙사로 둘러싸여 있었다. 기숙사 학생들이 이 모든 상황을 생생히 지켜본 것이다. 불과 하루 전만 해도 학교를 점거하는 행동은 옳지 않다며 손가락질하던 이가 대부분이었지만, 이제 상황은 달라졌다. 학생들은 그제야 학생운동가들이 주장해 온, 전쟁과 폭력을 일삼는 엘리트들의 위선을 보게 된 것이다. 물론 이날의 폭력은 베트남 민중 혹은 바로 1년 전 컬럼비아 대학을 점거한 학생들이 경험한 폭력과 비할 바는 아니었지만 폭력 현장이 하버드였다는 점에서 파장은 컸다.

불과 몇 시간 만에 수많은 학생이 모여들었고, 하버드 최초의 동맹휴학으로 이어졌다. 이제 학생들의 시위는 SDS가 주도하던 이전과는 전혀 다른 방식으로 전개되었다. 각 대학의 기숙사는 물론 모든 학부가 자체적으로 지도부를 결성해 참여하기로 한 것이다. 분노한 학생들의 이런 자발적이고 전면적인 움직임은 이후 하버드에 불어닥칠 엄청난 변화를 예고하고 있었다.

그들의 반격

하버드에서만 동맹휴학이 일어난 것은 아니었다. 전국의 수많은 대학에서 점거 농성과 동맹휴학이 일어났다. 1970년 4월 30일, 닉슨 대통령은 전국적인 TV 방송을 통해 베트콩의 보급로를 차단하기 위해 미군이 캄보디아에 진격할 수밖에 없음을 알렸다. 68년, 닉슨이 선거에서 이길 수 있었던 결정적인 공약이 베트남전쟁을 끝내겠다는 것이었다. 그러나 닉슨은 전쟁을 끝내기는커녕 캄보디아, 라오스로까지 전쟁을 계속 확대하고 있었다. 국민들의 반발심은 하늘을 찔렀고, 반전의 열기는 절정에 이르렀다.

이해 5월 4일, 켄트 주립대학에서 주 방위군이 쏜 총에 대학생 4명이 사망하고, 9명이 부상당하는 초유의 사태가 발생했다. 사망한 학생이 모두 백인이었다는 점에서 충격은 더욱 컸다. 열흘 뒤 잭슨 주립대학에서는 흑인 학생 2명이 고속도로 순찰대의 총에 목숨을 잃었다. 학생들의 분노는 극에 다다랐고 전국적으로 거센 저항이 일어났다. 당시 "모든 종합대학과 단과대학의 80퍼센트 이상이 반정부 시위를 겪었으며, 전국 학생 800만 명 중 절반과 35만 명에 달하는 교직원이 파업에 적극 참여했다."[28]

1969년 이후 학생운동은 더 급진적으로 변했다. 방화, 폭탄 투척 등이 전보다 훨씬 많아졌고, 거리를 봉쇄해 일상에 영향을 끼치려는 새로운 전술들이 시도되었다. 학군단 건물 수십여 곳이 화염에 휩싸였고, 6월에는 웨더 언더그라운드Weather Underground[29]가 뉴욕 경찰본부를 폭파했다. 8월에는 CIA에 체 게바라의 위치를 제공해 준 것으로 알려진 위스콘신 대학의 육군수학연구소가 파괴되었다.

미 사회를 충격과 공포로 몰아넣은 켄트 주립대학 학살.

정부가 총기로 맞대응하면서 저항의 강도는 더욱 거세어졌다. 그러나 그 과정에서 시민들의 피로감 또한 점차 깊어졌다. 당시 MIT 학생으로 반전운동에 적극 참여하다 수감되기도 했던 조지 카치아피카스 교수(웬트워스 공대 인문학부)는 켄트 주립대학 총격 사건의 여파를 이렇게 설명한다.

> 총격 사건은 많은 운동가를 움츠리게 했고, 많은 학생이 학교를 그만두고 시골로 옮겨 가게 했다. 다른 운동가들은 더욱 절박해져서 정부에 강력하게 저항하는 지하운동[30]을 시작했다. 이 모든 것은 대중이 참여할 수 있는 공간이 줄어들었음을 의미했고, 그 결과 반전운동은 베트남전쟁이 수그러들기 시작하면서 점차 사라졌다.[31]

결국 60년대를 휩쓸었던 미국의 신좌파운동은 새로운 정치 대안으로 자리 잡지 못하고 종전과 함께 사라져 버렸다. 애초 이념적으로 너무 느슨한 연합이었던 SDS는 한때 전국 500개 지부, 10만 명 이상의 조직원을 자랑할 만큼 성장했지만, 60년대 후반에 이르러 수많은 파로 갈라지면서 힘을 잃어 갔다. 하지만 반전운동은 미국 중심이었던 세계지배질서에 의문을 제기했고, 많은 학생이 대학의 역할을 돌아보고 개선을 요구하는 계기가 되었음은 분명하다. 그뿐만 아니라 인종차별, 성차별, 핵문제 등을 문제시하여 사회 전 분야에 진보적인 삶의 가치도 뿌리내리게 했다. 이것은 대학에 다양한 학문이 출현하는 원동력이 되었다.

대학도 눈에 띄게 변했다. 캠퍼스에서 학군단이 점차 사라졌고, 입학정책이 유연해졌다. 무엇보다 대학본부는 전처럼 국가안보를 핑계

1971년 워싱턴 D.C.에서 열린 메이데이 집회. 슬로건이 "정부가 전쟁을 중지하지 않으면 우리가 정부를 중지시킬 것이다"였다.

로 정보기관과 비밀연구를 하기가 어려워졌다. 이러한 변화는 엘리트 집단에 엄청난 위기의식을 불러일으켰다. 마침내 이들도 반격을 시작한다. 그것이 바로 앞에서 설명한, 삼각위원회 결성이다.

촘스키 교수는 미 지배엘리트들이 삼각위원회를 통해 민주주의를 억제하고 젊은이들을 교화할 방법을 모색하려 했다고 주장한다. 삼각위원회가 학교를 "젊은이의 교화를 책임지는 기관"이라 정의함으로써 "순종을 강요하고 독립적 사고의 가능성을 저해하기 위한 기관"으로 학교를 전락시켰고, 그 결과 학교는 "통제와 억압 시스템 내에서 운영되는 하나의 제도적 역할"[32]밖에 할 수 없게 되었다는 것이다.

60년대의 사회운동은 엘리트 집단에 엄청난 걱정을 안겨 주었다.

이들은 미국이 지나치게 민주적이라고 생각했고, 이를 극복하기 위한 정책들이 시도되었다. 자유를 통제하기 위한 온갖 방법이 동원되었고 그중 매우 직접적인 방법은 수업료를 올리는 것이었다. 당시를 돌아보면 교육비는 지불 가능한 수준이었지만 오늘날 대학에 진학하면 엄청난 빚에 대한 부담과 함께 졸업한다. 이것은 통제 시스템이다.[33]

체제 유지 수단으로 활용되던 대학이 반전운동의 근거지로 변하자 지배엘리트들은 대학이 제 역할을 하지 않는다며 불평하기 시작했다. 그리고 대학 지원금을 삭감해 돈줄을 조이는, 손쉬운 해결책을 생각

국가 방위 및 민간 기능을 위한 연방정부의 연구개발(R&D) 의무와 예산 권한(1955~2007)

회계연도	총액 (단위: 100만 달러)
1955	2,533
1956	2,988
중략	
1965	14,614
1966	15,320
1967	16,529
1968	15,921
1969	15,641
1970	15,339
1971	15,543
1972	16,496
1973	16,800
1974	17,410
생략	

출처: 국립과학재단 홈페이지. http://www.nsf.gov/statistics/nsf10323/pdf/tab38.pdf

해 냈다. 그 결과 2차대전 이후 매년 기하급수적으로 증가하던 연방정부의 대학 지원금이 1968년을 기점으로 조금씩 감소한다. 253쪽 표가 당시의 변화를 잘 보여 준다. 68년 이후 계속 줄어들었다가 베트남전쟁 평화협상이 재개된 73년에 이르러서야 67년 수준을 회복한다. 이는 반전운동이 연방정부의 대학 지원에 유의미한 영향을 미쳤음을 증명한다. 연방정부의 예산 삭감은 대학을 압박하는 효과적인 수단이었고, 이에 많은 대학이 긴장할 수밖에 없었다. 가령《하버드 크림슨》은 73년 2월, 정부가 재정 지원을 삭감해 결혼한 학생들에게 주택을 지원하는 프로그램을 실행하는 데 차질이 생길 수밖에 없다는 내용을 보도하고 있다.[34] 72년 일어난 하버드 대학원생 노조 결성과 파업은 이러한 대학의 변화 과정에서 일어난 필연적인 사건이었다.

대학원생 노조의 파업

1972년 봄, 하버드 대학원생 조교들은 경악을 금할 수 없었다. 연방정부와 기업이 대학 지원금을 줄였다는 이유로 학교 측에서 자신들의 장학금을 대폭 삭감하기로 결정해 통보해 왔기 때문이다. 더욱이 당사자인 자신들과는 사전에 한마디 협의도 없이 말이다. 학장이 자리를 뜨자 대학원생 150명은 그 자리에서 바로 노조를 결성한다. 불과 2주일 사이에 노조원 수가 1100명으로 늘었다. 노조 결성에 적극적으로 참여했던 마가렛 굴레트(문화비평가)는 당시 상황을 이렇게 설명한다.

　정부와 대기업 재단으로부터 지원금이 줄어들자 하버드는 최저임금을 받는 고용인들의 임금을 삭감하기로 결정했다. 이것이 하버드식 경영 방식이었다. 그들은 대학원생 조교들에게 주는 수업료 면제액을 삭감하기로 결정했다. 삭감액은 1000달러였는데 당시 우리 중 가장 많이 받는 이가 겨우 3200달러를 받고 있었다. 바뀐 정책에 따르면 대학원생 3년차들은 학부 학생들을 가르치면서 수업료를 따로 내야 했다.[35]

노조를 결성한 학생들은 대학 측에 정책 수정을 요구했지만 협상은 진전되지 않았다. 결국 노조는 3월 28일 하루 동맹파업을 결의한다. 파업의 여파는 컸다. 1950년대 이후 하버드가 팽창하면서 학생 수와 과목 수가 급격히 늘어났고, 대학원생들이 그 수업의 상당량을 해결해 주고 있었기 때문이다. 대학원생들의 수업량은 전임교수 340명과 맞먹는 정도였다고 한다. 다시 말해 대학원생 조교들이 없다면 하버드는 전임교수 340명을 제대로 된 월급을 주고 채용해야 했던 것이다.

학부생들도 적극 지지했다. 하버드는 문제 해결을 위해 교수 6명과 대학원생 대표 6명으로 구성된 위원회 조직을 제안한다. 당시 대학원생 대표위원으로 활동했던 마가렛은 위원회를 조직해 문제 원인을 '탐구'하도록 하는 것이야말로 가장 손쉽게 운동을 중단시키는 방법이었다고 지적한다. 학비 전액 면제를 요구하는 대학원생 대표 측에 교수진은 "필요에 따라needed basis" 지원하는 방식을 제안했다. 얼핏 합리적인 것처럼 들리지만, 이 말은 일차적으로 학비는 배우자나 부모가 책임져야 한다는 것을 뜻했다. 대학원생들은 당연히 반발할 수밖에 없었다. 하지만 협상은 1년이 지나도록 별 진전이 없었다. 그 사이 대다수 대학원생은 논문과 졸업 준비로 바빠졌고, 결국 노조는 뚜

피켓을 들고 행진하는 대학원생들.

렷한 성과를 거두지 못한 채 와해되고 말았다. 비록 실패로 끝났지만, 이 일은 하버드의 변화 과정에서 일어났다는 점에서 중요하다.

기업이 돼 버린 대학

대학원생들이 노조를 결성하고 학교 측과 협상을 벌이던 바로 그 시기, 미국 사회에서 매우 중요한 변화가 일어난다. 바로 신자유주의가 도입된 것이다. 1974년 신자유주의 선구자로 불리는 프리드리히 하이에크와 76년 시장자유주의 경제학을 대표하는 밀턴 프리드먼이 노벨경제학상을 받으면서 신자유주의 정책은 날개를 달았다. 대학 역시 기업형 경영으로 경영 방식을 전환하려고 모색하기 시작한다.

미 대학들의 기금 운용 방식과 이의 사회적 영향을 폭넓게 연구해 온 텔러스 연구소Tellus Institute의 조슈아 험프리스Joshua Humphreys 박사는 70년대에 들어서 자본이 관리되는 방식, 특히 교육기관들이 자산을 운용하는 방식에 여러 혁신적인 변화가 일어났다고 지적한다. 많은 대학, 특히 하버드처럼 기금액이 상당한 대학들이 과거 안전한 투자 방식을 버리고 자산을 전문적으로 운용하는 쪽으로 방향을 선회했다는 것이다.[36]

대학이 신자유주의 정책을 끌어안도록 부추긴 것은 다름 아닌 대기업이다. 1969년 포드 재단은 영향력 있는 투자가, 변호사, 학자, 기금담당이사, 자선재단 관계자들을 모아 대학기금을 더 공격적으로 운용하기 위한 연구를 수행했다. 이들은 전국 대학 30여 곳에서 데이터를 수집하고 이를 바탕으로 바커 보고서Barker Report를 발표했다. 월가의 투자가 로버트 바커의 이름을 딴 이 보고서는, 미 대학들이 장학기금을 보수적으로 운용하다 보니 전후 경제부흥기에 절호의 투자 기회를 놓쳤다고 주장하면서 더 공격적인 방식으로 기금을 운용할 것을 종용하고 있었다.

포드 재단은 왜 이런 주장을 펼쳤을까. 험프리스 박사는 1960년대 반전운동이 야기한 대혼란이 그 이유라고 분석한다. 대학이 반전운동의 근거지가 되면서 대기업 자선재단들이 대학을 더는 매력적인 지원 대상으로 보지 않게 되었다는 것이다.

막대한 기금을 보유한 하버드는 다른 대학보다 발 빠르게 움직였다. 1974년 기금을 전문적으로 운용하는 하버드 매니지먼트사Harvard Management Company를 설립한다. 또 이해에 하버드 국제개발연구소

Harvard Institute for International Development, HIID도 설립해 글로벌한 네트워크를 형성하는 데에도 관심을 기울이기 시작한다. 7장에서 자세히 살펴보겠지만, 국제개발연구소는 90년대 소련이 몰락한 이후 러시아의 경제 개혁 과정에서 중요한 역할을 맡는다.

이 시기 하버드에서 분권화가 집중적으로 이루어졌다는 점도 주목할 만하다. 점거 농성 중인 학생들을 강제로 진압하면서 퓨지 총장의 위기관리능력이 도마에 오른다. 결국 1971년 퓨지는 총장직에서 물러난다. 퓨지의 뒤를 이은 데릭 복 총장은 점거 현장에 경찰을 투입하는 대신 커피와 도넛을 들고 찾아가 대화를 요청함으로써 퓨지와 전혀 다른 위기관리능력을 입증해 보였다. 노동법 변호사로 단체교섭과 협상 전문가였던 복은 순식간에 위기에 빠진 하버드를 구출할 새로운 희망으로 떠올랐다.

복 취임 이후 하버드는 이전의 국가 방위형 관리 체제에서 기업형 관리 체제로 전환을 모색한다. 먼저 복은 하버드 매니지먼트사를 세워 월가의 펀드매니저들이 기금을 관리하도록 넘겨주었다. 복이 총장으로 있는 동안 하버드 자산은 매년 급속히 늘어났고, 이러한 대학의 변화를 두고 하버드 관계자는 "복 이전의 하버드는 비즈니스가 아니었다"[37]는 의미심장한 말을 남기기도 했다. 또한 복은 부총장 4명을 고용해 행정 체계와 업무를 세밀하게 분리하는, 중앙행정의 분권화를 실시했다. 조지 카치아피카스 교수는 '분권화'로 하버드 대학본부는 '책임감 면제'라는 효과를 얻었다고 지적한다.

1970년대 학생들이 투쟁을 통해 요구했던 것 중 하나는 대학이 전쟁과 관련한 연구를 중지해야 한다는 것이었다. MIT는 공학연구소

졸업식장에 선 하버드 세 총장. 왼쪽부터 네이선 퓨지, 제임스 코넌트, 데릭 복.

를 매각했지만 드래이퍼 연구소로 이름만 바꿔서 새로 지어진 기업형 빌딩으로 옮겼을 뿐이다. 하버드의 분권화 프로그램은 새뮤얼 헌팅턴을 비롯한 다른 교수들이 관련된 CIA와의 연구에 학교 당국이 아무런 책임이 없어 보이도록 만들었다. 하버드는 신자유주의 기업형 경영 방식으로 방향을 선회했고, 이는 중앙행정당국을 책임에서 자유롭도록 만드는 효과를 가져왔다.[38]

복의 분권화 속내는 1980년대 중반 나다브 사프란Nadav Safran 교수가 CIA로부터 비밀리에 자금을 받아 연구를 수행해 오고 있음이 만천하에 드러났을 때 빛을 발했다. 당시 중동연구소 소장이었던 사프란 교수는 자신이 주최하는 국제학술대회를 위해 CIA로부터 4만 5700달러를 비밀리에 지원받고서도 참가자들에게 알리지 않았다. 〈현대 이

슬람 세계에서 이슬람교와 정치〉라는 학술대회 제목만 보아도 CIA가
군침을 흘릴 만한 주제라는 것을 짐작할 수 있다. 또한 사프란 교수는
자신의 책《사우디아라비아: 안보를 위한 끊임없는 탐색》을 위해 무
려 10만 달러 이상을 몰래 지원받았다. CIA와 사인한 비밀계약서에
는 요원이 출판 전에 원고를 읽고 이를 승인할 권리가 있다는 조항까
지 명시되어 있었다고 한다.

스캔들이 터지자 복 총장은 공개편지를 통해 유감만 표명했을 뿐
아무런 대책도 마련하지 않았다. 대학본부는 자신들은 이 사건에 대
해 아는 바가 없음을 거듭 강조했다. 분권화된 시스템에 따르면, 이제
대학본부는 각 단위에서 일어나는 일에 대한 책임에서 자유롭기 때문
이다.

한편, 더욱 기가 막힌 것은 사프란 교수의 반응이다. 그는 비록 돈
은 받았지만 자신은 독립적인 학자임을 항변했다. 응오빈롱 교수는
사프란 교수의 이런 태도와 그를 즉시 쫓아낼 만큼 이 일을 부끄러워
하지 않은 하버드 태도에 더욱 놀랐다고 말한다. 결국 이 사건은 사프
란 교수가 여론의 뭇매에 어쩔 수 없이 중동연구소 소장직을 내놓는
것으로 마무리되었다.

그런데 사프란 교수의 태도는 시사하는 바가 크다. 그가 그토록 당
당했던 것은 그의 연구가 하버드 내부에서 진행되던 비밀연구 중 하
나에 불과하고, 그의 잘못이라면 덜미가 잡힌 것뿐이라는 것을 짐작
할 수 있다. 그렇다면 여기서 묻지 않을 수 없다. 과연 CIA와 같은 정
보기관들은 대학들에 어느 정도로 깊이 개입해 있었던 것일까?

들통 난 음모

6, 70년대 격렬한 학생운동은 대학과 정보기관들의 관계에도 영향을
미쳤다. 반전운동 과정에서 둘의 밀월관계가 증명되면서 사람들의 저
항이 거셌기 때문이다. 60년대 중반까지만 해도 대학과 정보기관의
관계는 극비 사항이었다. 그런데 1966년 언론이 미시건 주립대학이
CIA로부터 2500만 달러를 받고 남베트남 경찰들을 훈련시키는 비밀
프로그램을 진행하고 있음을 폭로한다. 그 바람에 MIT, 하버드, 컬럼
비아, 마이애미, 캘리포니아 등 수많은 다른 대학에서도 CIA 비밀 프
로젝트가 진행되고 있음이 알려졌다. 그중 CIA와 가장 끈끈한 관계를
유지해 온 곳이 하버드였다. 수많은 하버드맨이 2차대전 동안 CIA 전
신인 OSS 요원으로 활약했고, 이후 OSS가 CIA로 전환하는 과정에서
중요한 임무를 수행했다. CIA의 정치 분석 체계를 정비하는 데 혁혁
한 공을 세운 섬너 벤슨Sumner Benson과 윌리엄 랭어 등이 대표적이다.
하버드 다음이 예일인데, 초기 CIA 고위 간부의 약 25퍼센트가 예일
출신이었다는 통계가 많은 것을 짐작하게 한다.[39]

앞서 언급했듯이 하버드와 CIA 관계는 1969년 하버드 학생들의
점거 농성 과정에서 구체적으로 실체가 드러난다. 당시 학생들은 대
학 행정실을 뒤져 비밀문서들을 찾아냈고, 이를 바탕으로 하버드의
비민주적 운영 방식과 그 실태를 조목조목 비판한 소책자 《하버드는
어떻게 지배하는가How Harvard Rules》[40]를 발간했다. 이 책에는 특히 하
버드와 CIA의 각별하고 긴밀한 관계가 분석되어 있는데, 그 연결고리
는 크게 세 가지다.

첫째는 하버드 출신의 영향력 있는 인사들이 직간접적으로 CIA에

1969년 하버드 학생들이 발간한 소책자 《How Harvard Rules》.

개입한 경우다. 하버드 감독이사회 이사이자 CIA 전직 부국장인 로버트 에이모리(Robert Amory, 1936년 졸업)가 좋은 예다. 에이모리는 CIA에 들어가기 전 하버드 법학과 교수였다. 1952년부터 62년까지 CIA에 복무하는 동안 국가안전보장이사회 대의원으로도 활동했다. 앞에서 설명한 맥조지 번디, 헨리 키신저, 즈비그뉴 브레진스키, 윌리엄 랭어, 국제문제연구소CFIA 등의 활동 내용만 봐도 하버드와 정보기관의 깊은 관계를 짐작할 수 있다.

둘째는 하버드 교수들이 CIA에 자문을 하거나 CIA와 직접 계약을 맺고 연구를 수행하는 경우다. 이러한 사례는 무수해서 일일이 거론하기가 어려울 정도다. 가령 학생들이 발견한 문건 중에는 하버드 정치경제학자 아서 스미디스Arthur Smithies가 1967년 12월 7일, 포드 학장에게 자신이 10년째 CIA와 관계를 맺어 오고 있음을 보고한 내용이 있다. 그가 새삼 이 사실을 알린 이유도 CIA 지시에 따른 것이라고 밝히고 있다. 포드 학장은 알려 줘서 고맙다는, 대수롭지 않은 반응의 답신을 보냈을 뿐이다. 67년 4월, 교수진에게 제출된 한 보고서에는 60년부터 66년까지 CIA에서 총 45만 6000달러를 지원받아 13개 프로젝트를 진행했음이 밝혀져 있었다. 프로그램 내용도 헨리 키신저가 주최한 여름학기 국제세미나부터 심리학, 철학, 사회학 등 그야말로 각양각색이다.[41] 그러나 보고서에 밝히지 않은, CIA와 진행한 비밀연구가 얼마나 더 있을지는 미지수다.

마지막은 하버드가 CIA 프로그램에 개입해 직접 운영하는 경우다. 학생들은 그 구체적인 사례로 하버드 비즈니스스쿨의 국제마케팅연구소The International Marketing Institute, IMI가 진행한 프로그램과, 국제노동조합The Trade Union Program 프로그램을 든다. 국제마케팅연구소는 세계 시장을 겨냥한 마케팅과 유통에 대한 이해도를 높인다는 취지 아래 국무부, 국제개발처, 포드 재단, CIA로부터 자금을 받았다. 연구소가 추진한 사업에는 베트남 여성들을 관리자로 훈련시키는 프로그램도 있었다. 당시 이를 추진한 관계자는 1966년 CIA에 4만 달러를 요청하면서 "군사 개입 이후 미국과 동맹국은 한국·대만·일본의 경제적 성공에 버금가는 또 다른 쇼케이스 국가를 발전시킬 준비가 되어 있어야 한다"[42]고 강조하기도 했다. 연구소는 베트남뿐만 아니라 개발도상국 곳곳에서 비슷한 프로그램을 진행했으며, 그 궁극적인 목표는 관리자급 계층을 훈련시킴으로써 결국 미국의 경제적 지배를 강화하려는 것이었다.

하버드가 진행한, 얼핏 진보적으로 들리는 국제노동조합 프로그램에도 어김없이 CIA가 개입해 있었다. 이 프로그램의 표면적인 목적은 세계 노동조합의 지도자 양성이었다. 그러나 실제 목적은 잠재적인 반대파를 통제, 조종하는 것이었다. CIA가 냉전 초기부터 유럽과 남미 등의 보수적인 노동조합에 엄청난 자금을 쏟아 부었다는 사실로도 알 수 있는 일이다. 1983년《뉴질랜드 타임즈》가 이 프로그램 배후에 CIA가 있음을 폭로하면서 미국 사회에서보다도 해외에서 더 큰 논란을 불러일으켰다.

물론 하버드만 정보기관과 긴밀하게 지내 온 것은 아니다. 1970년대 말 발표된 한 논문에 따르면, 당시 최소한 100여 개 대학, 학자와 행정관리 약 350명이 비밀리에 CIA를 위해 일했던 것으로 추정된다. 브라운 대학의 경우 바나비 콘래드 키니Barnaby Conrad Keeney 총장이 CIA 고위관리였고, 재직 기간에도 CIA 컨설턴트로 활약했을 정도다. 그는 약물과 그 밖의 수단으로 마음을 통제하는 방법을 연구하는 CIA 비밀 프로젝트에 깊이 개입했고, 적의 정보 요원을 고문하면서 행동 통제를 실험하는 비밀 프로젝트의 의장도 맡았다.[43]

이 논문은 CIA가 대학에서 신규 인력을 양성하는 이유 중 하나가 제3세계에서 온 유학생들을 포섭하기 위한 것이라는 충격적인 사실도 밝히고 있다. 미국에서 유학한 외국 학생들은 대부분 본국으로 돌아가면 중요한 자리에 오를 것이 분명하므로, 이들을 미리부터 정보기관으로 끌어들이는 것이야말로 미래를 위한 효율적인 투자라고 본 것이다.

그런데 베트남전쟁이 이러한 대학과 정보기관의 관계에 쐐기를 박은 것이다. 대학이 정보기관의 하수인 노릇을 하는 부당한 현실에 대한 비판이 거세지자 1967년 존슨 대통령은 연방 정보기관이 비밀리에 교육기관이나 자원봉사기관에 재정을 지원하는 것을 금지하기에 이른다. 또한 74년 워터게이트 사건으로 닉슨 대통령이 사임하면서 정보기관의 불법 활동이 도마에 올랐고, 75년 정보기관의 활동을 검토하는 처치 위원회The Church Committee가 출범하면서 대학의 불법 연구 활동은 더욱 위축된다.

대학과 정보기관의 불법 활동이 사회적 이슈로 떠오르자 하버드는 명성이 추락할까 봐 우려한다. 바로 이 상황에서 하버드는 그들만의 놀라운 능력을 발휘한다. 데릭 복 총장이 남보다 앞서 재빨리 불법 연구 금지를 천명하고 나선 것이다. 물론 그동안 하버드가 어떤 비밀 연구에 어느 정도로 관련되어 있었는지에 대한 반성과 성찰은 전혀 없이 말이다.

처치 위원회

CIA와 FBI를 비롯한 미 정보기관들의 활동을 면밀히 조사하기 위해 출범한 특별위원회다. 상원의원 프랭크 처치가 의장을 맡았다. 이 위원회는 1975년부터 76년까지 미 정보기관들의 불법적인 활동을 담은 보고서 14편을 제출했다. 조사된 내용 중에는 외국 지도자 암살 계획도 포함되어 있었는데, 콩고 초대 총리인 파트리스 루뭄바Patrice Lumumba, 도미니카공화국의 독재자 라파엘 트루히요Rafael Trujillo, 남베트남의 지도자 응오딘지엠, 칠레의 르네 슈나이더Rene Schneider 장군을 비롯해 쿠바 대통령 피델 카스트로 등이 그 대상이었다. 국제사회의 비난이 쏟아지자 포드 대통령은 76년 외국 지도자들에 대한 암살 금지령을 내리기도 했다.

하지만 과연 이후로 하버드는 CIA와 관계를 끊었을까. 존 트럼보우 박사는 불법 연구를 금지했을 뿐이라고 지적한다. 일례로 복 총장은 CIA로부터 공개적으로 연구자금을 받은 교수들에게 박수갈채를 보냈다고 한다. 교수들은 담당부서에 정보기관과 공동으로 연구한 사실만 통보하면 그만이었다. 사실 분권화된 시스템에서는 누가 어디서 무슨 연구를 하고 있는지 파악하기조차 어려웠다. 또한 2001년 9·11 테러가 발생하자 상황이 반전되었다. 테러 이후 극단적인 애국주의 열풍이 일면서, 이제 당당하게 정보기관과 함께 연구를 추진할 수 있는 분위기가 형성된 것이다. 앞서 언급한 나다브 사프란 교수 스캔들은 하버드와 CIA의 비밀거래가 공공연히 계속돼 왔음을 입증하는 좋은 사례다.

펜타곤의 인력양성소, 케네디스쿨

복 총장이 재직하는 동안 하버드는 몇 가지 주목할 만한 변화를 맞는다. 첫째는 기금이 매년 급증해 80년대 중반이면 30억 달러에 이르렀다는 것, 두 번째는 래드클리프가 하버드와 합병하는 것에 동의하면서 하버드가 남녀공학이 되었다는 것, 마지막으로 세 번째는 케네디스쿨을 비롯한 전문대학원의 확장이다.

공공정책과 국제관계를 연구하는 케네디스쿨은 하버드와 미 정부의 지속적인 동반관계를 암시하는 좋은 예다. 케네디스쿨은 1936년 하버드 출신 정치인이자 경제인인 루시우스 리타우어Lucius Littauer가 기부한 200만 달러로 행정대학원을 세우면서 시작되었다. 66년 케네디 대통령의 이름을 따서 지금의 케네디스쿨이 되었다. 케네디스쿨은 그동안 맥조지 번디, 헨리 키신저, 새뮤얼 헌팅턴 등 악명 높은 국가 안보전문가들을 배출해 왔다.

복 총장 시기에 케네디스쿨이 급속히 확장된 정치적 배경은 과연 무엇일까. 일단 반전운동의 여파로 지역학 연구가 점차 본래의 목적을 달성하기 어려워졌다는 점을 지적할 수 있을 것이다. 4장에서 언급했듯이 카멜롯 프로젝트 등으로 인해 제3세계 국가들이 자국에서 활동하는 미국 학자들을 경계하기 시작했고, 일부 양심적인 학자들이 낸 자성의 목소리가 반전운동의 회오리와 맞물리면서 지역학 연구가 난항을 겪기 시작한 것이다.

바로 이 시기 케네디스쿨이 괄목할 만한 성장을 이루었다는 것은 의미심장하다. 특히 그래햄 앨리슨Graham Allison이 학장으로 있던 1977년부터 88년 사이에 크게 성장했는데, 기금액만 보면 78년 2000만 달러였던 것이 1억 3200만 달러로 무려 700퍼센트나 증가했다. 이 중 적지 않은 돈을 국방부가 지원했다는 사실을 기억해 두어야 할 것이다. 기부금이 늘면서 학교 규모도 눈에 띄게 달라졌다. 교수도 20명에서 100명으로 5배 늘었고, 학생도 200에서 700명으로 4배가량 증가했다.[44]

선택과 집중의 결과는 놀라움을 넘어 두려울 정도다. 오늘날 세계 곳곳의 정치, 경제 엘리트가 대부분 케네디스쿨 출신이다. 펠리페 칼데론 멕시코 대통령, 후안 마누엘 산토스 콜롬비아 대통령, 아프리카 대륙 최초의 여성 국가원수인 엘런 존슨 설리프 라이베리아 대통령, 반기문 UN 사무총장, 로버트 졸릭 세계은행 총재, 리센룽 싱가포르 총리, 도널드 창 홍콩 행정장관 등이 대표적이다. 2012년, 케네디스쿨 홈페이지는 4만 6000명 이상의 동문이 전 세계 200개가 넘는 나라에

세계 지도자들을 배출하고 있는 케네디스쿨. 전·현직 백악관 대변인 3명을 초청해 진행한 공개 토론회.

서 각종 공직과 민간기구, 비정부기구 등을 통해 활약하고 있다고 자랑하고 있다. 과거 지역학연구소를 통하던 간접 지배 전략이 케네디스쿨을 통한 직접 지배 방식으로 바뀌었다고 해도 과언은 아닐 것이다.

케네디스쿨의 막강한 영향력은 한국에서 특히 두드러진다. 2007년 《주간동아》 기사에 따르면, 2005년까지 케네디스쿨을 졸업한 한국인은 150명 정도다. 이 중 과반수가 외교통상부, 재정경제부, 산업자원부 등 행정 부처의 공무원이 되었고, 90년대 들어서는 졸업생들의 진로가 더욱 다양해져 정계와 학계는 물론이고 기업, 언론계, 금융계, 국제기구에까지 폭넓게 진출해 있다. 심지어 이재용 삼성전자 전무 (현재 삼성전자 사장)도 1년간 케네디스쿨에서 공부한 후 비즈니스스쿨에 들어갔을 정도다.[45]

기사에 따르면 케네디스쿨이 미국 정계에 미치는 영향이 상당해 대통령 후보로 결정되면 이곳에서 토론회를 여는 것이 일종의 불문율이라고 한다. 케네디스쿨 교수들과 학생들의 검증을 받지 않으면 대통령 후보로 인정받지 못한다는 인식이 깔려 있기 때문이다. 그런데 케네디스쿨은 미 대선뿐만 아니라 한국의 대선 후보들에게도 매우 중요한 곳이다. 2007년 대선을 앞두고 여당의 강력한 대선 주자로 떠올랐던 박근혜 한나라당(현 새누리당) 대표가 굳이 하버드를 찾아가 케네디스쿨에서 강연한 이유가 무엇이겠는가.

기사는 또한 "케네디스쿨의 실사구시 수업을 통해 국제 정세에 눈떴다"는 한나라당 박진 의원의 감동 어린 말도 전하고 있다. 여기서 박 의원을 눈뜨게 했다는 '국제 정세'는 무엇에 근거한 것일까. 케네디스쿨에서, 가장 미국적인 교수들에게서 교육을 받은 학생들이 받아들이고 인정하게 될 국제 정세란 미국 중심의 것이 아니겠는가. 결국, 케네디스쿨은 '팍스 아메리카나'를 지속, 확산시키는 기능을 알게 모르게 수행하고 있는 것이다.

케네디스쿨의 막강한 힘과 영향력은 초청되는 게스트 명단만 보아도 짐작할 수 있다. 외국의 대통령과 행정수반을 비롯해 미 정부의 수많은 전·현직 관료가 케네디스쿨을 거쳐 간다. 또한 케네디스쿨에서 진행하는 프로그램 중 상당수가 미 정부의 어젠다와 관련된 것들이다. 이런 이유로 일각에서는 케네디스쿨을 펜타곤과 국가안보엘리트들의 요양원이라 부른다.

사람들은 케네디스쿨을 가리켜 정치인이나 전 정부 각료들이 거쳐 가는 요양원이라 농담하기도 한다. 하지만 이들은 케네디스쿨에

와서 관계를 형성하고 연줄을 만든다. 이곳에서 그들은 매우 한정된 집단의 일부가 되는 것이다.[46]

케네디스쿨 행사장에 앉아 있으면 제복을 갖춰 입은 수많은 군인과 마주치게 되는 것도 주목할 만한 현상이다. 하버드 대학이 전·현역 군인들을 교육하는 다양한 프로그램을 진행하고 있기 때문이다. 특히 2009년 8월 1일, 9·11 이후 군에 복무해 온 현역 장병과 제대군인에 대한 교육 지원을 늘리는 새 군인복지법인 옐로 리본 프로그램Yellow Ribbon Program이 제정된 후 이라크·아프가니스탄 전쟁에 참전했던 많은 군인이 하버드로 향하고 있다. 조지 카치아피카스 교수는 케네디스쿨에 펜타곤의 고위 장교들이 넘쳐나는 현실에 주목하면서 케네디스쿨은 공익을 위한 엘리트가 아닌 미국의 국익과 안보를 우선시하는 국가안보전문가들을 양성하는 곳이라고 지적한다. 그는 케네디스쿨의 애시턴 카터Ashton Cater 교수가 한 행사장에서 1994년 미국이 북한을 폭격하려고 했을 때 당시 백악관으로부터 폭격 지점을 골라달라는 요청을 받았노라며 자랑스러워하는 모습을 보고는 모골이 송연했다고 한다.[47]

지역연구의 재정립

한편, 냉전의 산물인 지역학 연구는 지금 어떤 역할을 하고 있을까. 세계체제론으로 유명한 이매뉴얼 월러스틴Immanuel Wallerstein 교수는 논문 〈의도하지 않은 결과: 냉전 시대 지역연구〉에서 지역학 연구가 미국 사회에 중요한 변화를 일으켰다고 분석한다. 비서구를 연구하는 이가 늘어나고, 대학의 교육과정이 바뀌었으며, 연구 주제의 정통성이 깨졌다는 것이다. 일례로 1945년 미국 역사학계의 약 95퍼센트가 서구 문명을 연구했다면 60년대에는 비서구를 연구하는 비율이 약 3분의 1로 늘어났다. 이처럼 지역학 연구는 처음 의도와 달리 비서구에 대한 관심과 이해를 높이는 긍정적인 역할도 했다. 마치 미 정부가 군사적인 목적으로 개발한 인터넷이 현재 소셜 미디어를 통한 사회운동을 낳은 것처럼 말이다.

결론적으로 지역학 연구의 포트폴리오는 애초 출발과는 달리 훨씬 다각화되었다고 볼 수 있을 것이다. 하버드 한국학연구소 소장을 지낸 데이비드 맥캔David McCann 교수에 따르면 지금도 다수의 프로그램이 국가의 지원을 받으며 계속되고 있다고 한다. 국가안보를 위한 외국어연구 프로그램National Defense Foreign Language Study Program이 대표적인데, 미 정부는 우선순위 지역의 외국어를 배우도록 계속 장려하고 있다. 하지만 지역연구 프로그램에 자금을 대는 곳이 정부만은 아니다. 그 범위가 훨씬 넓어졌다는 것이 맥캔 교수의 설명이다.[48]

중요한 것은 하버드 지역학연구소가 하버드를 중심으로 한 글로벌 커뮤니티를 형성하는 데 구심점 역할을 하고 있다는 사실이다. 각국의 엘리트들도 지역학연구소에서 자신들만의 네트워크를 형성한다. 한국이라고 예외는 아니다. 옌칭연구소 부소장을 지낸 에드워드 베이커 교수는 서울대학교 사회학과나 국사학과 교수들을 조사해 보면 옌칭연구소[49] 프로그램을 거쳐 간 이들이 현저하게 많다고 지적한다.

옌칭연구소와 함께 한미 엘리트들을 이어 주는 역할을 하는 곳이 한국학연구소다. 한국학연구소는 1981년 페어뱅크 센터Fairbank Center

의 도움을 받아 설립됐는데, 하버드에서 한국학을 전문적으로 연구하는 유일한 기관이다. 학부생과 대학원생, 박사와 박사후 과정에 있는 연구자들을 대상으로 한 다양한 프로그램과 연구를 진행하며, 때로는 남북 간의 첨예한 시사 문제를 주제로 한 세미나도 연다. 하지만 안타깝게도 일부 프로그램은 주로 탈북자들을 초청해 북한 체제 비판과 인권 문제에 초점을 맞추는 등 보수적인 내용 일색이라는 것이 세간의 평가다. 한국학연구소의 한 연구원이 보스턴의 지역 방송에 출연한 적이 있는데, 그는 스스로를 친미파라 자부하며 북한과 햇볕정책은 물론 김대중·노무현 정부를 맹렬히 공격했다. 그 모습에 충격을 금할 수 없었던 일이 새삼 떠오른다.

데이비드 맥캔 교수는 하버드 지역학연구소의 중요성을 다음과 같이 분석한다.

> 하버드 학생들은 졸업 이후 세상에 실질적인 영향력을 미치게 될 것이다. 만약 그들이 충분한 이해 없이 세상에 나간다면, 다른 사람들의 문화, 다른 방식의 예술적 표현, 또한 다른 방식의 사업 방법, 다른 방식의 정부 운영 방법을 이해하지 못할 것이다. 만약 그들이 이러한 차이에 대해 견고한 이해력을 갖추지 못한다면 졸업 후 세상에 발을 들여놓았을 때 바람직한 결과를 낳지 못할 것이다. 그런 의미에서 (하버드의) 지역학 연구는 매우 중요하다고 할 수 있다.[50]

맥캔 교수가 강조한, 하버드 출신들의 '실질적인 영향력'은 1990년대 러시아의 경제 개혁 과정에서 여실히 드러난다. 이에 관해서는 다음 장에서 살펴보자.

주

1 　마리오 사비오Mario Savio, 1964년 12월 2일 UC 버클리.

2 　에너지정의행동 홈페이지 '기타 자료실' 자료 〈60년대 미국 학생운동과 반문화〉, http://energyjustice.kr/zbxe/etcdata/27284

3 　1951년 미국 캔자스 주 토피카에 사는 여덟 살 소녀 린다 브라운은 근처의 백인학교에서 전학을 받아 주지 않아 멀리 있는 아프리카계 미국인들 학교까지 매일 걸어 다녀야 했다. 린다의 아버지 올리브 브라운은 이 문제로 3년 동안 소송한 끝에 승소한다.

4 　1964년 8월 2일, 통킹만 해상에서 북베트남 해군 어뢰정이 미 해군 구축함(매독스호)을 공격하면서 일어난 사건. 미국이 베트남전쟁에 더 강하게 개입하는 빌미가 되었다. 1971년 《뉴욕타임스》 폭로로 미국이 계획적으로 일으킨 사건임이 밝혀졌다. '메인호 사건'을 비롯해 미국은 전쟁 명분이 필요할 때마다 이런 식의 자작극을 벌였다.

5 　하워드 진 지음, 《오만한 제국》, 이아정 옮김, (당대, 2001), p. 233.

6 　마이클 앤새라 인터뷰에서.

7 　공공장소에서 흑인과 백인의 분리와 차별을 규정한 법으로, 1876년부터 1965년까지 존속했다.

8 　Andrew Schlesinger, *Veritas: Harvard College and the American Experience*, (Ivan R. Dee, 2005), p. 222 참조.

9 　응오빈롱 인터뷰에서.

10 　새뮤얼 헌팅턴, "The Bases of Accommodation", 《포린 어페어스》 1968년 7월.

11 　조지 카치아피카스 인터뷰에서.

12 　응오빈롱 인터뷰에서.

13 　마이클 앤새라 인터뷰에서.

14 　크리스토퍼 히친스 지음, 《키신저 재판》, 안철홍 옮김, (아침이슬, 2001), p. 8.

15 　노엄 촘스키 인터뷰에서.

16 　크리스토퍼 히친스 지음, 《키신저 재판》, 안철홍 옮김, (아침이슬, 2001), p. 79.

17 　조지 카치아피카스 인터뷰에서.

18 　노엄 촘스키 지음, 《지식인의 책무》, 강주헌 옮김, (황소걸음, 2005), p. 15.

19 　노엄 촘스키 인터뷰에서.

20 　정서린, "석학 새뮤얼 헌팅턴 前 하버드대 교수 타계", 《서울신문》 2008년 12월 29일.

21 　Andrew Schlesinger, *Veritas: Harvard College and the American Experience*, (Ivan

R. Dee, 2005), p. 228.

22 마이클 앤새라 인터뷰 재정리.

23 마이클 앤새라 인터뷰에서.

24 Andrew Schlesinger, *Veritas: Harvard College and the American Experience*, (Ivan R. Dee, 2005), p. 230.

25 위의 책, p. 209.

26 마이클 앤새라 인터뷰에서.

27 Andrew Schlesinger, *Veritas: Harvard College and the American Experience*, (Ivan R. Dee, 2005), pp. 232~233.

28 조지 카치아피카스 지음,《신좌파의 상상력》, 이재원 옮김, (난장, 2009), p. 254.

29 1969년 SDS에서 떨어져 나온 전투적 분파. 무장투쟁으로 미 정부를 전복하자고 주장하며 도시게릴라전을 전개했다.

30 대표적인 지하운동 조직으로 흑표범당의 흑인해방군과 SDS의 한 분파인 웨더 언더그라운드가 있다.

31 조지 카치아피카스 인터뷰에서.

32 노엄 촘스키 지음,《실패한 교육과 거짓말》, 강주헌 옮김, (아침이슬, 2001), p. 14.

33 노엄 촘스키 인터뷰에서.

34 "Nixon Cutbacks Could Threaten Harvard Plans",《하버드 크림슨》1973년 2월 23일.

35 마가렛 굴레트 인터뷰에서.

36 조슈아 험프리스 인터뷰에서.

37 Carl A. Vigeland, "The Making of Harvard's Fortune",《하버드 매거진》1986년 9·10월호.

38 조지 카치아피카스 인터뷰에서.

39 Ernest Volkman, "Spies on Campus",《Penthouse》1979년 10월 참조.

40 하버드 로스쿨의 존 트럼보우 박사는 1989년 미 지배계급을 위한 봉사기관으로서 하버드의 실체를 규명한 책《하버드는 어떻게 지배하는가*How Harvard Rules*》를 펴냈다. 60년대 하버드 학생운동가들의 뜻을 기려 학생들이 69년에 낸 소책자 제목《하버드는 어떻게 지배하는가*How Harvard Rules*》를 그대로 썼다.

41 《*How Harvard Rules*》, pp. 28~33 참조.

42 위의 책, p. 32.

43 Ernest Volkman, "Spies on Campus",《Penthouse》1979년 10월 참조.

44 Fox Butterfield, "Scaling Back Growth at Harvard's Kennedy School", 《뉴욕타임스》1991년 12월 18일.

45 이남희, "막강 파워! 하버드대 케네디스쿨 인맥", 《주간동아》2007년 2월 6일 572호 참조.

46 존 트럼보우 인터뷰에서.

47 조지 카치아피카스 인터뷰에서. * 애시턴 카터 교수의 발언은 1994년 1차 북핵 위기와 관련된 것으로 해석된다. 90년대 초, 국제사회가 북한의 핵무기 개발에 심하게 간섭하자, 93년 북한은 핵확산금지조약 탈퇴를 선언한다. 한반도에 긴장이 고조되었고, 당시 클린턴 행정부는 영변 핵시설 공습을 검토했으며, 모의 컴퓨터 실험까지 했다. 애시턴 카터 교수는 93년부터 96년까지 국방부 국제안보정책담당 차관보를 지냈으며 북한과 협상할 때 참석하기도 했다. 2011년 8월 오바마 대통령이 국방부 부장관으로 지명했다.

48 데이비드 맥캔 인터뷰에서.

49 1928년 기업가 찰스 마틴 홀Charles Martin Hall의 유산을 기반으로 세워졌으며 아시아 연구에 중점을 두고 있다. 법적, 재정적으로 하버드로부터 독립한 재단이다.

50 데이비드 맥캔 인터뷰에서.

7장

하버드–러시아 스캔들

"하버드와 러시아에 관한 이 이야기는 여러 면에서
이 세상이 어떤 방향으로 흘러가고 있는지를 잘 보여 주는
하나의 창이라고 할 수 있을 것이다."
－재닌 웨델[1]

"피고인(하버드 대학, 슐라이퍼, 헤이 등)의 행동은,
신흥 러시아 금융시장에서 신뢰와 자신감을 쌓고,
러시아의 경제와 법을 발전시킴에 있어
개방성, 투명성, 준법과 페어플레이를 촉진한다는
미국의 대러시아 프로그램의 근본적인
목적을 약화시키는 것이다.
－2000년 9월 26일, 하버드 대학·슐라이퍼·헤이 등을
상대로 제기한 미 법무부의 고소장 초안에서[2]

1998년 1월, 대한민국 국민들이 호환마마보다 더 무서운 것이 IMF(국
제통화기금)임을 뼈저리게 느끼고 있던 그 무렵, 케네디스쿨에서는
미·러 투자 심포지엄이 열렸다. 이때 러시아 측 발표자로 참석한 유
리 루시코프Yuri Luzhkov 모스크바 시장이 무례하다 싶을 정도로 불쾌한
발언을 던졌다. 러시아 경제 개혁을 추진한 아나톨리 추바이스 제1부
총리를 강력히 비난하면서 하버드가 추바이스에게 잘못된 경제정책
과 통화정책을 자문해 줘 러시아 국민들이 고통을 겪고 있다며 질책
하는 초유의 사태가 벌어진 것이다.

대체 어떻게 했길래 하버드는 그런 망신을 당한 것일까.

1997년 러시아는 아시아발 외환위기로 국제유가가 하락하자 큰
충격을 받는다. 에너지가 주 수입원이었기 때문이다. 만성적자 해소
를 위해 마구잡이로 발행한 국채를 사들인 외국계 투기자본들이 이탈
하면서 루블화는 폭락을 거듭하고 있었다. 루블화 폭락을 막기 위해
외환보유고를 탕진한 러시아는 98년 8월 17일, 급기야 모라토리엄(외
채지불유예)을 선언하기에 이른다.

유리 루시코프 시장이 하버드를 맹비난한 시점이 모라토리엄을 선언하기 불과 반년 전이라는 사실은 러시아 경제위기에 하버드가 깊이 개입되어 있었음을 시사한다. 그럼 어느 정도였을까. 아무리 세계 최고 명문대학이라지만 일개 대학이 타국의 경제를 좌지우지하는 일이 정말로 가능한 것일까.

러시아를 결딴낸 주역들

1989년 동·서독을 가르던 베를린 장벽이 무너지고, 91년 소련까지 해체되면서 반세기 가까이 지속되었던 냉전은 미국과 자본의 승리로 끝났다. 이제 미국에게는 구 공산권 국가들을 재빨리 시장경제체제로 전환하는 일이 가장 시급한 과제로 떠올랐다. 시장제도 도입이니 민주화니 시민사회 형성이니 하는 그럴 듯한 말들이 범람했지만, 결국 핵심은 구소련의 정치, 사회, 경제 체제를 서구의 입맛에 맞게 완전히 재편성하는 것이었다. 냉전 시대에 무기 개발과 정보 수집에 앞장섰던 미국의 학자들이 다시 손발이 되어 나섰고, 그 선두에 하버드가 있었다.

동유럽에 천문학적인 원조액을 쏟아 부었던 서방의 원조기구들은 이제 러시아를 주목하기 시작했다. 폴란드와 헝가리 등 동유럽의 경제 개혁 과정을 연구했던 조지메이슨 대학의 재닌 웨델Janine Wedel 교수는 러시아의 경제 개혁이 어떻게 이루어지고 있는지 관찰하기 위해 러시아를 찾았고, 매우 기이한 현상을 발견한다. 어느 기관을 찾아가든 그곳을 움직이고 영향력을 행사하는 이가 소수의 똑같은 사람들이

었다는 점이다.[3]

웨델 교수를 놀라게 한 엄청난 영향력을 가진 소수의 핵심 인물들이 다름 아닌 하버드맨과 몇몇 러시아 고위관료였다. 90년대 초, 미국 국제개발처Agency for International Development, AID는 하버드 국제개발연구소Havard Institute for International Development, HIID에 러시아를 시장경제로 바꾸라는 과제를 넘겨준다. 이 일을 함께할 러시아 측 파트너는 흔히 '러시아 사유화의 아버지'라 불리는 아나톨리 추바이스와 그의 지인들로 이뤄진 관료 집단이었다. 이들을 세인트 피터스버그St. Petersburg 패거리 혹은 추바이스계라 부른다.[4] 추바이스계는 국제개발연구소와 함께 서방의 원조금을 밑천 삼아 러시아를 시장경제로 전환하는 특수 임무를 전담한다.

하버드가 추바이스와 함께 추진한 러시아 경제 개혁 정책들은 훗날 하버드 총장이 된 로렌스 서머스의 적극적인 지원을 받아 추진되었다고 한다. 경제학자였던 서머스는 1991년 세계은행 수석경제연구원이었고, 이후 재무부 차관과 부장관을 거쳐 클린턴 말기 재무장관을 지내는 등 미 경제정책과 관련된 요직을 두루 섭렵했다. 93년 클린턴 1기 정부에서는 재무부에서 국제 업무를 관장했는데, 이는 그가 국제 원조에 관한 전략을 세워 이행하는 데 직접적으로 관련돼 있었음을 증명한다. 러시아 경제 개혁 과정에서 문제점이 하나둘 드러나고, 급기야 미 정부가 하버드를 상대로 소송을 제기하는 초유의 사태가 벌어지자 서머스는 대부분 정치인이 의당 그렇듯 자신은 아무런 관련도, 정보도 없음을 거듭 강조했다. 이 말은 자신은 자리만 꿰차고 앉았을 뿐 일은 전혀 하지 않았음을 자백한 것이나 다름없다.

'하버드 프로젝트'라는 이름으로 진행된 러시아 경제 개혁 과정을 구체적으로 제대로 파악하려면 먼저 주요 관련자들을 알아 둘 필요가 있다. 하버드 천재들과 러시아 고위관료들로 구성된 드림팀의 면면을 찬찬히 살펴보자.

하버드 측 핵심 인물

로렌스 서머스Lawrence Summers

28세로 하버드 종신교수가 된 수재. 세계은행 수석경제연구원(1991~93), 미 재무부 국제담당 차관(1993~95), 재무부 부장관(1995~99), 재무장관(1999~2001)을 지냈으며 1994년 《타임》이 선정한 21세기 미국을 이끌어 갈 차세대 50인에 선정되었다. 러시아 프로젝트와 관련해 하버드와 미 정부, 러시아를 연결해 준 핵심 인물로 지목을 받고 있으며, 프로젝트를 감독했던 안드레이 슐라이퍼 교수와는 오랜 친구 사이다. 2001년 하버드 총장에 취임한 후 5년 만에 사임했으며, 2009년 국가경제위원회 위원장에 임명되어 월스트리트를 구제하는 데 중요한 역할을 했다.

제프리 삭스Jeffrey Sachs

하버드의 저명한 경제학자. 볼리비아를 비롯해 폴란드, 러시아, 슬로베니아 등 세계 각국에서 '경제 가정교사'로 활약하며 시장경제 체제로 전환하는 데 중요한 역할을 했다. 가격 통제를 없애 시장자유화를 촉진하는 삭스의 충격요법(쇼크 세라피)은 평가가 엇갈린다. 성공보다 실패가 많았다는 지적도 있다. 1995년 국제개발연구소 감독이 되었고, 러시아 프로젝트 스캔들 이후 2002년 컬럼비아 대학으로 적을 옮겨 지구연구소 소장을 맡고 있다.

안드레이 슐라이퍼Andrei Shleiffer

러시아 출신 하버드 경제학자. 국제개발연구소의 러시아 프로그램 감독이 되어 러시아 경제 개혁의 밑그림을 그리는 데 엄청난 영향력을 행사했다. 헤지펀드 매니저인 부인과 함께 러시아에 투자해 재산을 불리고 미 국제개발처의 자원을 유용한 혐의로 미 정부로부터 소송을 당해 벌금 200만 달러를 물었다. 학내의 반발에도 서머스의 가까운 친구라는 이유로 어떠한 징계도 받지 않고 여전히 스타 경제학자로 남아 있다.

조나단 헤이Jonathan Hay

아이다호 출신으로 로즈 장학생Rhodes Scholar에 선정된 수재. 하버드 로스쿨 졸업 후 잠깐 세계은행 컨설턴트로 활동했고, 이후 국제개발연구소 러시아 프로젝트의 일반이사General Director가 되어 러시아 경제 개혁 과정에서 핵심적인 역할을 했다. 슐라이퍼와 함께 금지된 투자를 하고, 여자친구가 운영하는 투기회사가 러시아 최초의 뮤추얼 펀드로 승인받도록 돕는 등 부적절한 활동을 한 것이 적발되어 97년 국제개발연구소에서 해고되었다.

러시아 측 핵심 인물

아나톨리 추바이스Anatoly Chubais

러시아 사유화의 아버지 혹은 러시아 경제 개혁의 사령관으로 군림하며 각종 요직을 두루 섭렵한 인물이다. 한때 외국 언론들이 앞다투어 차기 러시아 대통령감으로 지목하기도 했다. 부총리, 러시아 사유화센터Russian Privatization Center, RPC 이사회 의장, 실제 국가 소유 기업들을 처분한 국유재산위원회The State Property Committee, GKI 첫 의장 등을 지냈다. 96년 옐친의 재선 캠페인을 진두지휘하기도 했다. 이후 제1부총리 겸 재무장관을 지내며 실세로 떠올랐으나 러시아 경제 개혁 실패는 물론 자신과 측근들의 부정부패가 드러나면서 러시아인들이 가장 혐오하는 지탄의 대상이 되었다.

막심 보이코Maxim Boycko

추바이스 측근으로 1993년부터 3년간 러시아 사유화센터의 CEO를 지냈고, 후에 국유재산위원회 의장이 되었다. 1997년 사유화 과정에서 특혜를 입은 기업에서 정체가 불분명한 돈 9만 달러를 받은 것이 드러나 옐친이 해고했다.

알프레드 코흐Alfred Kokh

추바이스 측근으로 러시아 사유화센터 이사회 부의장을 지냈다. 해고된 막심 보이코의 후임으로 국유재산위원회 의장이 되었으나, 그 역시 사유화 과정에서 특혜를 받은 기업에서 10만 달러를 받은 것이 드러나 97년 해고되었다.

기타 인물

데이비드 립튼David Lipton

하버드 출신 경제학자. 제프리 삭스가 소유한 '제프리 삭스 앤 어소시에이츠Jeffrey Sachs & Associates' 부회장. 삭스의 제자였으며 주로 IMF에서 활동했다. 슐라이퍼가 서머스의 절친이라면 립튼은 삭스와 환상의 복식조를 이룬 사람이다. 폴란드에 충격요법을 촉진하고 수많은 논문을 삭스와 함께 발표하는 등 폴란드와 러시아의 경제 개혁에 깊이 개입했다. 미 재무부 차관보(동유럽 1989~92, 러시아 1993~95), 재무부 국제담당 차관보(1995), 재무부 차관, 백악관 특별보좌관을 거쳐 2011년 IMF의 수석부총재로 지명되었다.

낸시 짐머만Nancy Zimmerman

안드레이 슐라이퍼의 부인. 골드만 삭스 출신의 투자가로 당시 보스턴에 기반을 둔 헤지펀드 '파랄리온Farallion'을 운용하고 있었다. 슐라이퍼와 함께 공직자에 따르는 윤리 조항을 어기고 러시아에 적극적으로 투자했으며, 이 과정에서 국제개발처가 지원한 시설을 이용한 것이 빌미가 되어 미 정부로부터 소송을 당했다.

엘리자베스 허버트Elizabeth Hebert

투자가. 당시 조나단 헤이의 여자친구였다. 그 덕분에 다른 경쟁사들을 물리치고 러시아에서 최초로 뮤추얼 펀드사 '팔라다 애셋 매니지먼트Pallada Asset Management'를 세울 수 있었다. 국제개발처의 시설과, 주식 사기로 피해를 입은 러시아 사람들을 보상해 주려고 세계은행이 제공한 차관을 유용한 것으로 알려졌다.

'충격'만 남긴 충격요법

소련의 공식 해체를 불과 몇 달 앞둔 1991년 늦은 여름과 가을 사이, 모스크바 외곽의 한 별장에 서구의 경제전문가들이 하나둘 모여들었다. 향후 러시아의 정치, 경제가 나아갈 방향을 잡기 위해서였다. 폴란드의 경제 개혁을 추진한 바 있었던 제프리 삭스는 이내 러시아의 청사진을 그려 나갈 핵심 인물로 떠올랐다. 그 자리에는 제프리 삭스 외에도 많은 서구 경제전문가와 러시아 경제 개혁에 관한 첫 번째 입안자가 된 예고르 가이다르Yegor Gaidar, 이후 그를 대신하게 될 아나톨리 추바이스 등이 참석하고 있었다.

예고르 가이다르를 비롯한 러시아 관계자들은 서구 경제학자들과 팀을 이루어 러시아 경제정책을 모색하곤 했다. 이때 추바이스는 러시아 출신의 하버드 경제학자 안드레이 슐라이퍼와 의기투합한다. 슐라이퍼는 1961년 러시아에서 태어나 76년 미국으로 이민을 갔는데, 모국어인 러시아어를 유창하게 구사해 다른 학자들보다 더 쉽게 러시아 측과 손을 잡을 수 있었다. 무엇보다 그는 서머스와 절친한 사이였다.

서머스와 슐라이퍼는 선생과 제자로 만났다. 학부 시절 서머스의 수업을 듣던 슐라이퍼가 어느 날 조교수인 서머스를 찾아가 프린트물에 실수가 있음을 지적했다고 한다. 그런 슐라이퍼의 당당한 행동이 똑똑함을 지상 최고의 미덕으로 간주하던 서머스에게 좋은 인상을 남겼던 것 같다. 슐라이퍼는 이내 서머스의 특별한 보호와 관심을 받게 된다. 97년 슐라이퍼가 다른 이들과 함께《러시아 사유화하기Privatizing Russia》를 출간하자 서머스는 "저자들이 러시아에서 놀랄 만한 일을 해냈으며 이제 놀랄 만한 책도 썼다"[5]며 극찬했다. 추바이스와 슐라

세계 각국의 '경제 가정교사'로 활약했던 제프리 삭스(왼쪽)와 초기 러시아 경제 개혁을 지휘한 예고르 가이다르 러시아 초대 총리(오른쪽).

이퍼, 젊고 야심찬 이 두 사람의 결합은 이후 급속도로 진행된 러시아 국영기업 사유화 과정에서 진가를 발하게 된다.

1991년 말, 예고르 가이다르는 재무장관이 되었다. 이후 부총리를 거쳐 총리(1992년 6~12월)가 되어 초기 경제 개혁을 진두지휘한다. 제프리 삭스는 가이다르 총리에게 충실히 경제자문을 해 주었고, 가이다르는 삭스가 그동안 세계 곳곳을 다니며 역설했던 '충격요법'을 도입했다. 충격요법은 가격 통제를 없애 시장자유화를 촉진하는 정책으로, 예고르 가이다르는 이 방법이면 오랫동안 계획경제로 침체되어 있던 러시아가 자본주의 시장경제체제로 전환되리라 굳게 믿었다.

그러나 충격요법은 러시아 경제에 치료보다는 말 그대로 '충격'만 남긴 것으로 평가된다. 각종 보고서에 따르면 당시 충격요법으로 인해 하이퍼인플레이션(hyper inflation, 초超인플레이션이라고도 하며, 통제 상황을 벗어나 1년에 수백 퍼센트 이상 물가가 치솟는 경우를 말한다)이 일어났다.

가이다르에 이어 러시아 경제 개혁을 진
두지휘한 아나톨리 추바이스.

물가가 최고 2500퍼센트나 올랐을 정도다. 모든 생필품 가격이 급격히 오르면서 많은 사람이 하룻밤 사이에 재산을 날렸다. 가장 큰 타격을 받은 것은 수입의 대부분을 식료품과 생필품 구입에 지출해야 했던 서민들이었다. 러시아 사람들의 삶은 극도로 궁핍해졌다.

물론 충격요법은 러시아뿐만 아니라 다른 동구권 나라들에서도 시도되었고, 폴란드의 경우 초기에는 혼란을 겪었지만 결과는 매우 성공적이었던 것으로 평가되고 있다. 그런데 왜 러시아에서는 실패한 것일까. 가이다르 전 총리는 2003년 공저로 낸 책《국가와 진화: 자유시장을 향한 러시아의 탐색State and Evolution: Russia's Search for a Free Market》에서 폴란드와 러시아의 근본적인 차이를 지적한다. 폴란드 국민들은 공산주의 이전에 시장경제를 체험한 적이 있어서 자유시장경제에 유연하게 대처할 수 있었지만, 러시아 국민들은 시장이 무엇을 의미하는지조차 몰랐다는 것이다.[6] 사회적 기반 형성과 제도적 변화라는 중요한 절차를 무시하고 막무가내로 도입한 충격요법은 국민들의 저항과 반발심만 불러일으킨 채 결국 실패로 끝나고 말았다.

가이다르 총리는 정책 실패의 책임을 지고 총리로 임명된 지 반년 만에 물러난다. 그를 이을 인물로 급부상한 이가 있었으니 바로 아나톨리 추바이스였다. 30대 중반으로 유창한 화술과 세련된 매너를 갖춘 그는 서구로부터 대환영을 받았으며, 심지어 영국의《이코노미스트》는 그를 2010년 러시아 대통령으로 예견하기도 했다. 추바이스는 자신의 임무를 완수하기 위해 성향과 이력이 비슷한 지인들을 모아 이른바 '드림팀7'을 꾸렸고, 하버드 국제개발연구소와 함께 가공할 만한 속도로 러시아 경제 개혁에 박차를 가한다.

하버드의 미션

하버드 국제개발연구소HIID 설립은, 하버드의 CIA라 불렸던 국제문제연구소CFIA가 무기 통제, 대외 원조·개발과 관련된 주제에 개입하는 등 논란이 되는 역할에서 벗어나려는 시도에서 시작되었다고 한다. 1962년 개발자문서비스가 국제문제연구소와 관련된 하나의 독자적 기관으로 출범하였고, 이것이 74년 국제개발연구소로 이름이 바뀌었다.[8]

국제개발연구소는 2000년 문을 닫을 때까지 아프리카, 아시아, 라틴아메리카, 동유럽 등 세계 각지에서 경제 개혁 프로그램을 운영하며 세계적인 영향력을 발휘해 왔다. 인도네시아에서 세금제도를 개혁하고 금융시장을 자유화했는가 하면 콜롬비아, 케냐, 파키스탄, 잠비아 등에서 신자유주의 시장경제로 개혁을 추진한 바 있다. 하지만 러시아를 시장경제로 전환하는 프로젝트는 국제개발연구소가 그동안 맡아 왔던 그 어떤 것보다 크고 막중한 임무였다.

국제개발처는 1992년 부시George H. W. Bush 대통령 말기 210만 달러를 시작으로 97년까지 5년 사이에 국제개발연구소에만 4040만 달러를 러시아 프로젝트를 위한 명목으로 지원했다. 97년 국제개발연구소

러시아 경제 개혁에 천문학적인 원조금을 쏟아 부은 미 국제개발처.

관계자들의 부적절한 활동과 공금 유용 정황 등이 드러나면서 철회한 자금까지 더하면 5년 동안 국제개발연구소가 지원받기로 한 돈은 5700만 달러가 넘었다고 한다.[9]

재닌 웨델 교수는 국제개발연구소가 짧은 시간에 그처럼 많은 돈을 단독으로 지원받은 것은 매우 이례적인 현상이라고 지적한다. 더 놀라운 사실은 국제개발처가 자금만 지원한 것이 아니라 국제개발연구소 관계자들에게 3억 달러에 달하는 국제개발처 자금을 조정, 관리하는 일도 맡겼다는 것이다. 다시 말해 국제개발연구소는 국제개발처의 주요 자금 수혜자인 동시에 자신들과 경쟁관계에 있는 다른 기관들을 관리, 감독하는 독특한 입장에 놓여 있었던 셈이다.[10]

'하버드'라는 화려한 연줄 덕에 이러한 특혜가 가능했음은 두말할 나위가 없다. 재무부에는 하버드와 연결된 로렌스 서머스를 비롯해 그의 후임으로 재무부 국제담당 차관보가 된 데이비드 립튼 등이 하버드 프로젝트를 든든하게 지원하고 있었다. 하버드 측 인사들이, 서구 자본이 러시아 경제 개혁의 적임자로 낙점한 추바이스계와 긴밀하다는 점도 유리하게 작용했다.

러시아 프로젝트에서 중요한 역할을 맡은 핵심 인물은 감독으로 임명된 안드레이 슐라이퍼와 하버드 로스쿨 출신으로 프로젝트의 실무를 담당한 조나단 헤이였다. 슐라이퍼와 헤이는 국제개발연구소가 설립한 러시아 사유화센터를 비롯해 수많은 민간기구를 설립했으며, 추바이스를 도와 러시아 경제 개혁의 밑그림을 그렸다. 특히 헤이는 국제개발연구소 일반이사로, 추바이스 그룹과 해외 원조기구 사이에서 실무를 처리하며 핵심적인 역할을 했다. 언론의 표현을 빌리면 그는 미 정부는 물론 세계 각국의 원조기구가 공급하는 수천만 달러를 러시아로 전달하는 '파이프 라인'이었다.

하버드 로스쿨을 졸업한 지 불과 몇 년 되지 않은 30대 초반의 조나단 헤이의 영향력은 러시아에서 상상을 초월하는 것이었다. 재닌 웨델 교수는 러시아의 중요한 모임에서 헤이보다 훨씬 경험이 많고 원숙한 사람들이 그에게 경의를 표하는 모습을 수차례 목격했다고 한다. 사실상 그의 직분은 일개 컨설턴트에 불과했는데도 말이다.

한편, 추바이스는 자신이 추진하는 사유화 정책이 논란을 불러일으키자 종종 의회를 거치는 과정을 생략하고 대통령령으로 신속하게 처리하는 방법을 택하곤 했다. 그래서 헤이와 그의 동료들이 대부분 정책 초안을 작성했다고 한다. 한 나라의 미래를 좌우할 중요한 경제 개혁 법안들을 의회의 논의 과정도 없이 소수의 친서방 권력자와 외국인이 작성해 이행했던 것이다. 결과적으로 추바이스계와 하버드의 끈끈한 파트너십은 러시아 경제를 망가뜨렸을 뿐만 아니라 민주적인 제도와 절차마저 위태롭게 한 셈이다.

러시아 국민의 수명을 단축시킨 하버드

러시아에서 국영기업 사유화 사업을 담당한 핵심 조직이 국유재산위
원회GKI다. 1991년 11월 추바이스가 초대의장을 맡았다. 추바이스는
하버드 국제개발연구소와 손을 잡고 약 1만 5000개 국영기업들을 먼
저 사유화하는 방안을 마련한다. 그러기 위해 바우처voucher 사유화 프
로그램을 도입하는데, 이는 국민들에게 정부가 보증하는 전표를 나눠
줘 국영기업의 자산을 소유하도록 촉진하는 정책이다. 이 정책에 따라
92년 10월, 러시아 국민 1억 4800만 명이 1인당 1만 루블(미화 약 63달
러) 가치의 바우처를 지급받았다. 이 전표로 경매나 간접투자펀드 방
식을 통해 국영기업의 주식을 받을 수도 있었지만, 전표를 되팔아 바
로 현금으로 전환하는 것 또한 가능해 인플레이션으로 허덕이는 대다
수 국민은 이 방법을 선택하지 않을 수 없었다. 추바이스 정책은 바우
처가 소수에게 집중되는 것을 가능하게 했고, 그 결과 극심한 부정,
부패가 만연한 가운데 한정된 소수만 혜택을 누렸다. 처음에는 바우
처 사유화의 혜택이 전 국민에게 돌아가리라 큰소리쳤던 추바이스는
은근슬쩍 태도를 바꿨다.

> 6월 국회에서 이루어진 토론에서 추바이스는 "국유재산위원회의
> 정책은 사회계층의 분열을 조장하는 것이 아니라 모두가 사람 중
> 심의 사유화에 참여하게 하는 것"임을 명백히 강조한 반면, 국유재
> 산위원회는 비밀리에 이와 반대되는 결과를 가져올 정책을 진행시
> 키고 있었다. 11월이 되자 추바이스는 러시아 시민들을 위한 바우
> 처 사유화의 의미를 전혀 다르게 해석하는 것을 주저하지 않았다.

그는 이제, "사회의 계층화"를 이야기하는 것이 아니라 사람들의 자유, 즉 바우처를 가지고 "사람 중심의 사유화"에 참여하기보다 이를 현금으로 바꿀 수 있는 자유를 강조하는 것으로 입장을 바꾸었다.[11]

1992년 10월부터 94년 6월까지 1단계 바우처 사유화가 마무리되었다. 94년 말까지 전체 국유산업체 약 22만 5000곳 중에서 4만 6000개의 작은 기업이 사유화되었다고 한다.[12] 95년에는 석유, 철강, 통신 등 국가기간산업을 운영하는 대규모 국영산업체가 주식담보대출 형식으로 사유화되었다. 주식담보대출은 러시아 최악의 부패 스캔들로 이어졌고, 러시아의 핵심 산업체가 소수의 개인에게 넘어가면서 올리가르히Oligarkhy[13]가 탄생하는 결과를 낳았다.

당시 추바이스가 조직한 주식담보대출 내부자 경매에 참여할 수 있었던 사람들은 추바이스 일파와 관계가 긴밀했던 극소수의 한정된 그룹이었다. 더욱 놀라운 사실은 하버드 기금을 운용하는 하버드 매니지먼트사HMC가 외국인은 법적으로 금지된 이 경매에 참여해 러시아에서 두 번째로 큰 철강회사인 '노보리페츠크Novolipetsk'와 정유회사

바우처.

'시당코Sidanko' 지분을 상당히 소유하게 되었다는 점이다. 당시 내부자 경매에 참여가 허락된 외국 투자가는 하버드 매니지먼트사와 세계적인 투기꾼 조지 소로스뿐이었다고 한다. 특히 소로스는 1997년 러시아 정부에 수억 달러를 저리로 빌려 준 직후 러시아 최대 통신업체인 '시비아진베스트Svyazinvest'의 주식 24퍼센트를 소유한 사실이 알려져 세간의 눈총을 받기도 했다.

냉전 시대 구소련이 미국과 경쟁할 수 있었던 것은 국가기간산업이 러시아 경제를 탄탄하게 떠받들고 있었기 때문이다. 그런 노른자위 산업들이 사유화라는 이름으로 외국자본과 그것에 빌붙은 협력자들에게 야금야금 팔려 나가면서 러시아 경제는 돌이킬 수 없는 선을 넘고 말았다. 주요한 전략산업들이 사유화되면서 국가 경쟁력이 극도로 약

러시아의 주식담보대출

1995년 재정적자를 해소하고 이듬해 대선에 필요한 비자금을 마련하기 위해 추바이스가 승인해 추진되었다. 본래 계획은 국가가 소유한 거대 석유, 철강, 광산회사와 은행 등의 주식을 민간 부문에 한시적으로 넘겨주어 정부 운영에 필요한 재정을 마련한다는 것이었다. 하지만 부패로 곪아터진 러시아 정부는 빌린 돈을 갚을 능력도, 의지도 없었다. 그 결과 엄청난 규모의 국가자산이 헐값에 소수의 손에 넘어가 버렸고, 정경유착으로 막대한 부를 축적한 극소수의 올리가르히(신흥재벌)가 새로운 지배계층으로 급부상했다.

화된 것이다. 또한 국영기업체 사유화로 인해 대량 실업이 발생하면서 서민생활은 점점 더 어려워지고 외국자본의 이해를 대변하는 소수의 특권층은 더욱더 부유해져 사회적 양극화가 극심해지고 말았다.

추바이스계는 소수에게 특혜를 준 대가를 두둑하게 챙겼고, 그것이 밝혀지면서 크게 비판을 받았다. 1997년, 추바이스를 비롯한 정·관계 고위인사들이 거액의 원고료를 대가성으로 받은 사건이 좋은 예다. 이 사건은 국내 언론에도 보도될 만큼 파장이 컸다. 《시사저널》에 따르면 추바이스를 비롯한 고위인사 4명은 《러시아 사유화의 역사》라는 18쪽 분량의 소책자를 쓰는 대가로 1인당 9만 달러를 받아 챙겼다. 이렇게 큰돈을 그것도 선불로 선뜻 지불한 업체는 오넥심 그룹 계열의 출판사였다. 사유화 과정에서 추바이스의 지원을 받아 재미를 본 그룹 중 하나다. 이러한 뒷거래가 알려지면서 추바이스계는 여론의 뭇매를 맞았고, 야당의 공세에 떠밀린 옐친 대통령은 추바이스를 제외한 세 관료를 해임했다. 이후 압력에 밀려 추바이스도 재무장관 자리에서 해임했으나 제1장관직은 유지하게 했다. 그는 추바이스를 완전히 자르면 러시아 경제에 타격이 클 거라며 반대파들을 다독였다고 한다.[14]

옐친이 1996년 자신의 재선에 혁혁한 공을 세운 추바이스를 감싸고돈 것은 어쩌면 당연한 일이다. 추바이스는 96년 3월부터 옐친의 선거 캠프를 이끌었고, 당시 옐친팀은 법적으로 제한된 선거 비용(약 320만 달러)의 수십, 수백 배(5억 달러 이상으로 추정)를 썼다고 한다. 사유화 과정에서 축적한 불법자금이 옐친 쪽으로 흘러들어 갔음은 불 보듯 뻔했다. 이를 증명하듯이 96년 6월 19일, 대선 1차 투표가 끝난 지 불과 3일 후 추바이스의 두 측근이 53만 8000달러가 든 마분지 상자를

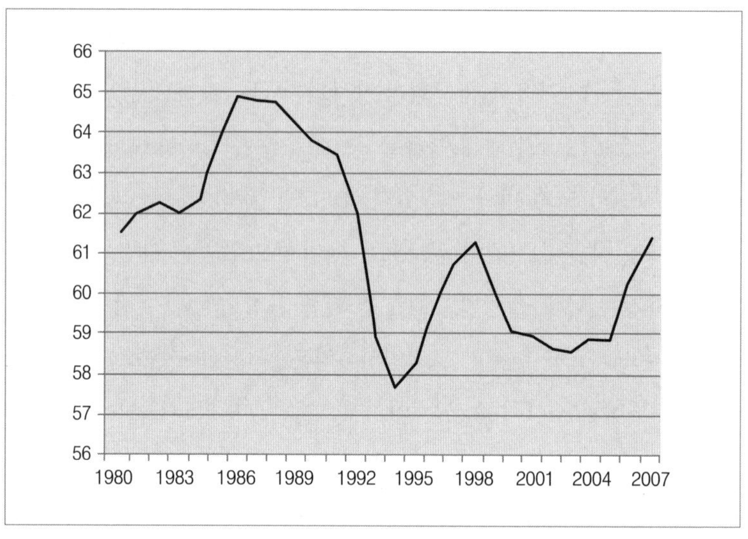

출처: 위키피디아

들고 러시아 대통령궁을 빠져나오다 적발되어 망신을 사기도 했다.[15]

이처럼 부패로 얼룩진 추바이스의 국영기업 사유화 계획을 전폭적으로 지지했을 뿐만 아니라 함께 설계한 것이 하버드라는 사실은 씁쓸한 아이러니가 아닐 수 없다. 한편, 미국 정부는 옐친 정부의 부패를 눈감아 주었는데, 옐친이 친서방 노선을 폈기 때문이다. 95년 러시아 사유화 과정에서 뇌물 스캔들이 드러나자 미 재무장관은 이렇게 말했다고 한다.

잘된 일이라고 생각했다. 왜냐하면 우리는 보리스 옐친의 당선을 바라기 때문이다. 우리는 부패 선거라는 사실에는 전혀 개의치 않고 옐친에게 돈을 쏟아 부으려 했다.[16]

국영기업 사유화 과정이 러시아 국민들에게 얼마나 큰 분노와 스트레스를 유발했는지는 러시아 남성들의 기대수명을 조사한 296쪽 표를 보면 알 수 있다. 사유화와 경제 개혁이 급격히 진행된 90년대 초반부터 기대수명도 급격히 낮아져, 10년 전과 비교하면 무려 7년이나 단축된 것으로 조사되었다. 이 때문에 세간에서는 '하버드-러시아 스캔들'을 가리켜 '하버드가 러시아 국민들의 평균수명을 단축시킨 사건'이라며 농담조로 말하기도 했다.

행방이 묘연한 원조금

러시아가 국영기업 사유화를 추진하는 동안 하버드 국제개발연구소 HIID와 추바이스 그룹은 수많은 국제기구의 원조금을 처리할 독립기구 설립을 추진한다. 국제기구들 입장에서는 비효율적이고 성가신 러시아 정부의 관료주의를 우회할 수 있는 민간기구의 설립이 절실했던 것이다. 이러한 이해관계에서 탄생한 것이 러시아 사유화센터RPC다.

러시아 사유화센터는 1992년 11월 대통령령으로 설립됐고, 서구에서 밀려드는 천문학적인 원조금을 받아들이는 중요한 창구였다. 당시 국유재산위원회GKI 수장이던 추바이스가 이사회 의장을 맡았다. 하버드는 센터 설립은 물론 구체적인 사업 내용에까지 관여했고, 안드레이 슐라이퍼는 이사회 이사로 적지 않은 영향력을 행사했다.

국제개발연구소 도움을 받아 러시아 사유화센터는 미 국제개발처에서 4500만 달러를 지원받은 것을 비롯해 유럽연합과 일본, 독일, 영국에서도 기금을 받았고, 그 밖에 다른 정부와 비정부기구에서도 수백만 달러를 원조받았다. 세계은행과 유럽부흥개발은행EBRD에서도 각각 5900만 달러와 4300만 달러를 차관했다. 이는 러시아 국민이 되갚아야 하는 돈이다.[17]

1996년 미 국무부의 위임을 받아 작성된 한 비밀 보고서에 따르면 러시아 사유화센터는 지나치게 돈을 많이 지원받았다고 한다. 세계은행은 미 국제개발처가 이미 지원한 운영비를 또다시 지원하기도 했다. 러시아 사유화센터 CEO이자 추바이스 최측근이던 막심 보이코가 남긴 기록에 따르면, 그가 수장으로 있는 동안 서구에서 받아 관리한 돈만 약 40억 달러에 이른다고 한다. 그 많은 돈이 다 어디에 쓰였을까. 일부는 국제개발연구소가 러시아에 각종 재단을 설립하면서 유용한 것으로 추측된다. 가령 사유화센터는 정치적 영향력을 확대하기 위해 96년까지 러시아 전역에 지역 사유화센터LPC 열 개를 세웠다. 지역마다 사무실이 마련돼 적잖은 인력이 배치되었고, 감독과 부감독 등 핵심 인력은 추바이스계가 선발했다. 이 과정에서 막대한 원조금이 물 새듯 사라졌고, 사유화센터의 영향력은 러시아 전역으로 뻗어나갔다. 그 바람에 추바이스와 그를 추종하는 일파들의 주머니만 두둑해졌다.

러시아 사유화센터 외에도 국제개발연구소가 원조금을 기반으로 설립한 민간기구가 꽤 많은데, 미국의 증권거래위원회SEC에 준하는 러시아 연방증권위원회The Federal Securities Commission도 그중 하나다. 이 기구 역시 대통령령으로 설립되었다. 추바이스 측근인 드미트리 바실리에브가 전무이사 겸 이사회 부의장을, 약방의 감초 같은 추바이스는 어김없이 의장을 맡았다.

국제개발연구소가 설립하고 미 국제개발처와 세계은행이 자금을 댄 또 다른 기구가 '법에 기초한 경제연구소Institute for Law-Based Economy, ILBE'이다. 시장경제로 개혁하는 데 필요한 법적인 자문을 해 주고, 규제의 틀을 만든다는 본래 목적과 달리 이 연구소는 법과 질서 를 피해 갈 수 있는 뒷거래의 전형을 제시했다. 초기 고객 중 한 명이 보스턴에서 헤지펀드를 운용하는 낸시 짐머만이었는데, 그녀는 러시 아에서 금지된 투자를 하고 있던 안드레이 슐라이퍼의 부인이었다. 또한 연구소의 러시아 측 관계자들은 자신의 친척들과 친구들을 유령 직원으로 올려 돈을 빼돌리는가 하면, 국제개발처가 지원한 차량과 운전사를 개인적으로 쓰는 등 부정과 부패를 일삼았다. 이러한 실태 는 비밀도 아니었고 이미 공공연히 알려진 사실이었다. 한 인사가 우 려해 헤이에게 이런 상황을 전달했다가 당신은 이 프로그램 관계자가 아니라는 빈축만 샀다고 한다.[18]

이 연구소의 부패 스캔들은 1997년 4월, 러시아 측 관계자들이 미 국 자금으로 구입한 50만 달러 상당의 사무실 비품을 빼돌리면서 절 정에 이른다. 슐라이퍼와 헤이의 직권 남용 사실이 드러나고 미국 측 이 일시적으로 자금 지원을 중단하자 이런 일이 발생한 것이다. 국제 개발처 모스크바 사무국은 빼돌린 장비를 되돌려 놓을 경우 다시 지 원할 가능성을 내비쳤으나, 세르게이 시시킨 소장은 혐의 내용을 부 인하면서 도리어 중상모략한 국제개발처를 고소하겠노라며 으름장 을 놓았다.

러시아 프로젝트의 문제점이 속속 드러나자 미국의 연방회계감사 원에 준하는 러시아의 한 회계기관이 사유화센터에 지원된 돈의 일부 가 어떻게 쓰였는지 조사하기 시작했다. 1998년 5월에 발표한 보고서 에서 이 회계기관은 "지원금이 원래 목적대로 사용되지 않았다. 기부자들은 아무것도 아닌 것에… 확인할 수 없는 곳에 수십만 달러를 날렸다"[19]고 결론을 내렸다고 한다.

이제 와서 수많은 원조금이 정확히 어디에 어떻게 쓰였는지 알아내기란 불가능한 일이다. 다만 일부가 어떻게 유용되었는지 짐작하게 하는 기사가 있다. 1999년 BBC는 뉴욕은행에 은닉돼 있는 러시아에서 온 100억 달러 이상의 불법자금을 거론하면서, 이 중 일부는 IMF가 러시아의 경제 개혁을 촉진하기 위해 1992년부터 제공한 200억 달러 중 일부일지 모른다고 보도한 바 있다. 물론 모스크바의 담당자는 격분하면서 이 내용을 거듭 부인했다.[20]

재닌 웨델 교수는 기본적으로 국제 금융기관의 모든 주요 기부자가 러시아 사유화센터에 자금을 지원했고, 하버드-추바이스 그룹이 이 자금을 운영했다고 강조한다. 이보다 더 놀라운 사실은 사유화센터가 공식적으로는 비정부기구였다는 점이라고 지적한다.

러시아 사유화센터RPC는 공식적으로는 NGO였지만 정부기관처럼 기능했다. 하지만 정부기관에 따르는 책임감은 갖고 있지 않았다. 나는 이를 신축적 조직이라 부른다. 따라서 하버드나 러시아 측은 불리할 때면 우리는 단지 NGO라고 말하며 책임을 부정할 수 있었다. 하지만 사실상 RPC는 사유화 정책의 결정 과정에 중요한 영향력을 행사했고, 하버드와 추바이스 그룹이 이를 조종하고 있었다. 이러한 시스템은 이들에게 부인권을 주었다는 점에서 완벽한 체제였다. 문제가 생기면 "우리는 단지 NGO"라고 하면 되었다.[21]

모든 국제기구가 한결같이 러시아 사유화센터를 정부기구로 대했다. 추바이스를 비롯한 많은 사유화센터 관계자가 러시아 정부의 핵심 관료였기 때문이다. 재닌 웨델 교수가 세계은행 직원에게 세계은행이 NGO에도 자금을 지원하는지 묻자 담당자는 아니라고 대답했다고 한다. 하지만 세계은행은 사유화센터에 엄청난 자금을 제공했다. 미 국제개발처에서도 대답은 같았다. 사유화센터를 정부기구로 여겼다는 것이다.

러시아 사유화센터를 둘러싸고 벌어졌던 혼란과 애매함은 애초에 의도된 것이 분명했다. 민간기구란 포장은 문제가 발생했을 때 자신들의 역할과 책임을 부인하려고 고안된 일종의 안전 장치였던 셈이다. 또 국적과 문화가 전혀 다른 두 집단이 결합해 있었던 까닭에 필요할 때면 서로를 핑계 삼아 책임을 면할 수 있었다. 러시아는 하버드 측을, 하버드는 러시아 측을 비난하면 그뿐이었다.

한편, 하버드와 추바이스계는 서로 끈끈한 우정을 과시하며 다른 기관들이 러시아 프로젝트에 개입하는 것을 철저히 차단하기도 했다. 하지만 꼬리가 길면 밟힌다고 했던가. 둘의 전횡이 알려지면서 1996년 미 의회가 정부 내의 정부책임사무소General Accounting Office, GAO에 국제개발연구소가 러시아, 우크라이나에서 어떤 활동을 했는지 조사할 것을 촉구하고 나섰다. 정부책임사무소는 국제개발연구소가 "러시아 원조프로그램의 상당 부분을 태만하게 임한 것"과 "미국의 원조프로그램을 실질적으로 통제했던 것" 그리고 하버드에 대한 국제개발처의 관리·감독 또한 "느슨"했음을 발견했다.[22]

보고서 발표 이후에도 국제개발처는 여전히 하버드와 추바이스계를 지지하며 감싸고돌았다. 그러던 중 1997년 헤이의 여자친구가 러시아 최초의 뮤추얼 펀드를 승인받게 되고, 국제개발연구소 관계자들이 금지된 투자까지 해 자산을 불려 온 사실이 드러나면서 국제개발연구소에 대한 전면적인 조사가 시작된다.

미 정부에 소송당한 하버드

한번 상상해 보자. 1998년 외환위기 때, 몇몇 영향력 있는 IMF 인사가 한국 경제에 이런저런 구조 조정을 요구하고선 자신은 그 정보를 이용해 몰래 한국에 투자하여 막대한 이득을 챙겼다면? 생각만 해도 피가 거꾸로 솟을 일이다. 바로 이런 비윤리적이고 철면피한 짓을 세계 최고 명문이라는 하버드 교수와 직원들이 저질렀다. 슐라이퍼와 헤이 같은 이들에게 러시아는 매력적인 '신흥시장'임이 분명했다. 하지만 미 정부와 하버드 그리고 국제개발처 사이에서 작성된 계약서에 따르면 국제개발연구소 직원은 물론 그 가족들도 '이익 충돌 금지의 원칙'에 따라 러시아에서는 투자나 경제적 이권을 금하고 있었다. 그런데 프로젝트 책임자로서 원칙을 준수해 다른 직원들의 모범이 되었어야 할 슐라이퍼와 헤이는 뒷거래의 달인이 되는 길을 택했다.

공판 자료를 바탕으로 한 보고서에 따르면, 슐라이퍼와 부인 낸시 짐머만이 러시아에 투자를 시작한 것은 1994년 7월부터다. 사유화 정책이 한창 진행되던 시기다. 낸시 짐머만은 골드만 삭스에서 화려한 경력을 쌓은 헤지펀드 매니저로 이후 독립해 자신이 직접 투자회사 파랄리온Farallion를 운영하고 있었다. 부부는 주변의 지인들에게도 러시아에 투자할 것을 권유했으며 이 과정에서 슐라이퍼는 자신만 아는 고급 정보를 흘렸을 뿐만 아니라 국제개발처의 자금으로 운영되는 시설과 무료 법률 자문 서비스도 지인들이 쓸 수 있도록 했다.

1994년 8월, 슐라이퍼는 오일주를 사들이기 시작해 11월까지 약 400만 달러 이상을 투자했다. 이 중 90퍼센트가 부인이 운영하는 파랄리온을 통해 이루어졌고 나머지는 부부가 직접 투자했다. 슐라이퍼는 이런 사실을 감추기 위해 시카고의 부동산 투자가인 장인 이름을 이용해 주식을 사는 약삭빠름도 보였다. 96년에 이르러 부부는 과감하게 투자를 확대한다. 짐머만은 아예 러시아에 회사를 차리고 빚까지 얻어 가며 러시아 단기국채를 사들였다. 미 정부 주장에 따르면 이들은 러시아에 세금을 내지 않기 위해 단기국채 수익금을 미국 은행에 대출금을 상환하는 형식으로 전송했다가 다시 파랄리온으로 재전송했다고 한다. 슐라이퍼 부부가 필요로 하는 온갖 법적 자문 서비스를 제공하던 헤이라고 이런 좋은 기회를 놓칠 리 없었다. 그는 아이다호에 사는 부친을 끌어들여 부친의 돈 15만 달러와 자신의 돈 5만 달러로 러시아의 단기국채를 사들였다. 당시 러시아 단기국채는 IMF에 의존하고 있었으며 IMF가 러시아에 차관해 주도록 승인한 미 관료가 다름 아닌 로렌스 서머스였다. 96년까지 러시아 단기국채는 가장 수지맞는 상품으로 각광을 받았고, 슐라이퍼·헤이·추바이스계는 물론이고 조지 소로스까지 단기국채에 투자해 막대한 이득을 보았다.[23]

《한겨레21》(1998년 9월 3일)의 심층 기사에 따르면, 1998년 러시아 루블의 평가절하와 모라토리엄 사태를 부른 주범이 바로 단기국채라고 한다. 경제 개혁 과정에서 IMF와 미국은 러시아에 인플레이션 억제와 자본 시장 형성을 위해 국채를 발행하라고 권고했다. 조세 시스템을 개편해 세수를 증대하는 것이 아니라 부족한 세수를 단기외채로 보충하도록 종용한 것이다. 옐친이 집권한 7년간 발행된 단기외채가 약 700억 달러로 이 중 200억 달러 이상을 외국인 투자자가 보유하고 있었다고 한다. 그런데 97년 아시아 외환위기가 터지면서 이들이 일시에 러시아에서 자금을 회수하자 루블은 거듭 폭락했고, 결국 러시아 정부는 모라토리엄을 선언하기에 이른다.[24]

헤이의 부적절한 영향력 행사는 1996년 8월, 여자친구 엘리자베스 허버트가 운영하는 팔라다 애셋 매니지먼트가 러시아 최초의 뮤추얼 펀드로 승인받으면서 정점에 이르렀다. 팔라다 애셋 매니지먼트가 다른 쟁쟁한 경쟁자들을 물리친 배경에 헤이가 있었음은 물어보나 마나였다. 그 덕분에 팔라다는 러시아 최초의 정식 뮤추얼 펀드라는 빛나는 타이틀과 함께, 투자 과정에서 피해를 본 투자자들을 구제하기 위한 정부 펀드 수백만 달러를 운용하는 독점적 권리까지 챙겼다. 이 소식에 당시 모스크바 금융가는 깜짝 놀랐고, 하버드의 프로젝트 운영 방식을 잘 알고 있던 사람들조차 큰 충격을 받았다고 한다. 그러나 정작 헤이는 전혀 당황하지 않고 여자친구가 국제개발연구소의 사무실과 집기를 마음껏 사용하면서 업무를 볼 수 있도록 배려하는 등 통 큰 남자로 행세했다.

혹자는 이런 몇몇 개인의 부정행위로 하버드 전체를 비난하는 것은 바람직하지 않다고 지적할지도 모른다. 그러나 하버드의 부당한 거래는 개인들 문제로 그치지 않는다. 이러한 비밀거래를 통해 가장 큰 이익을 본 것이 다름 아닌 하버드였기 때문이다. 앞에서 말했듯이 하버드 기금을 운용하는 하버드 매니지먼트사HMC가 외국인은 금지된 내부 경매에 참여해 막대한 이득을 본 것만 봐도 알 수 있는 일이다. 물론 하버드 매니지먼트사는 그 과정에 대해서는 함구하고 있지만, 신흥시장에 투자할 때마다 흔히 하버드 교수들로부터 자문을 얻는다고 한다. 재닌 웨델 교수는 "하버드 매니지먼트사가 하버드만의 네트워크를 배경으로 외국인은 법적으로 배제된 사유화 거래에 연루되었다"면서 "하버드 매니지먼트사가 어떻게 이들 거래에 참여할 수 있었는지 반드시 질문이 제기되어야 하고 대답이 제시되어야 한다"고 지적한다.[25]

하버드-러시아 프로젝트의 문제점을 지적한 정부책임사무소GAO의 발표 이후에도 국제개발처는 한동안 아무런 조치를 취하지 않았다. 그러다 1997년 2월, 헤이의 여자친구 회사가 러시아 최초의 뮤추얼 펀드로 승인되는 과정에서 특혜를 입은 정황이 드러나면서 상황이 달라진다. 조사가 시작되자, 슐라이퍼와 헤이는 이는 러시아 프로젝트에서 제외된 타 대학이나 기관들의 정치적인 보복이라면서 무고를 주장했다.

국제개발처에서 내부 조사가 시작되었고, 이 소식이 하버드 국제개발연구소 감독이었던 제프리 삭스 교수에게도 전해졌다. 삭스는 초기 러시아 경제 개혁 과정에는 깊이 개입했지만 어찌된 영문인지 1994년부터는 러시아와 거리를 두고 다른 업무에 매진하고 있었다. 슐라이퍼와 달리 삭스는 로렌스 서머스와 그다지 친밀한 관계가 아니었다고 한다. 서머스는 28세, 삭스는 29세에 하버드 종신교수가 되었다. 이 두 수재는 교수 모임에서 만나기라도 하면 서로 적개심을 내뿜으며 논쟁을 벌이곤 했다고 한다. 둘 다 자신이 가장 똑똑하다고 믿었던 듯하다.

삭스를 비롯한 하버드 측은 러시아 프로젝트를 둘러싼 스캔들이 걷잡을 수 없이 확산되자 큰 충격을 받았다. 1997년 5월, 하버드의 러시아 프로젝트는 중단되었고, 헤이는 국제개발연구소에서 해고되었

1998년 6월 1일자 《네이션》에 폭로된 하버드-러시아 프로젝트 스캔들.

다. 슐라이퍼 역시 러시아 프로젝트 감독 자리에서 물러났다. 물론 국제개발처와 하버드가 맺은 계약도 해지되었다. 그동안 국제개발연구소가 정부에서 받아 쓴 돈은 4000만 달러가 넘었으며, 부가적으로 국제개발연구소가 관리한 돈은 약 3억 5000만 달러에 이르렀다. 모두 소중한 국민의 세금이었다.

2000년 9월, 미 정부는 하버드 대학과 안드레이 슐라이퍼, 조나단 헤이, 낸시 짐머만, 엘리자베스 허버트를 상대로 1억 2000만 달러의 소송을 제기한다. 소송 이유는 사기, 계약 위반, 거짓 청구 등 11건이었다. 소송 쟁점은 크게 두 가지였다. 첫째는 하버드 관계자들이 국제개발처가 제공한 자원을 자신들과 부인, 지인들의 개인적 사업과 투자에 사용했는지 여부, 둘째는 피고인들이 자신들의 지위와 내부 정보, 영향력 등을 이용했는가 하는 것이었다. 슐라이퍼는 러시아에서 자신의 신분은 단지 '컨설턴트'였으므로 '이익 충돌' 금지 규정이 자신에게는 해당되지 않는다고 주장했다. 따라서 슐라이퍼와 헤이가 정부 직원으로서 규정을 어겼는지가 핵심 쟁점이 되었다.

그러나 2004년 더글라스 우드락Douglas Woodlock 연방판사는 "하버드와 국제개발처 사이에 협조적인 동의가 효력을 발휘하며 이는 이익 충돌 금지 조항에 따라야 하는 의무를 발생시킨다"면서 슐라이퍼와 헤이가 그 의무를 위반했다고 선고했다. 2005년 8월, 마침내 합의가 이루어졌다. 하버드는 2650만 달러, 슐라이퍼는 200만 달러, 해고된 헤이는 향후 소득에 따라 100만에서 200만 달러를 미 정부에 지불하기로 합의했다. 낸시 짐머만의 회사가 미 세금으로 조달된 자원을 부적절하게 사용한 것에 대해 150만 달러의 벌금형에 합의한 것까지 포함하면, 하버드 피고인들의 합의금은 모두 3100만 달러에 달했다. 하버드 역사상 최대의 소송이었다.

사건이 불거지고 나서 당시 러시아를 자주 방문했던 한 은행가는 "하버드 집단이 자신들뿐만 아니라 하버드 그리고 미 정부에까지 피해를 입혔다"는 코멘트를 남겼다고 한다.[26] 이는 절반은 맞고 절반은 틀린 해석이다. 하버드맨들의 행동으로 가장 피해를 입은 것은 벌금을 물게 된 슐라이퍼나 헤이도, 평판에 먹칠을 하게 된 하버드나 미 정부도 아닌 바로 러시아 국민들이기 때문이다.

미국이 진짜 원한 것

1998년 8월, 하버드 국제개발연구소에 대한 조사가 한창 진행되던 시기에, 러시아는 루블이 폭락해 결국 모라토리엄을 선언하는 초비상 사태에 빠진다. 물론 러시아에 닥친 경제위기가 하버드 때문이라고만은 할 수 없을 것이다. 그러나 하버드맨들의 대러시아 경영이 수많은 사람에게 악몽 같은 기억과 부패의 악취를 남긴 건 분명하다. 하버드에 관한 불편한 대부분 사건과 마찬가지로 러시아 스캔들도 주류 미디어에는 거의 거론되지 않았다. 5년이 넘는 긴 합의 과정을 거치면서 이 스캔들은 사람들의 기억 속에서 사라져 갔다. 오늘날 대다수 미국

거듭된 실정과 비리로 사임한 옐친(왼쪽)과 올리가르히를 숙청하고 국가기간산업을 다시 국유화한 푸틴(오른쪽).

인은 러시아의 올리가르히와 하버드가 어떻게 관련되어 있는지 아니 하버드가 러시아 경제 개혁 과정에 개입했다는 사실조차 기억하지 못한다.

하버드의 러시아 프로젝트가 가져온 한 가지 분명한 결과는 대다수 러시아 국민이 시장경제 개혁에서 등을 돌리게 했다는 것이다. 거듭된 실정과 비리, 경제위기 등으로 지지율이 바닥까지 떨어진 옐친 대통령은 1999년 12월 결국 사임한다. 2000년 대선에서 압도적인 지지로 당선된 푸틴은 98년 경제위기의 책임을 물어 옐친의 비호를 받으며 부를 축적한 올리가르히들을 숙청하고 석유기업들을 국유화로 돌려놓았다. 에너지업체의 약 3분의 1도 다시 국유화했다. 이런 과정에서 국가의 권위주의가 강화되었다. 자본주의적인 경제 개혁에 쓴맛을 본 러시아 국민은 대체로 푸틴을 용인하는 분위기였지만, 2012년 대권에 다시 도전하는 모습을 보면서 그에 대한 평가가 엇갈리고 있다.

못내 궁금한 것이 있다. 미 정부는 정말 러시아에서 벌어지는 일들을 몰랐을까. 답은 그렇지 않다는 것이다. 1998년 11월,《뉴욕타임스》는 95년 러시아 빅토르 체르노미르딘 총리Viktor Chernomyrdin(1992~98)[27]의 부패 정황을 담은 CIA 보고서를 앨 고어 부통령이 의도적으로 묵살했으며 차후 이 문제에 대해서는 보고하지 말라고 주문했다는 내용을 폭로했다.[28] 이 기사는 또한 미 정부가 러시아에서 벌어지는 수많은 부패에 전혀 관심을 보이지 않았다면서 추바이스를 포함한 러시아 고위관료들이 사유화 과정에 대한 책을 쓰면서 출판사에서 각각 9만 달러의 원고료를 미리 받아 물의를 일으킨 사건을 예로 든다.[29]

그러나 여기서 주목할 것은 CIA가 러시아의 동향을 계속 주시하고 있었다는 점이다. 이 때문에라도 미 정부가 몰랐다는 건 말이 되지 않는다. 결국 미 정부가 아무런 조치를 취하지 않았다는 것은 러시아 경제가 결딴나는 것이 미국으로서는 별문제가 되지 않거나 아니면 그것이 바로 미국이 원한 것이었다는 추측이 가능하다.

공산주의가 무너진 러시아에서 미국이 원한 것이란 결국 미국 입맛에 맞게 혹은 다시는 미국에 맞서지 못하도록 러시아의 정치, 경제, 사회 체제를 재편성하는 것이었다. 이를 위해서는 구소련의 국가기간산업과 산업 노동자계급의 해체가 시급했을 것이다. 속내가 이러했다면 러시아 사유화 과정에서 약간의 잡음이 생기는 것쯤은 미국으로서는 '별것' 아니었을 것이다. 또한 이 과정에서 급속히 성장한 친서구 관료들과 올리가르히는 러시아 내부를 극심하게 분열시켰다. 산업 기반 시설 해체와 국론 분열, 혹시 이것이 미국과 서구 자본이 원했던 것은 아닐까. 국론을 분열해 편을 갈라 놓을수록 통치는 더욱 수월해질 테니 말이다.

드림팀의 근황

러시아 스캔들을 일으킨 주역들은 이후로 어떻게 지내고 있을까. 재닌 웨델 교수에 따르면, 추바이스를 비롯한 그의 측근들은 러시아의 고위 테크노크라트(기술관료)가 되어 여전히 요직을 꿰차고 있다고 한다. 추바이스는 1998년부터 2008년까지 국영 전력회사 사장을 지냈고 2008년부터는 러시아 나노공사(러시아 정부가 나노테크놀로지 분야 육성을 위해 세웠다) 사장을 맡고 있다. 그는 2004년 《파이낸셜 타임스》 등이 선정한 세계에서 54번째로 존경받는 비즈니스 리더가 되었고, 2008년 9월에는 JP모건 자문위원회 위원으로 위촉되는 등 미국과 여전히 우호적인 관계를 유지하고 있다. 2005년 암살당할 뻔했으나 살아남았다.

그럼, 하버드 수재들은 어떻게 되었을까. 로렌스 서머스는 러시아 프로젝트에 대한 의혹의 눈길에도 아랑곳하지 않고 2001년 하버드 총장으로 취임한다. 그 소식이 안드레이 슐라이퍼에게는 로또 당첨에 버금가는 희소식이었을 것이다. 서머스가 총장 후보로 거론되기 시작하자 슐라이퍼와 부인 짐머만은 즉시 그의 당선을 위해 캠페인을 벌이고 자신들의 집에서 파티를 여는 등 서머스를 적극 지지했다고 한다. 총장이 된 서머스는 하버드 문리학부 학장에게 슐라이퍼의 교수직에 아무런 문제가 없도록 보호해 줄 것을 당부해 변함없는 우정을 과시하기도 했다.

독불장군 식으로 학교를 운영하고 여성 비하 발언을 서슴지 않던 서머스는 결국 학내 구성원들의 반발에 못 이겨 2006년 2월, 총장에서 물러난다. 하지만 러시아 프로젝트가 사회적 물의를 일으키는 시

하버드-러시아 스캔들로 인해 비난을 받으면서
도 2001년 총장으로 취임한 로렌스 서머스.

점에 교육계와 별반 어울릴 것 같지 않은 서머스가 하버드 총장으로
임명되고, 2005년 러시아 프로젝트 건에 대해 하버드와 정부가 합의
한 후 불과 반년 만에 스스로 물러난 것은 그 시기가 '절묘하게' 맞아
떨어졌다는 점에서 또 하나의 의문을 품게 한다. 총장에서 물러난 뒤
대기업에서 비싼 자문비를 받아 가며 건재함을 과시하던 그는 2008년
오바마 정부 국가경제위원회 위원장으로 발탁되어 수렁에 빠진 월가
를 구제하는 데 결정적인 역할을 한다. 2010년 오바마 경제팀이 물갈
이 되는 시점에서 위원장직을 사퇴한 뒤 하버드로 복귀해 현재는 케
네디스쿨에서 강의를 하고 있다.

슐라이퍼는 하버드의 잘나가는 경제학자로 남아 있으며, 여전히
자신은 아무 잘못이 없다는 입장이다. 1999년 슐라이퍼는 노벨상과
더불어 경제학 분야에서 가장 영예로운 상이라는 존 베이츠 클라크

John Bates Clark 메달을 받았다. 노벨상 수상자이자 신자유주의 전도사인 밀턴 프리드먼은 1951년에 그리고 서머스는 93년에 이 메달을 받았다. 머지않아 슐라이퍼가 노벨경제학상을 받는다고 해도 그리 놀랄 일은 아닐 것이다.

해고된 이후 헤이는 런던에 있는 한 로펌에서 국제변호사로 일하고 있는 것으로 알려져 있다. 러시아 프로젝트가 중단된 후 여자친구였던 엘리자베스와 결혼했으며 문제가 되었던 뮤추얼 펀드는 1998년 다른 기업에 매각되었다. 현재 구 동구권 국가들의 부동산에 전문적으로 투자하는 개발회사의 전무이사로도 활동하고 있다.

제프리 삭스는 1999년 하버드 국제개발연구소 감독에서 물러난 후 케네디스쿨 안에 새롭게 설립된 국제개발센터Center for International Development, CID의 수장이 되었다. 이 센터는 컨설팅보다는 개발도상국 연구에 중점을 두었고, 2000년 해산된 국제개발연구소의 기금 1300만 달러를 이전받았다. 그런데 삭스는 2002년 봄 느닷없이 국제개발센터에서 사임하고, 컬럼비아 대학으로 적을 옮긴다. 현재 지구연구소 소장이다. '충격'요법의 달인답게 국제개발센터를 떠날 때 자신이 추진하던 대형 프로젝트도 함께 가지고 떠나, 센터를 휘청거리게 했다는 후문이다. 그의 갑작스런 사임에 연구비 지원을 약속했던 기관들이 약속을 철회했던 것이다.

이처럼 다들 여전히 막강한 영향력을 행사하며 잘 먹고 잘산다. 이것이 바로 하버드다. 하버드의 인맥과 영향력은 한 나라의 진로를 뒤집어 놓을 만큼 강력해 잘못된 정책의 결과에도 연연하지 않는다. 재닌 웨델 교수는 하버드-러시아 스캔들을 단지 몇몇 개인 탓으로 돌려왔음을 중요한 문제점으로 지적한다. 이것은 단 한 번도 이 문제를 기관의 실패로 간주하지 않았음을 뜻한다. 그 때문에 정부·하버드·하버드 법인 등을 깊이 들여다볼 수 없었다는 것이다. 또한 하버드와 추바이스 그룹을 지켜보면서 지난 30년 사이에 이전과 다른 방식으로 권력과 영향력을 행사하는 집단이 등장했음을 자각하게 되었다고 한다.

이 새로운 시스템을 가능하게 한 것은 민영화의 확산과 정부 기능의 아웃소싱 등이다. 가령 오늘날 미 정부의 기능을 수행하고 있는 이들 중 4분의 3이 민간 계약자 밑에서 일하고 있으며 이들은 푸드 서비스 같은 단순 서비스가 아닌 정보기관, 구제관리 등 중요한 정부 기능을 수행한다. 냉전 이후 촉진된 정부 기능의 민영화는 하버드의 사례가 예시하듯 민간인이 국내외 공공정책 결정 과정에 엄청난 영향력을 행사할 수 있는 시스템이 가능하도록 문을 활짝 열어 주었다. 또한 기술의 발전으로 한 사람이 여러 장소에서 활동할 수 있게 되었고, 과거보다 흔적을 찾기가 어려워졌다. 따라서 오늘날 정계 최고 실세들의 프로파일은 그 유연성에 있어 플렉시안 Flexian[30]이라고 부를 수 있다. 이들은 싱크탱크들과 연계해서 정부 컨설턴트, 비즈니스 컨설턴트 등 겹쳐지는 다중의 역할을 수행하고 있으며 미디어와 연계해 자신을 홍보한다. 말로는 공공의 이익을 위해 일한다고 말하지만 결국 자신의 어젠다를 위해 일하는 것이다. 이것은 일찍이 없었던 신종 모델로 이들 뉴 파워브로커들은 계속해서 움직이며 새로운 조직을 만들기 때문에 전보다 덜 드러나면서 더욱 위험하다. 과거의 실세들은 정부나 특정 기관에 연결되어 있었지만 오늘날의 선수들은 점으로 연결되어 있으며 네트워크를 중심으로 글로벌하게 움직인다. 따라서 이는 훨씬 복잡하며

안타깝게도 책임을 따지기란 더욱 어려운 시스템이다.[31]

이러한 시스템은 안타깝게도 대한민국에서도 여지없이 작동하는 것 같다. 멀리 볼 것 없이 전 국민을 치떨게 했던 론스타 사건을 떠올려 봐라. 해외투기자본인 론스타는 2003년 1조 3800억 원이라는 헐값에 외환은행을 인수했다. 하지만 인수 당시 론스타는 자본 총액 중 비금융회사 비중이 25퍼센트가 넘는, 애초에 은행을 인수할 자격이 안 되는 산업자본이었다. 이 때문에 론스타의 대주주 자격을 박탈해야 한다는 요구가 빗발쳤다. 그러나 이런 요구와 국부 유출에 대한 국민의 분노에도 금융 당국은 론스타 편을 들어주었다. 결국 론스타는 외환은행을 매각해 불과 8년 만에 4조 6635억 원이라는 천문학적인 차익을 남기고 한국을 떠났다. 이 과정에 개입한 금융감독위원회, 금융감독원, 재정경제부 관료들은 여전히 자신만의 전문 능력을 발휘하면서 잘살고 있을 것이다.

수많은 노동자를 해고로 몰아넣은 쌍용자동차 사태도 마찬가지다. 2004년 쌍용차가 상하이자동차에 매각될 때 이미 비극이 예고되었다. 당시 상하이자동차가 쌍용의 기술만 챙기고 경영은 소홀히 할 것이라는 우려가 팽배했고, 이는 현실이 되었다. 2009년 1월, 인수 4년 만에 상하이자동차는 법정관리를 신청하고 경영권을 포기해 버린다. 2009년 4월, 사측은 경영 정상화를 이유로 또다시 2646명의 해고안을 꺼내 들었고, 노조는 총파업으로 맞섰다. 경찰은 "해고는 살인이다"고 외치는 노동자들을 무자비한 폭력으로 다스렸다. 77일 만에 합의가 이뤄졌지만 사측은 복직 약속을 지키지 않고 있다. 2012년 쌍용자동차 사태는 여전히 현재진행형이다. 해고 노동자들은 계속 복직

투쟁을 벌이고 있고, 그사이 많은 노동자가 목숨을 끊었다. 3월 30일에 또 한 해고 노동자가 투신 자살했다. 2009년 구조조정 이후 22번째 죽음이다. 애초 상하이자동차에 쌍용을 넘겨주었던 고위관료들은 아무도 책임을 통감하지 않는데 죄 없는 노동자들만 죽어 나가고 있는 것이다. 더욱 심각한 것은 앞으로 또 다른 론스타, 쌍용차 사태가 발생하지 않으리라는 보장이 없다는 것이다.

하버드-러시아 스캔들은 권력은 무한하게 행사하나 책임감에서는 완전히 자유로운 소수 엘리트 서클을 치밀하고 공정하게 모니터링할 시스템이 필요함을 일깨워 준 사례다. 대한민국처럼 서열화를 중요시하는 사회에서는 더욱더 절실한 시스템이다.

주

1   재닌 웨델 인터뷰에서.

2   David McClintick, "How Harvard Lost Russia", 《Institutional Investor Magazine》 2006년 1월 24일 참조.

3   재닌 웨델 인터뷰 참조. 재닌 웨델 교수는 1998년 미국 시사주간지 《네이션》에 쓴 기고문을 비롯해 하버드 연고주의로 이루어진 러시아 프로젝트의 문제점을 폭로하는 데 중요한 역할을 했다.

4   추바이스의 학연을 기반으로 형성된 친서구 성향의 젊은 정치관료들이다. 고르바초프가 글라스노스트를 추진할 때부터 개혁세력으로 등장해, 1991년 소련 해체 이후 러시아 경제 개혁 과정에서 핵심적인 역할을 한다.

5   Janine Wedel, *Collision and Collusion: The Strange Case of Western Aid to Eastern Europe*, (Palgrave Macmillan, 2001), p. 127.

6   David McClintick, "How Harvard Lost Russia", 《Institutional Investor Magazine》

2006년 1월 24일 참조.

7 당시 로렌스 서머스 미 재무부 차관이 이 추바이스 그룹을 실제로 '드림팀'이라고 불렀다.

8 위키피디아 참조.

9 Janine Wedel, *Collision and Collusion: The Strange Case of Western Aid to Eastern Europe*, (Palgrave Macmillan, 2001), p. 130 참조.

10 재닌 웨델 인터뷰에서.

11 Janine Wedel, *Collision and Collusion: The Strange Case of Western Aid to Eastern Europe*, (Palgrave Macmillan, 2001), p. 140 재인용.

12 David McClintick, "How Harvard Lost Russia", 《Institutional Investor Magazine》 2006년 1월 24일 참조.

13 고대 그리스에 있었던 소수가 지배하는 정치 체제로, '과두寡頭 정치'를 뜻하는 말이다. 러시아 사유화 과정에서 벼락부자가 되어 새로운 사회 지배층으로 떠오른 이들을 가리킨다. 러시아 마피아의 몸통으로 알려져 있으며, 엘친이 비호해 승승장구했으나 푸틴 집권 이후 권력 지도부와 갈등을 빚기도 했다.

14 허광준, "러시아 개혁기관차 '탈선'", 《시사저널》 1997년 12월 11일 참조.

15 Richard Sakwa, *Russian Politics and Society*, (Routledge, 2002), p. 89 참조.

16 쑹훙빙 지음, 《화폐 전쟁》, 차혜정 옮김, (랜덤하우스코리아, 2008), p. 245.

17 Janine Wedel, *Collision and Collusion: The Strange Case of Western Aid to Eastern Europe*, (Palgrave Macmillan, 2001), p. 147.

18 David McClintick, "How Harvard Lost Russia", 《Institutional Investor Magazine》 2006년 1월 24일 참조.

19 Janine Wedel, *Collision and Collusion: The Strange Case of Western Aid to Eastern Europe*, (Palgrave Macmillan, 2001), p. 147.

20 "Russia says IMF loans were not misused", BBC 1999년 9월 2일.

21 재닌 웨델 인터뷰에서.

22 Janine Wedel, *Collision and Collusion: The Strange Case of Western Aid to Eastern Europe*, (Palgrave Macmillan, 2001), p. 132.

23 David McClintick, "How Harvard Lost Russia", 《Institutional Investor Magazine》 2006년 1월 24일 참조.

24 조준상, "IMF의 치부가 드러난다", 《한겨레21》 1998년 9월 3일 참조.

25 재닌 웨델 인터뷰에서.

26 David McClintick, "How Harvard Lost Russia", 《Institutional Investor Magazine》 2006년 1월 24일 참조.

27 1989년 설립된 러시아 국영 에너지기업 가즈프롬Gazprom의 첫 사장이 되었다. 1992년부터 98년까지 러시아 총리를 지냈으며 한때 옐친의 후계자로 거론되기도 했다. 국가기간산업 사유화 과정에서 러시아 최대 갑부 중 하나로 떠올랐고 이로 인해 비판의 도마에 올랐다. 98년 총리직에서 면직된 후 금융위기를 핑계로 옐친이 다시 불러들였으나 러시아 국회가 두 번이나 거부했다. 이후 우크라이나 대사 등을 지냈고, 2010년 사망했다.

28 1995년 러시아가 핵원전 기술을 이란에 판매하는 과정에서, 엘 고어 부통령이 이 거래에 대한 정보를 "미 국회를 포함한 제3자에게 전달되지 않도록 하기로" 러시아와 비밀리에 거래한 일이 2000년 폭로되었다.

29 James Risen, "Gore Rejected C. I. A. Evidence of Russian Corruption", 《뉴욕타임스》 1998년 11월 23일.

30 재닌 웨델 교수가 2009년 자신의 책 《*Shadow Elite*》에서 쓴 신조어로, 권력과 영향력을 추구하는 새로운 종류의 파워브로커들을 가리킨다. 냉전 시대 정치권력자들과 달리 국경을 초월해 다국적으로 움직인다는 것이 중요한 특징이다.

31 재닌 웨델 인터뷰에서.

8장

노동운동 잔혹사

노조에 가입하면 일 년에 평균 120달러 이상의
조합비를 내야 한다는 사실을 알고 있는가?
노조원이 된 후 노조 모임에 참석하지 않으면,
노조대표에게 미리 양해를 구하지 않는 한 벌금을
내야 하는 것을 알고 있는가? 단체교섭을 통해 별반
나아질 게 없을 뿐 아니라 사실상 더 적게 받을 수 있다는 것을
알고 있는가? 어떤 노조도 직업의 안정성을
보장할 수 없다는 것을 알고 있는가?
—1977년 하버드 의료 부문 직원들의 노조 결성을 막기 위해
하버드 인사과가 발송한 '팩트리스트'에서[1]

하버드 대학 하면 떠오르는 것이 다른 무엇보다도
일류대학이라는 명성이다. 하버드의 사무직 노동자들이
열악한 근무환경에 맞서 노조를 결성하려 했을 때
그들의 슬로건은 "명성이 밥 먹여 주지 않는다"였다.
—빅터 월리스[2]

눈을 감고 하버드를 한번 상상해 보자. 무엇이 떠오르는가. 햇볕이 들이치는 도서관 창가에 앉아 책장을 넘기는 공부벌레들, 하버드 경기장을 맹렬히 질주하는 선수들과 환호하는 응원단들, 대형 강의실에서 학생들과 열띤 토론을 벌이는 지적 권위를 풍기는 노학자…. 이처럼 명석한 학생들의 재기 발랄함과 깊은 지식으로 무장한 학자들의 모습이 어우러져 명문 하버드의 독특한 아우라가 형성된다.

하지만 한 가지 간과하지 말아야 할 것이 있다. 하버드는 대학이기도 하지만 동시에 수많은 노동자를 고용한 거대한 기업이라는 사실이다. 박사후 과정 연구원을 비롯해 조교, 인턴 등을 포함해 교수와 직원 약 1만 8000명을 둔 보스턴 인근에서 두 번째로 큰 기업이다. 비록 파견직이긴 하지만 하버드를 부지런히 쓸고 닦는 청소부와 학교를 안전하게 지키는 보안요원들, 푸드코트와 기숙사 식당 직원 등 서비스 노동자들도 빼놓을 수 없다. 따라서 하버드의 노동정책과 결정은 보스턴 인근의 커뮤니티에 즉각적인 영향을 미친다.

그렇다면, 세계 최고 대학이라는 찬사를 받으며 기금 수백억 달러를 쌓아 온 하버드의 노동정책에 대한 세간의 평은 어떨까? 하버드에 서 박사 과정을 공부하며 노조를 도왔던 블라디미르 에스카란테 Vladimir Escalante는 1987년에 하버드의 적대적인 노동정책과 이를 개선 하려고 분투해 온 노동자들의 부단한 싸움에 대해 에세이로 쓴 바 있 다. 그의 평가를 종합하면 하버드는 가장 정교하고 세련된 노조 파괴 전략을 구사하는 집단이다. 하버드 청소용역직원들의 임금 협상을 맡 고 있는 국제서비스노조의 웨인 랭글리Wayne Langley 감독은 하버드의 노동정책을 "투쟁 없이는 절대 아무것도 내주지 않는 주의"라고 잘라 말한다.

흥미로운 사실은 하버드의 반反노동정책에 맞서 노동자들의 처우 개선을 요구해 온 이가 다름 아닌 하버드 학생들이라는 점이다. 2001년 에는 생활임금living wage투쟁을 벌이며 총장실이 있는 매사추세츠 홀 을 점거했는가 하면, 2007년 5월에는 보안요원들의 임금 인상을 요구 하며 학생 9명이 9일간 단식투쟁을 벌이다 병원에 실려 가기도 했다. 하버드 측은 그제야 학생들의 주요 요구를 받아들이는 쪽으로 입장을 바꾸었다. 이 장에서는 하버드 대학이 노동자를 대우하는 방식에 대 해 간략히 살펴보기로 하자. 과연 명문대학 하버드는 노동자들에게 어떤 고용주였을까.

부자 대학의 노동자 대우법

하버드가 보스턴 인근의 명문가 중심으로 형성된 부자들의 대학이었 다는 점은 하버드의 노동정책이 어떠했을지 많은 것을 시사한다. 19세기 말과 20세기 초에 걸쳐 미국의 산업노동자 수는 급증했고, 노동조건과 삶의 개선을 요구하는 투쟁 또한 가열하게 전개되었다. 이 과정에서 하버드가 대학 구성원이자 중요한 돈줄이었던 자본가들의 편에 섰던 것은 어쩌면 당연한 결과였다. 일례로 19세기 말 하버드의 중요한 기부자였던 헨리 리 히긴슨은 1886년 노조 결성을 막기 위한 기금을 조성하는 편지에서 "교육을 통해 우리와 우리의 가족을 폭도들로부터 지키자"고 촉구하기도 했다.[3]

1912년 로렌스의 방직공장 노동자들이 '빵과 장미'를 슬로건으로 내걸고 파업을 일으키자 하버드는 즉각 공장 사장들 편에 섰고, '계급을 사수하라'는 모토를 내걸고 파업 진압에 동참한 학생들에게 특별 학점을 부여했다. 1919년 보스턴 경찰들이 파업을 일으켰을 때도 하버드는 즉각 행동에 나설 것을 호소했고, 젠틀맨 약 200명이 기꺼이 파업 진압에 앞장섰다.

노동자의 기본권리 등이 법제화되기 시작하자 하버드는 열악한 노동여건을 개선하는 대신 이를 피해 가는 약삭빠른 행보를 선보였다. 가령 1929년 사전에 아무런 경고 없이 여성 잡역부 19명을 일시에 해고한 뒤 남성을 다시 뽑았는데, 애봇 로렌스 로웰 총장의 친필 편지가 우연히 공개되면서 그 속내가 밝혀졌다.

(…) 최저임금위원회가 우리 대학이 여성 잡역부들에게 시간당 37센트 이하를 주고 있다고 불평을 제기하는 바 우리는 이들을 남성으로 대체할 수밖에 없었다. 여성 잡역부를 남성으로 대체한 것은 남성은 "여성 잡역부"를 위한 최저임금법으로 보호받고 있지 않기 때문이다.[4]

또한 하버드는 '여성 잡역부scrubwomen'에 대한 최저임금을 보장하는 법 제도를 피하기 위해 이들의 호칭을 '여성 종업원chambermaid'으로 바꾸는 등 온갖 비열한 술책을 썼다. 이 '여성 종업원'들은 법적으로 보장된 임금보다 적은 시간당 32센트를 받으며 아침 6시부터 11시까지 쉴 새 없이 와이드너 도서관을 쓸고 닦았다. 여성 노동자들은 흔히 남편의 수입을 보조한다는 이유로 똑같은 일을 하면서도 훨씬 적게 받기 일쑤였고, 이것이 논란이 되면 하버드는 문제를 바로잡는 대신 즉각 이들을 남성으로 교체해 버렸다. 하버드는 오랫동안 노동자들과 봉건적 관계를 유지해 왔고, 그 결과 20세기를 거치면서 대학본부와 노동자들은 끊임없이 마찰을 빚었다.

노동자들은 단순히 임금 인상과 노동조건 개선만을 요구하지 않았다. 6, 70년대 격렬한 사회운동 과정을 거치면서 노동자들의 관심 또한 사회, 정치적인 분야로 확대되었다. 학생들은 노동자 임금을 인상하면 등록금 인상은 물론 장학금 삭감을 할 수밖에 없다는 대학 측의 집요한 이간질에도 노동자들과 연대해 싸웠다. 특히 전 국민이 호응한 베트남전쟁 반대운동은 하버드 학생들과 노동자들이 함께 투쟁하는 중요한 계기를 마련해 주었다. 1970년 4월 30일, 닉슨이 캄보디아 침공을 발표한 후 반전운동은 전국으로 확산되었다. 며칠 후인 5월 4일, 켄트 주립대학에서 백인 학생 4명이 공권력의 총격에 사망하면서 전국의 수많은 대학에서 총파업이 이어졌다. 하버드에서도 학생, 교수, 직원 2700여 명이 모여 총파업을 결의했다.

1986년 하버드 학생들이 인종차별을 실시하는 남아프리카공화국에 대한 투자 철회 운동을 펼치자 노조 활동가들도 여기에 적극 동참한다. 이들은 하버드 개교 350주년 기념행사를 준비하는 홀리요크 센

남아프리카공화국 투자 철회 운동

80년대 치열하게 전개되었던 남아프리카공화국 투자 철회 운동.

인종차별정책을 실시하는 남아프리카에 대한 투자를 철회하자는 주장은 1960년대부터 제기되었고, 80년대 중반에 이르러 주목할 만한 규모로 확산되었다. 86년 연방정부가 이를 법제화하면서 결과적으로 남아프리카공화국이 인종차별정책을 중단하게 하는 효과를 불러온 것으로 평가된다.

미 대학에서 인종차별 반대 투자 회수 캠페인은 1977년 스탠퍼드 대학에서 시작돼 미시건, 컬럼비아 대학 등으로 확산되었다. 하버드 대학은 투자 철회에 매우 미온적이었으며, 데릭 복 총장은 "투자 철회의 가장 확실한 결과는 남아공에서 인종차별 반대와 흑인 고용자들의 생활 향상을 추구해 온 하버드의 영향력을 감소시키는 것"이라고 주장하기도 했다.[5] 이처럼 남아공 문제에 냉담했던 하버드가 넬슨 만델라가 대통령에 취임하자 그에게 명예학위를 수여하는 등 약삭빠르게 처신해 빈축을 사기도 했다.

터의 사무실을 일시적으로 점거하는가 하면, 투자 철회를 외치며 하버드가 부유한 동문들을 초청해 마련한 성대한 파티를 중단시키기도 했다. 당시 주변의 시선, 특히 언론의 보도를 우려한 데릭 복 총장은 결국 파티를 취소해야 했다.[6]

노조는 필요하되, 하버드에는 필요 없다

하버드가 노동자들을 어떻게 대접해 왔는지 파악하기란 쉽지 않다. 하버드 학자나 연구기관들이 노동정책에 대해 발표한 논문은 많지만 정작 하버드의 노동정책을 분석한 자료는 거의 없기 때문이다. 게다가 하버드에 고용된 직책의 종류 또한 관리직부터 교수직, 일반 사무직, 파트타임으로 일하는 학생들과 대학원생, 서비스직까지 매우 다양하며 교수직 내에서도 종신교수부터 계약직까지 층위가 다양하다. 사실상 하버드 교수들은 예시바 대학 판례[7]에 따라 노조를 결성할 수 없기 때문에 사무직과 서비스 노동자들을 중심으로 살펴보기로 하자. 2011년 하버드가 발표한 노사 관련 자료에 따르면 하버드 직원 중 노조 활동을 하는 이는 약 5800명이며 이들은 각자의 직무에 따라 서로 다른 조직 7곳에 가입되어 있다.

이 중 가장 먼저 노조를 조직한 것은 하버드 푸드 서비스 분야로 그 역사는 1937년으로 거슬러 올라간다. 사무직·기술직 노조와 보안요원, 주차요원, 박물관 경호원 노조는 비교적 최근에 결성되었다. 1988년에 결성된 사무직·기술직 노조는 결성 당시 민간 분야 사무직 노조 중 가장 규모가 컸다. 노조를 결성하기까지 하버드 측과 15년간

하버드 대학 노조들

지역거래위원회ATC: 설비 조작공, 전기공, 가스공, 배관공, 목수 약 240명 대표

하버드 대학 사무직·기술직 노조HUCTW: 약 4800명 대표

하버드 대학 경찰연합HUPA: 약 60명 대표

하버드 대학 보안요원, 주차요원, 박물관 경호원 노조HUSPMGU: 55명 대표

국제서비스노조, 관리직SEIU Local 615: 1984년부터 하버드에서 일하는 청소부, 잡역부 등 다수의 파견직 노동자 약 335명 대표

호텔 레스토랑 직원 국제노조UNITE! HERE, Local 26: 하버드 푸드 서비스 직원 약 440명 대표

프로젝트 노동협정 Project Labor Agreement: 하버드가 진행하는 공사, 수리 관련 프로젝트에서 일하는 노동자를 대상으로 함. 지금까지 총 45개 프로젝트 진행. 현재 약 5개 프로젝트 대표(2010년 6월 기준)

출처: http://laborrelations.harvard.edu

전쟁을 치렀다는 점에서 하버드 노동조합 잔혹사를 가장 잘 드러내는 조직이라고 할 수 있을 것이다.

사무직·기술직 노조를 결성하려는 움직임은 1970년대 초반부터 하버드 메디컬스쿨을 중심으로 시작되었다. 당시 대부분 사무직, 기술직원이 여성이었고, 이 중 상당수는 대학원을 마치는 동안 단기로 일하는 경우가 많았다. 하버드는 이러한 현실을 이용해 고급 인력들을 저렴한 비용에 마구 부려먹을 수 있었다. 이들 하위 관리직 여성은 저임금에 자리 또한 불안정했으며, 고위직으로 승진하기란 거의 불가능했다. 한마디로 그들은 캠퍼스에서 보이지 않는 존재였다.

하버드 의료 부문 사무직, 기술직 노동자들은 노조를 결성하기 위해 1977년과 81년, 두 번 중요한 투표를 시도한다. 하버드는 이를 막기 위해 대대적인 캠페인을 벌인다. 77년 노조 대의원 선거 때에는 직

원들에게 노동조합에 대한 온갖 불길한 내용을 담은 '팩트리스트'를 발송했다. 구체적인 내용은 이렇다.

> 노조에 가입하면 일 년에 평균 120달러 이상의 조합비를 내야 한다는 사실을 알고 있는가? 노조원이 된 후 노조 모임에 참석하지 않으면, 노조대표에게 미리 양해를 구하지 않는 한 벌금을 내야 하는 것을 알고 있는가? 단체교섭을 통해 별반 나아질 게 없을 뿐 아니라 사실상 더 적게 받을 수 있다는 것을 알고 있는가? 어떤 노조도 직업의 안정성을 보장할 수 없다는 것을 알고 있는가?

하버드의 반노조 캠페인은 매우 성공적이었다. 많은 직원이 겁을 먹어 1977년 첫 투표에서 의료 부문 노조 결성은 실패로 돌아간다. 81년 노동자들은 또다시 노조 결성을 시도한다. 이번에도 하버드는 반노조 캠페인에 총력을 기울였다. 선거를 얼마 앞두고 인사 관리를 담당한 한 감독은 《행정관과 감독을 위한 노조 대의원 선거 보고서》라는 제목의 자료집을 만들어 배포했는데 여기에는 직원들을 동요시키기에 충분한 내용이 담겨 있었다.

> 일단 한번 노조에 가입하면 탈퇴하기란 매우 어렵다는 것은 자명한 사실이다. 법적으로 적법한 자격을 가진 피고용인들의 과반수 투표로 인해 노조의 인가가 취소될 수도 있다. (…) 단체교섭의 결과 임금과 혜택 등은 본질적으로 같거나 개선되기보다 오히려 전보다 열악해질 수 있다. (…) 대학은 파업 동안에 모든 활동을 지속하기 위해 모든 능력을 동원할 것이며 법적으로 고용주는 파업에

나선 노동자를 영구히 교체할 수 있다. (…) 노조에 가입하지 않은 대학 직원들은 임금 인상이나 혜택에 있어 이들 (노조에 가입한) 서비스 노동자보다 똑같거나 더 나은 대우를 받아 오고 있다.[8]

노조 결성에 나선 직원들에게 하버드가 보내는 메시지는 다음과 같았다. "우리는 하버드이고, 그렇게 만만한 상대가 아니다. 우리는 너희가 무엇을 하는지 다 알고 있으며 너희를 막을 것이다. 너희가 우리에게 맞서 (승리의) 희망이 있다고 생각한다면 그것은 오산이다."[9] 결국, 1981년 선거에서도 노조는 찬성 390 반대 328, 불과 62표 차이로 노조 결성에 실패한다. 이들은 국가노동위원회에 하버드의 방해 공작을 들어 항소하지만 레이건 정부의 반노조 전략을 충실히 수행하던 위원회는 하버드 편을 들어 준다.

그러나 하버드의 온갖 방해 전략에도 1988년 5월, 하버드의 전 사업장을 대상으로 하는 사무직·기술직 노조HUCTW가 마침내 결성된다. 노조원 중 83퍼센트가 여성이라는 점이 주목할 만하다. 하버드는 노조가 정당하지 않은 방법을 동원했다며 청원하지만 전국노사관계위원회National Labor Relations Board, NLRB는 그해 10월, 노조의 편을 들어 주었다. 노조 결성 시도 15년 만에 이뤄 낸 눈물겨운 성공이었다.

하버드 로스쿨의 일레인 버나드(Elaine Bernard, '노동과 삶' 프로그램 전무이사) 박사는 당시 사무직 노조의 결성을 반대했던 데릭 복 총장의 이중성을 지적한다. 노동법 전문가였던 복 총장은 노조 결성이 노동자의 당연한 법적 권리임을 잘 알고 있었고, 평소 노조는 반드시 필요하다는 태도를 견지해 왔다고 한다. 문제는 노조는 필요하되 하버드에는 필요 없다는 그의 위선적인 사고방식이었다.

버나드 감독은 기업들이 흔히 노조 결성을 반대하는 이유가 노조는 나쁜 고용주를 벌주기 위한 것이라고 오해하기 때문이라고 지적한다. 노조와 고용주를 대립관계로 봐서 무조건 막으려 든다는 것이다. 물론 콜롬비아에서 죽음의 부대[10]를 이용해 노조 지도자를 암살하는 코카콜라나 무노조 경영 방침을 대단한 신화로 자부하는 삼성 같은 기업에 비하면 하버드의 반노조 정책은 매우 온건하다고 할 수 있을 것이다. 적어도 하버드에서는 노조 활동을 하다 해고된 직원은 없었으니까 말이다. 그러나 하버드는 노조 지도자들을 관리직으로 승진시켜 노조 활동 자격을 박탈함으로써 노조를 방해하는 고단수 전략을 썼다.

하버드의 반노조 캠페인은 하버드 법인 이사가 대부분 대기업의 경영진이라는 점을 생각하면 어찌 보면 당연한 일이다. 이런 영향으로 하버드는 많은 서비스 분야를 점차 아웃소싱으로 전환했다. 사실 오늘날 하버드 전체 직원 수와 노동환경 실태를 파악하기 어려운 이유 중 하나도 수많은 서비스직 노동자가 파견직이기 때문이다. 2011년 하버드가 발표한 노사 관련 자료에 따르면 하버드가 직접 고용한 관리인, 식당직원, 박물관 경호원 등 서비스 종사자는 약 900명이고, 그 밖의 약 840명은 외부업체 16개가 관리하고 있다.[11]

하버드가 서비스직 분야 직원들을 파견직으로 전환하기 시작한 것은 신자유주의가 심화된 1980년대로 거슬러 올라간다. 일례로 1984년 《하버드 크림슨》은 하버드가 고용 비용 감소와 조직 유연화 등을 이유로 아웃소싱을 점차 확대하면서 지역 노동운동가들과 캠퍼스 내 노동자들의 불만이 고조되고 있음을 보도하고 있다. 기사에 따르면 하버드는 70년대 중반부터 학내 관리직을 아웃소싱으로 해결할 경우 비용을 크게 절감할 수 있다는 점에 관심을 갖기 시작했으며 교내 식당의 음식 서비스를 비롯해 배관공, 목수, 전기공 등 유지·보수 직종들을 외부업체에 넘겨주었다. 한 지역 노조 관계자 말에 따르면, 1984년 당시 하버드 대학원 음식 서비스 분야는 약 50퍼센트 아웃소싱되었고, 학부는 10~20퍼센트인 것으로 추정되고 있다. 지역 노조운동가들과 학내 직원들은 이러한 형태가 노동자들을 위축시키고 노조 활동을 침해한다며, 하버드가 교육기관 본래의 목적을 상실하고 비용 절감에만 급급하는 것을 비난한다.[12]

이런 우려는 단순히 하버드 내의 문제로만 국한하지 않고 하버드의 경영 방식이 주변에 미칠 여파까지 우려한 것이라고 보는 것이 더 정확하다. 1980년대 미국에서 급성장하기 시작한 아웃소싱은 제조업을 비롯해 산업 전 분야로 확대되었고, 한국에서도 1998년 IMF 외환 위기를 거치면서 급격히 확산되었다.

아웃소싱으로 하버드는 더 편리하게 직원들을 다룰 수 있게 되었다. 하버드의 펀드매니저들이 매년 수백만 달러의 특별 보너스를 챙기는 동안 서비스 노동자들은 최저 생계비에도 못 미치는 임금을 받아들여야 했던 것이다. 하버드의 노조 파괴 정책과 생활임금에도 못 미치는 저임금정책은 2001년 하버드 학생들의 대학 점거 투쟁이라는 엄청난 결과를 불러오게 된다.

아낌 없이 쓰고 미련 없이 버리기

2001년 4월 18일, 하버드 학생 50여 명이 일시에 대학 총장실이 있는 매사추세츠 홀을 점거하고 나섰다. 이들의 요구는 놀랍게도 학생들 자신과 별반 관련이 없어 보이는 하버드 서비스 노동자들에게 생활임금(한국으로 치면 최저생계비)을 지급하라는 것이었다.

당시 하버드 기금은 200억 달러를 넘어서며 매년 기록을 갱신하고 있었다. 하지만 90년대를 거치면서 서비스 노동자들의 임금은 점차 감소했다. 당시 배포된 한 유인물에 따르면 1994년 시간당 14달러를 받았던 경비원이 2001년에는 10달러 이하를 받았다고 한다. 그 사이 보스턴 인근의 평균 주택 임대료는 무려 2배나 뛰어올랐는데도 말이다. 따라서 하버드에서 벌어들이는 소득으로는 기본 생계가 불가능했기 때문에 많은 노동자가 새벽부터 밤까지 두 직장에서 일을 해야 했다.

사실 하버드 생활임금투쟁의 발단은 1990년대 후반, 일부 학생이 하버드의 티셔츠를 생산하는 스웻샵Sweatshop[13] 반대운동을 벌이면서 시작되었다. 하버드를 비롯한 많은 대학이 티셔츠에 대학 이름 넣는 것을 허용했고, 대학 관련 옷 제조업자들은 해외 공장에서 노동자들을 착취해 연간 30억 달러를 벌어들이고 있었다. 스웻샵 반대 캠페인은 전국적인 항의 운동으로 번져 갔다.

스웻샵 반대운동으로 하버드에서는 진보학생노동운동Progressive Students Labor Movement, PSLM이라는 단체가 생겼다. 이들은 이내 학내 문제로 관심을 돌렸다. 노조가 탄압받고 입에 겨우 풀칠할 정도의 임금을 받는 서비스 노동자들의 노동환경 실태를 조사하면서 이들이 처한 현실이 제3세계 노동자들과 별반 다르지 않음을 깨닫는다. 이제 학생들은 서비스 노동자들의 노동환경 개선과 케임브리지 지역 최저생계비를 바탕으로 한 생활임금을 요구하기 시작했다.

학생들과 공동체의 지속적인 요
청에도 대학본부는 별다른 관심을
쏟지 않았고, 총장과 하버드 법인을
만나려는 PSLM의 시도는 번번이 좌
절되었다. 2001년 2월, 하버드는 임
금 인상 대신 노동자들에게 무료로
강의를 들을 수 있게 해 주겠다며 사
실상 이 문제가 마무리되었음을 선

하버드 생활임금투쟁 로고.

포했다. 교육을 받으면 노동자들이 좀 더 돈을 많이 벌 수 있는 직업
을 가질 수 있다는 논리였다. 먹고살기 위해 밤낮없이 두 직장을 오가
는 노동자들의 전쟁 같은 현실을 이해하지 못한 어처구니없는 발상이
었다.

학생들은 학교 측과 더는 대화가 어렵다고 판단했다. 이에 2월부터
약 두 달 동안 집중적인 시민불복종 투쟁 준비에 들어갔다. 이들은 토
론을 거쳐 매사추세츠 홀 점거라는 구체적인 계획을 짜고 안으로 들
어갈 점거팀과 밖에서 투쟁할 지원팀을 구성하는 등 치밀하게 준비했
다. 학생들이 이렇게 철저히 준비한 까닭은 점거 농성이 부정적인 이
미지를 불러와 생활임금투쟁을 끝장나게 하지는 않을까 하는 두려움
때문이었다. 수많은 가능한 시나리오가 오갔지만, 누구도 자신들이
매사추세츠 홀을 장장 3주 동안이나 점거하게 되리라고는 전혀 예상
하지 못했다고 한다.

처음 점거 농성을 계획했을 때 우리는 건물 안에서 몇 시간 버티다
가 체포될 것이고, 모든 것이 매우 빠르게 진행되겠지만 적어도 생

활임금 문제에 대한 관심은 불러일으킬 것이라고 생각했다. 우리
는 그동안 할 수 있는 모든 방법을 동원했고, 그만큼 절박했다. (…)
점거 하루 전 비밀리에 모여 앉아 다들 얼마만큼 버틸 수 있을 것인
지 돌아가며 이야기를 나눴다. 대부분 하루라고 이야기했고 최대
치가 3일이었다. 누군가가 3주라고 대답하자 모두 어이없어 하며
웃어 넘겼다.[14]

4월 18일 수요일, 드디어 작전이 개시되었다. 세면도구를 비롯해
온갖 준비물을 챙겨 든 학생들이 매사추세츠 홀 근처 기숙사로 모여
들었다. 오후 5시쯤, 학생들은 약 30미터 거리에 있는 매사추세츠 홀
을 향해 달렸고, 기습적으로 건물을 점거하는 데 성공했다. 당시 하버
드 총장은 루덴스타인이었지만 그는 이미 1년 전 건강상의 이유로 사
임 의사를 밝혔고, 총장 인선위원회는 9개월 동안의 인선 작업 끝에
로렌스 서머스를 차기 총장으로 내정해 놓은 상태였다.

로스쿨의 일레인 버나드 박사는 당시 학생들이 점거 투쟁을 계획
한 배경에는 서머스 체제가 시작되기 전에 이 문제를 매듭지어야 한
다는 다급함이 있었을 것이라고 귀띔한다. 사실 고집불통으로 알려진
서머스보다는 흑인학과를 적극 지원하고 인종차별 철폐를 지지하는
등 휴머니즘을 강조해 온 루덴스타인이 이 문제를 해결하는 데 더 나
은 것은 분명했다.

하버드 한 관계자는 루덴스타인과 서머스의 공통점이라면 재임 기
간 동안 엄청난 기부금을 모은 것이라고 말한다. 루덴스타인은 재직
한 10년(1991~2001) 동안 26억 달러를 모았고, 서머스도 약 5년 남짓
한 사이에 기금을 헤지펀드처럼 운영하며 엄청난 이윤을 창출했다.

점거 농성을 이끌었던 메이플 라자.

그러나 둘의 캐릭터는 물과 불처럼 상극이었다. 서머스가 기부자들에게 나처럼 똑똑한 사람을 만난 것을 영광으로 알고 돈이나 내라며 윽박지르는 형이라면 루덴스타인은 만나는 사람에게 일일이 감사편지를 보낼 만큼 섬세하고 예의 발랐다. 하버드 총장이 손수 쓴 편지를 받고 감동하지 않을 사람이 어디 있을 것인가! 덕분에 기부금 액수는 쑥쑥 증가했다. 루덴스타인이 과로로 병이 난 것도 편지 쓰는 데 너무 열중해서라는 설이 있을 정도다.

갑작스러운 점거 농성 소식에 당황한 루덴스타인은 후문을 통해 재빨리 건물을 빠져나갔다. 총장실 옆 사무실을 쓰던 교무처장 하비 피네버그 역시 대화하자는 학생들의 제안을 거부하고 현장을 떠나 버렸다. 학생들은 학교 측이 대화에 임할 때까지 한 발자국도 물러나지

학생들이 점거한 대학 총장실이 있는 매사추세츠 홀.

않겠다며 버텼다. 그러자 과거에 학생들을 폭력으로 진압한 결과 동맹휴학이라는 철퇴를 맞은 하버드로서는 학생들 손에 수갑을 채워 줄줄이 끌고 나올 경우 발생할 불상사를 우려하지 않을 수가 없었다. 결국 대학본부는 건물을 봉쇄하고 학생들이 지쳐 스스로 건물을 떠날 때까지 기다리기로 결정했다. 이렇게 해서 3주라는 기나긴 점거 농성이 시작되었다.

우리가 안에서 버틸 수 있었던 힘은 크게 두 가지였다. 무엇보다 하나의 집단으로 함께 싸운다는 것이 우리 자신에게 엄청난 에너지와 용기를 주었고, 시민불복종 투쟁에 함께 결합하고 있다는 사실이 우리 스스로를 단체의 목적에 맞춰 행동하게 만들었다. 또한 경

생활임금투쟁을 벌이는 학생들(위)과 학생들을 지지하는 사람들 모습(아래).

찰이 우리를 포위하고 있는데도 매일 밤 주변이 조용해지면 노동
자들이 와서 이야기를 하곤 했다. 그들은 캠퍼스 안에서 일어나는
일들에 대해, 우리의 투쟁이 자신들에게 얼마나 의미가 있는지 말
해 주었다. 그리고 처음으로 사람들이 자신들에게 처한 상황과 삶
에 대해 물어본다고 했다. 노동자들은 더는 캠퍼스 안에서 보이지
않는 존재가 아니었다. 이들의 이야기를 통해 캠퍼스 안의 분위기
가 벌써 달라지고 있음을 알 수 있었고, 이는 놀라운 경험이었다.[15]

비록 매사추세츠 홀 안에 고립되었지만 학생들은 혼자가 아니었
다. 건물 밖에서 학생들을 지지하는 시위가 이어졌고, 학내 구성원들
도 점차 학생들을 응원하기 시작했다. 하루 일과를 마친 식당 노동자
들은 밤늦게 점거 현장을 찾아와 학생들에게 피자를 전해 주었다. 그
동안 해고의 두려움 때문에 침묵해야 했던 노동자들도 대규모 지지집
회를 열었고 앞다투어 목소리를 내기 시작했다. 교수 300명 이상이
지지하는 성명서를 발표했고, 졸업생과 지역주민도 힘을 보탰다. 매
일 밤 촛불시위가 이어졌고, 하버드 야드에는 텐트 수십 개가 세워졌
다. 크기도 색깔도 제각각인 텐트는 점거 첫날 10여 개에 불과하다가
농성 17일째 이르러 80여 개로 늘어났다. 학생들과 지역주민들은 하
루 24시간을 함께 토론하고 행진하고 구호를 외쳤다. 밤에는 촛불을
들어 건물 안에 고립된 학생들에게 힘을 불어넣어 주었다.

투쟁이 장기화되자 미디어도 주목하기 시작했다. 초기에는 지역신
문과 방송에서만 언급되던 것이 전국방송을 통해 보도되면서 하버드
학생들의 생활임금투쟁은 전국적인 주목을 받게 되었다. 이제 상황은
달라졌다. 하버드 대학본부는 진작 노동자들에게 최저생계비를 지급

하지 못해 미안하다는 식의 유감을 표명하고 나섰다. 하버드는 최대한 빨리 이 문제를 덮고 싶었던 것이다.

하버드는 이 사건으로 인해 대중의 압력 때문에 그들이 원하지 않는 결정을 내려야 하는 전례를 만들게 될 것을 걱정했고, 이런 종류의 대학의 민주화를 매우 두려워했다. 그들은 돈보다 하버드가 굴복하는 것처럼 보이는 것을 더욱 두려워했던 것이다. 따라서 실제 문제가 됐던 것은 어떻게 이 상황을 통제하고 있는 것처럼 보이도록 할 것인가였다. 그래서 비밀리에 그들은 우리가 요구하는 것을 다 들어주었고 그보다 더 주었지만 이를 공개적으로 인정하고 싶어 하지는 않았다.[16]

당시 학생들은 서비스 노동자들의 임금을 케임브리지 최저임금 수준인 시간당 10.25달러로 인상하라고 요구했다. 학생들 계산에 따르면 그 정도로 인상하려면 연간 약 1000만 달러가 필요한데, 이 돈은 하버드가 매년 거두어들이는 기금 이자수익의 절반이면 해결될 수 있었다. 하버드는 학생들 요구보다 더 많은 시간당 10.83달러를 지급하기로 했다. 파견직 노동자들에게도 똑같이 적용하겠노라 약속했다. 또한 노동자들은 건강보험을 적용받고, 휴가·병가 등 더 나은 복지 혜택도 받게 되었다. 이는 학생들과 노동자, 지역공동체가 함께 일궈낸 값진 결과였다.

5월 8일, 학생들은 학교 측과 최종 합의한 내용이 홈페이지에 공개된 것을 확인한 후에야 수많은 이의 박수와 환호를 받으며 마침내 건물 밖으로 나왔다. 이들의 투쟁은 단순히 서비스 노동자들의 임금을 인상하고 더 나은 복지 혜택을 불러온 것이 아니었다. 투쟁의 가장 큰 성과는 세계에서 가장 부유한 대학에서 착취당해 온 노동자들의 현실에 주목하게 만든 것이었다.

사실 기금이 200억 달러나 넘는 하버드에서 재정적인 어려움 때문에 저임금정책을 채택했겠는가. 그들은 단지 자신들이 신봉해 마지않는 신자유주의라는 시장주의 철학에 입각해 최대한 적게 지불하려 했던 것뿐이다. 또한 하버드처럼 영향력 있는 대학에서 최소한의 비용으로 사람들을 고용하기란 매우 쉬운 일이다.

물론 하버드의 노동정책이 다른 대학에 비해 월등히 열악하다고는 할 수 없을 것이다. 하버드뿐만 아니라 미국의 많은 대학이 노동자들을 홀대해 왔고, 이로 인해 크고 작은 파업과 투쟁이 끊이질 않았다. 대학도 일종의 기업인데 기업주가 노동자들을 최대한 쥐어짜 이윤을 창출하고 노조를 와해시키려는 것은 경영자로서 당연한 반응이라고 반문할 분이 있을지도 모르겠다. 하지만 과연 대학을 통상적인 의미의 기업으로 간주할 수 있을까?

대학은 시장에 내다 파는 상품이 아니라 공공의 이익을 위한 새로운 지식을 생산하는 곳이다. 그런 지식을 통해 정치, 사회, 경제, 문화적으로 중요한 가치를 창출하고, 그로 인해 삶의 질이 나아지리라는 기대, 바로 이것이 시민들로부터 거둬들인 소중한 세금을 대학에 지원하는 이유이다. 여기에는 대학이 생산해 낸 지식이 소수의 호주머니를 불리는 것이 아닌 다수의 삶을 더 윤택하게 해 주어야 한다는 전 사회적인 암묵적 동의가 전제돼 있다. 대학이 애초에 청바지나 장난감을 생산하는 공장과 똑같다면 국민의 혈세를 들이부을 하등의 이유가 없는 것이다.

강제 해고 방침에 맞서 시위를 벌이는 하버드 구성원들.

2001년 점거 투쟁의 또 다른 중요한 의의는 당시 학생들이 생활임금투쟁을 반세계화 운동의 일환으로 받아들였다는 점이다. 학생들은 더 많은 이윤을 창출하기 위해 노동자들을 쥐어짜는 제3세계 공장들과, 노동자들에게 저임금을 강요하고 임금 협상을 거부하는 하버드의 운영 방식에서 공통점을 발견했다. 이런 점에서 2001년 점거 농성은 하버드의 신자유주의 정책에 정면으로 도전한 사건이라고 볼 수 있다.

하지만 학생들의 점거 농성도 하버드의 신자유주의 정책을 멈추게 할 수는 없었다. 하버드는 1970년대 중반 서구 자본주의가 신자유주의로 전환을 모색할 때부터 신자유주의를 적극 받아들이고 시장주의 철학을 받들어 모서 왔다. 이후 대학기금을 헤지펀드처럼 운용하며 돈을 불렸다. 그러나 2008년 금융위기로 기금을 엄청나게 잃고, 그 손실금을 1000여 명에 가까운 노동자를 정리해고 하는 것으로 해결해 사회적으로 큰 비난을 받았다.

그러나 이것이 끝은 아니었다. 2012년 1월, 하버드는 도서관 시스템 재정비 계획을 발표하면서 또 한 차례 대량해고를 예고하고 있다. 수십 년간 하버드를 위해 일해 온 1000여 명에 가까운 도서관 직원이 자발적인 혹은 강제적인 해고 대상자로 떠오른 것이다. 도서관 직원들을 비롯한 학생들과 공동체 성원들은 강력히 반발하고 있다. 2011년 수익률 21퍼센트를 자랑하며 기금액 320억 달러를 달성한 하버드가 재정적자를 핑계로 직원들을 해고하는 것은 어불성설이란 것이다. 스탠퍼드 대학의 한 도서관 직원은 "만약 기금이 엄청난 하버드가 대량해고를 감행한다면 미 대학 도서관 중 안전한 곳은 하나도 없을 것"이라며 하버드의 결정이 타 대학에 미칠 영향을 우려한다.[17]

하버드의 이번 결정은 2009년, 기금 손실을 핑계로 이미 도서관 직원을 대규모로 정리해고 했다는 점에서 더욱 충격적이다. 그렇다면 과연 하버드 기금은 그동안 어떻게 관리되고 있었던 걸까. 다음 장에서 자세히 살펴보자.

주

1 John Trumpbour, *How Harvard Rules*, (MA: South End Press, 1989), pp. 211~212.

2 빅터 윌리스 인터뷰에서.

3 John Trumpbour, *How Harvard Rules*, (MA: South End Press, 1989), p. 200.

4 위의 책, p. 202.

5 Rediet T. Abebe & Julia L. Ryan, "Protesting Apartheid", 《하버드 크림슨》 2011년 5월 25일.

6 John Trumpbour, *How Harvard Rules*, (MA: South End Press, 1989), pp. 205~206.

7 1980년 미 대법원이 사립대학 교수들은 관리자 역할도 겸하고 있어 단체교섭권을 가질 수 없다고 판결한 사례다. 이로 인해 사립대학 교수진들은 노조를 결성할 수 없게 되었다.

8 John Trumpbour, *How Harvard Rules*, (MA: South End Press, 1989), pp. 210~211.

9 John Hoerr, "Solidaritas at Harvard", 《The American Prospect》(Vol. 4, No. 14), 1993년 6월 23일.

10 코카콜라는 콜롬비아에서 우익 준군사조직인 '죽음의 부대'를 이용해 노조 지도자를 살해했다는 비난을 받고 있다. 2001년 암살된 조합원 가족들이 미국 플로리다 법정에서 코카콜라를 상대로 소송을 제기하기도 했다. 이 때문에 한동안 코카콜라를 반대하는 국제적인 보이콧 운동이 펼쳐졌다.

11 laborrelations.harvard.edu 참조.

12 D. Joseph Menn, "Saving Money or Jeopardizing Jobs?", 《하버드 크림슨》 1984년 4월 2일 참조.

13 다국적 기업들이 제조 원가를 낮춰 이윤을 극대화하려고 제3세계에서 운영하는 저임금 노동착취형 공장을 가리킨다. 1990년대 반세계화 투쟁의 일환으로 스웻샵 반대운동이 펼쳐졌고, 이 운동은 곧 미국의 대학들로 확산되었다.

14 메이플 라자 인터뷰에서.

15 메이플 라자 인터뷰에서.

16 메이플 라자 인터뷰에서.

17 "Amid Reorganization, Harvard Library Plays Down Fears of Mass Layoffs", 《The Chronicle of Higher Education》 2012년 1월 20일.

9장

도서관을 갖춘 헤지펀드

어떤 이들은 하버드 대학을 면세 혜택을 유지하기 위해
곁다리로 강의를 지속할 뿐 본질은 거대
금융주식회사이자 부동산 투자회사라고 한다.
−존 트럼보우[1]

사람들이 하버드를 가리켜 도서관을 갖춘
헤지펀드라고 불러왔는데 이것은 과장이 아니다.
−웨인 랭글리[2]

2011년을 돌아볼 때 가장 주목할 만한 사건은 전 세계를 뒤흔든 월가 점령시위일 것이다. "우리는 99퍼센트다"는 외침으로 시작된 월가점령시위는 소셜 네트워크 서비스SNS와 인터넷으로 인해 전 세계가 동시다발적으로 봉기할 수 있는 시대에 이르렀음을 증명해 보였다. 월가에서 시작된 더 평등하고 공정한 사회를 향한 열망은 이제 평화로워 보이던 대학 캠퍼스까지 뒤흔들고 있다. 일례로, 2011년 11월 2일 하버드 대학생들이 월가점령시위에 연대하려고 수업 시간에 퇴장하는 사건이 발생한 것이다. 그 수업은 다름 아닌 맨큐 교수의 경제학 수업(Economics 10)이었다.

맨큐 교수는 조지 W. 부시 행정부에서 백악관 경제고문위원회 위원장(2003~05)을 지냈고, 2006년부터는 공화당 예비 대선 후보인 미트 롬니의 경제고문을 맡고 있는 한마디로 잘나가는 보수주의 경제학자다. 경제학 원리를 체계적으로 정리한 맨큐 교수의 《경제학의 원리 *Principles of Economics*》(국내에서는 《맨큐의 경제학》으로 출간)는 지금까지 17개 언어로 번역되어 100만 권 이상 팔린 교과서계의 베스트셀러다. 맨큐 교수가 강의하는 '경제학 입문' 수업 역시 매학기 학부생 700명 이상이 등록할 만큼 인기 절정의 명강의로 소문나 있다. 이처럼 대단한 교수의 수업을 학생들이 거부하고 나선 이유는 무엇일까. 그의 보수적인 커리큘럼이 오늘날 경제위기를 불러오는 데 일조했다고 보았기 때문이다.

> 우리는 특수한 그리고 제한적인 경제학 관점을 지지하고 있다고 판단되는 한 강의를 발견했다. 이 관점이 오늘날 우리 사회의 심각하고 비효율적인 문제인 경제적 불평등을 고착시키고 있다고 생각한다. (…) 하버드 졸업생들은 전 세계 금융기관에서는 물론 공공정책을 수립하는 데 중요한 역할을 하고 있다. 만약 하버드 대학이 그들의 학생들이 경제학을 폭넓게 이해하게 하는 데 실패한다면 하버드 졸업생들의 행동은 글로벌 금융시스템을 해치게 될 것이 자명하다. 지난 5년 동안의 경제적 혼돈이 이미 이것을 충분히 입증하고 있다.[3]

강의실에서 퇴장한 학생들은 대열을 지어 보스턴의 점령 운동 현장인 듀이 스퀘어로 향했다. 물론 학생 수는 전체 수강생 중 약 10퍼센트에 불과한 70여 명에 불과했지만, 이날의 시위는 지금의 경제적 불평등의 원인을 대학으로 상징되는 지식인들에게서 찾았다는 점에서 흥미롭다.

사실 하버드는 신자유주의 초기 단계부터 이를 자신들의 경영철학으로 적극 받아들였고, 이는 다른 대학들의 경영 방식에도 적잖은 영향을 미쳤다. 이 장에서는 신자유주의 시대에 일어난 대학의 변화를 대학기금의 운용 방식을 중심으로 살펴볼 것이다.

기금 관리법을 바꾸어 놓은 신자유주의

신자유주의는 2차대전 이후 지속되던 서구의 장기 호황이 1970년대 오일쇼크 등으로 타격을 받으면서 시장과 국가 사이의 관계를 재설정하는 새로운 체제 이념으로 등장했다. 신자유주의 경제학자들은 이제 정부의 적극적인 시장 개입을 부르짖어 온 케인스 이론을 버리고, 정부의 시장 개입을 최소화하고 모든 것을 시장에 맡기는 시장자유주의를 받아들여야 한다고 주장했다. 1974년 신자유주의의 사상적 아버지인 프리드리히 하이에크와 76년 또 다른 시장자유주의자 밀턴 프리드먼이 노벨경제학상을 받으면서 신자유주의 경제정책이 정당화되었다는 것이 보편적인 분석이다. 특히 밀턴 프리드먼이 구축한 시카고학파는 신자유주의 정책의 이론적 근거를 제시하며 지난 30년간 세계 경제학계를 이끌었다.

국가의 개입을 최소화해야 한다고 주장했던 신자유주의 정책은 아이러니하게도 국가가 강력히 개입해 추진되었다. 가장 신속하게 신자유주의 체제로 바뀐 곳은 영국과 미국이었다. 1975년 보수당 총수가 된 대처는 서류가방에 하이에크 책을 가지고 다니며 이것이 바로 우리가 믿는 것이라고 역설할 정도로 그의 이론을 신봉했다고 한다. 79년 총선에서 보수당의 승리로 집권한 대처는 국가 개입을 축소한다는 대원칙을 내세워 대처리즘이라 불리는 신자유주의 정책을 본격적으로 추진한다. 집권 초부터 사회복지 부문 정부 지출을 대폭 삭감하

신자유주의 정책의 이론적 근거를 제시한 밀턴 프리드먼.

고, 노동조합을 탄압했으며, 공기업 민영화 정책을 적극적으로 펼쳐 나갔다.

비슷한 시기에 출범한 레이건 정부(1981~89) 역시 규제 완화, 감세, 노동 정책 유연화 등 이른바 레이거노믹스라 불리는 신자유주의 정책을 적극 추진했다. 즉, 사회복지 예산은 대폭 삭감하고 부유층에는 감세 정책을 펴 빈부 격차를 더욱 심화시켰다. 또한 생산비 절감이라는 명목으로 대기업들이 생산라인을 아웃소싱으로 전환하는 것을 용인해 줌으로써 제조업 부문에서 대량실업이 이어졌고, 노동자들의 실질임금은 계속 하락했다. 늘어나는 건 오직 부자들을 위한 공공보조금과 군비 예산뿐이었다. 그뿐 아니라 레이건은 1981년 항공관제사노조Professional Air Traffic Controllers Organization, PATCO가 파업을 일으키자 48시간 안에 복귀하지 않은 조합원 1만 1345명을 전원 해고하는 등 공격적인 노조 파괴 정책을 펼쳤다. 레이건 행정부가 초석을 다져 놓은 신자유주의 정책은 클린턴 행정부에 이르러 각종 규제가 풀리면서 꽃을 피웠다.

신자유주의는 곧 영국과 미국을 넘어 전 세계로 뻗어 나갔다. 그중 칠레는 1975년 이후 신자유주의가 시범적으로 실행된 하나의 견본으로 평가된다. 70년 4월, 민주선거를 거쳐 사회주의 정권을 수립한 살바도르 아옌데 대통령이 국유화 정책을 단행하자 피노체트는 73년, 미국을 등에 업고 쿠데타를 일으켜 아옌데를 축출하고 정권을 잡았다. '피의 독재자'로 불리는 피노체트 17년 동안 3000명 이상이 살해되었고,

고문피해자와 실종자는 수만에 이르렀으며 언론과 시민의 자유 또한 철저히 통제되었다. 75년, 밀턴 프리드먼은 칠레로 건너가 신자유주의 경제 개혁의 필요성을 역설했고, 피노체트는 프리드먼을 추종하는 시카고대학 출신의 칠레 경제학자들(시카고 학파)을 대거 등용해 대대적인 신자유주의 정책을 추진했다. 그 결과 칠레는 한때 세계가 주목할 만한 경제성장국으로 떠오르며 남미 국가 중 최초로 경제협력개발기구OECD에 가입하는 영예를 안았으나, 동시에 세계 최악의 소득 불평등 국가라는 오명도 얻었다.

미국의 진보학자이자 남미 전문가인 제임스 페트라스James Petras 명예교수(뉴욕 빙엄턴 대학 사회학과)는 신자유주의의 첫 물결이 1970년대 남미에서 군부 집권기에 일어났다고 주장한다. 그가 거론한 남미 국가는 피노체트(1973~89)가 집권한 칠레를 비롯해 아르헨티나(군부 집권기 1976~84), 우루과이(1972~85), 볼리비아(1971~84), 페루(1991~2001) 등이다. 1980년 군사쿠데타가 일어난 터키도 사정은 마찬가지다. 이들 군사정권은 노동조합들과 정당, 민중운동을 억누르고 폭력적으로 신자유주의 정책을 추진했고, 그 결과 대규모 민영화를 위한 교두보를 마련할 수 있었다.

하지만 극심한 부정과 부패가 횡행하면서 이들 나라는 경제적 위기에 봉착했고, 이로 인해 두 번째 신자유주의 물결이 일어난다. 그 결과 IMF와 세계은행에 더욱 종속되고, 공기업들이 대거 민영화된다. 결국 신자유주의 정책은 사회 불평등을 심화하고, 계급을 분열시키며, 대대적인 민영화로 이어졌다. 세 번째 물결은 새 천 년과 함께 시작되었다. 신유주의자들은 외국자본에 대한 종속을 더 심화시키는 한편 대중의 저항을 상쇄하기 위한 '빈곤 퇴치 프로그램'과 '지방의 토

호'들을 활성화하기 위한 우대 정책을 동시에 시행했다.[4]

최근 한국 역시 남미나 터키와 비슷한 시기에 신자유주의로 전환하기 시작했다는 주장이 제기되었다. 한국과 아시아의 사회운동을 연구하는 미국의 진보학자 조지 카치아피카스 교수(웬트워스 공대 인문학부)는 1980년 5·18민중항쟁 동안 미 국무부가 주고받은 전문 수천 장을 바탕으로 1980년 미국이 광주 진압을 승인한 결정적인 이유가 한국에 신자유주의 경제정책을 이행하기 위한 것이었다고 주장한다. 이는 흔히 박정희 대통령이 1979년 4월 발표한 '경제안정화종합시책'을 한국 최초의 신자유주의 정책으로 분석하는 것과도 맞아 떨어진다. 당시 서구 자본주의는 한국 시장을 열기 위해 혈안이 되어 있었고, 5·18민중항쟁은 이를 강제할 절호의 기회였던 셈이다. 5월 22일 백악관에 모여 앉은 미국의 지배엘리트들은 광주를 진압하기 위해 군대 이동을 요청한 전두환의 손을 들어 주었다. 5월 30일, 항쟁이 피로 진압된 지 불과 3일 후, 글라이스틴 주한 미국 대사는 미 상공회의소에서 발행하는 《내셔널 비즈니스》에 이렇게 기고했다.

> 경제적으로 대한민국은 지난 20년 동안의 광적인 성장에서 더 온건하고 안정적인, 현재의 경제 발달 단계에 걸맞은 시장 중심의 성장으로 엄청난 변화를 겪고 있다. (…) 이 나라의 경제 발전을 위해 매우 중요한 다음 단계는 원칙적으로 정당하다고 받아들여지고 필요조건으로 추구되어 온 바로 그것, 즉 경제를 강력한 중앙집권적 통제로부터 해방시키고 시장의 힘을 더 신뢰하는 것이다.[5]

글라이스틴이 주장한, '중앙집권적 통제로부터 해방과 시장의 힘'

이 바로 신자유주의를 말하고 있음은 분명하다. 카치아피카스 교수는 신자유주의가 국가들을 함정에 빠뜨리는 방법이 바로 부채라고 지적하면서 "전두환 정권의 초기 4년 동안 한국의 외국자본에 대한 부채는 2배 이상 증가했으며 한국은 아프가니스탄, 브라질, 멕시코에 이어 세계 4위의 채무국이 되었다"고 주장한다. 또한 전두환 정권은 1983년 외국자본 유입에 관한 법률을 개정해 자본 유출과 관련한 제한들을 풀어 주었고, 그 덕에 외국 투자자들은 엄청난 수익을 올릴 수 있었다.[6]

이처럼 70년대 중반부터 미국을 중심으로 한 서구 자본들은 세계 곳곳에서 신자유주의 체제로 바꾸려고 적극 개입해 왔다. 칠레와 터키, 한국 등 군사쿠데타로 집권한 강력한 중앙집권체제 국가에서 신자유주의로 전환하는 것이 수월했다는 것은 신자유주의가 내포한 이중적 속성을 잘 드러낸다. 즉 한편으로는 자유시장 운운하며 정부 개입을 최소화해야 한다고 떠들어 대지만, 막상 노조 탄압이나 해외시장 개척 등 국가권력의 지원이 필요할 때면 국가의 적극적인 개입을 필요로 한다는 것이다.

그렇다면 신자유주의가 실생활에는 어떤 변화를 가져왔을까. 기업은 세금을 덜 내고, 국가기간산업과 공기업은 민영화된다. 고용 유연화라는 미명 아래 정규직은 줄이고, 그 자리를 다수의 비정규직으로 대체한다. 외국자본 유입이 증가하면서 국가의 빚은 눈덩이처럼 불어난다. 빈부 격차는 더욱 커지고 그로 인해 양극화가 극심해져 빈곤층이 날로 확대된다. 결국 신자유주의는 부자는 더욱 부자가 되고, 가난한 사람은 더욱 가난해지는 정책이다. 세계 358명 부자가 소유한 자본이 전 세계 45퍼센트 인구, 즉 23억 명이 벌어들이는 소득과 같다는 1996년의 한 통계는 신자유주의의 실체를 명쾌하게 보여 준다. 또 다른 통계에 따르면 세계 200명 부자가 1998년까지 불과 4년 사이에 1조 달러 이상을 벌어들이며 자기자본을 2배 이상으로 불렸다고 한다.[7] 신자유주의 정책의 도입으로 1990년대 미국 경제는 유래 없는 호황을 기록했지만 하버드 서비스 노동자들의 임금 하락에서 볼 수 있듯이 노동자들의 실질임금은 가파르게 떨어졌다. 이러한 폐단에 반발해 2011년 '월가점령시위'가 일어난 것이다.

신자유주의의 가장 큰 폐해는 사실 대학에서 드러났다. 가장 먼저 대학의 기금 운용 방식이 달라지면서 이제 대학은 교육기관의 탈을 쓴 헤지펀드로 전락했기 때문이다. 6장에서 살펴본 것처럼 대학의 기금 운용 방식이 전환된 데에는 1960년대를 휩쓴 반전운동의 영향이 컸다. 대학이 반전운동의 핵심 근거지가 되면서 대기업의 자선재단들이 점차 기부금 지원을 꺼려, 대학은 이전과는 다른 기금 운용 방식을 생각하지 않을 수 없었던 것이다.

기금endowment은 원래 대학이 받은 선물로, 자산과는 다른 개념이다. 기금을 제공하는 이유는 대학이 교육기관 본래의 목적을 수행하는 데 차질이 없도록 하기 위함이다. 2010년 발표된 자료에 따르면 미 대학들이 보유한 기금 순위는 355쪽 표와 같다. 그런데 신자유주의 체제로 접어들면서 대학기금의 목적이 완전히 바뀐다. 이제 기금은 유사시 대학에 필요한 재정을 지원하는 안전한 자금이 아니라 대학의 자산을 불리기 위한 투기 수단으로 변질된다. 동시에 대학 순위를 결정짓는 중요한 척도가 된다. 매년 미국 대학들이 자신들의 기금 규모를 앞다투어 경쟁적으로 발표하는 것도 바로 이 때문이다. 돈을 최고로 여기는 신자유주의가 기금의 본래 목적마저 왜곡해 버린 것이다.

미 대학들이 보유한 기금 순위(2010) (단위: 달러)

대학	기금
1. 하버드	27,557,404,000
2. 예일	16,652,000,000
3. 프린스턴	14,391,450,000
4. 텍사스 시스템	14,052,220,000
5. 스탠퍼드	13,851,115,000
6. MIT	8,317,321,000
7. 미시건	6,564,144,000
8. 컬럼비아	6,516,512,000
9. 노스웨스턴	5,945,277,000
10. 텍사스 A&M 대학 시스템	5,738,289,000

출처: HUFF POST COLLEGE

돈놀이의 전당

예일 대학의 데이비드 스웬슨David Swensen은 대학기금 투자 모델을 구체적으로 제시한 이다. 예일에서 경제학 박사 학위를 받은 스웬슨은 월가의 솔로몬 브라더스, 리먼 브라더스 등 쟁쟁한 금융업체에서 최초의 파생상품 개발에 관여했으며 1985년부터 예일 대학의 기금 운용을 맡는다. 그는 월가에서 쌓은 경험과 식견을 바탕으로 대학기금을 파격적으로 운용하기 시작했다. 스웬슨이 이끌기 전 예일의 기금 운용 방식은 주식(65퍼센트)과 채권(25퍼센트)이 뒤섞인 안전하고 보수적인 투자 형태였다. 스웬슨은 현대 포트폴리오 이론Modern Portfolio Theory, MPT[8]을 적용해 전보다 훨씬 더 과감하게 자산을 배분해 투자포트폴리오를 다각화하는 새로운 대학기금 투자 모델을 만들었다. 이제 기금의 투자 범위는 흔히 전통 자산으로 분류되는 현금과 채권, 주식을 뛰어넘어 헤지펀드·벤처캐피탈·사모펀드Private Equity Fund[9]와 같은 비전통자산 그리고 부동산·원자재·삼림지와 같은 실제자산으로까지 확대되었다. 특히 스웬슨은 주택이나 상가건물 같은 부동산뿐만 아니라 삼림과 같은 대지에도 관심을 가져 연구 목적이 아니라 오로지 투자와 이윤 창출을 위해 삼림들을 사들이기 시작했다. 부동산은 흔히 쉽게 현금화할 수 있는 유동자산이 아니라서 과거에는 적절한 투자 대상으로 간주되지 않던 것들이었다.[10]

하버드 역시 예일과 비슷하게 기금 투자를 다각화하는 한편 헤지펀드 같은 대체자산을 이용해 복잡한 금융파생상품에 투자하는 공격적인 투자 전략을 취했다. 예일을 비롯한 다른 대학들은 외부 투자전문가에게 기금 투자를 맡기고 대학 내 기금사무실에서 관리만 하는 반면, 하버드는 아예 자체적으로 기금을 운용하는 하버드 매니지먼트사Harvard Management Company, HMC를 설립했다는 점이 다르다. 하버드 매니지먼트사는 행정 체제를 분권화하는 등 신자유주의적 운영 방식을 적극 도입한 데릭 복 총장 때인 1974년에 설립되었다. 사무실은 하버드 캠퍼스가 아닌 보스턴 금융가의 핵심인 연방은행 건물에 있다. 보스턴 점령 운동이 펼쳐진 듀이 스퀘어가 있는 곳이기도 하다.

복 총장 전임자인 퓨지 총장 시절에는, 기금을 관리하던 회계담당 이사가 매년 다른 법인 이사들에게 지난해 투자 결과를 구두로 보고했다고 한다. 그만큼 과거 하버드의 투자 방식이 단순했음을 의미한다. 그러나 하버드 매니지먼트사 설립 이후 크게 달라진다. 특히 1990년 하버드 매니지먼트사 수장이 된 잭 메이어Jack Meyer가 파격적인 성과급 제도를 도입하면서 투자 방식이 더욱 공격적으로 변모한다. 레이건 행정부에 이어 클린턴, 부시도 각종 금융 규제를 완화하여 하버

1990~2009년까지 하버드 기금 추이

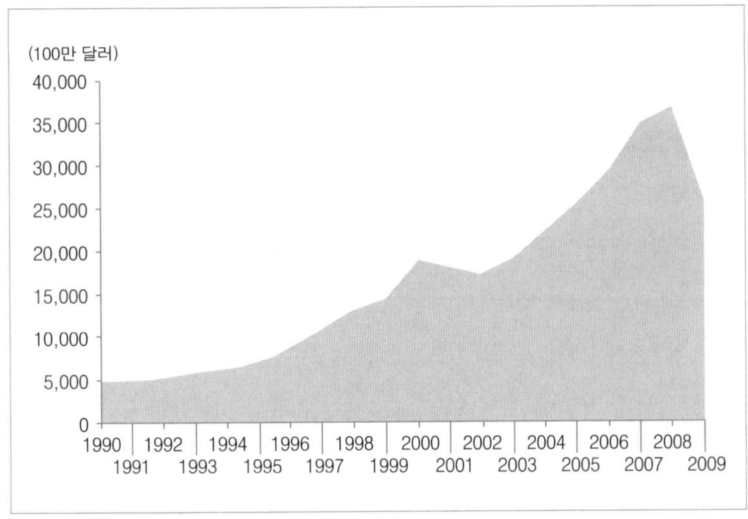

1990~2009년까지 하버드를 포함한 동부 6개 대학의 기금 추이

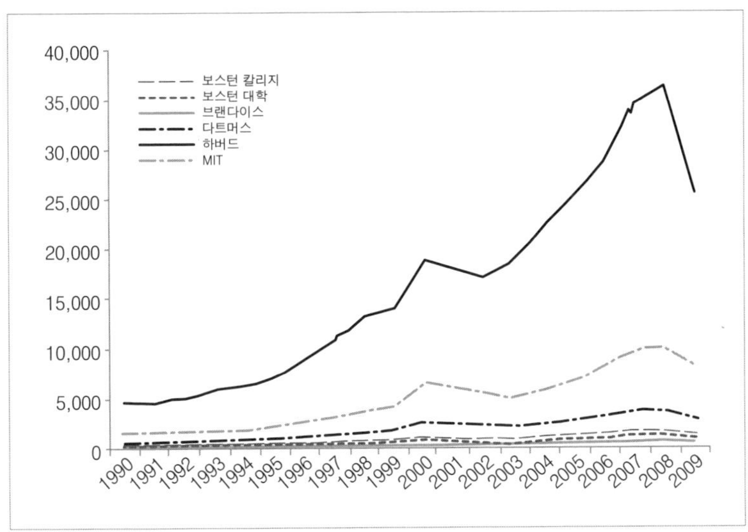

출처: 〈교육기금과 금융위기: 그림자 금융 시스템에서 사회적 비용과 구조적 위험〉

드 매니지먼트사는 날개까지 단 격이었다. 357쪽 그래프는 1990년부터 2009년까지 하버드 기금 추이를 나타내고 있다. 90년대 이후 하버드 기금은 꾸준히 증가했고, 특히 2008년 금융위기 이전까지 가파르게 상승했음을 알 수 있다. 같은 시기 동부 5개 대학과 비교해 봐도 기금 규모와 증가 면에서 하버드가 월등하다.

2010년 텔러스 연구소(Tellus Institute, 1976년 보스턴에 세워진 민간연구소로 미래 관련 프로젝트를 주로 수행한다. 연구 주제는 환경보호, 기후변화, 물 보호, 에너지 보존 등이다)는 하버드를 비롯한 미 동부 6개 대학의 기금 투자 방식과 그 영향에 대한 연구 보고서 〈교육기금과 금융위기: 그림자 금융 시스템에서 사회적 비용과 구조적 위험Educational Endowments and the Financial Crisis: Social Costs and Systemic Risks in the Shadow Banking System〉을 발표했다.[11] 이 보고서는 미 대학들의 위험한 투자 방식이 2008년 금융위기의 중요한 한 요인이었음을 지적해 화제를 모았다. 텔러스 연구소의 수석연구원인 조슈아 험프리스 박사는 하버드와 예일의 투자 방식이 기존에 안전성을 우선시하면서 기금을 관리해 왔던 다른 교육 기관들까지 자극해, 새로운 종류의 위험을 불러왔다고 분석한다.

2000년대 초 닷컴 버블이 붕괴되었을 때 하버드나 예일은 정확히 그들이 국내 자본시장으로부터 투자를 다각화했기 때문에 테크 버블 동안에 그들의 투자는 매우 성공적이었다. (국내 주식시장에만 투자하지 않고 대체자산, 실제자산 등에 다양하게 투자해 주가 폭락에도 피해를 최소화할 수 있었음을 뜻한다—저자) (…) 그들의 투자가 매우 성공적으로 보였기 때문에 모두가 갑자기 하버드와 예일의 투자 모델을 모방하려고 했다. (…) 갑자기 온갖 종류의 작은 기관이 삼림, 부동산, 상품, 가스, 오일 등으로 모여들기 시작했고, 헤징전략과 사모펀드를 이용하는가 하면 벤처캐피탈에 투자하려고 했다. 일찍이 존재하지 않았던 붐비는 효과는 많은 종류의 새로운 조직적 위험을 야기했다.[12]

개인이나 기업체는 투자할 때마다 세금을 내야 하는 반면 대학들은 교육기관, 즉 비영리기구라는 이유로 세금을 면제받는 특혜를 누린다. 이 때문에 대학들은 세금 걱정 없이 마음껏 투자할 수 있었다. 데이비드 스웬슨은 이 점을 노려 투자전문가들에게 매일 실시간으로 투자를 재조정할 것을 장려했다고 한다. 결과적으로 면세 특혜가 대학들이 기금을 더 공격적으로 운용하게 부추긴 셈이다.

하버드 매니지먼트사는 한발 더 나아가 면세 특혜를 받아 빌린 돈을 지렛대 삼아 재투자하는 전략을 구사해 막대한 수익을 올렸다. 부채 대 자본 비율이 15 대 1에 이를 때도 있었다고 한다. 조슈아 험프리스 박사는 바로 이것이 하버드가 공격적인 투자를 계속할 수 있던 배경이라고 지적한다.

하버드는 비과세의 부채를 제공받았고, 때로는 매우 낮게 할인된 이율로 부채를 제공받았다. 이것이 하버드에 현금을 공급했다. 기본적으로 빚을 내는 것, 이것이 캐피탈 콜에 부응하는 현찰의 유입을 가능하게 했고, 이 현찰로 금융위기 당시 절대적으로 재앙적인 방법임이 증명된 온갖 종류의 다른 투자 전략을 풀어 낼 수 있었다.[13]

대학들의 위험한 기금 투자 방식과 그 여파를 분석한 텔러스 연구소의 보고서.

빛을 지렛대 삼아 투자 수익률을 극대화하는 레버리지leverage 전략은 그만큼 위험도 크다. 하버드 매니지먼트사에서 독립한 제프리 라슨Jeffrey Larson의 소우드 캐피탈Sowood Capital이 2007년 여름 붕괴된 것이 그 좋은 예다. 하버드 매니지먼트사의 스타 투자가였던 라슨은 2004년 하버드의 기금 7억 달러를 종잣돈 삼아 개인투자회사를 차렸다. 그는 레버리지를 이용해 온갖 파생상품에 투자했고, 부채 대 자본 비율이 최대 12 대 1에 이르렀다고 한다. 어느 순간 상황이 나빠지면서 라슨은 재단, 대학, 연금기금 등 자신이 관리하던 30억 달러의 절반 이상을 순식간에 날려 버렸다. 이 과정에서 하버드도 기금 총액 346억 달러의 1퍼센트가 넘는 3억 5000만 달러를 잃는 엄청난 손해를 입었다. 현금 확보에 실패한 소우드 캐피탈은 결국 시카고에 기반을 둔 시타델Citadel LLC라는 투자회사에 매각되고 만다. 과도한 투자 방식이 불러온 예견된 결과였다.

텔러스 연구소 보고서에서는 대학의 정책 방향을 결정짓는 이사 상당수가 학교 기금을 투자하는 기업들과 직접적으로 관련되어 있는 현실도 문제점으로 지적하고 있다. 가령 다트머스 대학의 경우 절반이 넘는 이사가 1억 달러가 넘는 대학기금을 운용하는 회사와 관련되어 있었다고 한다. 이런 상황에서 이사들이 기금 운용에 대해 객관적으로 평가하기란 어렵고, 또한 이는 명백히 이해 충돌 금지 원칙에도 어긋나는 것이다.

청소부와 펀드매니저의 연봉

잭 메이어가 하버드 매니지먼트사를 이끄는 15년 동안 하버드 기금은 50억에서 260억 달러로 무려 5배 넘게 증가했고, 그 덕에 펀드매니저들도 천문학적인 보수를 받아 챙겼다. 362쪽 표는 2000년 이후 하버드의 최고 임금 순위를 매겨 놓은 것이다. 표를 보면 알 수 있듯이 최고 임금을 받은 이가 모두 하버드 매니지먼트사의 펀드매니저들이다. 모우리스 사무엘스는 2003년 한 해 동안 무려 3500만 달러 이상을 벌어들였다. 2003년 최고액을 받은 다섯 명의 보수를 더하면 총 1억 700만 달러가 넘고, 이해 하버드 매니지먼트사 펀드매니저들이 가져간 돈을 모두 합치면 학생 4000명 이상을 1년 동안 하버드에서 공짜로 공부시킬 수 있는 돈이라고 한다. 심지어 동종업계에 있는 예일의 데이비드 스웬슨조차 하버드의 도를 넘어선 보너스 시스템을 비판하고 위험성을 경고할 정도였다. 참고로 2003년에 두 번째로 대학기금 규모가 컸던 텍사스 대학의 펀드매니저는 이해에 약 74만 달러를, 예일의 데이비드 스웬슨은 100만 달러가 조금 넘는 보수를 받았다.[14]

2001년 생활임금투쟁 당시 공개된 하버드 청소부의 임금이 1년에 1만 8000달러 수준이었던 점을 감안해 2003년을 기준으로 비교해 보면 같은 대학에서 약 2000배의 임금 격차가 존재한 셈이다. 물론 펀드매니저들과 청소부의 월급을 비교하는 것은 공정하지 않다는 지적이 있을 수 있다. 그럼 또 다른 통계를 보자. 2003년 기준 하버드 대학 교수진의 평균임금은 15만 달러 수준이다. 다시 말해 최고 연봉을 받은 하버드 매니지먼트사의 펀드매니저는 이 시대 최고 지식인이라 추앙받는 하버드의 교수진과 비교해서도 약 200배가 넘는 임금을 받아 간 것이다. 이만하면 비상식적인 임금 격차에 대한 하버드 내부의 불만이 어느 정도였을지 짐작할 수 있다.

　하버드 기금 관리자들의 고액 연봉을 둘러싼 갈등은 주요 언론에도 보도될 정도였다. 물론 하버드 매니지먼트사 펀드매니저들의 반발도 컸다. 이들의 반응은 "월가에 가면 이보다 더 받을 수 있다"였다. 실제 몇몇 스타급 펀드매니저는 하버드 매니지먼트사를 떠나 보란 듯이 독립의 길을 찾았고, 하버드 매니지먼트사는 이들이 하버드 기금을 종잣돈 삼아 개인투자회사를 설립할 수 있도록 적극 지원했다. 그러나 이들의 성적이 늘 좋았던 것은 아니다. 앞서 말한 제프리 라슨의 경우만 보더라도 그렇다. 2005년 가을, 15년간 하버드 매니지먼트사를 이끌었던 잭 메이어도 하버드와 작별을 고했다. 당시 학내에 들끓던 고액 보너스에 대한 논란 때문에 떠났다는 것이 중론이다. 메이어는 하버드 기금 5억 달러와 함께 30여 명에 달하는 하버드 매니지먼트사의 펀드매니저들도 싹 쓸어 떠났는데 그 역시 초기 투자 실적이 좋지 않아 모두를 실망시켰다는 후문이다.

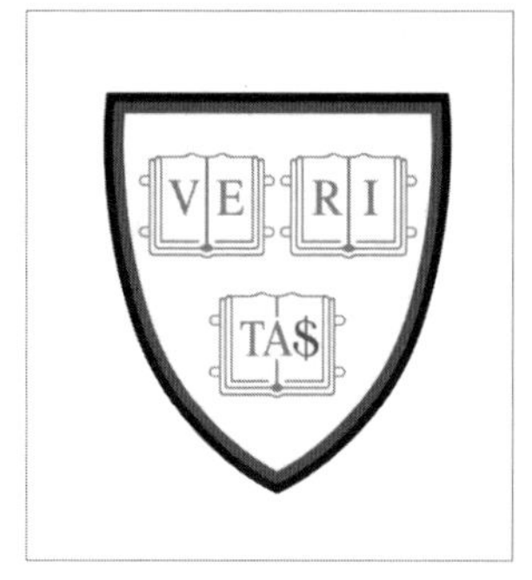

돈을 좇는 하버드를 풍자한 〈베리타스〉 로고.

하버드 내부의 심각한 연봉 차이는 신자유주의 체제에서 고착된 미 사회의 양극화를 비추는 하나의 거울이라고 할 수 있을 것이다. 미국 노동자들의 실질임금이 하락하는 동안 월가의 펀드매니저들은 매년 수백 수천만 달러의 보너스 잔치를 벌여 왔다. 2008년 금융위기를 초래한 월가는 국민의 혈세로 조성된 공적자금을 수혈받고 간신히 회생되자 또다시 천문학적인 연봉을 지급하고 보너스 잔치를 벌여 전 국민의 분노를 샀다. JP모건 체이스의 CEO 제이미 다이먼은 2009년 2000만 달러가 넘는 연봉을 챙겼고, 직원들도 50만 달러에 가까운 보너스를 받았다. 2011년 월가 시위를 촉발한 원인 중 하나도 뱅크오브아메리카의 보너스 잔치였다. 대대적인 구조조정 중인 뱅크오브아메리카가 몇몇 경영진에게 천문학적인 규모의 해직 수당을 지급하기로 결정한 것이 알려지면서 월가로 상징되는 1퍼센트의 탐욕과 부패에 시민들이 분노한 것이다.[15]

하버드의 기금 운용 방식을 들여다보면 사람들이 하버드를 '도서관을 갖춘 헤지펀드'라 조소하는 이유를 짐작할 수 있을 것이다. 또한 수익 창출을 위해 질주하는 이들 교육기관들이 과연 비영리기구라는 이유로 면세 특혜를 받을 자격이나 있는지도 의문이다. 다큐멘터리 〈베리타스〉의 영문 타이틀 〈VERITA$〉의 S를 달러로 바꾸어 놓은 것도 진실보다는 자본을 좇기에 급급한 하버드의 본질을 드러내기 위해서였다.

사실 대다수 사람은 대학이 어떤 방식으로 기금을 운용하는지 별 관심도 없을 뿐만 아니라 설령 알고 싶다 하더라도 알아낼 방법이 없다. 대부분의 기금이 불투명하게 운용되며, 대학이 이를 공개할 의무도 없기 때문이다. 시민사회가 대학의 기금 운용 방식에 주목하기 시작한 것은 불과 몇 년 전이다. 바로 2008년 금융위기 때다.

2008년 금융위기와 하버드

2007년 서브프라임 모기지 사태에서 시작된 금융위기는 2008년 9월, 미국의 투자은행 리먼 브라더스가 파산신청을 하면서 정점에 다다랐다. 세계경제는 1929년 대공황 이후 최악의 침체기에 접어들었다. 리먼 브라더스 파산 이후 모든 것이 하락했고, 대학들은 그동안 알토란처럼 키워 온 기금의 가치가 급격히 떨어지는 것을 목도해야 했다.

경기가 나빠지면 기업은 부채를 줄이고 현금을 확보하려고 값나가는 물건을 내다 팔기 시작한다. 이것을 디레버리지deleverage라고 한다. 금융위기 당시 하버드가 부딪힌 가장 큰 난제는 기금의 상당액이 당장 현금화할 수 없는 비유동자산이라는 점이었다. 가장 정교하다는 하버드의 투자 모델도 금융위기와 이로 인한 신용 경색 앞에서는 속수무책이었다. 당장 여기저기서 밀려드는 캐피탈 콜(Capital Call, 분할 납입)을 감당할 현금 마련이 시급했다. 또한 평소 대학 운영자금까지 싹 쓸어 투자했던 터라 운영비도 마련해야 했다. 하버드는 운영비의 약 35퍼센트를 기금 수익에서 조달해 왔다고 한다. 자칫 대학 기능 자체가 마비될 위기에 처한 것이다. 2008년 가을, 하버드는 현금을 확보하려고 15억 달러 가치의 사모펀드를 2차 시장인 유통시장secondary market[16]에 내다 팔기로 결정한다. 텔러스 연구소의 보고서에 따르면 이러한 하버드의 움직임이 주식시장 폭락에 결정적인 역할을 했다고 한다.

갑자기 세상에서 가장 정교한 기금 투자 모델을 가진 것으로 알려진 하버드가 금융위기 한가운데에서 사모펀드를 유통시장에서 팔려고 하고 있었다. 이는 하버드가 처한 상황이 그만큼 심각할 수 있다는 것인데 모순적이게도 금융가는 하버드의 이러한 움직임을 상황이 더 나빠지기 전에 빠져나가기 위한 정교한 전략으로 받아들였다. (…) 금융가에 하버드의 움직임이 알려지기 시작하자 모두가 그 대열에 합류하려고 했다. 금융가에 떠돈 루머는 하버드가 사모펀드를 유통시장에서 팔고 있다는 것이었고 갑자기 기관 투자자들과 다른 기금들도 이 대열에 합류했다. 스탠퍼드, 듀크, 컬럼비아, 심지어 연금기금과 같은 대형기관 투자자들조차 상대적으로 규모가 작은 유통시장에서 사모펀드를 팔겠다고 나섰다. 수요가 매우 적은 상황에서 갑자기 지나치게 많은 공급이 이루어졌고 주식시장은 여기서 폭락했다.[17]

조슈아 험프리스 박사에 따르면 금융위기 당시 미 유통시장 전체 규모는 350억~400억 달러였다고 한다. 2008년에 평가된 하버드의 기금 총액, 가치는 369억 달러였다. 미 유통시장 전체 규모와 엇비슷하다. 이는 하버드의 움직임이 시장에 얼마나 큰 영향을 미칠 수 있는지 짐작하게 하는 대목이다.

주식시장이 폭락하면서 많은 대학이 기금을 크게 잃었다. 대학 중 세계 최대 규모의 기금을 보유한 데에다 가장 공격적으로 기금을 운용했던 하버드의 손실은 더욱 클 수밖에 없었다. 367쪽 표를 보면 금융위기로 인해 하버드가 1년 사이에 잃은 손실액이 약 30퍼센트로 타 대학보다 크다.

2009년 발표에 따르면 하버드는 1년 사이에 약 110억 달러를 잃었다. 부동산 분야에서 손실 또한 막대했다. 2010년 8월《월스트리트 저널》은 하버드가 회계연도 2009년 기준 부동산 분야에서 50퍼센트 이상의 손실을 입었음을 보도한 바 있다. 이 기사는 또한 중국의 국부펀드인 중국투자공사China Investment Corporation, CIC가 하버드가 소유한 미국 부동산 투자펀드 중 일부를 약 5억 달러에 매입하는 협상을 진행 중임을 매우 껄끄러운 톤으로 전하고 있다.[18] 사실 하버드 같은 대형 기관 투자자가 호황기 때 사들였던 부동산들을 팔아 치워 투자금을 회수하려는 모습은, 위기를 기회 삼아 해외 부동산 투자에 적극 나선 중국과 비교해서 별로 유쾌하지 않은 모양새임은 분명하다.

평소 수천만 달러를 보너스로 받아 챙겼던 하버드 매니지먼트사의 펀드매니저들은 금융위기 앞에 속수무책이었다. 그리고 그 불똥은 천문학적인 보너스는 받아 보지도 못한 대학 구성원들에게 떨어졌다. 2009년 6월, 하버드는 275명을 일시에 정리해고 한다는 결정을 발표

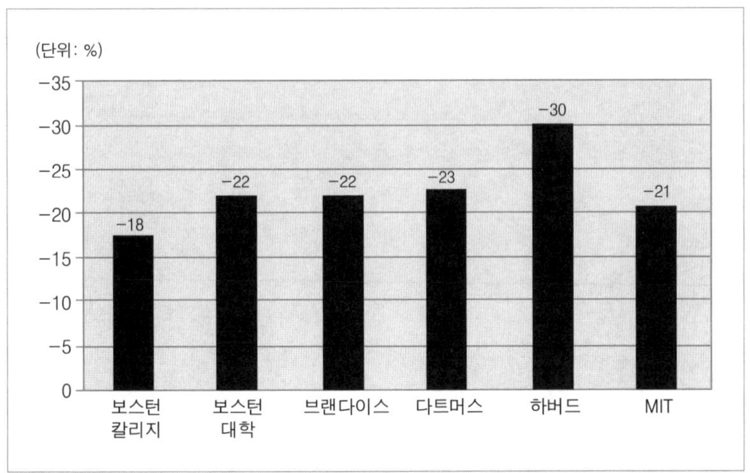

출처: 〈교육기금과 금융위기: 그림자 금융 시스템에서 사회적 비용과 구조적 위험〉

했다. 이미 학교 운영비 예산 삭감과, 교수 9000명과 비노조원 직원들의 임금 동결을 결정한 상태였다. 무엇보다 직원 1600명 이상에게 조기퇴직을 권고해 이 중 500명 이상이 그러기로 한 상태였기에 충격은 더욱 컸다.[19] 잘못된 정책 추진의 결과를 무고한 노동자들에게 떠넘긴 것이다.

웨인 랭글리 국제서비스노조 감독에 따르면 당시 하버드가 정리한 노동자는 1000여 명에 이른다고 한다. 이 일을 처리(?)한 대가로 드류 파우스트 하버드 총장은 6퍼센트 임금 인상을 받았다. 해고된 노동자 중 상당수는 25∼30년간 충실하게 근무해 온 이였다. 평소 교육기관의 종사자로서 신성한 의무를 강조하던 하버드는 위기 앞에서 냉혈한 기업주로 변신한 것이다. 다른 대학들이라고 다르지 않았다. 비슷한 시기에 MIT도 200여 명을 정리해고 했다. 어떤 대학은 방어 능력이

투기 손실의 책임을 노동자들에게 떠넘긴 하버드. "하버드에는 돈이 있다"는 문구가 인상적이다.

없는 비노조원 여성 직원들을 가장 먼저 해고 대상으로 삼았다.

이런 하버드의 노동정책은 지역사회에도 엄청난 파장을 불러일으켰다. 지역사회에서 두 번째로 규모가 큰 고용주인 만큼 그 여파가 작을 수 없었다. 하루아침에 일터를 잃은 노동자들과 하버드가 추진하던 온갖 프로젝트가 중단되면서 인근 공동체까지 피해를 입었다. 모든 개발 계획이 중단된 올스톤Allston의 피해는 특히 컸다.

쑥대밭이 된 올스톤

우연한 사고로 인해 무고한 피해를 입게 되는 것을 콜래트럴 데미지Collateral Damage라고 한다. 올스톤은 하버드 신자유주의 정책이 야기한 콜래트럴 데미지를 입었다고 할 수 있다. 올스톤은 하버드의 메인 캠퍼스가 있는 케임브리지 강 건너편에 있는 소도시로 하버드 비즈니스 스쿨이 있고, 주로 블루칼라 노동자들이 모여 사는 지역이다.

하버드의 올스톤 캠퍼스 확장 계획의 역사는 데릭 복 총장(재임 1971~91) 시절로 거슬러 올라간다. 당시 케임브리지의 캠퍼스는 이미 포화 상태에 이르러 있었다. 하버드는 찰스 강을 사이에 두고 케임브리지 캠퍼스와 마주 보는 올스톤으로 캠퍼스 확장을 계획하고 위장회사를 내세워 은밀하게 땅을 사들이기 시작했다. 올스톤 주민들은 구매자가 하버드라는 사실을 모른 채 부동산을 팔았고, 하버드는 이런 작전으로 올스톤의 상당한 대지와 건물을 확보할 수 있었다.

실제 구매자가 하버드라는 사실은 1997년, 하버드가 지금까지 올스톤에 약 52.6에이커(약 6만 4391평)를 확보했음을 발표하면서 알려진다. 물론 현재 하버드가 올스톤에서 소유한 면적은 그보다 훨씬 많은 359에이커, 약 44만 평으로 이는 케임브리지 소유 면적의 2배에 이를 정도라고 한다. 이 때문에 올스톤과 인근의 브라이튼Brighton을 다니다 보면 '하버드 부동산 서비스가 소유하고 관리함'이라는 명패를 쉽게 발견할 수 있다. 당시 하버드의 비밀스런 부동산 구매 전략을 두고 혹자는 은밀한 '땅 약탈'이라 혹평하기도 했지만 많은 올스톤 주민은 하버드의 캠퍼스 조성 계획에 호의적이었다고 한다. 세계 최대 명문이자 엄청난 기금을 가진 하버드가 인근에 새로운 캠퍼스를 조성한다는 것은 사실 멋진 일 아닌가. 문제는 하버드가 올스톤에 대한 구체적인 개발 계획 없이 땅부터 사들였다는 것과, 하버드처럼 거대한 곳에서 제2의 캠퍼스를 세우는 것은 수십 년 혹은 백 년이 걸릴 수도 있는 사업이라는 점이었다.

하버드는 구체적인 계획을 세우기도 전에 올스톤, 브라이튼 지역의 많은 사업체를 몰아냈다. 폭스바겐을 비롯해 인근 주민들에게 일자리를 공급하던 직장들이 하나둘 사라졌다. 그 바람에 많은 주민이 하루아침에 실업자 신세가 되었다. 하버드는 자신들이 곧 더 나은 일자리를 제공하겠노라고 약속했지만, 사업 진척의 속도는 더뎠고, 빈 건물들이 수년째 방치되면서 주민들의 원성이 높아졌다. 이제 주민들은 하버드의 행보를 주시하기 시작했다.

올스톤 개발 프로젝트를 적극 밀어붙인 것은 로렌스 서머스 총장이라고 한다. 줄기세포 연구에 관심이 많았던 서머스는 올스톤에 거대한 복합과학단지를 조성하고 싶어 했다. 많은 사람은 이것이 서머스가 과거 림프절에 생기는 질환의 일종인 호지킨병을 앓았던 것과 관련이 깊다고 생각한다. 서머스는 1년여 동안 화학요법을 받으면서 병마와 싸워 이겨 냈는데, 그 치료법이 발견된 것이 불과 15년밖에 되지 않았다는 사실에 새삼 놀라워했다고 한다.

올스톤에 생명공학센터를 비롯한 대규모 과학단지를 조성해 하버드를 과학 분야의 중심으로 키우는 것이 서머스의 야심이었다. 하지만 정작 프로젝트의 진행은 서머스가 떠난 후에야 시작되었다. 2007년 하버드는 올스톤 캠퍼스의 첫 프로젝트로 10억 달러 규모의 공사를 야심 차게 시작한다. 주민들은 환호했다. 하지만 기반 공사를 채 마치기도 전에 금융위기가 닥쳤다. 하버드는 기반 공사가 끝나는 대로 공사를 잠정 중단한다고 밝혔다. 언제 다시 시작한다는 기약도 하지 않았다. 올스톤 중심에 있는 만 평 가까운 대지가 파헤쳐졌고, 텅 빈 공사장에는 때때로 쥐떼들이 출몰해 주민들을 놀라게 할 뿐이다. 도심 곳곳에 방치된 빈 건물까지 더해져 올스톤의 밤 분위기는 을씨년스럽기만 하다. 공사가 중단된 공사장이나 빈 건물은 도시 미관을 해칠 뿐만 아니라 심야에 범죄의 현장으로 이용될 위험도 컸다. 매일 도심 한복판을 가로지른 거대한 공사장 벽을 바라봐야 하는 주민들의 분노와 실망감은 이루 말할 수 없을 정도다.

하버드는 해마다 새로운 공원, 건축, 더 나은 교통수단, 쇼핑 공간, 외식 장소 등 이 지역에 대한 온갖 개선을 약속했다. 그러나 지금 우리가 목도하는 것은 수많은 텅 빈 건물이다. 하버드에게는 다른 우선순위가 있는 것 같다. (…) 이러한 공사 중단 상태가 10년이 될지 100년이 될지 아무도 알지 못한다. (…) 도심 한복판에 담장으로 가로막힌 만 평의 구멍이 자리 잡고 있다는 것은 그 도시가 아무 발전 없이 꼼짝 못하고 있다는 신호다.[20]

길거리 전봇대에 붙은 전단(위). 개발을 중단한 하버드를 비난하는 "하버드 지옥에서 개발해라"는 구호가 쓰여 있다. 아래 사진은 올스톤 중심가를 가로지른 거대한 공사장 벽.

웨인 랭글리 국제서비스노조 감독에 따르면, 공사 중단이 올스톤, 브라이톤에 미친 경제적 피해를 조사한 결과 지난 3년간 어림잡아 추정한 임금 손실이 2억 7000만 달러, 다른 종류의 경제적 기회 상실로 인한 손해는 8억 6000만 달러에 이르렀다고 한다. 10억 달러 이상의 경제적 손해를 입힌 셈이다. 랭글리 감독은 하버드가 좀 더 신중했어야 했다고 지적하면서, 이렇게 공동체를 파괴하는 대학에 면세 특혜를 주는 것은 도리에 맞지 않는다고 비판한다.[21]

2010년 12월 어느 추운 겨울날, 다큐멘터리 제작을 위해 하버드와 지역주민들이 함께 참여하는 올스톤 태스크 포스Task Force 회의에 직접 참석했다. 마침 며칠 전 하버드가 프로젝트 재개 가능성을 내비친 터라 많은 주민이 모여들었다. 지역사회의 비전이 담긴 문제인 만큼 주민들의 관심은 뜨거웠다. 이날의 주요 이슈는 하버드 비즈니스스쿨이 추진하는 새 교육회관과 혁신센터 건립 문제였다. 초미의 관심사인 복합과학단지에 대한 논의는 생략되자 주민들의 원성이 높아졌다.

도대체 얼마나 오랫동안 이 대책위원회는 계속되어야 하는가? 오늘 발표한 내용은 예전부터 있어 온 것이고 하나도 새로울 것이 없다. 내 생애 어떤 공동체 모임에도 이렇게 많이 참여해 본 일이 없다.

보스턴이 나서서 저 무능력한 개발업자들이 복합과학단지를 마무리 짓도록 자금을 지원해 줄 수는 없는 것인가? 어떻게 보스턴 당국은 복합과학단지를 마치지도 않은 개발업자들에게 또 다른 허가를 내줄 수 있는가?

주민들의 비판은 끊임없이 이어졌다. 어떤 주민은 현재 경제위기의 주범들이 바로 이곳 올스톤에 캠퍼스를 두고 있는 하버드 비즈니스스쿨 출신들이라고 꼬집으면서 하버드가 도대체 뭘 가르치는지 모르겠다고 푸념해 폭소를 자아내기도 했다. 하버드 관계자는 하버드는 학문적 우선순위에 따라 움직이며 자원이 있어야 이들 우선순위를 달성할 수 있는 것이라며 주민들의 불만을 일축했다. 결국 이날의 회의는 서로의 입장만 확인한 채 별다른 성과 없이 끝났다. 하버드 올스톤 태스크 포스는 지금도 계속되고 있으며 앞으로 얼마나 더 많은 모임을 가져야 할지는 여전히 미지수다.

물론 정리해고나 올스톤 프로젝트에 대한 비판이 제기될 때마다 하버드는 우리 역시 피해자라고 주장한다. 그 누구도 하버드가 이처럼 심각한 기금난에 처하리라고는 상상하지 못했다는 것이다. 하지만 하버드를 무고한 피해자라고만 볼 수 없는 정황들이 속속 드러나고 있다. 금융위기 훨씬 이전부터 하버드가 위험신호를 수차례 무시해왔다는 사실이 밝혀지고 있기 때문이다. 경고를 무시한 것은 다름 아닌 서머스 총장이었다.

빨간불을 무시한 서머스

로렌스 서머스라는 이름은 하버드의 기금 손실에 대해 말할 때마다 빠지지 않고 거론된다. 서머스는 유대계 명문 학자 집안 출신으로 MIT에서 수학을 공부하고 하버드 대학원에서 경제학 박사를 받았으며 스물여덟 살에 하버드 종신교수가 되었다. 일찌감치 워싱턴으로 진출해 재무장관까지 지낸 그는 헨리 키신저 이래 정계에서 가장 성공한 학자라는 평가를 받는다. 혹자는 그를 하버드 총장 자리가 신분 하락으로 느껴질 수 있는 최초의 총장이라고 평가하기도 한다.

서머스의 행적을 좇다 보면 그가 뼛속까지 신자유주의자였음을 짐작하게 한다. 1991년 세계은행 수석경제연구원이 된 서머스는 이듬해 그가 서명한 문건이 《이코노미스트》에 유출되면서 세상의 지탄을 받기도 했다. 오염산업을 기대수명이 높지 않은 저개발 국가들로 옮겨야 하는 이유를 정당화하는 내용이었다.

> 전립선암을 야기할 확률이 기껏해야 100만분의 1 정도밖에 안 되는 폐기물에 대한 쓸데없는 우려가 선진국에서 개발도상국으로 이전된 것이다. 전립선암에서 살아남는 투병기는 이제 그들의 몫이 되어야 한다. (…) 가장 돈을 못 버는 나라에 독성 폐기물을 내버린다는 경제 논리에는 허점이 전혀 없다.[22]

경악스러운 이 문건이 공개되자 서머스는 거센 비판에 휩싸였다. 이후 한 언론 기사를 통해 실제 이 글을 작성했던 이는 서머스의 조수였던 랜트 프리쳇Lant Pritchett이었음이 밝혀졌다고 한다. 애초에 프리쳇은 이런 사실을 밝히려 했지만, 주위의 시선을 우려한 세계은행 직원들이 그를 만류했다는 것이다. 결국 서머스는 지탄은 받았으나 세계은행 내부에서는 의리 있는 인간으로 평가받았다는 후문이다. 공포의 문건을 작성했던 프리쳇은 현재 하버드 케네디스쿨 교수다.

서머스는 1997년 금융위기 당시 한국에 IMF의 과도한 구제금융 조건을 받아들이라고 강요한 협상 당사자 중 한 명이기도 하다. 99년 2월 시사주간지《타임》이 재무장관 로버트 루빈, 연방은행장인 앨런 그린스펀과 함께 서머스 얼굴을 표지에 실어 '세상을 구원하는 위원회'라고 이름붙인 것에서도 서머스의 영향력은 드러난다. 서머스는 클린턴 2기 말기인 99년 로버트 루빈을 이어 재무장관에 취임하지만 공화당의 조지 W. 부시가 당선되면서 부지불식간에 낙동강 오리알 신세가 된다. 이제 와서 학계로 돌아가기도 멋쩍은 서머스를 구원한 것이 다름 아닌 하버드였다. 90년대를 거치며 하버드의 대학기금은 매년 몇 배씩 뛰었고 이제 기금액은 약 200억 달러로 늘어나 있었다. 하버드는 이 돈으로 새로운 하버드를 이끌어 갈 강력한 지도자를 원했고, 바로 그가 서머스였던 것이다.

서머스는 5년이라는 짧은 기간 동안 하버드 총장으로 재직하면서 주로 부정적인 이미지로 그 누구보다 더 많은 스포트라이트를 받았다. 취임 직후부터 워싱턴에서 배워 온 오만한 업무 스타일로 교수진과 마찰을 빚었고, 그로 인해 많은 교수가 그에게서 등을 돌렸다. 흑인학과의 스타교수였던 코넬 웨스트Cornel West를 비롯해 몇몇은 하버드를 떠났고, 여성 종신교수 숫자가 급격히 줄어들었다. 물론 서머스는 전통이라는 구실로 유지되던 낡은 교과과정을 과감히 개혁해 학생들의 환영을 받기도 했고, 저소득층 자녀들의 학비를 면제해 주는 파격적인 장학정책도 도입해 긍정적인 평가도 받았다.

그러나 서머스는 총장이라는 사회적 지위에 걸맞지 않은 막말을 자주 해 도마 위에 오르내렸다. 2004년 하버드 여름학교 개강 환영식에서는 "1970년대 서울엔 미성년자 창녀가 100만 명에 달했는데 요즘은 거의 자취를 감췄다"고 발언해 한국 유학생들을 분노하게 했다.[23] 물론 서머스의 말을 그저 한국에 한때 아동 매춘부가 많았다는 뜻으로 해석할 수 있으나 그는 통계를 인용할 때 조심해야 할, 총장이기 전에 경제학자였다. 참고로 서울시 인구가 500만 명을 돌파한 것이 1970년 6월이다. 여성이 250만 명이었다고 가정해도 10대 소녀가 100만을 넘기는 어렵다. 따라서 서머스의 말은 70년대 서울에 살았던 모든 미성년 여성이 창녀였다는 뜻으로 해석될 수 있다.

이듬해인 2005년에는 "과학, 공학 분야 고위직에 여성이 적은 것은 남녀 간의 선천적인 능력 차이 때문"이라고 발언해 전 세계를 떠들썩하게 만들었다. 결국 문리학부 교수진이 불신임투표를 통과시키고 하버드 법인까지 압력을 가하자 2006년 서머스는 자진해서 총장직에서 물러난다.

학교를 떠난 후 서머스는 각종 기업들에 자문을 해 주며 고액을 벌어들였다. 골드만삭스에서는 단 한 번의 강연료로 13만 5000달러를 받았다. 2001년부터 2009년 오바마 정부에 입각하기 전까지 서머스가 금융서비스업계에서 벌어들인 돈은 무려 2000만 달러가 넘는다고 한다.[24] 2009년 오바마 정부에서 국가경제위원장이 된 서머스는 월가를 구제하는 데 적극 앞장서 은혜를 갚았다.

문제는 서머스가 하버드 총장으로 있을 때 더욱 공격적으로 기금을 운용하라고 종용했다는 것이다. 하버드 매니지먼트사를 이끌던 잭 메이어의 경고에도 서머스는 대학기금까지 포함해 하버드가 가진 현금 100퍼센트를 전부 투자하도록 지시했다고 한다. 물론 대학 운영비까지 싹 쓸어 투자한 것이 비단 서머스만의 책임이라고 할 수는 없다. 1980년대부터 이미 하버드는 공격적으로 기금을 투자했고, 그 과정에서 종종 대학 운영비까지 쏟아 부었으니 말이다. 가령 서머스 전임자인 루덴스타인 총장 시절에는 운영비 2억 9000만 달러를 투자해 20억 달러를 벌어들이기도 했다. 하지만 경제학자였던 서머스는 다른 어떤 총장보다도 경제에 밝아 기금 투자에 엄청난 영향력을 행사했다는 것이 일반적인 평가다. 2008년 금융위기가 발생하자 하버드의 회계담당 이사는 일정한 금액의 현금을 대비해 두지 않은 것을 후회했다고 한다. 하지만 사태는 이미 벌어졌고, 정작 책임을 물어야 할 서머스는 하버드를 떠난 뒤였다.

2002년 하버드 매니지먼트사의 펀드매니저 아이리스 맥은 위기를 직감하고 서머스에게 경고를 보냈다. 그녀는 하버드 출신으로 파생상품 전문가였다. 동료 펀드매니저들이 위험이 매우 큰 파생상품에 잘못 투자하고 있음을 깨닫고 서머스에게 메일을 보냈던 것이다. 이때 그녀는 서머스에게 면담을 요청하며 편지를 비밀에 부쳐 줄 것을 요청했는데, 이런 문제를 제기했다가 동료들이 해고당하는 것을 보았기 때문이다. 그런데 얼마 후 수장인 잭 메이어가 그녀를 불렀다. 그의 손엔 그녀가 서머스에게 보낸 편지 복사본이 들려 있었다. 결국 이 일로 맥은 해고된다.[25]

서머스는 안하무인 태도로 계속되는 위험 신호를 무시했다. 2005년 세계의 금융전문가들과 IMF의 수석경제연구원들이 모인 자리에서 한 전문가가 다가올 위기에 대한 보고서를 발표했다. 이 전문가는 더 큰 위험을 감수하게 만드는 금융계의 보너스 문화가 지닌 문제점을 지적하면서 머지않아 본격적인 금융위기가 도래할 수 있음을 경고했다. 그의 발언이 끝나자 객석에 있던 서머스가 일어나 그를 "러다이트(기계화, 산업화의 반대자를 뜻함)"라고 비난하면서 규제 강화는 오히려 금융 분야의 생산성을 감소시킬 것이라고 반박했다.[26] 참고로 서머스는 자신과 반대되는 의견을 제시하는 이를 인격적으로 공격하거나 망신을 주어 입을 다물게 하는 놀라운 능력을 가진 것으로 명성이 자자하다. 결국 서머스는 계속되는 빨간불 신호를 무시하고 경제를 파국으로 몰아간 것이다. 그런 서머스에게 금융위기를 해결할 국가경제위원회 위원장을 맡겼으니 이는 사태를 일으킨 장본인에게 피해 조사와 복구를 맡긴 것이나 다름없다.

하버드는 여전히 투기 중

2008년 월가에서 시작된 금융위기는 미국은 물론 세계경제를 공황 상태로 몰고 갔다. 부동산 가격이 폭락하고, 내수 시장이 위축되면서 문을 닫는 기업들이 늘어나자 실업률이 급증했다. 정부는 월가를 살리려고 초기 7000억 달러에 이어 총 1조 달러가 넘는 구제금융을 쏟아 부었다. 금융회사들의 탐욕이 야기한 위기를 국민의 혈세로 막은 것이다. 그러나 경제는 회복될 기미가 보이지 않고 살림살이는 갈수록 팍팍해졌다. 이 와중에도 이 모든 사태의 주범인 월가는 오히려 승승장구하고 있다. 오바마 행정부 첫 2년 반 동안 월가가 벌어들인 돈이 부시 정부 8년 동안의 수익보다 더 많다는 통계가 이를 반증한다.[27]

하버드도 마찬가지다. 기금 손실의 피해는 임금 동결과 예산 삭감, 정리해고와 조기퇴직의 방식으로 학내 구성원들에게 전가되었다. 올스톤은 도시 전체가 프로젝트 중단이라는 철퇴를 맞아 한동안 유령도시로 변했다. 2008년의 살 떨리는 경험을 바탕으로 하버드 매니지먼트사는 현금 보유량을 늘렸다. 2010년 자료에 따르면 하버드 매니지먼트사의 현금 보유율은 총기금 대비 2퍼센트 수준이다. 2010년 기준

하버드 기금이 274억 달러에 육박하는 것을 생각하면 적지 않은 액수
이다.

그러나 하버드는 여전히 공격적인 투자 방식을 고수하고 세계적인
영향력도 행사하는 것 같다. 2010년, 하버드는 지구 저편 뉴질랜드에
서 교육과 별 관계가 없어 보이는 2800만 달러 상당의 대규모 낙농장
을 구입해 눈총을 받았다.

2011년 8월에는 오클랜드 연구소(Oakland Institute, 동시대의 사회·경
제·환경 문제와 관련한 정책을 생산하는 연구기관)가 하버드를 비롯한 미국
대학들이 헤지펀드와 사모펀드를 이용해 아프리카 땅을 사들이고 있음
을 폭로하는 보고서 〈아프리카에서의 토지 투자 거래 이해Understanding
Land Investment Deals in Africa〉를 발표해 큰 충격을 불러일으켰다. 그동안
서구 미디어는 중국이나 인도, 중동 국가들이 개발도상국의 땅을 헐
값에 사들이고 있다며 계속 비판해 왔다. 그러나 이 보고서는 그동안
드러나지 않았던 몸통이 사실은 미국과 유럽 자본임을 밝혀 충격을
주었다. 보고서에 따르면 세계은행 통계를 바탕으로 2009년 한 해 동
안 팔리거나 리스로 잘려 나간 땅의 크기가 6000만 헥타르로 이는 거
의 프랑스 영토에 버금간다고 한다. 이 중 약 70퍼센트의 거래가 아프
리카에서 이뤄지며 바로 여기에 하버드와 밴더빌트, 스펠만, 아이오
와 대학 등 미국 대학들의 기금이 흘러들어 간 것이다.

투기 과정에 개입한, 영국에 기반을 둔 헤지펀드사인 이머전트 애
셋 매니지먼트Emergent Asset Management의 초석 투자자가 하버드라는
설이 있다고 한다. 물론 하버드 대변인은 사실 여부에 대한 확인을 거
부했다. 오클랜드 연구소의 관계자는 언론과 한 인터뷰에서 하버드
매니지먼트사가 이머전트 애셋 매니지먼트에 자신들의 투자 사실을

밝히지 말 것을 요구했다고 들었다면서 이 자체가 바로 하버드가 실제 투자를 하고 있다는 증거라고 주장한다.[28]

혹자는 서구 자본이 개입해 아프리카가 더 빨리 개발되고 그로 인해 삶이 더 나아지지 않겠느냐고 반박할지도 모른다. 이는 현실을 모르고 하는 소리다. 에티오피아에서는 토착민 70만 명이 대대로 살아온 고향을 떠나야 하는 상황에 처했다. 말리의 사마나 두구라는 곳에서는 갑작스레 불도저가 들이닥쳐 땅을 개간하기 시작했고, 이에 저항하는 마을 주민들이 몽둥이세례를 받거나 체포되었다. 탄자니아에서도 난민 16만 2000명이 40년째 농장을 일구며 살던 난민촌에서 강제로 떠나야 하는 상황이 벌어졌다.

보고서는 또한 외국자본 유입이 경제 개발을 촉진하고 일자리를 창출한다는 개발업자들의 논리는 사탕발림에 불과하다고 지적한다. 가령 개발업자들은 말리에 10만 헥타르의 농장을 조성하면 일자리 수천 개를 만들어 낼 수 있다고 큰소리를 쳤다. 하지만 유엔 보고서에 따르면 말리의 농민들은 2헥타르만 있으면 가족을 먹여 살릴 수 있다고 한다. 결론적으로 그동안 5만 가족을 먹여 살리던 땅에 불과 일자리 몇 천 개밖에 만들어 낼 수 없는 대형 농장이 들어선다는 얘기다. 그러면 결국 나머지 수만 명은 새로운 땅을 찾아 떠나야 한다는 것이다.[29]

이처럼 국경을 넘나드는 거침없는 투자의 결과로 2011년 하버드의 기금액은 전년 대비 21.4퍼센트 증가한 320억 달러에 이르렀다. 아직도 미국을 비롯한 세계는 불황의 늪에서 허우적거리고 있는 현실을 감안하면 놀랄 만한 기록이다. 하지만 위험은 늘 존재한다. 현금 보유량을 늘렸다지만 이전처럼 위험 투자 모델을 고집할 경우 또 다른 위기를 맞지 않으리라는 보장은 없다. 사실 하버드가 어디에 어떻게 투자하고 있는지 확인할 방법은 별로 없다. 사회단체들은 대학기금 운영을 투명하게 밝혀야 한다고 목청을 높인다. 조슈아 험프리스 박사(텔러스 연구소 선임연구원)는 하버드처럼 기금이 막대한 대학은 세계에 영향을 미치는 만큼 이런 대학들은 자신들의 투자가 미칠 사회, 경제적 혹은 환경적 영향을 신중히 고려해야 한다고 지적한다.

> 하버드처럼 어마어마한 규모의 기금을 운용하는 대학의 책임은 지형적으로 전 세계에 이른다고 볼 수 있다. 하버드 기금의 발자국이 그야말로 글로벌하기 때문이다. 하버드가 투자하는 기업들이 환경이나, 사회·공동체에 미치는 영향을 고려한다면 그 여파는 그야말로 전 세계적이다. 안타까운 것은 하버드 같은 대규모 기관이 기금을 투자할 때 자신들이 환경적, 사회적으로 미치는 영향을 심각하게 고려하지 않는다는 것이다.[30]

하버드 같은 대학이 더 신중하게 기금을 관리할 때 불러올 수 있는 긍정적 효과를 한번 상상해 봐라. 환경을 파괴하는 오염산업, 노조 결성을 철저히 막거나 노조를 탄압하는 기업, 국민을 학살하는 독재정권이 들어선 나라들에 하버드가 투자를 거부하기 시작한다면 그 파급력은 엄청날 것이다.

대학은 비영리기구로 면세 특혜를 받는 한, 기금 운용을 더 안전하고 투명하게 해야 할 것이다. 이를 위해서 기금 투자를 모니터링할 수 있는 법과 제도적 장치가 시급히 마련되어야 한다. 대학에 세금을 감면해 줌으로써 공동체가 감당하는 사회적 비용 또한 상당하기 때문이다. 또한 소수의 한정된 서클, 특히 기업과 금융계가 대학의 정책을 결정짓는 권한을 갖는 것은 미 대학이 직면한 문제 원인이다. 대학의 운영 방식은 일반 기업과 달라야 하기 때문이다. 한 나라의 GNP보다 기금이 많은 하버드를 지금까지 단 7명이 기금 운용을 비롯한 모든 정책을 결정해 왔다는 것은 그저 놀랍다.

사실 대학기금 운용 방식의 변화는 신자유주의적 대학 운영이 가져온 한 부분일 뿐이다. 신자유주의가 일으킨 더욱 심각한 문제는 대학 본래의 기능을 변질시켰다는 것이다. 과거 대학이 국가와 정보기관의 노예였다면 이제 대학은 기업과 돈의 노예가 되었다. 대학은 지식을 생산하는 곳이 아니라 돈 되는 지식만을 생산하는 곳으로 전락해 버렸다. 교수들은 자신의 연구와 밀접한 업체들에서 당연하게 자금을 지원받고 이런 스폰서를 많이 확보할수록 대교수로 대접받는다.

교수들의 이런 행태는 비단 어제오늘의 일이 아니다. 하버드 경제학과 교수 마틴 펠드스타인Martin Feldstein도 한 예다. 그는 레이건 시절 백악관 경제자문위원장을 지내며 규제 완화 정책의 밑그림을 그렸다. 이후 전미 경제조사연구소 소장(1977~82, 1984~2008, 현재 명예소장)으로 재직하면서 20년 동안 AIG 이사로도 활동해 무려 600만 달러 이상을 받았다고 한다.[31] AIG는 리스크가 큰 파생상품에 적극 투자했고, 이는 2008년 금융위기의 한 원인으로 지적되고 있다. 미 정부는 파산 위기에 처한 AIG에 세 차례에 걸쳐 약 1800억 달러라는 천문학적인 구제금융을 쏟아 부어야 했다. 미 금융위기의 전모와 충격적 진실을 담아 화제를 모은 다큐멘터리 〈인사이드 잡〉에서 펠드스타인 교수는 AIG 이사로 활동한 것을 후회하지 않느냐는 감독의 질문에 "전혀 후회하지 않는다Absolutely none!"고 당당히 대답한다.

그러나 금융위기 이후 위기를 조장한 학자들의 역할에 대한 책임론

이 대두되면서 최근 대학 교수들에게 더 강화된 윤리 조항을 적용해야 한다는 목소리가 높아지고 있다. 하버드도 예외는 아니다. 2009년, 하버드 메디컬스쿨의 몇몇 학생이 교수들이 제약회사들의 컨설턴트로 활동하고 있는 것에 의문을 제기했다. 이에 조사위원회가 결성되었고, 교수는 물론 강사들까지 산업체와 어떻게 결탁되어 있는지 집중적인 조사가 이루어졌다. 한 교수의 경우 무려 기업체 47곳과 협력하고 있던 것으로 드러났다.[32] 이런 과정을 통해 2010년 메디컬스쿨은 교수들에게 더 강화된 이해 충돌 금지 정책을 적용하기 시작한다. 물론 이것은 하버드만의 문제가 아니다. 교육이 비즈니스로 전락한 것 또한 이미 오래전의 일이다. 그러나 독점적이고 탐욕스러운 1퍼센트에 반발해 99퍼센트가 들고일어난 지금, 대안을 찾기 위한 모색은 이 모든 왜곡과 변질의 출발점인 대학에서부터 시작되어야 할 것이다. 하버드 학생들이 스타 경제학자의 수업을 거부한 것도 바로 이 점을 인식했기 때문은 아닐까. 이날 강의실을 떠난 학생들은 보수주의 경제학자 한 사람이 아닌 대학교육을 철저히 오염시킨 신자유주의에 반기를 든 셈이다. 그리고 이것은 단지 시작일 뿐이다.

주 ————————————————————————————————

1   존 트럼보우 인터뷰에서.

2   웨인 랭글리 인터뷰에서.

3   학생들이 맨큐 교수에게 보낸 공개서한에서.

4   제임스 페트라스, "Turkey and Latin America: Reaction and Revolution",《Dissident

Voice》 2007년 9월 1일 참조.

5 2006년 가을 케네디스쿨이 발행한 《코리아 정책 비평Korea Policy Review》(Vol II)에 실린 조지 카치아피카스 교수의 논문 〈신자유주의와 광주민중항쟁Neoliberalism and the Gwangju Uprising〉에서 인용. 당시 큰 반향을 불러일으켰으나 정작 한국에서는 출판되지 못했다. 논문의 핵심을 요약한 파워포인트와 번역본은 카치아피카스 교수의 개인 홈페이지에서 찾아볼 수 있다. http://www.eroseffect.com/korean/US_Gwangju.pdf 참조.

6 조지 카치아피카스의 〈U. S. Involvement in the Gwangju Uprising〉, 파워포인트 http://www.eroseffect.com/korean/US_Gwangju.pdf 참조.

7 위의 자료.

8 자산을 분산 투자해 포트폴리오를 만들면 위험을 감소시킬 수 있다는 이론.

9 소수의 개인 투자자의 자금을 모아서 고수익·고위험 자산에 투자하는 펀드.

10 조슈아 험프리스 인터뷰 재정리.

11 하버드 기금 투자 방식에 대한 구체적인 내용은 이 보고서를 참고로 했다.

12 조슈아 험프리스 인터뷰에서.

13 조슈아 험프리스 인터뷰에서.

14 Stephanie Strom, "Harvard Money Manager's Pay Criticized", 《뉴욕타임스》 2004년 6월 4일 참조.

15 조남규, "월가 3년 만에 '탐욕의 잔치' … 시위에 '기름'", 《세계일보》 2011년 10월 9일.

16 이미 발행된 주식이나 채권이 투자자들 사이에서 거래되는 시장.

17 조슈아 험프리스 인터뷰에서.

18 Lee Chyen Yee & Samuel Shen, "China's CIC in talks with Harvard on property funds", 《월스트리트 저널》 2010년 8월 4일 참조.

19 Tracy Jan, "Harvard to lay off 275", 《보스턴 글로브》 2009년 6월 23일 참조.

20 해리 매티슨 올스톤 주민(하버드 올스톤 태스크 포스 일원) 인터뷰에서.

21 웨인 랭글리 인터뷰에서.

22 리처드 브래들리 지음, 《하버드가 지배한다》, 문은실 옮김, (생각의나무, 2005), p. 48 재인용.

23 서머스는 2003년 한 학회에서도 "한 세대 전 서울에 미성년자 창녀가 100만 명이었다"고 발언한 적이 있으며, 원문이 아직 하버드 홈페이지에 남아 있다.

http://www.harvard.edu/president/speeches/summers_2003/africa.php

24 Charles Ferguson, "Larry Summers and the Subversion of Economics", 《The Chronicle of Higher Education》 2010년 10월 3일 참조.

25 Beth Healy, 'Ex-employee says she warned Harvard of risky moves', 《보스턴 글로브》 2009년 4월 3일 참조

26 Charles Ferguson, 'Larry Summers and the Subversion of Economics', 《The Chronicle of Higher Education》 2010년 10월 3일 참조

27 Travis Waladron, 'Wall Street traders have profited more under Obama than in eight years under Bush', 《THINKPROGRESS》 2011년 11월 7일

28 "Harvard, Vanderbilt, Spelman Exposed for Taking Part in 'African Land Grab'", 《Democracy Now!》 2011년 6월 20일 참조.

29 위 기사.

30 조슈아 험프리스 인터뷰에서.

31 Charles Ferguson, "Larry Summers and the Subversion of Economics", 《The Chronicle of Higher Education》 2010년 10월 3일 참조.

32 Duff Wilson, "Harvard Medical School in Ethics Quandary", 《뉴욕타임스》 2009년 3월 3일 참조.

10장

하버드에 부는 바람

"대학은 더는 학생들에게 비판적으로
사고하거나 권력과 문화, 정치적 가정들을
재고하고 평가하여 인문학이 제기해 온 의미와 도덕성에 대해
폭넓은 질문을 던지도록 훈련시키지 않는다.
대학은 스스로를 직업훈련학교로 탈바꿈시켜 왔다.
대학은 기업형 국가corporate state에 복무할
조직관리자를 훈련시키는 사육장이 되었다."
— 크리스 헤지스, 저널리스트[1]

2011년 11월 9일, 월가점령시위의 파장이 전 세계로 확산되는 가운데 하버드 학생 수백 명이 대학 캠퍼스를 점령하고 나섰다. 월가점령운동에 대한 연대의 뜻이자 상위 1퍼센트를 대변하는 하버드 대학에 항의하기 위해서다. 평소 관광객들로 붐비던 존 하버드 동상 앞으로 텐트 수십 개가 빼곡히 들어섰다. 학생 70여 명이 맨큐 교수의 경제학 수업을 박차고 나간 지 불과 1주일 후의 일이었다. 결국 수업 퇴장은 단 한 번의 해프닝이 아니라 긴 싸움의 시작이었던 셈이다.

하버드를 점거한 학생들은 신자유주의 체제에서 점점 기업화되어 가는 고등교육의 현실을 지적하면서 하버드야말로 왜곡된 고등교육의 전형이라고 주장했다. 하버드 매니지먼트사에서 최고 연봉을 받는 펀드매니저와 하버드 관리직 초봉의 월급 차이가 약 180배에 이르는 것, 소위 효율성을 앞세워 수많은 직원을 아웃소싱으로 전환하고 노조를 탄압해 온 것, 아프리카의 땅을 헐값에 사들여 원주민들을 내쫓고 환경을 황폐화한 것, 반노조 정책을 펼치는 악덕 기업에 투자해 온 것, 불투명한 기금 운용으로 대학은 물론 지역사회에 악영향을 끼친

하버드 야드에 들어선 텐트들. 학생들은
대학 운영의 근본적인 변화를 촉구했다.

것 등 학생들의 지적은 끝이 없다.

학생들은 하버드가 1퍼센트가 아닌 99퍼센트를 위한 대학이 되어
야 한다고 주장했다. 이를 위해 주류 경제학을 넘어 사회경제적 불평
등에 대응할 수 있는 학문 분야에도 기회를 줄 것과 과도한 학자금 부
담에 시달리는 학생들의 빚을 경감해 줄 것, 교수진과 학생들의 인종
적 다양화를 위해 적극적으로 앞장설 것, 동문 자제들에게 입학 특혜
를 주는 정책을 중지할 것, 교수들이 이해 충돌 금지 조항을 이행할
수 있도록 할 것 등을 촉구하고 있다.[2]

학생들의 하버드 점거 소식이 알려지자 보스턴 점령 운동 참가자
들과 인근 주민들도 학생들을 지지하기 위해 하버드 스퀘어 주변으로
속속 모여들었다. 점령 운동이 확산될 것을 우려한 하버드는 캠퍼스

로 향하는 모든 문을 봉쇄하고, 하버드의 ID카드를 소지하지 않으면 출입을 금지하는 특단의 조치를 취했다. 학생들의 안전을 위해 어쩔 수 없었다고 밝혔지만 상식이 있는 사람이라면 코웃음을 칠 일이었다. 하버드는 대학 보안요원은 물론 케임브리지 경찰까지 동원해 캠퍼스로 들어가려는 모든 사람에게 ID카드를 요구하기 시작했다. 심지어 방송사 리포터들도 출입을 거부당할 정도였다. 하버드 야드는 평소 수많은 관광객이 모여들고, 인근 주민들도 수시로 드나드는 곳이다. 출입을 막는 이유를 묻는 이들에게 돌아온 것은 "이곳은 사유재산"이라는 차가운 답변뿐이었다.

신분증 검사가 계속되자 학생들은 물론 교수진들도 반발하고 나섰다. 100여 명이 넘는 교수가 캠퍼스를 점령한 학생들을 지지하는 성명서를 발표했다. 물론 점거 농성을 향한 대학 내부의 시선은 엇갈린다. 특히 《하버드 크림슨》은 점거 농성은 하버드의 명예를 손상시키는 일이라며 강력히 비판하고 나섰다. 하버드가 "99퍼센트를 위한 대학"이 되어야 한다는 학생들의 주장 자체를 난센스라고 일축하기도 했다.

> (…) 하버드 졸업장은 미국 사회의 1퍼센트에 진입하는 방법이며 이는 우리가 마음먹은 것은 거의 무엇이든 이룰 수 있게 해 준다. 명문대학의 학생으로서, 우리는 모든 방면에서 성공(엄밀히 경제적인 관점에서 정의하는 성공이든 아니든 간에)할 수 있는 수단을 부여받은 것이다.[3]

이 주장은 한마디로 말하면, 애초에 하버드 학생들은 99퍼센트를

학교 측의 텐트 강제 철거에 항의하는 피켓.
"우리의 생각마저 쫓아낼 수는 없다!"는 구호
가 쓰여 있다.

위한 대학에 입학한 것이 아니라서 그런 대학이 되기를 요구하며 캠
퍼스를 점령하는 것 자체가 논리적으로 말이 되지 않는다는 얘기다.
대학 졸업장을 신분 상승을 위한 골드 티켓쯤으로 간주하는 오만한
태도는 과연 저들이 하버드에서 무엇을 배우고 익히는지를 궁금하게
한다. 또한 《하버드 크림슨》은 월가점령운동 또한 경기 침체로 인한
절망에서 비롯된 것이며, 1퍼센트를 향한 분노 역시 자신들이 가진 것
보다 더 나은 것을 기대하는 집단의 공포와 걱정을 반영할 뿐이라고
잘라 말했다. 이것이 장차 미국과 세계를 이끌어 나갈 이른바 최고 엘
리트 학생들의 사고방식이다.

　12월 중순 크리스마스 휴가를 앞두고 학생들은 본부 역할을 하는
중앙텐트만 남기고 대부분 텐트를 자진 해체했다. 대학 측은 이 결정
을 환영하며 아침 7시부터 밤 10시까지는 캠퍼스를 드나드는 사람들

에게 ID를 요구하지 않겠다고 발표했다. 그러나 2012년 1월, 학기가 시작되고 학생들이 돌아오자마자 차가운 겨울바람을 핑계 삼아 중앙 텐트를 기습해 철거해 버렸다. 학생들은 자신들의 생각까지 '철거'할 수는 없을 거라며 강력하게 반발하고 있다.

이 점령 운동은 직원들의 임금 향상이나 장학정책 개선보다 대학 운영 방식의 근본적인 변화를 요구했다는 점에서 기존의 어떤 농성보다도 의미가 크다. 언론을 비롯한 지역공동체들이 하버드에 주목하는 것도 바로 그 때문이다. 지난 수세기 동안 그래 왔듯이 하버드의 결정이 다른 모든 교육기관에 영향을 미칠 테니까 말이다. 문제는 학교 안팎에서 거세게 반발할 때 하버드가 늘 옳은 선택을 해 온 것은 아니라는 점이다. 지난 가을, 논란이 되었던 마틴 페레츠 사건만 보더라도 그렇다.

"인종주의자 바보"에게 명예를?

2011년 9월 25일, 하버드 사이언스센터에서 사회학부 50주년 기념식이 열렸다. 그런데 경건해야 할 행사장 앞으로 플래카드와 피켓을 든 시위대가 모여들었다. 이날 행사에 참석한 마틴 페레츠Martin Peretz를 규탄하며 모인 학생들과 지역주민들이었다. 이들은 학내외의 반발에도 이를 강행하기로 결정한 대학 측에 반발하며 이구동성으로 구호를 외쳤다.

"하버드, 하버드, 부끄러운 줄 알아라. 인종차별주의자 바보에게 명예를 수여하다니!"

이런 소리를 듣는 마틴 페레츠란 대체 누구일까. 브랜다이스 대학을 마치고 하버드에서 석사와 박사 학위를 받은 그는 현재 정치평론지 《뉴리퍼블릭The New Republic》[4] 편집장이다. 재벌가의 딸과 결혼한 페레츠는 1974년 《뉴리퍼블릭》을 사들여 스스로 편집장이 된 후 이 잡지를 통해 미국식 자유주의를 바탕으로 한 신자유주의를 적극 주창해 왔다. 이스라엘의 강력한 지지자로 평소 《뉴리퍼블릭》의 편집자 사설란을 이스라엘에 불리한 정책을 주장하는 이들을 공격하는 데 활용했고, 팔레스타인에 대한 거부감을 거침없이 드러냈다. 1980년대 중반 하버드 중동연구소 나다브 사프란 교수의 CIA 스캔들이 터졌을 때도 사프란 교수야말로 "주목할 만하게 정직하고 공정한 학자"[5]라며 옹호했다. 유색인종, 특히 이슬람교도들에 대한 강한 거부감을 나타내 온 그는 2011년 9월 초, 인터넷에 매우 도발적인 글을 올렸다.

솔직히 말해서, 이슬람교도들의 생명은 값싸며 같은 이슬람교도들끼리 특히 그렇다. 이맘 라우프[6]를 따르는 이슬람교도들 중에서 그들의 형제애의 특징인 일상적이고 무작위적인 유혈참사에 대해 불평을 제기하는 사람은 거의 없다. 따라서 내가 이들을 존중해야 할지 그리고 이들이 감히 수정헌법 제1조(종교, 언론 및 출판의 자유와 집회 및 청원의 권리)의 특권을 누릴 가치가 있는 사람인지 의문이다. 왜냐하면 내 직감에 따르면 이들은 이 특권을 남용할 것이기 때문이다.[7]

행사장으로 향하는 마틴 페레츠(맨 오른쪽)와 이에 항의하는 사람들.

그의 글은 온라인상에서 거센 논쟁을 불러일으켰고, 언론과 네티즌들의 비난이 빗발쳤다. 논란이 거세지자 페레츠는 슬그머니 입장을 바꾸어 자신은 수정헌법 제1조가 모두에게 적용되어야 한다고 믿는다면서 "이슬람교도들의 생명은 값싸며 같은 이슬람교도들끼리 특히 그렇다"고 한 것은 사실fact이지 가치value의 문제가 아니라고 둘러댔다.

이런 페레츠를 하버드가 사회학부 50주년을 맞아 귀빈으로 모신 것이다. 과거 하버드 사회학부에서 강의를 했던 그를 위해 지인들이 기부금 50만 달러를 모았고, 하버드는 페레츠 이름을 딴 장학금을 조성하기로 했다. 이 사실이 알려지자 많은 이가 이 계획을 즉각 중단해야 한다고 주장했다. 이제 사람들은 하버드의 선택에 주목했다.

학생들과 동문, 지역사회의 반발이 거세지자 하버드는 행사 연설자 명단에서 일단 페레츠를 제외했다. 하지만 '표현의 자유'를 내세우며 페레츠의 이름을 딴 기금 조성은 강행하기로 결정했다. 다음은 하버드가 발표한 성명서의 일부분이다.

> 대학의 중요한 임무는 표현의 자유를 보호하고 강조하는 것이며 여기에는 페레츠 박사뿐만 아니라 페레츠 박사와 의견을 달리하는 사람들이 그들의 의견을 표현할 권리를 포함한다. (…) (페레츠의 이름을 딴) 이 기금은 학부생들이 사회과학 커리큘럼을 수행하는 가운데 중요한 연구 경험을 쌓는 것을 가능하게 할 뿐만 아니라 면밀한 지적 탐구에 대한 우리의 공약을 강화할 것이다.[8]

하버드는 처음에는 표현의 자유 운운하다 성명서 말미에는 갑자기 기금의 중요성을 강조하고 나선다. 결국 50만 달러를 그냥 포기할 수 없다는 것이다. 더욱 희극적인 것은 마틴 페레츠에 대한 비난이 수그러들지 않자 혹 일이 틀어질 것을 우려한 페레츠의 지인들이 조금 더 분발해 기금을 65만 달러로 대폭 인상한 사실이다. 계속되는 반대에도 하버드가 학위 수여를 고집하자 사회학부 동문들을 비롯한 학내외의 반발은 더욱 거세졌다.

> 마틴 페레츠는 그동안 유색인종에 대한 혐오와 편견에 대해 마음껏 지껄여 왔다. (그는 하고 싶은 말을 마음껏 할 권리가 있지만) 하버드는 그에게 하버드의 이름을 건 명예를 수여할 권리가 없다. 또한 이토록 엄청난 논쟁과 분노가 표출된 뒤에도 여전히 명예수여를 고집한다는 것은 스캔들이다. 65만 달러는 하버드가 가진 표준이나 가치를 저버리기에는 푼돈에 불과하다.[9]

사실 하버드가 염치없는 돈을 받아 논란이 된 것은 이번이 처음은 아니다. 9·11테러의 충격이 채 가시지 않은 2001년 9월 26일, BBC는 하버드가 90년대에 빈 라덴 일가로부터 기부금 500만 달러를 받은 사실을 보도한 바 있다. 기사에 따르면 9·11테러 이후 여론을 의식한 케임브리지 의회가 하버드에 똑같은 액수인 500만 달러를 희생자 가족들에게 기부할 것을 제안하는 안을 통과시켰다고 한다. 하버드는 빈 라덴 일가로부터 실제로 받은 돈은 200만 달러에 불과하며, 이미 100만 달러를 희생자 가족들에게 기부하기로 했다며 체면을 차리려 했다.[10]

다른 이들처럼 나 역시 마틴 페레츠에 대한 하버드의 태도를 매우 유감스럽게 생각한다. 설령 페레츠를 위해 기부금을 낸 명단에 엘 고어(제45대 미 부통령, 2000년 미 민주당 대선 후보) 같은 중량급 인사가 있었다 해도 하버드는 그동안 특정 인종과 종교에 대한 편견을 거리낌 없이 표출해 온 페레츠 글이 내포하고 있는 도덕적 가치에 대해 비판해야 옳았다. 사실 페레츠야 어떤 말을 하든 그의 자유라 치더라도 하버드의 정책과 결정에는 책임이 뒤따르기 때문이다. 결과적으로 하버드는 지난 수십 년간 세계적인 대학을 꿈꾸며 전 인류를 끌어모으리라 공언했던 자신들의 철학을 스스로 배반한 셈이다.

2011년 마틴 페레츠 사건에 이어 하버드가 아프리카의 땅을 약탈하고 있다는 연구 보고서까지 발표되어 충격의 파장은 더욱 컸다. 소위 세계 최고 명문이라는 하버드의 이런 행태를 보면서 그동안 잊고 있던 질문을 떠올리게 된다. 과연 대학의, 고등교육의 진정한 목적은 무엇일까?

제국의 '홍위병' 생산

2008년 금융위기 이후 미국의 몰락을 암시하는 징조들이 나타나고 있다. 2차대전 이후 미국이라는 제국과 함께 성장해 왔으므로 하버드 역시 안팎의 비판에 휩싸이는 것은 자연의 섭리만큼이나 당연한 결과일지도 모른다. 이는 비단 하버드만의 문제가 아니다. 하버드가 처한 위기는 곧 미 대학을 비롯한 고등교육 전체의 위기이다.

지난 30년간 신자유주의 체제가 굳건히 뿌리를 내리면서 대학의 기업화 또한 가속화되었다. 대학이 돈 버는 데 혈안이 된 사이 인문학을 비롯한 기초학문들은 고사되었다. 대학이 '진리의 상아탑'이니 '학문의 전당'이니 하는 말들은 이제 낡은 백과사전에서나 찾을 말이다. 신자유주의 체제에서 대학은 더 많은 수익을 창출하기 위해 교육 사업을 벌이는 기업으로 전락했다. 학생들에게 지식을 가르치고 비판적인 사고를 심어 주어야 할 학자들은 산업스파이가 되어 학계와 산업계를 오가며 널을 뛴다.

그리스나 중국과 같은 고대사회에서 교육 대상은 대중이 아닌 소수의 귀족이었고, 그 목적은 지배계급의 재생산이었다. 초기 미국의 사정도 별반 다르지 않았다. 그런데 이러한 상황에 3대 대통령이었던 토머스 제퍼슨이 이의를 제기한다. 제퍼슨은 존 애덤스에게 보낸 편지에서, 미국은 '부와 출신'에 기반을 둔 '인위적인 엘리트'가 아니라 '미덕과 재능'에 기반을 둔 '선천적인 엘리트'들이 이끌어야 한다고 썼다.[11] 이러한 발상에는 더 많은 이에게 고등교육의 기회를 공평하게 주어야 한다는 믿음이 전제되어 있었다. 제퍼슨의 바람은 공교육 제도를 통해 어느 정도 정착되었다고 볼 수 있을 것이다.

1933년 하버드 총장이 된 제임스 코넌트는 제퍼슨의 생각을 적극 받아들인 인물로 평가된다. 그는 출신을 떠나 더 많은 우수한 학생에게 기회를 주어야 한다고 믿었고, 더 똑똑한 학생들을 가려내기 위해 SAT 같은 시험제도를 적극 활용했다. 물론 그가 주려 한 '기회'는 우수한 학생들로 제한되었고, 그의 정책은 능력주의·엘리트주의 중심의 교육 체제가 뿌리내리는 데 지대한 영향을 미쳤다. 그는 대학이 학문 발전에 기여하는 측면 못지않게 대학이 가질 수 있는 권력적 측면을 중요하게 여긴 전형적인 권력 추구형 지식인이었다.

대학교육의 문이 대중에게 활짝 열린 계기는 2차대전이다. 종전 직후 제대군인들에게 고등교육 학습 기회를 주는 제대군인원호법이 제정되었고, 이로 인해 더 많은 이가 대학에 진학할 수 있게 되었다. 대학교육은 이제 당연한 과정으로 받아들여졌다. 미 정부가 적극 지원해 이런 상황이 가능해졌는데, 그 뒤에는 교육을 통해 더 강력한 국가를 만들려는 의도가 있었다. 따라서 교육은 제국의 홍위병들을 생산하는 수단으로 전락되었고, 대학은 충실히 그 역할을 수행해 나갔다.

엘리트 대학에 다니면, 어떤 얘기는 해서는 안 된다고 저절로 생각하게 된다. 아니 실은 아예 그런 생각조차 안 하게 된다. 그것이 바로 대학의 세뇌 기능이다.[12]

그러나 70년대 이후 신자유주의가 도입되고, 교육비가 천정부지로 치솟으면서 이제 학비 걱정 없이 누구나 대학에 진학할 수 있던 시절은 끝났다. 지금 미국 대학생들은 학자금 상환이라는 엄청난 부담을 안고 졸업한다. 《뉴욕타임스》 보도에 따르면, 2010년 대학 졸업생들이 갚아야 할 평균 학자금이 약 2만 5250달러라고 한다. 그런데 이해 졸업생들의 실업률이 9.1퍼센트로 근래 들어 최고 수준이라는 것이다.[13] 그동안 할리우드 영화 등을 통해 반복적으로 주입되던 아메리칸 드림(예를 들어, 지지리 가난한 집안에서 태어난 주인공이 열심히 공부해 명문대학에 진학함으로써 가난을 극복한다는 스토리)의 신화는 이제 동화에서나 가능한 일로 여겨지는 것이 현실이다.

촘스키 교수는 살인적인 교육비에 숨겨진 정치적 의도에 주목한다. 미국보다 1인당 국민소득이 훨씬 낮은 나라들이 오히려 무상교육을 실시하고 있는 경우가 많음을 지적하면서 고액의 교육비는 경제적인 이유라기보다 일종의 통제장치라는 것이다.

> 고액의 수업료는 반드시 경제적인 이유 때문에 필요한 것이 아니다. 일례로 멕시코를 비롯한 많은 가난한 나라가 대학교육을 무료로 제공하는 반면 부자 나라로 갈수록 교육비가 비싸진다. 가령 공공복지에 관심을 가진 한 젊은이가 로스쿨에 입학해서 10만 달러의 빚을 지고 졸업했다 치자. 빚을 갚기 위해서는 기업형 로펌에 입사해서 일할 수밖에 없고, 일단 한번 조직에 들어가서 그 문화에 속하게 되면 빠져나오기란 불가능하다.[14]

살인적인 등록금에 대한 반발은 월가점령시위 이전부터 이미 세계 곳곳에서 터져 나오고 있었다. 미국의 경우 2010년 3월, 캘리포니아 주 오클랜드의 대학생들이 주립대학의 재정 지원 삭감과 등록금 인상에 반대하며 4일간 고속도로 점거 투쟁을 벌였고, 비슷한 시기에 최소 32개 주 대학 100여 곳에서 수업 거부와 등록금 인상 반대시위 등 집

단 행동에 나섰다. 영국의 경우 2010년 11월에 대학생 5만 2000여 명
이 정부의 학비 인상과 대학 재정 지원금 삭감에 반발해 도심을 행진
하며 시위를 벌였다. 영국 정부가 2012년부터 대학 지원금을 40퍼센
트 줄이고, 학비 상한선을 현행 연간 3290파운드(약 600만 원)에서 최
대 9000파운드(약 1650만 원)로 대폭 인상하는 방안을 발표한 것이 화
근이었다. 학생들은 성명을 통해 정부가 밀어붙이는 "교육의 시장화"
와 "부자를 돕고 약자를 괴롭히는 시스템"에 대해 반대한다며 "이는
단지 저항의 시작일 뿐"이라고 선언했다.[15]

　한국에서도 반값 등록금 투쟁은 첨예한 이슈다. 특히 이명박 정부
가 온갖 복지·교육 예산은 축소하고, 전 국민이 반대하는 4대강 사업
에 천문학적인 돈을 쏟아 부으면서 등록금 인상에 대한 분노의 함성
은 더욱 커졌다. 청년실업, 88만원세대로 대변되는 대한민국 청년들
의 암울한 현실을 생각하면 그들의 분노는 너무도 당연한 것이다. 반
값 등록금 투쟁은 단순히 대학 학비를 경감하는 측면을 넘어 헌법에
보장된 '평등하게 교육받을 권리'를 대학교육에까지 확장한다는 점
에서 매우 중요하다. 민주주의 사회에서 교육은 모두에게 공평한 기
회를 주기 위한 중요한 수단이기 때문이다.

　하지만 반값 등록금을 쟁취하는 것만큼이나 시급한 과제가 또 있
다. 바로 한국 사회를 망치는 학벌주의라는 독소 조항을 뿌리 뽑는 것
이다. 대학 졸업장에 따라 신분이 결정되고, 특정 학벌로 뭉친 소수
집단이 부와 권력을 독점하는 현실에서는 등록금을 반으로 내린다 한
들 사회 불평등이 해소될 확률은 매우 낮기 때문이다. 그러므로 우리
사회에 깊숙이 퍼져 있는 엘리트주의의 폐해를 직시해야 할 것이다.

엘리트주의라는 독

1936년, 개교 300주년을 맞은 하버드는 전 세계 수많은 학자와 정치인, 주요 인사들에게 초청장을 보냈다. 미국의 산 역사인 이 대단한 학교의 초청에 모두 오케이 사인을 보낸 것은 아니다. 아인슈타인은 초청자 명단에 나치 학자들이 포함된 것에 대한 항의 표시로 거절했고, 극작가 조지 버나드 쇼는 여기서 한발 더 나아가 매우 도발적인 답장을 썼다.

만약 하버드가 개교 300주년을 기념해 학교를 완전히 불태워 버리고 그 자리에 소금을 뿌려 다시는 하버드 대학이 생기지 못하게 한다면 그 기념식은 나에게 가장 강렬한 만족을 줄 것이다.

또 이렇게 덧붙였다.

이는 예일, 옥스퍼드, 케임브리지, 소르본, 기타 등등 젊은이들을 부패시키는 그 밖의 모든 명문대학에 대한 하나의 본보기가 될 것이다.[16]

버나드 쇼의 재치 있는 이 문장은 지배엘리트들을 배출하는 명문대학들과 대학 졸업장을 바탕으로 신분이 결정되는 엘리트주의 사회에 대한 냉철한 경고라고 할 수 있을 것이다. 그러나 버나드 쇼의 경고에도 엘리트주의는 더욱 심화되었고, 이들 명문대학은 거대한 공룡으로 성장했다. 그중에서도 하버드를 포함한 미국 아이비리그의 영향력은 타의 추종을 불허한다.

아이비리그는 하버드, 예일, 브라운, 컬럼비아, 코넬, 다트머스, 프린스턴, 펜실베이니아 대학까지 동부 지역 8개 명문대학을 가리킨다. 이들 대학은 전통적으로 미 정·재계 인사들을 독점적으로 배출해 왔고, 이제는 미국을 넘어 전 세계의 지도자를 배출하고 있다. 아이비리그 졸업장은 황금빛 미래를 보장하는 골드 티켓으로 간주되며 그만큼 아이비리그 문턱을 넘기 위한 경쟁도 치열하다. 권력과 부의 대물림을 가능하게 하는 아이비리그 대학들의 레가시 정책은 불평등한 미국 대학교육의 현주소를 씁쓸하게 보여 준다.

아이비리그의 막강한 영향력은 한국에서 더욱 두드러진다. 한국 사회의 뜨거운 교육열과 수직적 조직문화 그리고 친미주의와 맞물리면서 미국 유학은 이미 오래전부터 신분 상승을 보장하는 하나의 수단으로 변질되었다. 미국 유학파가 한국을 지배하고 있다는 자조는 새로울 것이 없다. 유학파라고 다 같은 대우를 받는 것은 아니다. 오직 미국 유학, 특히 아이비리그 출신들이라야 제대로 대접을 받는다. 한국 사회에서 아이비리그는 단순한 대학들의 집합이 아닌 한국을 움직이는 엘리트들의 특별연수원인 셈이다.

신자유주의 체제 이후 확산된 조기유학 붐과 특목고의 영향으로 아이비리그 대학에 입학하는 한국 학생들도 매년 증가하고 있다. 하버드 대학 국제부의 발표에 따르면, 2005년 11월 현재 하버드에 재학 중인 한국 학생은 모두 244명으로 외국인 중에서는 캐나다(481명), 중국(378) 다음으로 많다. 예일에서도 한국 학생들은 두각을 나타낸다. 2005년 가을 학기 한국인 학생은 29명으로, 캐나다 다음이다. 정확한 통계는 아니지만, 2007년 현재 아이비리그 대학을 졸업한 한국인 학

생은 약 1만~1만 5000명으로 추산되고 있다.[17]

이들 학생은 대부분 어릴 때부터 명문대학 입학을 목표로 삼고 열심히 공부에만 전념했을 것이다. 아이비리그의 높은 문턱을 넘기까지 이들이 흘린 땀과 눈물을 어찌 다 말로 표현할 것인가. 하지만 왜곡된 사회 분위기의 영향으로 자칫 명문대학 진학이 특권의식으로 이어지지 않기를 바랄 따름이다. 열심히 노력한 수고의 대가는 이미 명문대학 입학으로 받은 것이나 다름없다.

미국에서 명문학교를 다니며 아이비리그 대학 진학을 준비하는 한 한국 유학생을 만난 적이 있다. 고등학교 3학년인 소녀는 아이비리그를 거쳐 메디컬스쿨에 진학해 의사가 되고 싶어 했다. 그런 후 한국으로 돌아가 살고 싶다고 했다. 한국에서는 대접받고 살 수 있기 때문이라는 것이다. 무심코 내뱉은 이 한마디가 지금 한국 사회를 극명하게 보여 준다. 일찌감치 조기유학을 온 탓에 소녀는 한국의 역사나 정치 현실에 대해 아는 것이 별로 없었다. 한번은 독재자 '박정희'와 '김대중' 전 대통령이 화제에 오른 적이 있는데 고개를 갸웃하더니 "그분들이 대통령이었죠?"라고 물었다. 물론 아이비리그 진학에 한국 역사는 별로 중요하지 않을 것이다. 이후라도 그녀가 한국 역사와 문화에 대해 깊이 고민해 볼 기회를 갖게 되기를 빈다. 그녀는 장차 한국을 이끌 이른바 오피니언 리더opinion leader가 될 확률이 매우 높기 때문이다.

아이비리그를 향한 우리 사회의 집착과 욕망은 엘리트주의로 대변되는 교육계의 심각한 병폐로 인한 것이다. 하버드의 사회학자 찰스 윌리Charles Willie 명예교수(교육학)는 최고만을 추구하는 교육계의 풍토를 지적하면서 우수하다는 것에 대해 단 하나의 정의밖에 존재하지 않는 것이 현 교육계의 가장 큰 문제점이라고 지적한다. 현 대학교육이 높이 평가하는 탁월함의 근거는 결국 성적이 우수하다는 것이다. 그러나 이는 개인이 가진 수많은 가능성 중 한 부분일 뿐 성적이 모든 면에서 우수하다는 척도가 될 수는 없다고 지적한다.

흑인 인권 지도자 마틴 루터 킹의 절친한 친구였던 윌리 교수는 킹에 얽힌 일화를 들려주었다. 익히 알려진 대로 킹은 전 세계가 추앙하는 훌륭한 지도자이자 명연설가이다. 특히 그가 남긴 〈I have a dream〉은 세계적인 명연설로 기억되고 있다. 하지만 대학 시절 킹 목사는 늘 A를 맞는 우수한 학생은 아니었다고 한다. 한번은 대중연설 수업에서 C⁻를 받기도 했다. 찰스 윌리 교수는 아마 그 수업에 뭔가 문제가 있었거나 우수와 비우수를 가르는 기준이 잘못된 것 아니겠느냐며 너털웃음을 웃었다. 그는 작은 주립대학이 하버드가 갖지 못한 장점을 가지고 있듯이 모든 기준을 하버드에 빗대어 평가하는 것은 결코 바람직하지 않다고 거듭 강조한다. 수많은 교육기관이 각자 다른 방식으로 사회에 공헌할 수 있기 때문이다.[18]

그러나 현실은 실력주의, 능력주의를 내세워 대학에 서열을 매기고, 명문대학을 졸업한 한정된 소수가 권력을 독점하게 한다. 이것을 가능하게 하는 것이 바로 엘리트주의다. 엘리트 코스를 밟아 권력의 상층부를 장악한 자들은 진리는 자신들 같은 전문가만이 다루어야 하는 것처럼 행동한다. 이런 이들의 은밀한 사고는 신문 칼럼이나 교과서 등을 통해 지속적으로 유포, 확산되고 결국 절대적인 진실로 굳어진다. 반면 지배담론에 동의하지 않는 지식, 저항하는 지식은 기어이 폐기 처분되어 사라진다. 촘스키 교수는 사회현실을 분석하고 해석하는 일종의 조정자를 지식인으로 본다. 그는 지식인들의 해석이 체계적으로 왜곡된 경우가 많다고 지적하면서 여기에 숨겨진 이데올로기적 통제를 조심해야 한다고 경고한다.

> 특수한 훈련을 받은 지식인만이 분석 작업을 할 수 있다는 잘못된 인상을 주지 않도록 조심해야 합니다. 사실 그것은 지식인 계급이 우리에게 심어 주려는 생각입니다. 그들은 보통 사람이 다가갈 수 없는 난해한 활동에 종사하는 것처럼 허세를 부립니다. (…) 사회과학도 그렇고 무엇보다 오늘날의 사건에 대한 분석에, 이런 일에 관심 있는 사람은 누구나 다가설 수 있는 겁니다. 이런 문제들이 복잡하고, 심오하고, 모호하다는 얘기는 이데올로기적 통제가 선전하는 환상일 뿐입니다. (…) 사회·정치 문제를 분석하려는 사람은 객관적 사실을 직시하고 논의의 이성적 흐름을 기꺼이 따르는 것만으로 충분합니다.[19]

사회가 세분화, 전문화되면서 지식인들의 역할은 전보다 훨씬 더 중요해졌다. 그러므로 이들이 고안하거나 합리화한 정책들이 미칠 파장도 매우 크다. 존 트럼보우 박사는 교육기관들을 더 비판적으로 바라보아야 한다고 충고한다. 특히 하버드 하면 자동적으로 모든 면에서 최고라고 생각하기 마련이지만, 하버드가 늘 우수함을 추구한 것은 아니며 때로는 권력에 봉사하기 위해 우수함을 희생시켜 왔음을 지적한다. 만약 그들이 정말로 그렇게 우수하기만 한 인재들이라면 무수한 하버드맨들이 전 세계 금융가를 장악하고 있는 지금, 우리가 직면하고 있는 이 위기는 과연 누구 때문이냐고 그는 반문한다.[20] 이때문에 더 공정한 세상을 위해서는 하버드를 비롯한 엘리트 교육기관들의 행보를 주시해야 하는 것이다.

하버드에 부는 바람

과연 하버드가 99퍼센트를 위한 대학으로 변화할 수 있을까? 많은 이가 궁금해 하는 질문이다. 2011년 12월 7일, 하버드 점령 운동이 여전히 계속되는 가운데 그 해답을 찾기 위한 토론회가 열렸다. 하버드 사이언스센터의 한 강의실에서 열린 이날의 토론회에는 하버드 학생들을 비롯해 지역주민들과 활동가들도 많이 참석해 눈길을 끌었다. 토론회는 발표자 9명이 서로 다른 주제로 간단히 발제한 뒤 토론하는 순서로 진행되었다. 다음은 이날 토론회에서 이야기된 주제들이다.

- 공포와 권력
- 미국의 불평등이 심화된 이유는 무엇인가? 우리는 무엇을 해야 하는가?
- 월가점령운동과 학생들의 빚 거부
- 이단의 경제학: 맨큐의 이데올로기에 대한 대안
- 유럽의 금융위기와 월가의 역할
- 호황과 불황: 현대 화폐의 법적 역동성
- 노예제도와 미국의 자본주의
- 99퍼센트를 위한 경제학
- 하버드와 미국의 경계, 탐구, 소외와 희망

이날 토론회를 조직한 것은 다름 아닌 하버드를 점령한 학생들이었다. 점령 운동이 나아갈 방향과 현실적 대안을 모색하고자 하는 학생들의 진지한 고민이 엿보이는 행사였다. 인근 주민이라는 한 방청

객은 이토록 진지한 토론회는 베트남전쟁 반대운동 이후 처음이라며 놀라움과 반가움을 표시하기도 했다. 하지만 하버드 점령이 한 달째 접어들면서 한계에 부딪힌 듯 답답함을 토로하는 학생도 많았다. 한 학생은 "점거하던 날, 학내 보안요원이 와서 대학 측의 명령이라며 저의 이름과 학부 등을 적어 갔습니다. 말로는 형식적 절차라고 하지만 당장 다음 학기 학자금 융자를 받는 데 불이익을 받지는 않을까 걱정입니다"며 울먹이기도 했다.

학생 몇 명이 노숙한다고 하버드가 달라지겠느냐며 고개를 가로젓는 분도 있을 것이다. 하버드가 달라진다고 세상이 달라질 것인가. 지난 1년 동안 〈베리타스〉 상영회 자리에서 수없이 들어온 소리다. 하지만 나는 하버드의 변화 가능성을 믿는다. 100년 전의 하버드를 잠깐 상상해 보시라. 우생학자들이 득실거리고, 여성의 입학을 불허하고, 아프리카계 신입생들의 기숙사 입주를 금지하고, 파업하는 노동자들을 진압했다. 그 시절 하버드를 다녔던 젠틀맨들이 지금의 하버드를 본다면 졸도할지도 모른다. 하버드는 계속 변해 왔고, 지금도 변하고 있다. 일례로 하버드 대학 총장 임명은 대대로 법인과 감독이사회 몫이었지만 2006년 로렌스 서머스 총장이 불명예스럽게 퇴진한 후 차기 총장 후보를 물색하는 과정에 학생과 교수 일부를 참여시켜 화제를 모으기도 했다. 물론 이러한 변화가 하루아침에 저절로 이루어진 것은 아니다. 학생과 교수 들이 끊임없이 요구하고 투쟁한 끝에 얻어진 것이다. 그리고 그 투쟁은 2012년 지금도 계속되고 있다. 그러므로 100년 뒤의 하버드가 지금과 다른 '99퍼센트를 위한 대학'이 되지 말라는 법은 없다.

하버드의 변화 가능성을 믿는 첫 번째 이유는 하버드는 오랜 전통

하버드가 나아갈 방향을 함께 찾기 위해 열린 티치 인.

과 진보적 이미지를 버리고 싶어 하지 않으며, 인적·물적 자원도 엄청나다는 데 있다. 2001년 점거 농성을 주도했던 메이플 라자 교수(콜비대학 국제학부)는 주립대학에서 학부를 마치고 하버드 대학원에 입학했을 때 충격이 컸다고 한다. 학생들은 거만스러울 정도의 자긍심을 갖고 있었고, 이용 가능한 물적 자원 규모도 달랐다. 그로서는 밤이 낮으로 바뀌는 것만큼이나 큰 차이였다고 한다. 메이플 라자 교수는 바로 이러한 점 때문에 '하버드'라는 이름을 내걸면 많은 전복적인 활동을 벌일 수 있고, 더 많은 관심을 불러올 수 있다고 분석한다. 나이키의 스니커즈를 생산하는 해외 공장들이 저임금 노동자들을 착취하는 스웻샵의 상징이 된 것처럼, 하버드는 중요한 사회적 문제들을 쟁점화할 수 있다는 것이다.

두 번째, 하버드에 전 세계 수많은 인재가 모여든다는 점이다. 물론 이 중 상당수는 하버드가 제공하는 권력에 취해 특권의식에 젖은 친미적 지식권력이 될 가능성이 농후하지만, 다양한 학생들과 교류해 시각을 넓히고 전 지구적 이슈에 관심을 갖게 될 확률 또한 매우 높기 때문이다.

전 세계 곳곳에서 모든 종류의 다양한 시각을 가진 사람들이 하버드로 온다. 하버드에 계속 머물고 있는 교수진과 운영자들은 이들이 우리에게 배우러 오는구나 생각할 것이다. 하지만 현실적으로 가장 훌륭한 교육은 세계 곳곳에서 모여든 수많은 사람이 이곳에 잠깐 머무는 동안 서로 다른 사람들에게 배워 가는 것이다. 어떤 이들은 평생의 야심을 이루어 기뻐할 것이고, 어떤 이들은 하버드가 기대했던 곳과는 전혀 달라 실망할 수도 있다. 또 어떤 사람들은 다양한 사람들을 만날 수 있는 기회를 갖게 된 것에 즐거운 비명을 지르기도 할 것이다. 어디에서 이처럼 다양한 사람들을 만날 수 있겠는가. (…) 하버드는 이 사람들이 외부에서 와서 우리에게 배워 돌아간다고 생각하기 쉽지만 실제로는 이들이 서로에게 배워 가며 우리에게는 별로 관심을 안 가지는 경우가 더 많다. 왜냐하면 우리는 쇠퇴하고 있기 때문이다.[21]

2012년 1월 25일, 존 하버드 동상 앞에서 전 세계 점령 운동에 지지 메시지를 보내는 '빵과 인형 극단Bread & Puppet Theater'[22]의 퍼포먼스가 열렸다. 퍼포먼스에 동참하기 위해 모인 하버드 학생들은 대학 측의 기습적인 텐트 철거 조치를 비난하며 자신들의 투쟁은 끝이 아니라 이제 시작임을 선언했다. 그런 의지를 담은 유인물 중 하버드 로고인 베리타스 문장을 새롭게 패러디해 놓은 것이 흥미로웠다. 라틴어로 '진실'을 뜻하는 베리타스Veritas는 하버드를 상징하는 문장인데, 문

점령 운동을 지지하는 퍼포먼스를 벌이는 '빵과 인형 극단'.

장 한가운데에 있던 Veritas 자리에 "Occupy"를 넣고, 이것을 "CORRUPTIO OPTIMI PESSIMA"라는 라틴어 문장이 에워싸게 해 놓았다. 이 문장은 "The corruption of the best is the worst of all." 즉, "최고의 부패는 최악이다"를 의미한다고 한다.

기발하고 재치 있는 구호이자, 하버드 점령 운동의 중요성을 잘 담아낸 메시지다. 그러나 '최고의 부패'란 '하버드의 부패'를 뜻하므로, 자신들을 '최고'라고 표현한 것에서는 엘리트주의적 사고에 젖은 자기도취적인 면이 보여 씁쓸하기도 했지만 말이다.

2011년 10월 14일, 하버드는 개교 375주년 기념식을 대대적으로 개최했다. 그러나 폭우가 쏟아지는 바람에 그 어느 때보다 눈부셨어야 할 행사장은 엉망이 되었다고 한다. 하버드 야드의 아름다운 잔디

하버드 점령 운동 로고. "최고의 부패는 최악
이다"고 쓰여 있다.

밭은 순식간에 진흙탕으로 변했고, 대학 측이 마련한 다양한 기념행사 또한 우천 아래 치러져야 했다. 누군가는 이 소식을 듣고 "(하버드에) 그보다 더 잘 어울리는 기념식은 없을 거"라며 통쾌해 하는 논평을 남겼다. 300주년 때 "하버드를 불태워 버리자"고 했던 조지 버나드 쇼의 말을 기억하는가. 하버드가 이런 조소에서 벗어나 모든 이의 진심 어린 축하를 받고 싶다면 지금까지 역사를 냉정히 돌아보고, 권력집단이 아닌 진정한 교육기관으로서 새 길을 모색해야 할 것이다. 그런데도 여전히 자신들은 상위 1퍼센트를 이룰 자격이 충분하다고 당연시하며, 특권층으로 진입하는 것을 삶의 목표로 삼는 하버드인들이 있다면 그들은 서슬 퍼렇던 프랑스혁명의 교훈을 기억하는 게 좋을 것이다.

주

1 2011년 하버드 학생들이 발간한 《*The Occupy Harvard Crimson*》.

2 "Harvard Joins the Occupy Movement", 《네이션》 2011년 11월 10일 참조.

3 Evan Ribot, "The Disgrace of Occupy Harvard", 《하버드 크림슨》 2011년 11월 16일.

4 1914년 창간된 정치평론지다. 초기에는 꽤 진보적이었지만, 1970년대 마틴 페레츠가 인수한 이후 보수주의 성향이 뚜렷해졌다는 것이 대체적인 평가다.

5 John Trumpbour, *How Harvard Rules*, (MA: South End Press, 1985), p. 89 재인용.

6 파이잘 압둘 라우프Feisal Abdul Rauf. 뉴욕 9·11테러 현장 인근에 이슬람센터 건립을 추진하고 있는 이슬람 성직자.

7 마틴 페레츠, "The New York Times Laments 'A Sadly Wary Misunderstanding of Muslim-Americans.' But Really Is It 'Sadly Wary' Or A 'Misunderstanding' At All?",《뉴리퍼블릭》2010년 9월 4일.

8 Benjamin Sarlin, "Harvard's Marty Peretz Problem",《The Daily Beast》2010년 9월 15일.

9 마리엄 모나리사 가라비 인터뷰에서.

10 "Bin Laden family's Harvard donations", BBC NEWS 2001년 9월 26일.

11 토머스 제퍼슨이 존 애덤스에게 보낸 편지 〈Natural and Artificial Aristocracy〉(1813년 10월 28일) 참조.

12 노엄 촘스키 인터뷰에서.

13 Tamar Lewin, "'College Graduates' Debt Burden Grew, Yet Again, in 2010",《뉴욕타임스》2011년 11월 2일.

14 노엄 촘스키 인터뷰에서.

15 조일준, "영국 '등록금 폭탄'에 대학생들 분노 폭발",《한겨레신문》2011년 11월 11일 참조.

16 Richard Norton Smith, *The Harvard Century: The making of a university to a nation*, (Simon and Schuster, 1986), p. 124.

17 "아이비리그, 한국 경영하는 파워엘리트 '훈련소'",《중앙일보》2007년 9월 18일 참조.

18 찰스 윌리 교수 인터뷰 재정리.

19 노엄 촘스키·미셸 푸코,《촘스키와 푸코, 인간의 본성을 말하다》, 이종인 옮김, (시대의 창, 2010), pp. 97~98.

20 존 트럼보우 인터뷰 재정리.

21 일레인 버나드 인터뷰에서.

22 미국 버몬트 주에 기반을 두고 활동하는 급진적인 인형극단.

맹목적 질주를 멈출 때

"지배층이 지배당하는 계급의 뛰어난 이들을
더 많이 동화시킬수록 그 지배는 더 굳건하고 위험해질 것이다."
— 카를 마르크스

2005년 가을, 나는 하버드 평생교육원에서 영어 공부를 하고 있었다. 어느 날 선생님이 한 정치인의 연설이 담긴 비디오와 연설문을 수업 교재로 가져왔다. 그때 버락 오바마라는 정치인을 처음 알게 되었다. 케네디가 환생이라도 한 듯 힘차고 설득력 있게 연설하는 그의 모습은 인상적이었다. 하지만 그보다 더 인상적이었던 것은 수업 끝머리에 선생이 남긴 한마디였다.

"이 정치인을 기억해 둬. 몇 년 안에 그는 매우 중요한 인물이 될 거니까."

선생은 무심코 던진 말이었을지 모르지만, 나는 직감했다. 오바마라는 정치인이 차기 대통령이 될 수도 있겠구나. 주변 친구들에게 이런 내 예감을 말하자 하나같이 허튼소리 말라며 코웃음을 쳤다. 힐러리 클린턴이 이미 오래전부터 민주당 대선 후보가 되기 위해 준비하고 있었기 때문이다. 오바마는 그저 연설을 좀 잘하는, 이제 막 떠오르는 참신한 정치인에 불과했던 것이다. 그런데 채 3년도 지나지 않아, 오바마는 말 그대로 불가능을 가능하게 만들며 민주당의 대선 주자로 떠올랐다. 2008년 겨울, 오바마가 대통령에 당선되고 세계가 미국의 변화와 희망을 이야기하며 야단법석을 떨 때 나는 전혀 놀랍지가 않았다. 다만, 근간을 움직이는 하버드의 영향력을 새삼 확인했을 뿐이다.

길 잃은 고등교육

'세계 최고 명문대학' '최고의 인재The best and the brightest들이 모인 곳' '고등교육 과정의 최고 브랜드'. 하버드에 따라붙는 대표적인 찬사이자 수식어다. 하지만 하버드가 걸어온 길을 꼼꼼히 되짚어 가 보면 하버드의 실체에 놀라지 않을 수 없다. 그리고 그 충격은 고등교육의 목적은 무엇인가라는 근원적인 물음에 가 닿는다.

20세기는 교육의 세기라 불러도 좋을 만큼 그 어느 때보다 고등교육이 확장된 시기였다. 하지만 그 결과의 모습은 어떠한가. 배운 자들끼리 자신들만의 네트워크를 이루어 돈과 권력을 독점하는 형국이다. 지식이나 기술을 쌓아 안정된 직장을 갖는 것은 교육의 수많은 기능 중 하나일 뿐인데도 이것을 목적으로 새기는 이도 꽤 많다.

교육은 개인의 잠재력을 계발, 발현시키는 한편 타인과 사회, 역사, 문화, 자연을 좀 더 깊고 넓게 이해하면서 끌어안게 하는 일련의 성장 과정이다. 그리하여 더 많은 이가 평등하고 행복할 수 있는 시민사회를 형성하는 것, 이것이 고등교육의 목적지가 되어야 하지 않을까.

한국의 하버드 열풍은 대학 서열화, 엘리트주의와 무관하지 않다. 물론 대학 서열화보다 더 선행되어야 할 것이 '기회 균등'이 아니냐고 반문할 이도 있을 것이다. 그러나 엘리트주의가 또 다른 불평등을 심화시키고 이를 정당화하는 구조 속에서 기회 균등은 교육 불평등을 눈가림하는 안전장치일 뿐이다. 결국 교육이 성공의 수단으로 인식되는 잘못된 현실을 바로잡아야 한다. 배움이라는 것은 신분 상승을 위한 과정이 아니라 자신과 자신을 둘러싼 세계를 알고 그 과정에서 스스로를 해방시키는, 그 자체로 즐거운 과정이니까 말이다.

대체로 은폐된 그들의 치부

20세기를 거치면서 교육 부문마저 자본주의에 집어삼켜져 대학의 목적이 지배엘리트를 양성하는 것으로 뒤틀린 지 오래다. 대학은 체제를 보전하는 반동적인 곳으로 전락해 버렸다. 과거에는 출신성분이 신분을 결정지었다면 이제는 학벌이 신분을 결정짓는다. 이런 현상이 한국에서는 특히 심하다. 돈과 아울러 학력이 인간을 평가하는 거의 절대적인 척도다. 이로 인해 수많은 아이가 태어난 순간부터 일류대학을 향해 달음질하도록 강요당한다. 그 덕에 한국 학생들의 학업 성취도만은 세계에서 손꼽힌다. 행복지수는 세계 꼴찌 수준이지만 말이다. 이런 현실은 등하굣길 학생들 낯빛만 봐도 절감할 수 있는 일이다.

한국만 학벌지상주의라는 병을 앓고 있는 것은 아니다. 2012년 5월, 터키의 수도 앙카라에서 〈베리타스〉를 상영한 적이 있다. 관객 대부분이 대학생이었는데, 다큐멘터리를 본 많은 학생이 하버드 문제

하버드 캠퍼스 곳곳에서 발견할 수 있는 베리타스 로고.

가 바로 자신들의 문제라고 이구동성으로 입을 모았다. 그도 그럴 것이 거의 전 세계 국가가 미국식 대학교육을 모델로 삼았고, 하버드가 그 선두에 있었다.

베리타스Veritas가 하버드를 상징하는 말이어서인지 많은 대학이 너도나도 베리타스를 활용해 쓰고 있다. 멀리 갈 것 없이 대한민국 최고 대학이라는 서울대 교훈이 'Veritas Lux Mea(진리는 나의 빛)'이다. 하버드의 '진리Veritas'와 예일의 '빛과 진리Lux et Veritas'를 짜깁기한 혐의가 매우 짙다. 하버드 캠퍼스를 지나다 보면 건물은 물론 심지어 쓰레기통에서까지 베리타스 문장을 발견할 수 있다. 그만큼 진리, 진실에 대한 하버드의 집착과 자부심은 남다르다.

하지만 지금까지 보았듯이 하버드는 진리보다는 권력과 자본을 좇기에 더 바빴던 것 같다. 그러므로 하버드가 진리와 자유를 상징하는 진보적인 대학이란 세간의 믿음은 절반의 진실일 수밖에 없다. 하버드는 미국과 함께 성장하며 미국이라는 '제국'의 지배이데올로기를 생산해 내는 전략연구소의 역할을 해 왔기 때문이다. 하지만 이런 사실은 대체로 은폐되어 있다. 이 역시 하버드의 힘이다.

명문 하버드를 향한 열망은 여전히 뜨겁다. 사람들 손길에 닳아 버린 존 하버드 동상의 왼발이 그것을 반증한다. 하지만 캠퍼스를 오가는 이들 중 하버드를 정확히 이해하고 돌아가는 이가 과연 얼마나 될까. 화려한 명성 뒤에 가려진 하버드의 실체를 파악하기란 쉽지 않은 일이기 때문이다. 그러므로 하버드를 올바로 이해하는 것은 미국과 자본을 중심으로 움직이는 이 세상을 이해하는 첫걸음이 될 것이다.

프롤로그. 존 하버드 동상의 거짓말

22, 23쪽. 남북전쟁 당시 사망한 하버드 출신 북군 전사자들을 추모하는 메모리얼 홀(왼쪽)과 미국 대학 도서관 중 최대 규모를 자랑하는 와이드너 도서관(오른쪽). 최성욱

25쪽. 하버드의 대표 상징물인 존 하버드 동상. 왼발을 만지면 하버드에 입학할 수 있다는 속설 때문에 왼발이 닳아 번들거린다. 오른쪽 사진은 하버드 관광객들. 최성욱

1장. 프로파일링 하버드

32, 33쪽. 활기가 넘치는 스퀘어 주변(왼쪽)과 하버드 메인 캠퍼스인 하버드 야드(오른쪽). 32쪽 최성욱, 33쪽 신은정.

39쪽. 하버드 출신 미국 대통령들. 시계 방향으로 존 애덤스(2대), 존 퀸지 애덤스(6대), 러더포드 헤이스(19대), 시어도어 루스벨트(26대), 프랭클린 루스벨트(32대), 존 F. 케네디(35대), 조지 W. 부시(43대), 버락 오바마(44대).

존 애덤스

Asher Brown Durand(Public Domain)

http://en.wikipedia.org/wiki/File:US_Navy_031029-N-6236G-001_A_painting_
of_President_John_Adams_(1735-1826),_2nd_president_of_the_United_
States,_by_Asher_B._Durand_(1767-1845)-crop.jpg

존 퀸지 애덤스

George Peter Alexander Healy(Public Domain)

http://en.wikipedia.org/wiki/File:US_Navy_031029-N-6236G-001_A_painting_of_

President_John_Adams_(1735-1826),_2nd_president_of_the_United_Sta
tes,_by_Asher_B._Durand_(1767-1845)-crop.jpg

러더포드 헤이스
Mathew Brady (Public Domain)
http://en.wikipedia.org/wiki/File:President_Rutherford_Hayes_1870_-_1880.jpg

시어도어 루스벨트
Pach Brothers (Public Domain)
http://en.wikipedia.org/wiki/File:President_Theodore_Roosevelt,_1904.jpg

프랭클린 루스벨트
Elias Goldensky (Public Domain)
http://en.wikipedia.org/wiki/File:FDR_in_1933.jpg

존 F. 케네디
U. S. federal government(Public Domain)
http://en.wikipedia.org/wiki/File:John_F._Kennedy,_White_House_color_photo_po
rtrait.jpg

조지 W. 부시
U. S. federal government(Public Domain)
http://en.wikipedia.org/wiki/File:George-W-Bush.jpeg

버락 오마바
U. S. federal government(Public Domain)
http://en.wikipedia.org/wiki/File:Barack_Obama_at_Cairo_University_cropped.jpg

41쪽. 하버드를 향한 열망을 풍자한 카툰. 하단에 "8.5파운드의 우량아예요. 그뿐만이 아니
라 하버드에 입학할 아이라고 온몸에 쓰여 있답니다!"는 문구가 보인다. 하버드 아카이브

44쪽. 세일럼의 마녀재판.
William A. Crafts (1876), Pioneers in the settlement of America: from Florida in
1510 to California in 1849 (Pioneers in the settlement of America: from Florida in
1510 to California in 1849. ed.), Boston: Published by Samuel Walker and
Company(Public Domain)
http://en.wikipedia.org/wiki/File:Witchcraft_at_Salem_Village.jpg

45쪽. 마녀사냥을 옹호한 코튼 매더(하버드 법인 이사).
Peter Pelham(Public Domain)

http://en.wikipedia.org/wiki/File:Cotton_Mather.jpg

48쪽. 하버드를 전국적인 명문대학으로 발전시킨 찰스 엘리엇 총장.
Original uploader was Ktsquare at en.wikipedia(Public Domain)
http://en.wikipedia.org/wiki/File:Charles_William_Eliot.jpg

2장. 소수 독재 사회

60쪽. 하버드 최초의 여성 총장 드류 파우스트.
U. S. federal government(Public Domain)
http://en.wikipedia.org/wiki/File:Harvard_President_Drew_Faust_US_Navy_
110304-N-5549O-204.jpg

63쪽. 하버드 법인을 풍자하는 포스터. "누가 차기 총장을 뽑나요? 학생도 아니고, 교수진
도 아니고, 비밀리에 모이고 회의록 공개도 거부하는 CEO 3명과 기업변호사 1명, 행정
가 2명이 뽑지요!"라는 문구가 쓰여 있다.
하버드 생활임금캠페인 웹사이트.
http://www.hcs.harvard.edu/~pslm/livingwage/portal.html

66쪽. 20세기 초 하버드에 거액을 기부한 모건 부자(왼쪽이 J. P. 모건, 오른쪽이 J. P. 모건
주니어).
Moody's Magazine(Public Domain)
http://en.wikipedia.org/wiki/File:J.P._Morgan_and_J.P._Morgan_Jr.png

75쪽. 대학 분권화를 실행한 데릭 복 총장. 하버드 아카이브

3장. 부자-백인-남성의 카르텔

90쪽. 강도 높은 노동에 시달렸던 방직공장의 어린이들.
Lewis Wickes Hine, 〈Little Spinner in a Carolina Cotton Mill, 1908〉, 최성욱 재촬영.

92쪽. 학생들을 파업 진압에 동원한 애봇 로렌스 로웰 총장.
John Singer Sargent(Public Domain)
http://en.wikipedia.org/wiki/File:Abott_Lawrence_Lowell_by_John_Singer_

Sargent_1923.jpeg

93쪽. 사코·반제티 재판과 로웰위원회.

Source: Boston Public Library(Public Domain)

http://en.wikipedia.org/wiki/File:Sacvan.jpg

94쪽. 평민 출신으로는 처음으로 하버드 총장에 오른 제임스 코넌트. 하버드 아카이브

102쪽. 흑인은 유전적으로 열등하다고 주장한 하버드의 과학자 루이스 애거시즈.

Source http://www.picturehistory.com/product/id/3703(Public Domain)

http://en.wikipedia.org/wiki/File:Louis_Agassiz_H6.jpg

105쪽. 미국의 대표적인 우생학자 찰스 다벤포트(왼쪽)와 1921년 제2차 우생학대회 로고 (오른쪽).

왼쪽

Source: "The Second International Congress of Eugenics," The Scientific Monthly 13:5 (Nov 1921), 476, on 479. Cropped from larger photograph(Public Domain)

http://en.wikipedia.org/wiki/File:Charles_Davenport_1921.jpg

오른쪽

Source: Harry H. Laughlin, The Second International Exhibition of Eugenics held September 22 to October 22, 1921, in connection with the Second International Congress of Eugenics in the American Museum of Natural History, New York (Baltimore: William & Wilkins Co., 1923).(Public Domain)

http://en.wikipedia.org/wiki/File:Eugenics_congress_logo.png

106쪽. 1924년 이민제한법에 서명하는 쿨리지 대통령(위)과 이민제한법 전후 북서유럽과 남동유럽 이민자들의 비율 변화.

위

U. S. federal government(Public Domain)

http://en.wikipedia.org/wiki/File:CalvinCoolidgeimmigration3.jpg

아래

Fastfission (Public Domain)

http://en.wikipedia.org/wiki/File:European_immigration_to_the_United_States_1881 -1940.png

115쪽. '페이퍼클립'에 속한 로켓 과학자들.

U. S. federal government(Public Domain)

http://en.wikipedia.org/wiki/File:Project_Paperclip_Team_at_Fort_Bliss.jpg

120쪽. 여성 선거권과 노동자 인권을 위해 투쟁했던 래드클리프 출신 사회주의 운동가 헬렌 켈러.

　http://en.wikipedia.org/wiki/File:Helen_KellerA.jpg(Public Domain)

121쪽. 하버드 최초의 여교수인 앨리스 해밀턴.

　U. S. federal government(Public Domain)

　http://en.wikipedia.org/wiki/File:Alice_Hamilton.jpg

122쪽. 구 래드클리프 아카데믹 캠퍼스. 신은정

4장. 펜타곤 대학

136쪽. 캠퍼스에서 훈련을 받고 있는 해군들. 존 하버드 동상을 막 지나가고 있다. 하버드 아카이브

142쪽. 등록하기 위해 기다리는 학생들(위)과 메모리얼 홀에서 등록 절차를 밟고 있는 학생들(아래). 하버드 아카이브.

144쪽. 1943년 9월 하버드에서 명예학위를 받은 윈스턴 처칠 영국 총리. 하버드 아카이브.

145쪽. 하버드 졸업식장에서 '마셜 플랜'을 발표한 조지 마셜(첫 줄 오른쪽에서 세 번째. 그 왼쪽은 제임스 코넌트 총장). 하버드 아카이브

149쪽. CIA와 긴밀했던 윌리엄 랭어.

　Courtesy of the Boston Public Library, Print Department

151쪽. 매카시즘 광풍을 몰고 온 조지프 매카시.

　Library of Congress(Public Domain)

　http://en.wikipedia.org/wiki/File:Joseph_McCarthy.jpg

152쪽. 매카시즘을 조장한 FBI 국장 에드거 후버(위)와 간첩 혐의로 기소되어 실형을 산 하버드 출신 엘저 히스(아래).

위

Marion S. Trikosko (Public Domain)

http://en.wikipedia.org/wiki/File:Hoover-JEdgar-LOC.jpg

아래

Source: Library of Congress. New York World-Telegram & Sun Collection.
  http://hdl.loc.gov/loc.pnp/cph.3c30365(Public Domain)
http://en.wikipedia.org/wiki/File:Hiss01.jpg

155쪽. 로젠버그 부부의 사형.
  Roger Higgins, photographer from "New York World-Telegram and the Sun"
  (Public Domain)
  http://en.wikipedia.org/wiki/File:Julius_and_Ethel_Rosenberg_NYWTS.jpg

160쪽. 매카시의 공격에 강력히 맞섰던 네이션 퓨지 총장. 하버드 아카이브

169쪽. 하버드 출신들이 케네디 내각에 대거 등용된 것을 풍자한 카툰. 하버드 아카이브

173쪽. 베트남에 고엽제를 살포하는 미군.
  U. S. federal government(Public Domain)
  http://en.wikipedia.org/wiki/File:Defoliation_agent_spraying.jpg

176쪽. 케네디와 함께 베트남전쟁에 깊이 개입했던 맥조지 번디.
  U. S. federal government(Public Domain)
  http://en.wikipedia.org/wiki/File:McGeorge_Bundy.jpg

178쪽. 보스턴에 있는 케네디 도서관. 최성욱

5장. "판은 우리가 짠다" – CFR, 삼각위원회, CPD

193쪽. CFR에서 발간하는 《포린 어페어스》 첫 편집장이었던 아치볼드 캐리 쿨리지. 하버
  드 아카이브

194쪽. 《포린 어페어스》에 소련 봉쇄정책에 관한 글을 게재한 조지 케넌.
  Harris & Ewing (Public Domain)
  http://en.wikipedia.org/wiki/File:George_F._Kennan_1947.jpg

195쪽. 《포린 어페어스》에 실린 박근혜 전 한나라당 대표 기고문. 최성욱

201쪽. 2차대전 종전 이전부터 미국은 전 대영제국(1), 서반구(2), 극동지역(3)을 지배할 전
  략을 세웠다.

(1)

Released into the public domain(by the author)

http://commons.wikimedia.org/wiki/Image:Anachronous_map_of_the_British_Empi

re.png?uselang=ko

(2)

Luis Miguel Bugallo S?nchez(Public Domain)

http://en.wikipedia.org/wiki/File:Hemisferio_Oeste.png

(3)

ASDFGHJ(Public Domain)

http://en.wikipedia.org/wiki/File:Far_east1.png

205쪽. 삼각위원회를 구상한 즈비그뉴 브레진스키(왼쪽)와 삼각위원회 회원이었던 지미
카터 대통령(오른쪽).

왼쪽

U. S. federal government(Public Domain)

http://en.wikipedia.org/wiki/File:Brzezinski_1977.jpg

오른쪽

U. S. federal government(Public Domain)

http://en.wikipedia.org/wiki/File:JimmyCarterPortrait2.jpg

207쪽. 이란쿠테타와 작전명 TP-에이잭스

Iran Persian Gulf Forever

http://en.wikipedia.org/wiki/File:Shah_and_Carter.jpg

209쪽. CPD를 주도한 폴 니츠.

U. S. federal government(Public Domain)

http://en.wikipedia.org/wiki/File:Paul_Nitze.jpeg

6장. 최초의 점거 농성

222쪽. 몽고메리 승차거부운동에 불을 붙인 로자 파크스. 그 옆은 마틴 루터 킹 목사.

U. S. federal government(Public Domain)

http://en.wikipedia.org/wiki/File:Rosaparks.jpg

225쪽. 5·18민중항쟁 30주년 기념 국제학술대회에서 발언하는 톰 헤이든. 신은정

226쪽. 베트남인으로는 처음 하버드에 입학한 응오빈롱 교수. 최성욱

227쪽. 베트남전쟁의 진실을 알렸던 티치 인(왼쪽)과 워싱턴 D. C.에서 열린 반전시위(오른쪽).

232쪽. 전쟁 연구로 돈벌이를 하는 하버드 학자들을 비꼰 카툰.《How Harvard Rules》, 신은정 재촬영.

236쪽. 새뮤얼 헌팅턴(왼쪽)과 헨리 키신저(오른쪽)는 지식인의 외피를 쓴 대표적인 전쟁 범죄자다.

왼쪽
http://en.wikipedia.org/wiki/File:Samuel_P._Huntington_(2004_World_Economic_Forum).jpg(Public Domain)

오른쪽
Marion S. Trikosko (Public Domain)
http://en.wikipedia.org/wiki/File:Henry_Kissinger.jpg

240쪽. 학생들의 공격을 받은 하버드 국제문제연구소. 하버드 아카이브

243쪽. ROTC 폐지를 요구하는 포스터.《How Harvard Rules》, 신은정 재촬영.

244쪽. 하버드 SDS 리더로 반전운동을 이끌었던 마이클 앤새라. 최성욱

247쪽. 유니버시티 홀에서 끌려 나오는 학생들.
Ted Dully(《보스턴 글로브》), 최성욱 재촬영

250쪽. 미 사회를 충격과 공포로 몰아넣은 켄트 주립대학 학살. John Filo

252쪽. 1971년 워싱턴 D. C.에서 열린 메이데이 집회. 슬로건이 "정부가 전쟁을 중지하지 않으면 우리가 정부를 중지시킬 것이다"였다. Diogo

256쪽. 피켓을 들고 행진하는 대학원생들. 하버드 아카이브, 신은정 재촬영

259쪽. 졸업식장에 선 하버드 세 총장. 왼쪽부터 네이선 퓨지, 제임스 코넌트, 데릭 복. 하버드 아카이브

262쪽. 1969년 하버드 학생들이 발간한 소책자《How Harvard Rules》. 신은정

268쪽. 세계 지도자들을 배출하고 있는 케네디스쿨. 전·현직 백악관 대변인 3명을 초청해 진행한 공개 토론회. 최성욱

7장. 하버드-러시아 스캔들

287쪽. 세계 각국의 '경제 가정교사'로 활약했던 제프리 삭스(왼쪽)와 초기 러시아 경제 개혁을 지휘한 예고르 가이다르 러시아 초대 총리(오른쪽).

왼쪽
Palácio do Planalto do Brasil(Public Domain)
http://en.wikipedia.org/wiki/File:Jeffrey_sachs_in_Brazil.jpg

오른쪽
Jürg Vollmer / Maiakinfo(Public Domain)
http://commons.wikimedia.org/wiki/File:Jegor_Gaidar_2008.jpg

288쪽. 가이다르에 이어 러시아 경제 개혁을 진두지휘한 아나톨리 추바이스.
Мптя Алешковскпй/Мптя Алешковскпй(Public Domain)
http://en.wikipedia.org/wiki/File:Chubais-AB.jpg

290쪽. 러시아 경제 개혁에 천문학적인 원조금을 쏟아 부은 미 국제개발처.
U. S. federal government(Public Domain)
http://en.wikipedia.org/wiki/File:USAID-Identity.svg

293쪽. 바우처
http://en.wikipedia.org/wiki/File:Voucher.jpg(Public Domain)

306쪽. 1998년 6월 1일자《네이션》에 폭로된 하버드-러시아 프로젝트 스캔들. 신은정

308쪽. 거듭된 실정과 비리로 사임한 옐친(왼쪽)과 올리가르히를 숙청하고 국가기간산업을 다시 국유화한 푸틴(오른쪽).

왼쪽
Source: http://www.kremlin.ru/sdocs/news.shtml?day=31&month=12&year=1999&Submit.x=0&Submit.y=0&value_from=&value_to=&date=&stype=&dayRequired=no&day_enable=true#
http://en.wikipedia.org/wiki/File:Boris_Yeltsin-2.jpg

오른쪽
Source: RIA Novosti archive, image #100306, http://visualrian.ru/ru/site/gallery/#100306
http://en.wikipedia.org/wiki/File:RIAN_archive_100306_Vladimir_Putin,_Federal_Security_Service_Director.jpg

311쪽. 하버드-러시아 스캔들로 인해 비난을 받으면서도 2001년 총장으로 취임한 로렌스
서머스.
U. S. federal government(Public Domain)
http://en.wikipedia.org/wiki/File:Lawrence_Summers_Treasury_portrait.jpg

8장. 노동운동 잔혹사

325쪽. 80년대 치열하게 전개되었던 남아프리카공화국 투자 철회 운동. 하버드 아카이브

333쪽. 하버드 생활임금투쟁 로고.
하버드 생활임금캠페인 웹사이트.
http://www.hcs.harvard.edu/~pslm/livingwage/portal.html

335쪽. 점거 농성을 이끌었던 메이플 라자. 최성욱

336쪽. 학생들이 점거한 대학 총장실이 있는 매사추세츠 홀. 신은정

337쪽. 생활임금투쟁을 벌이는 학생들(위)과 학생들을 지지하는 사람들 모습(아래).
하버드 생활임금캠페인 웹사이트.
http://www.hcs.harvard.edu/~pslm/livingwage/portal.html

341쪽. 강제 해고 방침에 맞서 시위를 벌이는 하버드 구성원들. 신은정

9장. 도서관을 갖춘 헤지펀드

350쪽. 신자유주의 정책의 이론적 근거를 제시한 밀턴 프리드먼.
The Friedman Foundation for Educational Choice
http://en.wikipedia.org/wiki/File:Portrait_of_Milton_Friedman.jpg

368쪽. 투기 손실의 책임을 노동자들에게 떠넘긴 하버드. "하버드에는 돈이 있다"는 문구
가 인상적이다. Marilyn Humphries

372쪽. 길거리 전봇대에 붙은 전단(위). 개발을 중단한 하버드를 비난하는 "하버드 지옥에
서 개발해라"는 구호가 쓰여 있다. 아래 사진은 올스톤 중심가를 가로지른 거대한 공사
장 벽. 위는 최성욱, 아래는 신은정

10장. 하버드에 부는 바람

에필로그. 맹목적 질주를 멈출 때